修訂二版

中國哲學史

周世輔　著
周玉山　修訂

三民書局

國家圖書館出版品預行編目資料

中國哲學史 / 周世輔著;周玉山修訂.－－修訂二
版二刷.－－臺北市：三民，2010
　　　面；　　公分
　參考書目：面
　ISBN 978-957-14-4090-3　（平裝）

　1. 哲學－中國－歷史

120.9　　　　　　　　　　　　　　93013476

© 中國哲學史

著作人	周世輔
修訂者	周玉山
發行人	劉振強
著作財產權人	三民書局股份有限公司 臺北市復興北路386號
發行所	三民書局股份有限公司 地址／臺北市復興北路386號 電話／(02)25006600 郵撥／0009998-5
印刷所	三民書局股份有限公司
門市部	復北店／臺北市復興北路386號 重南店／臺北市重慶南路一段61號

初版一刷　1971年1月
修訂二版一刷　2004年10月
修訂二版二刷　2010年1月
編　號　S 120040
行政院新聞局登記證局版臺業字第○二○○號

有著作權‧不准侵害

ISBN　978-957-14-4090-3　（平裝）

http://www.sanmin.com.tw　三民網路書店

自 序

著者幼時曾讀私塾,對古書頗有興趣。民國二十年,於國立暨南大學,聽李石岑先生講授中國哲學史,有志於此,即注意搜集資料。三十七年起,在國立師範學院及長白師範學院先後授此課程。四十五年,開始撰《中國近代哲學史》,於四十八年出版。以後在國立政治大學續講中國哲學史,稍有心得。因三民書局劉振強董事長約著本書,乃將講稿修正補充,於五十九年完成。全書計分四章:第一章為古代哲學思想,第二章為中古哲學思想,第三章為近代哲學思想,第四章為現代哲學思想,合計四十節,另有緒論及總結論,約四十餘萬言,可作大學用書,亦可作研究者之參考書。

坊間已有之中國哲學史,編輯方式不一,多數採用編思想史或學術史之方式,少數採用編哲學史之方式。本書為了使內容與名稱切合起見,特採用第二種方式,即採用西洋哲學分類法,將各哲學家思想,作統一之分項(如人生觀、道德觀、宇宙論等),凡與哲學無關之言論,多略而不述。

哲學的分類,計有三分法和多分法等,本書採用多分法,並將西洋哲學的派別,擇要附錄於緒論之後,以供初學者參考。

本書文字力求深入淺出,期使初學者容易看懂,惟各哲學家原文不得不引,以免敘述失真。

他書講孔門哲學,多就孔門弟子而言;本書講孔門哲學,乃就孔子師生而言。

著者撰《中國哲學史》之目的,乃在探究固有哲學之起源與演進,並以之與西洋哲學對照比較,期窺測中國哲學之未來趨勢,而促進中

華文化之復興。上項目的能否達到，不敢妄斷，惟心嚮往之而已。

　　本書撰寫時，承韓逋仙先生提供重要資料及編輯意見，張亞澐先生審核，黃縕中先生校閱，蕭志行先生、陳麟先生各繕若干章，政大哲學系學生多人相助，均在此誌謝。舍弟文湘助編助繕，備極辛勞。小女中英、明英，小兒南山、玉山、陽山，或繕寫或校對，併誌於此。

中國哲學史

目 次

緒　論

壹、哲學的意義

哲學 (Philosophy) 一詞出自古代希臘，原文為 Philein（愛）與
sophia（智）聯合而成的，故哲學就是愛智的意思。

柏拉圖 (Plato) 說：「智者真正智識之謂也，所謂哲學，即修得此
真正智識之謂也。」

日人譯 Philosophy 為哲學，蓋以漢文之意義為本。方言云：「哲，
智也」。《詩》云：「既明且哲，以保其身。」孫中山先生說：「明哲保
身之謂智。」故就中國文字本身而言，哲學亦有智學或愛智之學的意
義。

古代哲學的範圍甚廣，可以容納各種科學在內，後來彼等逐漸獨
立，哲學的範圍縮小，但各種科學的最高原理仍需哲學來探討。因此，
有些人以科學為對象，下哲學的定義。

馮德 (Fundt) 認為，哲學是「總合各種科學的智識，以組織不矛
盾之體系之學。」

海爾巴特 (Herbart) 說：「哲學為分析研究科學概念之學。」

此外，還有人說：「哲學為科學之母。」或者說：「哲學為各種科
學原理之總合的科學。」

以上是就哲學與科學的對照而下的定義，至於哲學的內涵，還沒
有具體的指出。以往就內涵下定義者，多偏於一面。

亞里斯多德 (Aristotle) 說：「哲學為探討宇宙一般根本原理原則
及究竟因之學。」乃是偏於宇宙論方面的定義。

德國西南學派（由文德班 Winderband 與李克特 Ricket 創於德之西南）認為，哲學為普通價值之學。此乃是偏於人生論或價值論方面的定義。黑格爾 (Hegel) 說：「哲學為事物思辨之考察的學問。」嚴靈峰說：「哲學是研究宇宙萬有之運動、變化和發展之法則的智識學。」以上是偏於智識論或認識論方面的定義。

范錡說：「哲學者，研究宇宙人生認識等根本原理之學也。」這是就現代哲學的內涵（詳下三分法）所下的定義。

貳、西洋哲學的分類

西洋哲學家對於哲學的分類，本有見仁見智之別，大致說來，可分為二分法、三分法、四分法、多分法：

(1)二分法：①純理哲學或一般哲學②實踐（應用）哲學或特殊哲學。

(2)三分法：①宇宙論或稱形而上學②人生論（價值論）③認識論或稱智識論。

(3)四分法：①形而上學②智識哲學③人生哲學④社會哲學（包括歷史哲學及政治哲學等）。

(4)多分法：①本體論②宇宙論③人生觀④倫理觀⑤宗教哲學⑥藝術哲學⑦歷史哲學⑧政治哲學⑨教育哲學⑩經濟思想⑪文化哲學⑫法律哲學⑬人性論⑭知行論⑮認識論⑯修養論等。

參、中國哲學的分類

(1)莊子的分法——六家：①墨翟、禽滑釐②宋鈃、尹文③彭蒙、田駢、慎到④關尹、老聃⑤惠施⑥莊周。此外，他在〈天下〉先講儒家，也可以說共分七家。（詳《莊子・天下》）

(2)荀子的分法——六家：①它囂、魏牟②陳仲、史鰌③墨翟、宋鈃④

慎到、田駢⑤惠施、鄧析⑥子思、孟軻。（詳〈非十二子〉）

⑶淮南子的分法——八家：①太公：以卑弱制強暴（道家）②儒家：
　修周公之訓③墨家：背周道而用夏政④管子：尊王攘夷⑤晏子：崇
　儉去奢⑥縱橫家：合縱連橫⑦申子：刑名之學⑧商鞅：威刑勸賞。

⑷司馬談的分法——六家：①陰陽家②儒家③墨家④名家⑤法家⑥
　道德家。

⑸班固的分法——十家：①儒家：孔孟等②道家：老莊等③法家：韓
　非子等④陰陽家：鄒衍等⑤名家：惠施等⑥墨家：墨翟等⑦縱橫家：
　蘇秦、張儀⑧農家：許行、陳相⑨雜家：呂不韋⑩小說家：伊尹等。

⑹蔣維喬的分法——六派：①自然主義：道家②人為主義：儒家和法
　家③享樂主義：楊朱自我派及魏晉六朝玄學派④苦行主義：墨家和
　名家⑤神秘主義：漢晉神仙家⑥理性主義：宋明理學家。

⑺我們的意見：①道家哲學思想：老、莊、魏晉自然主義②儒家哲學
　思想：孔、孟、荀、董等③墨家哲學思想：墨翟等④法家哲學思想：
　管、韓等⑤名家哲學思想：惠施、公孫龍、鄧析等⑥陰陽家：鄒衍、
　董仲舒等⑦雜家哲學思想：呂不韋、淮南子、揚雄等⑧宗教哲學：
　中國的佛學，附反佛的哲學思想⑨理學家哲學思想：遠宗孔孟，近
　祖濂溪，內分程朱與陸王兩派，附敘反理學的經世之學⑩現代（清
　以後）哲學思想：戴東原、康有為、孫中山先生等。

肆、哲學史的定義、分類與分期

㈠哲學史的定義：將各哲學家或各哲學學派的理論和主張，作有系統
　的研述，便叫哲學史。

㈡哲學史的分類：

　甲　通史性的：如中國哲學史、西洋哲學史等。

乙　研究一派的：如柏拉圖哲學派、陽明學派等。

丙　研究一部分的：如中國倫理學史等。

㈢分期：西洋哲學史，可分古代、中古、近代、現代等期別；中國哲
學史的分期有三：

　　⑴三分法：①中國古代哲學史：先秦②中國中古哲學史：漢唐③
　　　中國近代哲學史：宋明清至民國。

　　⑵四分法：在上列①②③之外，加一中國現代哲學史。

　　⑶五分法：①先秦哲學史②兩漢哲學史③隋唐哲學史④宋明哲
　　　學史⑤清後哲學史。

本書採用第二種分法，共計四章如下：

第一章　古代哲學思想——先秦

第二章　中古哲學思想——漢至唐

第三章　近代哲學思想——宋至明

第四章　現代哲學思想——清至民國

附錄：西洋哲學的各種派別

西洋哲學史上的派別，可供研究中國哲學的參考，姑就宇宙哲
學、人生論、認識論三方面述其梗概如下：

㈠宇宙哲學方面：本體論與宇宙論。

　　⑴在本體論方面有唯心論、唯物論、心物二元論、心物一元論及單
　　　元論與多元論之爭。

　　甲　有關本體之數量的，計有：

　　　・單元論 (Singularism)：如黑格爾、費希特等認為宇宙的本體
　　　　是單元的。

　　　・多元論 (Pluralism)：如元子論派，賴布尼子等認為宇宙本體

是多元的。

乙　有關本體之性質的，計有：

- 唯物論 (Materialism)：如元子論、機械唯物論及辯證唯物論等。
- 唯心論 (Spiritualism)：如賴布尼子、巴克列 (Berkeley) 等。
- 心物二元論 (Dualism)：如笛卡兒。
- 心物一元論 (Monism)：如斯賓諾莎。

(2)在宇宙論（現象論）方面，計有變與不變之爭，有有神、無神之爭，有目的論、機械論之爭，而意志是否自由這個問題，亦與宇宙論有關。

甲　關於宇宙事物之變與不變的研究，計有：

- 流轉說（變的哲學）：黑拉克里特氏 (Heraclitus) 認為萬物不斷地流轉，沒有片刻的休息，人生亦是一樣，如火之炎上，亦如火之消滅。他認為火為萬物之根源，宇宙間沒有固定與靜止的東西，後世唯物論者亦持此種見解。
- 不變說（靜的哲學）：季諾 (Zeno) 認為運動是不能存在的，所謂運動是由出發點到終了點之推移，兩點間之線實為點之延續，點是靜的，不是動的，這個道理可以飛機上能照相來解釋。

乙　關於宇宙事物演變的法則的研究，計有：

- 機械論 (Mechanism)：以機械的因果關係說明宇宙事物的演變，如元子論派。
- 目的論 (Teleology)：認一切事物依一定的意向與計劃的進行，如柏拉圖。
- 調和論：依機械原理以說明一切宇宙（自然界）之演變，依

目的原理說明有機體的演變，如康德。

丙　有關宇宙事物演變的支配的，計有：

‧有神論 (Theism)：認為神（或上帝）支配一切宇宙事物的演
變，如基督教。

‧無神論 (Atheism)：否認神的支配，如休謨的懷疑論及現代
唯物論。

‧汎神論 (Panthelism)：認為一切存在皆有神寓於其中，不過
此種神多汎指實體而言，如斯賓諾莎。

此外對意志自由問題，尚有自由論與必然論之爭。自由論者認為
人在宇宙之間具有意志自由，必然論者反是，即否認意志自由的存
在。（又見道德觀丁項）

㈡人生論方面：如把哲學只分為宇宙論、人生論、認識論三大部門，
則人生論部門可以包括極廣；即縮小範圍講，亦應包括人生觀與倫
理觀兩項，茲只就此兩項，略舉其派別如下：

⑴人生觀

甲　關於人生本質方面的：①唯心論：重靈主義②唯物論：重肉
主義③心物一元論（心物並存論）。

乙　關於人生態度方面的：①悲觀派②樂觀派③達觀派。

丙　關於人生理想方面的：①出世主義②入世主義③淑世主義。

丁　關於人生目的方面的：①利己主義：個人主義②利他主義：
社會主義③互助主義。

戊　關於人生欲望方面的：①縱欲主義②禁欲主義③節欲主義。

己　關於人生歸宿方面的：①有神論②無神論③超神論。

⑵道德觀

甲　關於道德來源方面的：①理性主義：先天論②經驗主義：後

天論。

乙　關於道德標準方面的：①絕對道德說②相對道德說。

丙　關於道德的考驗或判斷方面的：①動機說②效果說。

丁　關於道德責任方面的：①自由論：非決定論②宿命論：必然論、決定論。

㈢認識論方面：認識論方面所爭論的問題，有認識起源問題、認識範圍問題、認識對象問題。

甲　關於認識起源問題的：①理性論——先天說：如笛卡爾②經驗論——後天說：如洛克③調和說——批判說：如康德。

乙　關於認識範圍問題的：①獨斷論 (Dogmatism)：如柏拉圖②懷疑論 (Scepticism)：如康德③實證論 (Positivism)：以認識能力有一定之界限，如孔德認為，吾人所認識者，限於現象與現象間之因果關係，現象以外之本質，為超認識的。

丙　關於認識對象問題的：①觀念論：如巴克列②實在論：如洛克③中立一元論：如懷海德。

此外，在歷史哲學、藝術哲學各方面，派別也很多。

第一章 古代哲學思想

前言

有些中國哲學史作者，在先秦（古代）諸子之前，寫天命論、宗教觀、五行論之類，本書則一開始即談諸子。

司馬談將先秦諸子分為陰陽、儒、墨、名、法、道德六家。班固加上縱橫、農、小說、雜家稱為十家。本書所寫以有具體哲學思想者為限，故只講儒、墨、道、法、名五家。

㈠**儒家哲學** 普通講儒家哲學以孔、孟、荀為限，惟講孔子時，多涉及其門人弟子言論著作。本書為求與事實符合起見，特將孔子哲學一節改稱為孔門哲學，包括《論語》、《禮記》（《大學》、《中庸》、《禮運》等）、《孝經》、《易經》、《書經》等，其篇幅亦稍加擴大。

孟子另列一節，除述其天命論、人性論、政治觀外，特增列智識論、經濟思想與文化運動等項，這是他書所沒有的。

講到荀子時，我們特重視其戡天主義的宇宙論，進化的（包含善性的）人性論，並在結論中為他抱屈！

㈡**墨子哲學** 墨子哲學本應列於孟子之前，不應列於荀子之後，但為了孔、孟、荀並論較妥，故排在荀子之後。

墨子非儒，為孟子所闢，故被後儒視為異端，信奉者較少；又因「其道太苦」，故傳之者稀。惟江湖俠士、社會慈善家，似還襲取其為民服務與打抱不平的精神。如以現代眼光視之，墨子的反侵略，應視為國際和平運動；墨子的兼愛主義，應視為社會主義；其尊天明鬼

與互助服務的道德觀和人生觀，類似宗教家；其重義重信、尚賢尚同的理論與實踐，又似道德家或政治家。《中庸》云，「道並行而不相悖」，我們今天不可再視為異端。

㈢**道家哲學**　本書講道家哲學，將《老子》、《莊子》及《列子》書各列一節，視《道德經》哲學在《論語》之先，強調老學的人生（道德）修養與政治境界之高超，及其影響之深遠。但著者對於老學不是一味附和，如「剖斗折衡」之類，即未加敘述。

《莊子》的宇宙哲學與循環論，大致與《老子》同；惟其人生觀與道德修養多有新見。而且文筆汪洋，胸懷曠達，其泥塗軒冕、安貧樂道的精神，較之孔顏有過之而無不及，本書特予以讚揚。

列子是否果有其人？其書是否可靠，本在令人懷疑之中。著者見其文多可取，且與老莊同調，故亦述其大略，視其書為道家學說之一派而已。

㈣**法家哲學**　普通視管子為法家之祖，下及商鞅、申不害、韓非、李斯以至王安石等，組成一個法家系統。著者以為《管子》一書，雖重視法律，然亦不忽視人治、德治與禮治；而且其思想影響到道、儒、墨、陰陽、縱橫、兵各家，不僅法家而已。惟其重法之觀念，超乎以上各家，故仍列於韓非之前。

著者寫中國哲學史有一個定見，即縱有學說見解或事功表現，而缺乏哲學思想者不列，故商鞅、蘇秦、張儀、李斯等決不編入。但韓非除有政治哲理外，尚有〈喻老〉、〈解老〉各篇及性惡論等主張，故列於《管子》之後。

㈤**名家哲學**　名家哲學，僅限於智識論與理則學，對於宇宙問題，人生問題，可研究之資料甚少。惟其辯論方式可與希臘詭辯派（Sophists）媲美。本書將惠施與公孫龍合列一節，對惠施之十事及廿

一辯與公孫龍之「堅白石」及「白馬非馬」，詳細詮釋，或為他書所不及。

第一節　孔門的哲學思想

孔子是魯國昌平鄉陬邑人，（西元前五五一～四七九年）生於魯襄公二十二年。當時周室微，禮樂廢，詩書缺。他刪詩書，定禮樂。古時有詩三千餘篇，及至孔子去其重，取可施於禮義者，上采契后稷，中述殷周之盛，下至幽厲之缺，共得三百零五篇。禮樂自此可得而述，以備王道，成六藝。孔子晚而喜易，讀易韋編三絕，曰：「假我數年，若是，我於易則彬彬矣。」孔子以詩書禮樂教弟子，蓋三千焉。身通六藝者，七十有二人。又作《春秋》，上自魯隱公，下訖魯哀公，凡十二公，寓褒貶之義，使亂臣賊子知所戒懼。孔子卒於魯哀公十六年四月，享年七十三。（取材於《史記·孔子世家》）

普通講孔子哲學思想，常錄及其門人言論，即包括《孝經》、〈大學〉、《中庸》等書，有時亦涉及《詩》、《書》、《易》等，並不以孔子個人言論為限。因此，我這裡以孔門哲學思想標題，即求其與實際內容相符合。

孔門哲學範圍甚廣，本文項目分為：(1)人生觀，(2)道德觀，(3)政治觀（經濟觀），(4)人性論與教育觀，(5)智識論與知行論，(6)方法論與中庸主義，(7)天命論與有神論，(8)本體論與宇宙論等。茲先從人生觀講起。

壹、孔門的人生觀

孔門的人生觀，可分為樂觀主義、盡其在我、殺身成仁、天人合

一論等。

　㈠**樂觀主義的人生觀**　二程（明道、伊川）初學於周濂溪，周子教以尋孔顏樂處，所樂何事？我們今天可以說，孔顏樂處，在安貧樂道，即具有樂觀主義的人生觀。

　　孔子自稱：「飯疏食，飲水，曲肱而枕之，樂亦在其中矣！不義而富且貴，於我如浮雲。」（〈述而〉）這是說孔子能安貧樂道，不取不義之富貴。

　　他又稱自己之為人說：「發憤忘食，樂以忘憂，不知老之將至云爾。」（〈述而〉）所謂樂以忘憂，就是具有一種樂觀主義。

　　他稱讚顏子說：「一簞食，一瓢飲，在陋巷，人不堪其憂，回也不改其樂，賢哉回也！」（〈雍也〉）可見顏子亦能安貧樂道，亦具有樂觀主義的人生觀。

　㈡**盡其在我的人生觀**　著者嘗謂道家以「天道自然」為法，故有清靜無為的自然主義的人生觀；儒家以「天行健」為法，故有「自強不息」的盡其在我的人生觀。

　　子在川上曰：「逝者如斯夫！不舍晝夜！」（〈子罕〉）又曰：「學如不及，猶恐失之。」（〈泰伯〉）王陽明認為孔子有感於水的晝夜不息，故發為「發憤忘食」、「學如不及」之精神。其大意可說是由「動」的宇宙觀，發而為「行」的人生觀。

　　孔子周遊列國，席不暇暖，宣傳主義（傳道），不遺餘力。故微生畝謂孔子曰：「丘，何為栖栖（不甯之意）者與？」晨門稱孔子曰：「是知其不可而為之者與？」孔子栖栖一代，知其不可為而為，就是具有盡其在我的人生觀。

　㈢**殺身成仁的人生觀**　孔子說：「志士仁人，無求生以害仁，有殺身以成仁。」志士仁人，是孔子的理想人物，殺身成仁，是孔子的

人生觀。後人把孟子的「捨生取義」連起來，合為儒家的成仁取義的人生觀。

　　㈣**天人合一的人生觀**　所謂天人合一論，本可從宇宙講到人生（天人一體或天人同源），亦可從人生講到宇宙（以人合天，以人參天，以人配天）。這裡天人合一的人生觀，是從人生講到宇宙。

　　《中庸》與《易經》都有天人合一的人生觀，可分為：⑴以人道合天道，⑵以人德合天德等。

　　1.以人道合天道的人生觀　《中庸》云：「誠者天之道也，誠之者（他處謂思誠者）人之道也。」所謂「誠之者」是說要用修養功夫，做到真實無妄之「誠」的境界，便可以人道合天道，即以人的真實無妄，合天的真實無妄。

　　《易‧乾卦》稱：「天行健，君子以自強不息。」〈坤卦〉稱：「地勢坤（坤厚載物），君子以厚德載物。」〈益卦〉稱：「風雷益，君子以見善則遷，有過則改。」〈損卦〉稱：「山下有澤，損，君子以懲忿窒欲。」可說《易經》上的六十四卦，所講以人法天部分，都可列於以人道合天道的人生觀。

　　2.以人德合天德的人生觀　《易‧乾卦》云：「夫大人者與天地合其德，與日月合其明，與四時合其序。」這可說是以人德合天德的人生觀。

　　《易‧繫辭》云：「天地之大德曰生，聖人之大寶曰位，何以守位曰仁。」簡言之，天地之大德曰生，聖人之大德曰仁。如說：「仁者生生之德也。」就是聖人以人德之仁，合天德之生。

　　《中庸》云：「仲尼祖述堯舜，憲章（取法）文武，上律（效法）天時，下襲（因襲）水土。辟（譬同）如天地之無不持載，無不覆幬（覆蓋）。」分明是說孔子能以德配天，是具有天人合一人生觀的聖人。

除以上四種人生觀外，尚有天命主義的人生觀，詳下天命觀。

貳、孔門的道德觀

孔門最重視的是道德哲學與政治哲學。《論語》所載，多談政治，尤多談道德。

普通以仁為孔門的中心德目，以忠恕為孔門的一貫之道。此外，孝與孝弟，禮與禮樂，信與義利之辨，誠、三達德與五達道等，都很受重視。

㈠仁　仁在孔門問答中，答案因人而異，可見在孔子心目中亦無一定之界說。《呂氏春秋・不二》稱：「孔子貴仁。」《禮記・儒行》述孔子之言曰：「溫良者，仁之本也；敬慎者，仁之地也；寬裕者，仁之作也；孫（遜）接者，仁之能也；禮節者，仁之貌也；言談者，仁之文也；歌樂者，仁之和也；分散者，仁之施也。儒者兼此而有之，猶且不敢言仁也，其尊讓有如此者。」如果是孔子言，可說夫子自道也。由此，可知仁包括以上八項德目。子張問仁於孔子。孔子曰：「能行五者於天下為仁矣，……恭、寬、信、敏、惠。恭則不侮，寬則得眾，信則人任焉，敏則有功，惠則足以使人。」這是說仁包括恭寬信敏惠五德。（〈陽貨〉）以上共計已有十三德目。

顏淵問仁，子曰：「克己復禮為仁，……請問其目。曰：非禮勿視，非禮勿聽，非禮勿言，非禮勿動。」（〈顏淵〉）。仲弓問仁，子曰：「出門如見大賓，使民如承大祭；己所不欲，勿施於人」（同上）子貢疑博施於民而能濟眾為仁（〈雍也〉），孔子不以為然，並告子貢曰：「夫仁者己欲立而立人，己欲達而達人。」有子說：「孝弟也者，其為仁之本與！」「仁者愛人。」「仁者必有勇。」「仁者不憂。」「仁者樂山，……仁者靜，……仁者壽。」總之，仁所包括的德目除上述十三項外，

還包括孝、弟、禮、敬、恕、勇、靜以及立人、達人、不憂等德目。

　　㈡**忠恕**　《論語》載孔子之言曰：「吾道一以貫之。」曾子對曰：「唯！」表示他已知道。孔子出，門人問曰：「何謂也？」曾子的答覆是：「夫子之道，忠恕而已矣。」以後，儒家即稱忠恕為孔子的一貫之道。朱子解釋是：「盡己之謂忠，推己（及人）之謂恕。」《中庸》云：「忠恕違道不遠。」與曾子所答本稍有距離，但後人亦少論究。

　　分開來說，忠可分為忠於人，忠於教，忠於君，忠於民，忠於事（忠於行）。如說：「為人謀而不忠乎？」（〈學而〉）「忠焉能勿誨乎？」（〈憲問〉）「教人以善謂之忠。」（《孟子》）「臣事君以忠。」（〈八佾〉）「所謂道，忠於民而有信於神也，上思利民，忠也。」（《左傳》）又子張問政，子曰：「行之以忠。」（〈顏淵〉）誠如孫中山先生在《民族主義》中所說，現在民國時代，固不要忠於君，但「忠」不能取消，為什麼呢？因為還要忠於事，忠於國，忠於民。

　　恕為「己所不欲，勿施於人。」（〈衛靈公〉）在《大學》一書中，有詳細的解釋。〈平天下章〉云：「所惡於上，毋以使下；所惡於下，毋以事上；所惡於前，毋以先後；所惡於後，毋以從前；所惡於右，毋以交於左；所惡於左，毋以交於右；此之謂絜矩之道。」這裡所謂絜矩，是比度（絜）方體（矩）之意，亦即以己之好惡愛憎，比度他人之好惡愛憎，身居方體之中點，而上下前後左右肆應，無不恰到好處。這裡「六惡」，是由「己所不欲，勿施於人」的道理演繹而來的。這裡所謂絜矩之道，就是恕以待人之道。如不恕，便不能使人了解、同情、贊成。《大學・治國章》曰：「是故君子有諸己而後求諸人，無諸己而後非諸人；所藏乎身不恕而能喻諸人者，未之有也。」按「己所不欲勿施於人」是消極的；「有諸己而後求諸人」是積極的。普通講恕道多只注意消極方面，其實積極方面亦很重要。

㈢**孝與孝弟** 孔門有時單講孝,有時孝弟並講,惟單講孝比並講孝弟要多些。

有子曰:「其為人也孝弟,而好犯上者鮮矣。不好犯上,而好作亂者,未之有也。君子務本,本立而道生。孝弟也者,其為仁之本與?」有子以孝弟為仁之本,當然是傳自孔子。孔子自己云:「弟子入則孝,出則弟,謹而信,汎愛眾,而親仁。行有餘力,則以學文。」(以上〈學而〉)可見孔門教育以德育為首,智育(學文)為末。而德育中以仁為中心,又視孝弟為仁之本,可見孔門對孝弟之重視。

孔門弟子問孝者甚多,孔子的答覆是因人而異。如孟懿子問孝,答以「無違」,並加解釋說:「生,事之以禮;死,葬之以禮,祭之以禮」。子夏問孝,答以「色難」。孟武伯問孝,答以「父母唯其疾之憂」。子游問孝,答以「不敬,何以別乎?」(〈為政〉)以上雖答覆不一,大概禮與敬是孝的先決條件。

《禮記·祭義》稱:「居處不莊非孝也,事君不忠非孝也,涖官不敬非孝也,朋友不信非孝也,戰陣無勇非孝也。」可見孝的範圍非常廣闊,除事親外,事君,作官,交友,打仗都包括在內。

專門講孝的有《孝經》。有所謂「孝者天之經也,地之宜也,民之行也。」有所謂「夫孝始於事親,中於事君,終於立身。」《孝經》對於孝的意義和重要,說得非常清楚。中國歷代皇帝常主張以孝治天下,有所謂「求忠臣於孝子之門」,有所謂「移孝作忠」,孝道的提倡,對於中國的社會國家實有安定力,迄今尚為外國人所羨慕。孫中山先生在《民族主義》中說:「講到孝字,我們中國尤為特長,尤其比各國進步得多。《孝經》所講孝字,幾乎無所不包,無所不至。」

㈣**禮與禮樂** 周公制禮作樂,造成了「郁郁乎文哉」的周室文化,為孔子所豔稱,亦為孔子所崇敬。

　　孔門以六藝施教，內中禮樂為之首。《論語》載孔子之言曰：「先進於禮樂，野人也；後進於禮樂，君子也。如用之，則吾從先進。」這是說前輩（先進）的禮樂是質勝文的，後輩的是文勝質的，孔子則崇尚前輩的。又曰：「禮云禮云，玉帛云乎哉？樂云樂云，鐘鼓云乎哉？」這是說玉帛只是禮物，不是禮的內容；鐘鼓只是樂器，不是樂的本質。

　　孔門所講的禮樂，不是裝門面的，不完全是娛樂的，其含義非常深遠。就個人言，是修養身心之基礎，就社會言，是安定秩序之工具，就國家天下言，是治平之道，就宇宙言，是天人和合之方。

　　《禮記·樂記》稱：「先王之制禮樂也，非以極口腹耳目之欲也，將以教民平好惡而反人道之正也。」可見禮樂的教育意義超過其娛樂意義。又稱：「禮樂不可斯須去身。致樂以治心，則易直子諒（朱子謂子諒應讀為慈良）之心油然而生矣。……致禮治躬則莊敬，莊敬則嚴威。」這是說禮樂是個人身心修養的基礎。又稱：「樂也者動於外者也，禮也者動於內者也。樂極和，禮極順，內和而外順，則民瞻其顏色而弗與爭也，望其容貌而民不生易慢焉。」這是說一個人只要有禮樂的修養，則民服而不爭，民敬而不慢，推其極效，可以治天下了。

　　孔子談政治，禮樂政刑並舉。〈樂記〉云：「故禮以道其志，樂以和其聲，政以一其刑，刑以防其奸。禮樂政刑，其極一也，所以同民心而出治道也。」又云：「禮節民心，樂和民聲，政以行之，刑以防之。禮樂政刑四達而不悖，則王道備矣。」由此可知，禮樂為社會秩序的安定力，為政刑措施的前提。《論語》亦云：「禮樂不興，則刑罰不中，刑罰不中，則民無所措手足。」反過來說，禮樂既興，則政刑易施，治道出而王道備矣。

　　禮樂不僅為治國之良方，亦為平天下之大道。〈樂記〉又云：「樂

由中出，禮自外作。樂由中出故靜，禮自外作故文。大樂必易，大禮必簡，樂至則無怨，禮至則不爭，揖讓而治天下者，禮樂之謂也。」這是說禮樂之效，可以如堯舜之揖讓而治，用不著以兵甲去爭天下，自然亦用不著以競選去爭天下。

不僅此也，禮樂之極致，還可以達到天人合一的境界。〈樂記〉又云：「大樂與天地同和，大禮與天地同節。」「樂者天地之和也，禮者天地之序也。和故百物皆化，序故群物皆別。」這裡是說禮樂有「致中和，天地位，萬物育」的功能，一個人能懂得這種制禮作樂的大道理，便可成為天人合一的聖人。

儒家師法周公，本是禮樂並論，惟孔門論禮的地方，還是超過論樂。如《論語》云：「非禮勿視，非禮勿聽，非禮勿言，非禮勿動。」「恭而無禮則勞，慎而無禮則葸（畏懼），勇而無禮則亂，直而無禮則絞（刺人之非）。」都是專論禮的修養。《禮記》十卷四十九篇，除〈樂記〉一篇外，大多與論禮有關。禮的分類，可分為冠禮、婚禮、鄉飲酒禮、祭禮、喪禮，尤其是力主三年之喪，引起了墨子的強烈反對。

㈤**信與義利之辨** 孔門重信亦重義。《論語》云：「人而無信，不知其可也，大車無輗（轅端橫木以縛軛者），小車無軏（轅端上曲鉤衡以駕馬者），其何以行之哉？」（〈為政〉）又云：「人無信不立。」可見信為立身處世之本。

曾子云：「吾日三省吾身，……與朋友交而不信乎？」（〈學而〉）孔子自述志願云：「老者安之，朋友信之，少者懷之。」又孔子講恭寬信敏惠時說：「信則人任焉。」（〈陽貨〉）可見信為交友之道，亦為政治條件之一。商鞅「徙木示信」，是自法治立場言信，孔門重信，是自德治立場言信，立場雖異，都是說為政者必須具有信的修養。

孔門重義，尤其重義利之分。《論語》云：「君子之仕也，行其義也。」（〈微子〉）又云：「放於利而行多怨。」故子罕言利（〈子罕〉）。並說：「君子喻於義，小人喻於利。」（〈里仁〉）《大學》亦云：「此謂國不以利為利，以義為利也。」孔門別義利，而且重義輕利，孟子繼之，輕利而重仁義，董仲舒更主張「正其誼（義）不謀其利，明其道不計其功。」自此以後，儒家持道義主義，反對功利主義。

㈥**誠與三達德、五達道**　《中庸》云：「天下有達道五，其所以行之者三（指三達德言）。」何謂五達道？曰：「君臣也，父子也，夫婦也，昆弟（兄弟）也，朋友之交也，五者天下之達道也。」何謂三達德？「知、仁、勇三者，天下之達德也。所以行之者一也。」一者何？有人答以「誠」。《中庸》三十三章，前半講「中」，後半講「誠」。何謂誠？一面是天道，一面是人道。「誠者天之道也，誠之者（思誠者）人之道也。」人道分聖人與凡人（普通人），聖人自動做到誠的境界，凡人要勤加修養，擇善固執，方能達到誠的地步。故說：「誠者不勉而中，不思而得，從容中道聖人也。誠之者（指想做到誠的凡人言）擇善而固執之也。」怎樣擇善固執呢？要博學、審問、慎思、明辨、篤行，要用「人一己百，人十己千」的功夫，這樣才能收到「雖愚必明，雖柔必強」的效果。

㈦**中庸**　中庸為孔門傳授的重要德目，也是一種方法。這裡只就德目言，方法部分後論。

〈易傳〉相傳為孔子所作，〈彖傳〉言中者三十三，〈象傳〉言中者三十，內可分為：「正中」，「時中」，「大中」，「中道」，「中行」，「剛中」，「柔中」（參考錢大昕《潛研堂集・中庸說》）。中者，無過不及，恰到好處之意。孔子云：「不得中行而與之，必也狂狷乎！狂者進取，狷者有所不為也。」（〈子路〉）謂狂狷二者，尚有可取，雖不能行中庸

之道。又云:「質勝文則野,文勝質則史(衙門裡的文書);文質彬彬,然後君子」(〈雍也〉)。謂文質彬彬才合乎中庸。

中庸是難能可貴的德目,惟君子、賢人能守之,一般人則不易實踐力行。孔子曰:「中庸之為德也,其至矣乎?民鮮久矣」(〈雍也〉,又《中庸》亦載)又曰:「君子中庸,小人反中庸。君子之中庸也,君子而時中。」又曰:「回之為人也,擇乎中庸。」孔子以中庸教學,亦以中庸自勵。《論語》又稱:「子溫而厲,威而不猛,恭而安。」(〈述而〉)可見他自己以中庸作修養目標。

除以上七項外,孔門還講九思 ❶、十義 ❷、六德 ❸ 及其他德目。

參、孔門的政治觀(經濟觀)

孔門的政治思想,約可分為:正名主義、正身主義、德治主義、民生主義(經濟觀)、大同主義、無為主義等。

㈠**正名主義** 《論語》載子路問孔子曰:「衛君將待子而為政,子將奚先?」子曰:「必也正名乎!」當時子路不以為然,孔子的說明是:「名不正則言不順,言不順則事不成,事不成則禮樂不興,禮樂不興則刑罰不中,刑罰不中則民無所措手足。」(〈子路〉)所謂正名,與蘇格拉底的「定概念」相似。正什麼名呢?正君臣父子之名(正亂臣賊子之名,正忠臣孝子之名),正是非善惡之名,亦可說正百事百

---

❶ 九思:《論語・季氏》載:「孔子曰:『君子有九思:視思明,聽思聰,色思溫,貌思恭,言思忠,事思敬,忿思難(忿怒時想到後患),疑思問,見得思義。』」

❷ 十義:《禮記》載:何謂人義?父慈、子孝、兄良、弟弟、夫義、婦聽、長惠、幼順、君仁、臣忠,謂之人義。

❸ 六德:知仁聖義忠和(《禮記》)。

物之名，名正則言順，言順則事成，事成則禮樂興，禮樂興則刑罰中，刑罰中則國治民安了。

　　齊景公問政於孔子，孔子對曰：「君君，臣臣，父父，子子。」這裡便含有正君臣父子之名的意義。（〈顏淵〉）

　　孔子作《春秋》，褒善貶惡，使亂臣賊子懼，即含有正忠臣亂臣之名的意義，故董仲舒說：「《春秋》辨物之理，以正其名。」

　　㈡**正身主義**　有人將正身主義並於正名主義，著者認為兩者應分別立論。

　　季康子問政於孔子，孔子對曰：「政者正也，子率以正，孰敢不正?」（〈顏淵〉）這裡的正身主義，含有以身作則之意。

　　又季康子問政於孔子曰：「如殺無道，以就有道何如?」孔子對曰：「子為政，焉用殺? 子欲善而民善矣。君子（為政者）之德風，小人（老百姓）之德草，草上之風必偃。」（〈顏淵〉）這就是「子率以正，孰敢不正」的說明。

　　《大學》云：「堯舜帥天下以仁，而民從之，……其所令反其所好，而民不從。」也是說明以身作則的重要。因此，大學講「新民」，先講「明德」。講「齊家治國平天下」，先講「誠意正心修身」。

　　㈢**德治主義**　孔門尚德亦尚禮，故其德治主義的政治思想亦包括禮治。

　　子曰：「為政以德，辟（譬）如北辰，居其所，而眾星共（同拱，環繞擁戴之意）之。」又曰：「道（同導，引導之意）之以政，齊之以刑，民免而無恥；道之以德，齊之以禮，有恥且格（格者正也，可釋為改正而至於善之意）。」（〈為政〉）我們很明顯可以看出，孔子是主張重德輕刑，提倡德治與禮治的。

　　講德治離不了人，離不了有道德修養的人，故德治主義即是人治

主義。《中庸·哀公問政章》云：「其人存，則其政舉，其人亡，則其政息。」「故為政在人；取人以身，修身以道，修道以仁。」為政的「九經」，以修身為首，修身又以「誠」為前提。這與《大學》講齊家治國平天下，而以修身為本，修身之前又要講誠意正心一樣，都是主張要用有道德修養的人，作政治領導者及幹部。

　　㈣**民生主義（經濟觀）**　中國的政治哲學多包含經濟思想，所以這裡把孔門經濟觀併於政治觀之內。

　　西洋國家主義的經濟學者，曾批評自由主義的經濟學說（亞當斯密等），沒有顧及道德。中國德治主義的政治哲學，在經濟思想方面，則以道德為前提，以民生為中心。

　　《大學》云：「故君子（為政者）先慎乎德：有德此有人，有人此有土，有土此有財，有財此有用。德者本也，財者末也。」西洋自由主義經濟學者，講勞力（人），講土地，講資本、賦稅（財用），但不以道德為前提，這與孔門以德為本大不相同。事實上如果財政、經濟人員沒有道德修養，必貪污瀆職，藉公濟私。又如果一個國家貪污載道，「耕者不敢入其野，工者不敢入其廠，商者不敢入其市」，還能開闢土地，增加財用嗎？

　　《論語》載：「子適衛，冉有僕。子曰：『庶矣哉（人口發達之意）！』冉有曰：『既庶矣，又何加焉？』曰：『富之（發展經濟之意）。』『既富矣，又何加焉？』曰：『教之』。」這種既庶加富，既富加教的經濟思想，與孫中山先生主張解決食衣住行育樂的《民生主義》完全相似，故可說孔門的經濟思想以民生為中心。

　　㈤**大同主義**　《禮記》中所講的大同主義，曾引起爭論，有人說此不像孔子本人所言。其實，孔子自述志願時亦說過：「老者安之，朋友信之，少者懷之。」乃含有世界大同的胸懷。以大同主義為孔門

的政治思想，總是不必懷疑的。

〈大同〉段原文云：「大道之行也，天下為公。選賢與能，講信修睦。故人不獨親其親，不獨子其子，使老有所終，壯有所用，幼有所長，矜寡孤獨廢疾者皆有所養。男有分，女有歸，貨惡其棄於地也，不必藏於己；力惡其不出於身也，不必為己。是故謀閉而不興，盜竊亂賊而不作，故外戶而不閉，是謂大同。」

〈大同〉段包含有高明的政治、外交、社會、經濟思想，迄今世界各國雖心嚮往之，還沒有做到。一九六八年，我國政府遵照陳立夫先生建議，將此篇刻碑贈置聯合國。

㈥**無為而治**　普通以為儒、道兩家思想大異其趣，著者以為兩家學說有異處亦有同處。如就政治最高境界言，老子主張無為而治，孔子亦讚揚無為而治。

子曰：「巍巍乎，舜、禹之有天下也而不與焉！」（〈泰伯〉）這與老子所謂「生而不有，為而不恃，功成而弗居」，不是同其政治風度嗎？

子曰：「大哉，堯之為君也！巍巍乎，惟天為大，惟堯則之！蕩蕩乎，民無能名焉。」又曰：「泰伯其可謂至德也已矣！三以天下讓，民無得而稱焉。」（同上）《道德經》云：「上德不德，所以有德。」「道可道（可說之意），非常道，名可名，非常名。」「道隱無名。」上面孔子所說的「民無能名」與「民無得而稱」，不是與老子所說的「常名無名」與「道隱無名」相通嗎？又孔子所說的「至德」，不就是老子所說的「上德」嗎？

《論語》又載：「無為而治者其舜也與？夫何為哉？恭己正南面而已矣。」（〈衛靈公〉）這不是很明白的讚揚無為而治嗎？

肆、孔門的人性論與教育觀

㈠**人性論** 人性問題與教育問題有密切關係，故這裡合併論之。

著者以為中國人性善惡之爭之所以不能解決，乃由於對人性沒有定一個界說。中國人所講人性，其含義有五：(1)就天賦才智言，內中包括賢愚（如孔子）；(2)就天賦品性言，內中包括善惡（如揚雄善惡混說）；(3)單就善性言（如孟子）；(4)單就惡性言（如荀子）；(5)兼賢愚與善惡言（程朱哲學思想）。

孔子說：「性相近也，習相遠也。」（〈雍也〉）這未曾指明是就善惡言或就賢愚言。又說：「中人以上，可以語上矣；中人以下，不可以語上矣。」（同上）「惟上智與下愚不移。」（〈陽貨〉）這分明是就賢愚而言，換言之，智識是有差別的。

孟子主性善，以天生的仁義禮智四端證明；孔子重仁亦重義，並說過：「人之生也直。」（〈雍也〉）故有人說，孔子是主性善的。荀子主性惡，以天生的好利、疾惡、好色之心證明。《論語・季氏》載孔子說君子要有三戒（少戒色，壯戒鬥，老戒得），就是說要戒那好色、好鬥、好利的欲望。又說：「吾未見好德如好色者也。」（〈子罕〉）「飲食男女，人之大欲存焉。」（《禮記・禮運》）這些看法不遠於荀子，或許亦有人疑孔子為性惡論者。

其實，孔子本人既未明言性善，亦未明言性惡，只講性近習遠，只講個性差異，即主張人可為上中下三等。

因為他承認個性差異，故在〈先進〉說：「柴也愚，參也魯，師也辟（便辟即自高務外而偏），由也喭（粗俗）。」又因為他承認個性差異，故實行因材施教。

㈡**教育觀** 孔子的教育思想，約可分為：(1)教育平民化，(2)誨人

不倦的精神，(3)因材施教的方法，(4)以德育為首的教材與課程，(5)不言之教，(6)以柔道設教等。

(1)教育平民化　孔子以前，教育比較貴族化，至少是高等教育（大學）如此，普通庶人子弟無法窺其宮牆。自孔子開個人講學之風氣後，教育便平民化了。

孔子本人以「有教無類」（〈衛靈公〉）的精神，對於士農工商各界的子弟，都可收為學生。他自己說：「自行束脩❹以上，吾未嘗無誨焉！」（〈述而〉）又說：「有鄙夫問於我，空空如也，我叩其兩端而竭焉。」（〈子罕〉）這是「有教無類」的明徵。所以他是「往者不追，來者不拒」，收了三千子弟，內中培植了七十二賢。

(2)誨人不倦的精神　孔子自云：「若聖與仁，則吾豈敢？抑為之不厭，誨人不倦，則可謂云爾已矣。」公西華曰：「正唯弟子不能學也。」（〈述而〉）又云：「我教不倦而學不厭。」子貢曰：「學不厭，知也；教不倦，仁也。仁且知，夫子既聖矣乎？」（《孟子‧公孫丑下》）

孔子困於陳蔡，而絃歌不絕，這也是一種誨人不倦的表現。

(3)因材施教的方法　孔子的教學方法可分為因材施教與啟發式。孔門弟子問孝、問仁、問政，答案並不一致。冉求與子路同問「聞斯行諸」？孔子答覆不同。因為「求也退，故進之；由也兼人（一人前進像兩人），故退之。」這就是因個性不同而異其教。

孔子的因材施教是個別教育，不是班級教育，而在個別教育中，又施行啟發式，不採用灌注式。他自云：「不憤不啟，不悱不發，舉一隅不以三隅反，則不復也。」憤是心求通而未得，悱是口欲言而未能，孔子要看學生到「心求通與口欲言」的時候，才予以啟發，與今日中國的班級專重灌注者不同。

---

❹　束脩：即肉乾，十條為一束，束脩指十條乾肉言，亦有他解。

(4)以德育為主的課程與教材　孔門的課程內容為六藝——禮樂射御書數，其教材有《詩》《書》《禮》《樂》，其科目為文、行、忠、信（見〈述而〉）；其院系為德行、言語、政事、文學（見〈顏淵〉）。無論從那一方面看，都是以道德教育為主。他的優材生顏淵，最好的功課，亦屬於道德教育，如安貧樂道與樂觀主義的人生觀，如「不遷怒，不貳過」❺ 的修養功夫，如「有若無，實若虛」❻（〈泰伯〉）的謙虛精神，那一項不屬於道德教育呢？

(5)不言之教　孔子曰：「予欲無言。」子貢曰：「子如不言，則小子何述焉？」子曰：「天何言哉：四時行焉，百物生焉，天何言哉？」蓋孔子欲行道家的不言之教，其弟子則不贊成。

(6)以柔道設教　《大學》云：「寬柔以教，不報無道，南方之強也，而君子居之。」《道德經》重視柔道，謂「天下莫柔於水，而攻堅強者莫之能勝」。又謂「柔勝剛，弱勝強」。《呂氏春秋‧不二》云：「老聃貴柔。」可見孔子以柔道設教，與「老聃貴柔」相通。

伍、孔門的智識論與知行論

西洋人講智識論，專講知的問題，如智識起源問題，智識範圍問題等。中國人講知行論，既講知的問題，亦講行的問題。孔子對於智識論與知行論，都已講到。

西洋哲學講到智識起源問題，有人認為有些智識起源於先天，即具有天賦智識；有人認為智識完全起源於後天，「人生如白紙」，沒有什麼先天的智識。

---

❺　《論語》載孔子之言曰：「有顏回者好學，不遷怒，不貳過。」（〈雍也〉）

❻　《論語》載曾子之言曰：「有若無，實若虛，犯而不校，昔者吾友（指顏淵），嘗從事於斯矣。」（〈泰伯〉）

《中庸》載孔子之言曰:「或生而知之,或學而知之,或困而知之。及其知之,一也。」這是說,智識既有後天的「學知」和「困知」,亦有先天的「生知」。

孔子自云:「我非生而知之者,好古,敏以求之者也。」說他自己未具先天之知,這不過是謙虛之辭而已。但他又云:「天生德於予,桓魋其如予何?」(以上〈述而〉)子貢論孔子曰:「固天縱之將聖,又多能也。」(〈子罕〉)可見孔子本人還是具有先天之知。

除智識論外,還要講孔門對於知行問題的見解。

中國人講知行問題,有知行先後之爭,亦有知行難易之爭。

《書經》載傅說之言曰:「匪知之艱,行之惟艱。」就是說知易而行難,但孔子的看法頗不相同。他說:「民可使由之,不可使知之。」孫中山先生引此而證知難行易學說,可見孔子的主張與傅說相反。

孫先生講知難行易學說時,曾以飲食為證,說飲食之事人人能行,但與飲食有關之烹飪學、化學、生理學等則不易知。《中庸》載孔子之言曰:「人莫不飲食也,鮮能知味也。」這與孫先生見解略同,也是認為知難而行易。

《禮記‧郊特牲》云:「禮之所尊,尊其義也。失其義,陳其數,祝史之事也。故其數可陳也,其義難知也。」其數可陳是「行易」,其義難知是「知難」。

就知行難易問題言,孔子是主張知難的;就知行先後問題言,孔子又有什麼見解呢?

子曰:「蓋有不知而作者,我無是也。」(〈述而〉)可見他凡事都是先知而後行的。《大學》八目先講格物致知,後講誠意正心修身齊家治國平天下;《中庸‧哀公問政章》先講博學審問慎思明辨,後講篤行;《論語》先講「知及之」,後講「仁能守之」,朱子認為這些都

是知先行後的實例。

陸、孔門的方法論與中庸主義

就方法論講，西洋哲學偏重思想方法，中國哲學偏重修養方法。孔門的方法論，雙方都已講到。合起來說，可分為研幾、窮理、精一執中、中庸主義等。

㈠研幾　《易》云：「夫易，聖人之所以極深而研幾也。」（〈繫辭上·十〉）何謂幾？〈繫辭下〉第五章載孔子之言曰：「知幾其神乎？……幾者動之微，吉凶之先見者也。」所謂知幾，是指「洞燭幾先」而言，所謂研幾，可分兩方面：一為個人修養方面，如蔣介石先生所引，研幾於心意初動之時，其動機或善或惡，要加以研析，以辨其善惡，而定其言默行止。孔子說：「顏氏之子（指顏淵言），其殆庶幾乎！（指研幾言）有不善未嘗不知，知之未嘗復行也。」（〈繫辭下·五〉）二為國家事務方面，要在禍福未發生之先，加以研究，以定其處置的政策。如《中庸》二十五章云：「至誠之道，可以前知。」何以能「洞燭幾先」呢？因為「國家將興，必有禎祥（吉祥之預兆），國家將亡，必有妖孽；……禍福將至，善、必先知之；不善、必先知之。故至誠為神。」這是說至誠之人，能「知幾」，能研判預兆，能預知國家的禍福，而後設法趨善而避惡。

㈡窮理　《大學》八目中的「格物」，本有各種不同的解釋。程（伊川）朱（熹）謂格者至也，物者事也。所謂窮至事物之理，就是格物。簡言之，窮理就是格物。如以今日眼光來看，源源本本去研析萬事萬物之理，就是格物。蔣介石先生研究格物致知誠意正心的結果，強調一副名聯，即「窮理於事物始生之處，研幾於心意初動之時」。上聯如程朱之格物，下聯如王陽明之致良知。前者偏於思想方法，後

者偏於修養方法。

《大學》第一章又云：「物有本末，事有終始，知所先後，則近道矣。」這裡的「道」，可視為方法，所謂窮理於事物始生之處，即指這種方法而言。這種方法亦可稱發生法或歷史法，固可用於修養，但以治學、治事為主，故應列於思想方法。

㈢**精一執中與中庸主義**　孔門的中庸主義，是一種道統，一種哲理，也是一種道德，一種方法（包括修養方法與思想方法）。

朱子作〈中庸序〉，大意謂「人心惟危，道心惟微，惟精惟一，允執厥中」，是堯舜禹湯一脈相傳之道統。孔子雖不得其位，卻能傳其道。當時見而知之者惟顏子與曾子，曾子再傳至於孔子之孫子思，他恐失其傳，乃作《中庸》一書，以詔後之學者。宋明理學家雖自分派別，但皆欲以傳這道統自命。後世所謂十六字心傳，就是指上面四句而言，也是指中庸主義而言。

有人以「精一執中」的「精」為科學方法，其中「一」為哲學方法，著者以為「精一執中」完全是修養方法。朱子謂「人心者人欲之萌也，道心者天理之奧也。」即以天理與人欲釋道心與人心。苟人心與道心二者雜於吾人方寸之中（即人欲與天理交戰於吾心之中），而不知所以治之，則危者愈危，微者愈微，則天理之公不能戰勝人欲之私，便成為惡人了。何謂惟精惟一？朱子以為能「精」，則能察夫人心道心之間，而不使之雜亂；能「一」，則能守其本心之正，而不使之遠離，朝夕從事這種修養工夫，無少間斷，則道心（天理或理性）常為一身之主，人心（人欲或情欲）每聽其指揮，則危者日安，微者日著，動靜言行，自無大過或不及之差，即可做到允執厥中的境地了。

朱子提倡存天理去人欲的修養法，他以自己的修養法去釋「精一執中」，雖然有人反對，但著者認為沒有什麼不合理之處。

以上說「精一執中」的中庸主義，是一種修養方法，以下則說「執兩用中」的中庸主義，可以看作一種思想方法或治學方法、處事方法或治國方法。

《中庸》云：「舜其大知（智）也與？……執其兩端，用其中於民。」孟子云：「湯執中，立賢無方。」這是說「執兩用中」的中庸主義，是一種很好的治國方法或處事方法。尤其是今日的政黨政治與民主政治，要融會各黨的政見，顧到各階層人民的利益，這種執兩用中的方法更用得著。

古代學說折衷於孔子，可見孔子是以中庸之道治學的。後來，孟子距楊墨，息邪說，惡「執一」（偏執），亦以中庸之道治學，以中庸之道傳孔學。故程伊川說：「中者天下之正道，庸者天下之定理。此篇（指《中庸》）乃孔門傳授心法，子思……筆之於書，以授孟子。」

荀子講性惡，雖與孟子講性善不同，但以中庸之道治學則一。他在〈儒效篇〉說：「先王之道，比中而行之。」〈解蔽篇〉云：「凡人之患，蔽於一曲。」〈天論篇〉云：「慎子有見於前無見於後，老子有見於絀（屈）無見於信（伸），墨子有見於齊無見於畸。」都是以中庸之道評諸子、論學術。

柒、孔門的天命觀與有神論

中國哲學家所講的天命，有自然的，有主宰的，老、莊偏於前者，孔門偏於後者。

孔子自稱「五十而知天命」，（《論語·為政》）知天命是一件不容易的事情，故必須年逾半百始知，才不會去做違反天命的工作。又曰：「不知命無以為君子也。」（〈堯曰〉）可見能知命方能稱君子。

子見南子，子路不悅。子曰：「如是否者（所行如有不是之處），

天厭之！天厭之！」(〈雍也〉) 這裡的天就是主宰之天，就是上帝。

子疾病，子路請禱 (向天禱告)。孔子表示不贊成，曰：「丘之禱久矣！」(〈述而〉) 又對王孫賈曰：「獲罪於天，無所禱也。」(〈八佾〉) 可見孔子雖視天為主宰之天，但是不信禱告。

子畏於匡 (匡人恨楊虎，孔子貌似楊虎，故圍之)，曰：「天之將喪斯文也，後死者不得與於斯文也；天之未喪斯文也，匡人其如予何？」這裡的「天」，亦有主宰之意。

公伯寮在魯季孫面前說子路的壞話，有人告訴孔子，孔子說：「道之將行也與，命也：道之將廢也與，命也。公伯寮其如命何？」(〈憲問〉) 伯牛有疾；孔子自牖執其手曰：「亡之，命矣夫！」(〈雍也〉) 孔子曰：「死生有命，富貴在天。」(〈顏淵〉) 這種聽天由命的人生觀，在中國發生了很大的影響，好的方面，減少了鬥爭與自殺；壞的方面，降低了奮鬥與努力的精神。

《書經》中所謂有德者受天命，無德者天命誅之的觀念，為孔門所信奉。《中庸》第十七章論大舜有云：「故大德必得其位，必得其祿，必得其名，必得其壽。……受祿於天，……故大德者必受命。」這種天命主義，曾作為後世論政治，論君王的準則，如就四個「必」字看，可說是一種「必然論」的主張。

天命論雖與西洋的有神論不完全相同，但與有神論有關，下面可談到孔門的有神論。

孔門師生心中都承認有天命，亦承認有鬼神。

孔子曰：「祭 (祖先) 如在，祭神如神在。」(〈八佾〉) 當孔子祭祖先時，覺得有祖先在，祭神時，覺得有神在，這種觀念至少不能以無神論目之。

《中庸》第十六章云：「鬼神之為德，其至矣乎？視之而弗見，

聽之而弗聞，……洋洋乎如在其上，如在其左右。」這種看法可作「祭神如神在」的補充說明。

《書經》所謂「民之所欲，天必從之」。又謂「天視自我民視」。這種重民（人）精神，已為孔子所接受。所以他答子路問事鬼說：「未能事人，焉能事鬼？」（〈先進〉）

孔子的敬神與宗教家有異。他說：「敬鬼神而遠之，可謂知矣。」可見他的敬鬼神，不是有一定的要求。

《論語·述而》第七載：「子不語：怪、力、亂、神。」不能據此而說孔子是一位無神論者；因為《論語》一書可能是好幾位學生的筆記編成的，有的學生未聽過孔子談神，故說：「子不語……神。」實際上他談過神，不過是有限度而已。

捌、孔門的本體論與宇宙論

本體論以研究宇宙萬物的本質或基本元素為對象；宇宙論以研究宇宙萬物的生成演變的原理和法則為對象。孔子對弟子很少談天道，故在《論語》中找不到孔子的本體論和宇宙論，但在《易經》中可以找到。相傳《易經》中的〈十翼〉 ❼ 為孔子所作，縱非孔子親作，也不會出乎初傳或再傳弟子或私淑的作品。故《易經》的本體論和宇宙論，自可列為孔門哲學。

㈠本體論 《易經》初以陰（--）陽（—）為宇宙的基本元素，繼以太極為基本元素。前者可稱為陰陽二元論，後者可稱為陰陽合一論或太極一元論。

〈繫辭上傳〉第十一章云：「是故易有太極，是生兩儀，兩儀生

---

❼ 十翼：相傳孔子贊《易》作〈十翼〉：⑴上彖，⑵下彖，⑶上象，⑷下象，⑸繫辭上傳，⑹繫辭下傳，⑺文言，⑻說卦，⑼序卦，⑽雜卦。

四象，四象生八卦。」推而論之，萬物生於八卦（天地水火山雷風澤的八種元素），八卦生於四象（太陰、太陽、少陰、少陽），四象生於兩儀（陰、陽），兩儀生於太極，追本尋源，太極就是宇宙萬物的基本元素。太極是陰陽合於一體的，故可稱陰陽合一論或陰陽一元論。又陰可以代表物，陽可以代表心，故可稱物心合一論或物心一元論（請參考拙著《三民主義的哲學體系》）。

〈繫辭上傳〉第五章云：「一陰一陽之謂道。」這個道可釋為宇宙萬物的本質，亦可釋為宇宙萬物演變的法則。如就本質言，與老子《道德經》所謂「道生一，一生二，二生三，三生萬物，萬物負陰而抱陽」的「道」同義。故太極為宇宙萬物的本質，道亦為宇宙萬物的本質。太極含陰陽，道亦含陰陽。

㈡**宇宙論**　按「易」字本身含義甚廣，除「易有太極」的「易」可釋為本體外，「易」的解釋有四：(1)變易，(2)交易，(3)簡易，(4)不易之理（普通不講「交易」，只說易有三義）。

就《易經》講宇宙論，可分下列五種：(1)變的（行的）宇宙論，(2)生的宇宙論，(3)進化的宇宙論，(4)相對的宇宙論，(5)恆的宇宙論等。

(1)變的（行的）宇宙論　〈繫辭下傳〉第八章云：「易之為書也不可遠，為道也屢遷，變動不居，周流六虛，上下無常，剛柔相易，不可為典要，唯變是適。」就「變動不居」言，「易」即變易；就「剛柔相易」言，「易」即交易。

子在川上曰：「逝者如斯夫，不舍晝夜！」這種川流不息的宇宙論，亦可稱變的宇宙論或動的宇宙論。

宇宙的「演變」就是「運行」，如說「天行健」、「周行而不殆」，就是「演變」。故變的宇宙論，又可謂行的宇宙論。

(2)生的宇宙論　〈繫辭上傳〉第五章云：「生生之謂易。」第六章

云：「夫乾，其靜也專，其動也直，所以大生焉；夫坤，其靜也翕，其動也闢，是以廣生焉。」〈繫辭下傳〉第五章云：「天地絪縕，萬物化醇；男女構精，萬物化生。」又所謂生兩儀，生四象，生八卦，都可視為一種生的宇宙論。

(3)進化的宇宙論　〈序卦傳〉下篇云：「有天地然後有萬物，有萬物然後有男女，有男女然後有夫婦，有夫婦然後有父子，有父子然後有君臣。」這裡從宇宙講到萬物，由萬物講到人類，是一種進化的宇宙論。到了宋代，周濂溪把無極、太極、陰陽、五行加在萬物化生上面，便成一種中國的天地開闢論。

(4)相對的宇宙論　陰陽剛柔，是相對的。〈說卦傳〉第二章云：「昔者聖人之作易也，將以順性命（指天性天命言）之理。是故立天之道，曰陰與陽；立地之道，曰柔與剛；立人之道，曰仁與義。」不僅陰陽剛柔相對，在六十四卦中，最明顯的有乾坤相對，損益相對，鼎革相對，否泰相對，坎離（水火）相對。程明道云：「天道萬物之理，無獨必有對，皆自然而然，非有安排也。」（〈遺書·十一〉）這可拿來說明相對的宇宙論。

西洋人講相對論，多是對立的，也是矛盾的；中國人講相對論，是對立的，不一定是矛盾的，如陰陽剛柔，不一定含有矛盾。

(5)恆的宇宙論　易有「變」義，亦有不變之義。就宇宙現象言，沒有不變之理；就宇宙法則言，倒有不易之道。〈恆卦〉稱：「天地之道，恆、久而不已也。……日月得天而能久照，四時變化而能久成，聖人久其道而天下化成。觀其所恆，而天地萬物之情可見矣。」並由恆的宇宙論，推出恆的人生觀，故說：「恆、君子以立不易方。」「婦人貞吉，從一而終。」又就交友論，孔子甚贊晏平仲之久敬善交。就安貧樂道言，孔子提倡「君子固窮」❽。孟子亦提倡「恆心」❾。

又荀子說:「天行有常,不為堯存,不為桀亡。」這亦可謂恆的宇宙論。西洋人講辯證法,講相對論,多只講「變」,不講「常」(恆)。其實辯證法所解釋的事物是變的,辯證法這個理則本身是不變的。相對論所論及的事物是變的,相對論自己的理論是不變的。所以我們對於宇宙萬事萬物,既要懂得通權達變,亦要懂得守經持恆。

玖、孔門哲學的影響

孔門哲學內容豐富,立論穩健,上繼堯舜禹湯文武周公之大道,下開孟荀哲學、漢唐儒學、宋明理學之先河。孟荀對於人性論雖各走極端,而闡揚孔門哲學則初無二致。董仲舒提倡罷百家,尊儒術,韓愈高呼反佛老,傳道統,皆以孔門哲學為宗。程朱、陸王雖各立門戶,不免互相批評,而擁護孔門哲學則為兩派共同之主張。清儒雖多反對宋明理學,但仍以孔學為宗。康梁維新,不廢孔孟。孫中山先生倡三民主義,亦以儒家學說為經。誠所謂「天不生仲尼,萬古如長夜」,我們今天要復興中華文化,首先要復興孔門哲學。亦可說:「孔門哲學為中華文化之明燈。」

再就亞洲言,日本、韓國、越南等國,無不信奉孔門哲學;即就英、美、德、法等國論,有識之士亦多肯定孔門哲學。故孔門哲學,不僅為中華文化之明燈,亦為世界思潮之寶筏!

---

❽ 君子固窮:《論語》云:「君子固窮,小人窮斯濫矣。」(〈衛靈公〉)

❾ 恆心:《孟子》曰:「無恆產而有恆心者,惟士為能。若民則無恆產,因無恆心;苟無恆心,放辟邪侈,無不為己。」(〈梁惠王上〉)這是說「士」縱無恆產亦應有恆心。

拾、結　論

　　中國人的哲學思想，主要可分為天道與人道。天道講宇宙萬物的本體，及其生成演化的原理和法則；人道講為人處世、從政、施教、修養、求知的準則和方法。就《論語》及《禮記》大部分言論看，乃以人道為中心，很少談到天道；惟就《易經》及《詩》、《書》、《禮》小部分言論看，亦談到天道，不以人道為限。談天道屬於本體論和宇宙論，亦可包括天命論和有神論。談人道屬於廣義的人生論，包括人生觀（狹義的）、道德觀、政治觀、經濟觀、教育觀等。

　　普通研究一位哲學家的思想，應先研其天道，後研其人道。只因孔門教學以人道為主，故先列人生觀、道德觀、政治觀，教育觀等，後列本體論和宇宙論。

　　一般研究孔子哲學的，很少講智識論、知行論與方法論，著者因見這三項重要，故特予列論。

　　又一般談方法論者，多以思想方法為限，著者鑑於孔門的方法論，以道德修養為主，故將修養方法與思想方法相提並論。

　　普通研究孔門哲學的，多將中庸列為道德觀的項目之一，著者以為中庸主義既是一種德目，和一種修養方法，亦是一種思想方法和治學方法，又是一種處事方法和治國（為政或牧民）方法，故在道德觀與方法論中分別列入。

第二節　孟子的哲學思想

　　孟軻，字子輿，約周烈王五年生，周赧王二十六年卒（即西元前三七一～二八九年），鄒人，子思之門人，曾遊齊梁，齊宣王、梁惠

王都不能用。當時各國重視合縱連橫，以富國強兵為務。而孟子乃述唐虞三代之德，孔門王道之學，不為各國君主所歡迎。退而與萬章之徒，序詩書，講仁義，作《孟子》一書，計分為〈梁惠王〉、〈公孫丑〉、〈滕文公〉、〈離婁〉、〈萬章〉、〈告子〉、〈盡心〉等七篇。內含道德、政治、經濟、教育等理論，至為豐富，而文字尤其雄壯（善辯）。下面分述其：(1)天命觀與天人合一論，(2)性善論與理性主義，(3)人生觀與道德觀，(4)政治思想，(5)經濟思想，(6)教育思想與文化運動等。

壹、孟子的天命觀與天人合一論

《孟子》一書和《論語》一樣，很少談到宇宙的本體和法則，只談到天命。

中國人所講的天，有自然之天、物質之天、性命之天、主宰之天（神）和意志之天等，孟子講天與天命，有時為性命之天，有時則為主宰之天或意志之天。

他說：「盡其心者，知其性也，知其性則知天矣。」這是就性命之天而言。接著說：「存其心養其性，所以事天也。」這裡所謂以人事天，即含有以人合天的意義。

他又說：「殀壽不貳，修身以竢之，所以立命也。」（〈盡心〉）仍然就性命之天而言，此外則多講主宰之天或意志之天。

《詩》云：「商之孫子，其麗（數）不億（不止十萬）；上帝既命，侯於周服。侯服於周，天命靡常。」這是說商紂雖有億萬人，但因失德，所以上帝乃命周有天下。既命周有天下，商人即應臣服於周。上帝前命商有天下，現命周有天下，可見天命是無常的，惟視有德無德而已。亦如說：「皇天無親，惟德是輔（《左傳》僖公五年）」罷了。孟子引此詩後，說孔子講過：「仁，不可為眾也。」即說：「在仁者（指

周文王）面前，商紂的億萬人亦算不得眾多了。」又接著說：「夫國君好仁，天下無敵。」（〈離婁上〉）其意思是國君能像文王一樣行仁政，則天命歸之，天下無敵了。這裡的天命，頗含有主宰之意在。所以他又說：「順天者存，逆天者亡。」

萬章曰：「堯以天下與舜，有諸？」孟子曰：「否。天子不能以天下與人。」「然則舜有天下也，孰與之？」曰：「天與之。」「天與之者，諄諄然命之乎？」曰：「否。天不言，以行與事示之而已矣。」曰：「以行與事示之者，如之何？」曰：「昔者堯薦舜於天，而天受之，暴之於民，而民受之。故曰：『天不言，以行與事示之而已矣。』」曰：「敢問薦之於天，而天受之，暴之於民，而民受之。如何？」曰：「使之主祭，而百神享之，是天受之；使之主事而事治，百姓安之，是民受之也。天與之，人與之。故曰：『天子不能以天下與人。』舜相堯，二十有八載，非人之所能為也，天也。堯崩，三年之喪畢，舜避堯之子於南河之南。天下諸侯朝覲者，不之堯之子而之舜。訟獄者，不之堯之子而之舜；謳歌者，不謳歌堯之子而謳歌舜。故曰：『天也。』夫然後，之中國踐天子位焉。」這種天命觀，是就意志之天、主宰之天言，好像堯順天命或依天命而傳位於舜。

萬章問曰：「人有言：『至於禹而德衰，不傳於賢，而傳於子。』有諸？」孟子曰：「否，不然也。天與賢，則與賢；天與子，則與子。……丹朱之不肖，舜之子亦不肖。……其子之賢不肖，皆天也，非人之所能為也。莫之為而為者，天也；莫之致而至者，命也。」無論傳賢或傳子，孟子總認為是天命，不是人力所能做到。這種天命觀，古代亦有，孟子以後還繼續保留，到了董仲舒，則大唱其天人相與的論調。

貳、孟子的性善論與理性主義

孔子只說：「性相近也，習相遠也。」並未明言性善，而孟子卻持性善論，認為人有不忍人之心，人有良知良能及良心，人有四端，皆是善的明徵。而惡是何由而來呢？乃由於物欲引誘和環境陷溺所致。他說：「所謂人皆有不忍人之心者，今人乍見孺子將入於井，皆有怵惕惻隱之心，非所以內交於孺子之父母也，非所以要譽於鄉黨朋友也，非惡其聲而然也。由是觀之，無惻隱之心，非人也；無羞惡之心，非人也；無辭讓之心，非人也；無是非之心，非人也。惻隱之心，仁之端也；羞惡之心，義之端也；辭讓之心，禮之端也；是非之心，智之端也。人之有四端也，猶其有四體也；有是四端而自謂不能者，自賊者也；謂其君不能者，賊其君者也。」（〈公孫丑上〉）四端與四體並重，無四端則不是人。人既具有四端，就是具有天生的道德，是以他提倡性善論。

孟子的性善論，當時多有不贊成者，如告子、公都子等，便反對此種學說，且與孟子爭論。

告子曰：「性，猶杞柳也，義，猶桮棬也；以人性為仁義，猶以杞柳為桮棬。」孟子曰：「子能順杞柳之性，而以為桮棬乎？將戕賊杞柳，而後以為桮棬也？如將戕賊杞柳而以為桮棬，則亦將戕賊人以為仁義與？率天下之人而禍仁義者，必子之言夫！」他以戕賊杞柳為桮棬駁告子，在孟子的紀錄中算是自己辯贏了。

告子曰：「性，猶湍水也，決諸東方則東流，決諸西方則西流。人性之無分於善與不善也，猶水之無分於東西也。」孟子曰：「水信無分於東西，無分於上下乎？人性之善也，猶水之就下也；人無有不善，水無有不下。今夫水，搏而躍之，可使過顙；激而行之，可使在山，

是豈水之性哉？其勢則然也。人之可使為不善，其性亦猶是也。」他以順性為善，逆性為惡；但荀子卻以順性為惡，化性為善。立場不同，看法自異。

告子曰：「生之謂性。」孟子曰：「生之謂性也，猶白之謂白與？」曰：「然。」「白羽之白也，猶白雪之白；白雪之白，猶白玉之白與？」曰：「然。」「然則犬之性，猶牛之性；牛之性，猶人之性與？」在孟子的紀錄中，算是把告子駁倒了。

公都子曰：「告子曰：『性無善無不善也。』或曰：『性可以為善，可以為不善。是故文武興，則民好善；幽厲興，則民好暴。』或曰：『有性善，有性不善。是故以堯為君而有象；以瞽瞍為父而有舜；以紂為兄之子，且以為君，而有微子啟，王子比干。』今曰『性善』，然則彼皆非與？」

孟子曰：「乃若其情，則可以為善矣，乃所謂善也。若夫為不善，非才之罪也。惻隱之心，人皆有之；羞惡之心，人皆有之；恭敬之心，人皆有之；是非之心，人皆有之。惻隱之心，仁也；羞惡之心，義也；恭敬之心，禮也；是非之心，智也。仁、義、禮、智，非由外鑠我也，我固有之也，弗思耳矣。故曰：求則得之，舍則失之，或相倍蓰而無算者，不能盡其才者也。詩曰：『天生蒸民，有物有則，民之秉夷，好是懿德。』孔子曰：『為此詩者，其知道乎？』故有物有則，民之秉夷也，故好是懿德。」（〈告子上〉）他以為仁義禮智皆發於內，是先天的，所謂性善，乃是說可以為善，「求則得之」；若夫為不善，乃是說雖可以為善，然而「舍則失之」。一求一舍之間，故相倍蓰之遠了。

惡何由而來？孟子認為惡的來源，乃由於陷溺，由於斷喪。

他說：「富歲子弟多賴，凶歲子弟多暴，非天之降才爾殊也，其所以陷溺其心者然也。」即說人之所以為惡，乃由於陷溺。又說：「牛

山之木嘗美矣；以其郊於大國也，斧斤伐之，可以為美乎？是其日夜
之所息，雨露之所潤，非無萌蘖之生焉；牛羊又從而牧之，是以若彼
濯濯也；人見其濯濯也，以為未嘗有材焉，此豈山之性也哉？雖存乎
人者，豈無仁義之心哉！其所以放其良心者，亦猶斧斤之於木也，旦
旦而伐之，可以為美乎？」（〈告子上〉）他以性善比牛山之美木，其所
以失其善，乃由於斲喪。荀子以性惡比曲木，使其直者乃由於人工，
這又是兩種不同的看法。

　　西洋人在智識哲學方面，有理性主義與經驗主義之爭。理性主義
者承認先天道德，經驗主義者否認先天道德，只承認後天道德。孟子
究屬於那一派呢？

　　告子曰：「食色，性也。仁，內也，非外也；義，外也，非內也。」
（〈告子上〉）孟子曰：「何以謂仁內義外也？」告子曰：「彼長而我長
之，非有長於我也，猶彼白而我白之，從其白於外也，故謂之外也。」
曰：「異於白馬之白也，無以異於白人之白也。不識長馬之長也，無
以異於長人之長與？且謂長者義乎？長之者義乎？」曰：「吾弟，則愛
之，秦人之弟，則不愛也，是以我為悅者也。故謂之內。長楚人之長，
亦長吾之長，是以長為悅者也，故謂之外也。」曰：「耆秦人之炙，無
以異於耆吾炙。夫物則亦有然者也，然則耆炙亦有外乎？」（〈告子上〉）
告子的意思是說仁發於內，是先天道德，義發於外，是後天道德。孟
子的意思是說義亦發於內，也是先天道德。

　　孟季子問公都子曰：「何以謂義內也？」曰：「行吾敬，故謂之內
也。」「鄉人長於伯兄一歲，則誰敬？」曰：「敬兄。」「酌則誰先？」曰：
「先酌鄉人。」「所敬在此，所長在彼，果在外，非由內也。」公都子
不能答，以告孟子，孟子曰：「『敬叔父乎？敬弟乎？』彼將曰：『敬叔
父。』『弟為尸❿，則誰敬？』彼將曰：『敬弟。』子曰：『惡在其敬叔

父也?』彼將曰:『在位故也。』子亦曰:『在位故也。』庸敬在兄,斯須之敬在鄉人。」季子聞之曰:「敬叔父則敬,敬弟則敬,果在外,非由內也。」公都子曰:「冬日則飲湯,夏日則飲水,然則飲食亦在外也。」(〈告子上〉)公都子的意思是說飲湯飲水,皆發於內,敬叔父敬弟亦發於內,仁是先天的,理性的;義也屬於先天的,理性的。

從上兩個辯論,可以看出孟子是理性主義者,後來,宋明理學家崇尚孟說,亦多以理性主義為依歸。

孟子曰:「人之所不學而能者,其良能也,所不慮而知者,其良知也。孩提之童,無不知愛其親者。及其長也,無不知敬其兄也。親親仁也,敬長義也。」(〈盡心上〉)他以親親之仁與敬長之義,屬於良知良能,是先天的,又四端也是先天的,不是後天的,所以孟子無疑是理性主義者。

參、孟子的人生觀與道德觀

1. 人生觀

(一)**樂觀的人生觀** 孟子說:「君子有三樂,而王天下不與存焉。父母俱存,兄弟無故,一樂也;仰不愧於天,俯不怍於人,二樂也;得天下英才而教育之,三樂也。」(〈盡心上〉)又說:「反身而誠,樂莫大焉。」後來王陽明以致良知為無上快樂,也是受了他的影響。

孔顏以安貧樂道為人生至樂,是求精神上的快樂,不求物質上的快樂,孟子亦然。

(二)**成仁取義的人生觀** 孟子曰:「魚,我所欲也;熊掌,亦我所欲也。二者不可得兼,舍魚而取熊掌者也。生,亦我所欲也;義,亦

---

❿ 弟為尸:朱註:「尸、祭祀所主以象神,雖子弟為之,然敬之當如祖考也。」

我所欲也。二者不可得兼，舍生而取義者也。生亦我所欲，所欲有甚
於生者，故不為苟得也。死亦我所惡，所惡有甚於死者，故患有所不
辟（同避）也。如使人之所欲莫甚於生，則凡可以得生者，何不用也？
使人之所惡莫甚於死者，則凡可以辟患者，何不為也？由是則生而有
不用也；由是則可以辟患而有不為也。是故，所欲有甚於生者，所惡
者有甚於死者，非獨賢者有是心也，人皆有之，賢者能勿喪耳。」（〈告
子上〉）這是一種成仁取義的人生觀，不僅賢者天生有這種人生觀，
眾人亦有，只是眾人受到環境影響，會「陷溺其心」，賢者則「臨財
毋苟得，臨難毋苟免」，任何時期，任何環境，能保持其天理良知罷
了。

　　㈢以人合天的人生觀　孟子曰：「君子所過者化，所存者神，上
下與天地同流，豈曰小補之哉！」這種與天地同流的人生觀，可謂天
地境界的人生觀，亦可謂天人合一的人生觀。

2. 道德觀（修養論）

　　孟子的道德觀，可分為下列十項，內中包含修養論。

　　㈠**孝與不孝**　孟子說：「不孝有三 ❶，無後為大。舜不告而娶，
為無後也，君子以為猶告也。」（〈離婁上〉）為了怕無後，可以不告而
娶，這是對大舜的特別看法，因為如稟告其父瞽瞍，恐怕結婚不成功
了。

　　公都子曰：「匡章，通國皆稱其不孝焉；夫子與之遊，又從而禮
貌之，敢問何也？」孟子曰：「世俗所謂不孝者五：惰其四肢，不顧父
母之養，一不孝也；博奕，好飲酒，不顧父母之養，二不孝也；好貨

---

❶　不孝有三：謂阿意曲從，陷親不義，一不孝也；家貧親老，不為祿仕，二
　　不孝也；不娶無子，絕先祖祀，三不孝也。

財，私妻子，不顧父母之養，三不孝也；從耳目之欲，以為父母戮，四不孝也；好勇鬥狠，以危父母，五不孝也。章子有一於是乎?」(〈離婁下〉)孟子對匡章的看法亦與眾不同。人認為不孝，他指出不孝五種，認為匡章沒有什麼不孝之處。

由上列兩段，可知當時流行的所謂不孝大概有八種，都是孟子認為人子不能觸犯的。

㈡仁民愛物　孟子曰：「君子之於物也，愛之而弗仁；於民也，仁之而弗親。親親而仁民，仁民而愛物。」(〈盡心下〉)這種由親親而仁民而愛物的道德，是有層次而近乎人情的，與墨子愛無差等的兼愛不同。

㈢廉、惠、勇與養勇　孟子曰：「可以取，可以無取；取，傷廉。可以與，可以無與；與，傷惠。可以死，可以無死；死，傷勇。」(〈離婁下〉)孟子對於廉、惠、勇的看法是有其嚴格範圍的，不可作不必要的取予，亦不可作不必要的犧牲。

孟子還有一套養勇與不動心的理論。公孫丑問曰：「不動心有道乎?」孟子答曰：「有。」(〈公孫丑上〉)他把北宮黝與孟施舍之養勇的辦法，加以敘述。北宮黝「視刺萬乘之君，若刺褐夫」，孟施舍以無懼為勇。能這樣養勇(一種勇往無前不屈不撓之精神)，就是公卿加於身，亦不動心，千萬人在前，亦不畏懼。

㈣大丈夫　孟子曰：「居天下之廣居，立天下之正位，行天下之大道；得志與民由之，不得志獨行其道；富貴不能淫，貧賤不能移，威武不能屈，此之謂大丈夫。」(〈滕文公下〉)大丈夫是孟子的理想人物，其道德修養是高人一等的。

㈤大人與小人　公都子問曰：「鈞是人也，或為大人，或為小人，何也?」孟子曰：「從其大體為大人，從其小體為小人。」曰：「鈞是人

也，或從其大體，或從其小體，何也?」曰:「耳目之官不思，而蔽於物;物交物，則引之而已矣。心之官則思，思則得之，不思則不得也。此天之所與我者。先立乎其大者，則其小者不能奪也，此為大人而已矣。」(〈告子上〉) 這裡的「思」與所謂「仁義禮智，……我固有之，弗思耳矣」的「思」相同。心之官則「思」，在思仁義禮智，在思發揚良知良能，在思良心或本心。所謂「先立其大者」的大人，是能本著良心或本心去做事，不受五官的欲望所牽制，後來陸象山便發揚此主張。

　　㈥**禮與食、色**　他人問於屋廬子曰:「禮與食孰重?」曰:「禮重。」「色與禮孰重?」曰:「禮重。」曰:「以禮食，則饑而死，不以禮食，則得食，必以禮乎? 親迎，則不得妻，不親迎，則得妻，必親迎乎?」屋廬子不能對。明日之鄒，以告孟子。孟子曰:「於答是也何有! 不揣其本，而齊其末，方寸之木，可使高於岑樓。金重於羽者，豈謂一鉤金與一輿羽之謂哉! 取食之重者，與禮之輕者而比之，奚翅食重? 取色之重者，與禮之輕者而比之，奚翅色重?」往應之曰:「紾兄之臂，而奪之食，則得食，不紾則不得食，則將紾之乎? 踰東家牆而摟其處子，則得妻;不摟則不得妻，則將摟之乎?」(〈告子下〉) 孟子的意思是說禮重於食、色，應該非禮勿食、非禮勿妻。

　　㈦**仁義與利**　孟子見梁惠王。王曰:「叟! 不遠千里而來，亦將有以利吾國乎?」孟子對曰:「王何必曰『利』? 亦有『仁義』而已矣。王曰: 何以利吾國? 大夫曰: 何以利吾家? 士庶人曰: 何以利吾身? 上下交征利，而國危矣。萬乘之國，弒其君者，必千乘之家;千乘之國，弒其君者，必百乘之家。萬取千焉，千取百焉，不為不多矣;苟為後義而先利，不奪不饜。未有『仁』而遺其親者也;未有『義』而後其君者也。王亦曰『仁義』而已矣，何必曰『利』?」(〈梁惠王上〉)

孟子既主張別王霸，別夷夏，亦主張別義利，因此勸梁惠王要重視仁義，不要重視利。

宋牼將之楚，孟子遇於石丘。曰：「先生將何之？」曰：「吾聞秦楚構兵，我將見楚王，說而罷之，楚王不悅，我將見秦王，說而罷之。二王我將有所遇焉。」曰：「軻也，請無問其詳，願聞其指，說之將如何？」曰：「我將言其不利也。」曰：「先生之志則大矣，先生之號則不可。先生以利說秦楚之王，秦楚之王悅於利，以罷三軍之師，是三軍之士樂罷而悅於利也。為人臣者，懷利以事其君；為人子者，懷利以事其父；為人弟者，懷利以事其兄；是君臣，父子，兄弟，終去仁義懷利以相接，然而不亡者，未之有也。先生以仁義說秦楚之王，秦楚之王悅於仁義，而罷三軍之師；是三軍之師樂罷而悅於仁義也。為人臣者，懷仁義以事其君；為人子者，懷仁義以事其父；為人弟者，懷仁義以事其兄；是君臣、父子、兄弟，去利懷仁義以相接也，然而不王者，未之有之！何必曰利。」(〈告子下〉)墨家持功利主義，故重視利；孟子持道義主義，故重視仁義。又墨家合義利（墨子曰：「義，利也。」），孟子別義利，兩家觀點不同，故政治主張亦分道揚鑣。

㈧浩然之氣　孟子曰：「我知言，我善養吾浩然之氣。」「敢問何謂浩然之氣？」(公孫丑問)曰：「難言也。其為氣也，至大至剛，以直養而無害，則塞乎天地之間。其為氣也，配義與道，無是餒也。是集義所生者，非義襲而取之也；行有不慊於心，則餒矣。我故曰告子未嘗知義，以其外之也。必有事焉而勿正，心勿忘，勿助長也。無若宋人然：宋人有閔其苗之不長而揠之者，芒芒然歸，謂其人曰：『今日病矣！予助苗長矣。』其子趨而往視之，苗則槁矣！天下之不助苗長者寡矣。以為無益而舍之者，不耘苗者也。助之長者，揠苗者也；非徒無益，而又害之。」(〈公孫丑上〉)浩然之氣，配義與道，至大至

剛，遇事無餒。養此浩然之氣的方法，是要順其自然（直養），不可
揠苗助長。後來文天祥發揮此義，故能名垂千古。

(九)**善、信、美、聖、神**　浩生不害問曰：「樂正子，何人也?」孟
子曰：「善人也，信人也。」「何謂善? 何謂信?」曰：「可欲之謂善，
有諸己之謂信，充實之謂美，充實而有光輝之謂大，大而化之之謂聖，
聖而不可知之之謂神。樂正子，二之中，四之下也。」(〈盡心下〉) 善、
信、美、聖、神是五種理想人物。莊子曰：「至人無己，神人無功，
聖人無名。」《論語》只講到聖人，《中庸》曾講到至誠如神，孟子這
裡講到神人，但未講到至人。

(十)**君子與仁人**　神人、聖人、大人、大丈夫，都是孟子理想人物。
此外，還有君子。如說：「君子有終身之憂，而無一朝之患。」「君子
所異於人者，以其存心也。君子以仁存心，以禮存心，仁者愛人，有
禮者敬人。愛人者人恆愛之，敬人者人恆敬之。」(〈離婁下〉) 這種仁
而有禮的人物，極為孟子所佩服。孟子說：「仁者無敵於天下。」「國
君好仁，天下無敵。」合「仁者愛人」講，仁者極為孟子所推崇。

肆、孟子的政治思想

　　孟子的政治思想，可分為王道主義、民族主義、革命思想和民本
主義。

(一)**王道主義**　別人禽，別義利，以及別王霸，乃孟子的重要思想。
孔子雖然講過齊桓、晉文之事，如說：「晉文公譎而不正，齊桓公正
而不譎。」但孟子卻說：「仲尼之徒，無道桓文之事者」(〈梁惠王上〉)
他自己特別重王輕霸，而且以王抑霸。王霸之別何在? 他說「以力假
仁者霸，霸必有大國，以德行仁者王，王不待大，湯以七十里，文王
以百里。以力服人者，非心服也，力不贍也，以德服人者，中心悅而

誠服也，如七十子之服孔子也。」（〈公孫丑上〉）孟子以為王道尚德，霸道尚力；王道施仁政，霸道用權威。

如何實行王道？一為保民，一為養民。孟子說：「保民而王，莫之能禦也。」又說：「使民養生喪死無憾，王道之始也。」（〈梁惠王上〉）

㈡**民族主義** 孟子曰：「吾聞用夏變夷者，未聞變於夷者也。」（〈滕文公下〉）這是說我們要以夏變夷，不可以夷變夏，這不是一種民族思想嗎？又曰：「昔者禹抑洪水而天下平，周公兼夷狄而百姓寧。……《詩》云：『戎狄是膺（打擊），荊舒是懲，則莫我敢承（抵擋）。』」（〈滕文公下〉）他主張同化夷狄，而不主張被夷狄所同化；又讚揚周公兼夷狄，懲荊舒，可見孟子除別王霸外，又重視別夷夏。

㈢**革命思想** 齊宣王問曰：「湯放桀，武王伐紂，有諸？」孟子對曰：「於傳有之」。曰：「臣弒其君，可乎？」曰：「賊仁者謂之賊，賊義者謂之殘，殘賊之人，謂之一夫，聞誅一夫紂矣，未聞弒君也。」（〈梁惠王下〉）這是說，殘賊之獨夫，人人可得而誅之，不可視為以臣弒君，這就是孟子的革命思想。

㈣**民本主義** 孟子說：「民為貴，社稷次之，君為輕。」（〈盡心下〉）這是孟子民本主義的基本主張。

孟子又有重視輿論的見解，他認為國人皆曰可用，然後用之；國人皆曰不可，然後去之；國人皆曰可殺，然後殺之，其原文如下：

「左右皆曰賢，未可也，諸大夫皆曰賢，未可也，國人皆曰賢，然後察之，見賢焉，然後用之；左右皆曰不可，勿聽，諸大夫皆曰不可，勿聽，國人皆曰不可，然後察之，見不可焉，然後去之；左右皆曰可殺，勿聽，諸大夫皆曰可殺，勿聽，國人皆曰可殺，然後察之，見可殺焉，然後殺之，曰：國人殺之也。」（〈梁惠王下〉）這是孟子以為登用人才，罷免平庸，剷除惡劣，都要尊重輿論。

　　孟子最強調民心的重要:「桀紂之失天下也,失其民也,失其民者,失其心也。得天下有道,得其民,斯得天下矣。得其民有道,得其心,斯得民矣。得其心有道,所欲與之聚之,所惡勿施爾也。」(〈離婁上〉)。這與管子所謂「政之所興,在順民心,政之所廢,在逆民心。」同其意義。所謂「所欲與之聚之」,是為老百姓解決民生問題,即「在順民心」;所謂「所惡勿施」,即不逆民心。

　　他又說:「得道者多助,失道者寡助,寡助之至,親戚叛之;多助之至,天下順之。以天下之所順,攻親戚之所叛,故君子有不戰,戰必勝矣。」(〈公孫丑下〉)這是說能順民心者必勝,違反民心者必敗。

　　孟子認為堯舜禪讓,是天意,也是民意。他說:「堯薦舜於天,而天受之,暴之於民,而民受之。」天不能言,惟民意所向即是天意所在。故孟子引《書經·泰誓》之言曰:「天視自我民視,天聽自我民聽,此之謂也。」(〈萬章上〉)這是以民意代天意,先選舉後委任,不傳子而傳賢的民主作風。

　　舜之禪位於禹,據孟子所說:「昔者舜薦禹於天,十有七年,舜崩,三年之喪畢,禹避舜之子於陽城,天下之民從之,若堯崩之後,不從堯之子而從舜也。」(〈萬章上〉)這樣看來,舜禹之禪位,還是基於順從民意;雖未經過如今天一樣的投票手續,但亦多少含有「民選」之意在。

伍、孟子的經濟思想

　　孟子的經濟思想,以解決民生問題為中心,內含食衣教養問題、住行問題、婚姻生育問題、音樂娛樂問題、均地與輕稅問題等。

　　㈠食衣教養問題之重視　孟子曰:「不違農時,穀不可勝食也。數罟(細網)不入污池,魚鱉不可勝食也。斧斤以時入山林,材木不

可勝用也。穀與魚鼈不可勝食，材木不可勝用，是使民養生送死無憾也。養生送死無憾，王道之始也。」(〈梁惠王上〉)他特別注意到穀米魚鼈材木等問題，這些都屬於民生的範圍。

孟子接著說：「五畝之宅，樹之以桑，五十者可以衣帛矣！雞豚狗彘之畜，無失其時，七十者可以食肉矣；百畝之田，勿奪其時，八口之家，可以無飢矣！謹庠序之教，申之以孝悌之義，頒白者，不負戴於道路矣；七十者衣帛食肉，黎民不飢不寒，然而不王者，未之有也。」(〈梁惠王上〉)連上段看，這裡講到食衣教養等問題，這些都是民生日用不可或缺者，可見孟子的經濟思想是最重視民生的。

㈡住行問題之重視　孫中山先生講民生主義，重視住與行，孟子亦早注意及此。

滕文公問為國之道，孟子的答覆是：「民事不可緩也。詩云：『晝爾于茅，宵爾索綯，亟其乘屋，其始播百穀。』」(〈滕文公上〉)這裡認為在播種(百穀)之前，要先修理房屋(晝取茅，晚修屋)，就是說住的問題，不能不加以重視。

齊宣王曰：「寡人有疾，寡人好貨。」孟子對曰：「昔者公劉好貨，詩云：『乃積乃倉，乃裹餱糧，于橐于囊，思戢用光，弓矢斯張，干戈戚揚，爰方啟行。』故居者有積倉，行者有裹糧也，然後可以爰方啟行。王如好貨，與百姓同之，於王何有？」(〈梁惠王下〉)這裡由好貨而講到「居有積倉，行有裹糧」，對於糧食之儲備與旅行之便利，孟子亦未曾疏忽。

關於行的問題，就個人言，乃是旅行問題，就交通言，乃是橋樑道路問題。

子產聽鄭國之政，看見人民沒有渡河的工具，便以其乘輿濟人於溱洧，這博得了當時人民的感激，後代人士的讚揚，孟子卻不贊同。

他評論子產曰：「惠，而不知為政。歲十一月徒杠（小橋）成，十二月輿梁（大橋）成，民未病涉（不苦於涉水）也，君子平其政，行辟（同闢）人可也，焉得人人而濟之。」（〈離婁下〉）這是說橋樑要按時修好，便可以解決行的問題，不必以自己的車子濟人。

　　遠在兩千多年前，孟子談政治，就注意到橋樑問題，真是難能可貴。

　　㈢生育與婚姻問題　告子曰：「食色，性也。」孔子曰：「飲食男女，人之大欲存焉。」故民生問題中，既包括食衣住行問題，亦涉及男女生育問題。蔣介石先生在〈民生主義育樂兩篇補述〉中，講育的問題時，便講到了婚姻問題，如實行結婚貸款、生育給假等。

　　孟子學說中，對於生育與婚姻問題亦特別重視。他認為一國之內，要做到「內無怨女，外無曠夫」。

　　齊宣王曰：「寡人有疾，寡人好色。」孟子對曰：「昔者大王好色，愛厥妃。詩云：『古公亶父，來朝走馬，率西水滸，至於岐下，爰及姜女，聿來胥宇。』當是時也，內無怨女，外無曠夫。王如好色，與百姓同之，於王何有？」（〈梁惠王下〉）孟子的意思是，只要老百姓的婚姻問題能獲得解決，王如好色，亦沒有什麼問題；反之，社會上充滿著「怨女」、「曠夫」，王便不能視若無睹了。

　　孟子曰：「不孝有三，無後為大。」按古人結婚，須有父母之命、媒妁之言，才算是合法。但大舜娶娥皇女英，並未得到父母（瞽瞍夫婦）之許可，有人以此問孟子，他說：「舜不告而娶，為無後也。」如以現代眼光來看，孟子是獎勵生育的民族主義學者。中國人口之所以能列為世界第一，可能是受了「不孝有三，無後為大」這名言的影響。

　　㈣音樂與娛樂問題　戴季陶先生在「孫文主義之哲學的基礎」中，指出孫先生未講完的民生問題中，還要講育、樂兩問題。蔣介石

先生在〈民生主義育樂兩篇補述〉中，把樂的問題分為心理康樂、身體康樂、康樂環境及康樂技術等，孟子對於音樂與娛樂問題亦已顧到。

孟子對於樂的問題，講到音樂、田獵及公園等，而其中心主張是：君主要與民同樂，不可獨樂。

齊宣王好音樂，自以為只能好今之樂，不能好古之樂。孟子對曰：「王之好樂甚，則齊其庶幾乎！今之樂，由古之樂也。」曰：「可得聞與?」曰：「獨樂樂，與人樂樂，孰樂?」曰：「不若與人。」曰：「與少樂樂，與眾樂樂，孰樂?」曰：「不若與眾。」這是孟子希望把齊宣王引向與眾樂樂（與民同樂）的正當途徑，以期解決人民的娛樂問題。

與民同樂有什麼好處呢? 不與民同樂有什麼不好呢? 孟子曾就開音樂會、田獵兩事反覆加以說明，最後結論是「今王與民同樂，則王樂矣。」

齊宣王見孟子於雪宮（有花園之宮殿），王曰：「賢者亦有此樂乎?」孟子對曰：「有。人不得，則非其上矣！不得而非其上者，非也；為民上而不與民同樂者，亦非也。樂民之樂者，民亦樂其樂；憂民之憂者，民亦憂其憂。樂以天下，憂以天下，然而不王者，未之有也！」孟子講王道，除以仁政為中心外，還以與民同樂為條件，促請君主注意。

齊宣王又謂寡人之囿方四十里，民猶以為大，文王之囿方七十里，民猶以為小，何也? 孟子告訴他，文王之囿方七十里，砍柴的可以去，打獵的可以去，人民以為小，是因為與民同樂的關係。由此可知文王之囿，類似今日的國家公園。

孟子見梁惠王，王立於沼上（可能是隔水的動物園），顧鴻雁麋鹿曰：「賢者亦有此樂乎?」孟子對曰：「賢者而後樂此，不賢者，雖

有此不樂也。」中間曾講到「文王以民力為臺為沼，而民歡樂之。謂其臺曰靈臺，謂其沼曰靈沼，樂其有麋鹿魚鼈，古之人與民偕樂，故能樂也。」（〈梁惠王上〉）這裡講與民偕樂的靈囿靈沼，可能也屬公園，故孟子特別加以推崇。

㈤**均地與輕稅主義** 孔子曰：「丘也聞有國有家者，不患寡而患不均，不患貧而患不安。蓋均無貧，和無寡，安無傾。」（《論語·季氏》）

孔子提倡「均產」，孟子則提倡「均地」。

滕文公使畢戰問井田制，孟子曰：「子之君將行仁政，選擇而使子，子必勉之！夫仁政，必自經界始。經界不正，井地不均，穀祿不平。是故暴君污吏，必慢其經界。經界既正，分田制祿，可坐而定也。」（〈滕文公上〉）

如何定賦稅呢？孟子認為依照古制，「請野（鄉村）、九一而助，國中（城市），什一使自賦。」又說：「方田而井，井九百畝，其中為公田，八家皆私百畝。」所謂正經界就是要整理土地，恢復井田制度，以期妥善解決土地與田賦問題，後來儒者憧憬於「井田」，是受了孟子的影響。

孟子提倡均地，亦提倡「薄稅斂」。他說：「易其田疇，薄其稅斂，民可使富也。」又曰：「有布縷之征，粟米之征，力役之征，君子用其一，緩其二。用其二而民有莩（餓殍）；用其三而父子離。」（同上）又曰：「市廛而不征，法而不廛，則天下之商皆悅而願藏其市矣！關譏而不征，則天下之旅皆悅而願出其塗矣！耕者助而不稅，則天下之農皆悅而願耕於其野矣。廛無夫里之布，則天下之民皆悅而願為之氓矣。」（〈公孫丑上〉）對於布稅、米稅、勞役，能用其一緩其二，老百姓必定感到輕鬆而欣悅，又市面上不征商賈稅，關口上不征入口稅，

農村只征九一之助，那麼農工商必然來歸了。

陸、孟子的教育思想與文化運動

1. 教育思想

孟子的教育思想，計可分為發揚個性、重視德育、因材施教、注重教育環境等。

㈠發揚個性　著者常把教育分為農業式的教育與工業式的教育，前者重「發揚」，後者重「陶冶」，性善論的教育家以園丁或農夫自居，性惡論的教育家則以鐵匠或礦工自居。孟子主性善論，故主張發揚個性。

孟子說：「惻隱之心，人皆有之，……惻隱之心仁也，羞惡之心義也，恭敬之心禮也，是非之心智也。仁義禮智，非由外鑠我也，我固有之也，弗思耳矣。故曰：求則得之，舍則失之。」所謂求則得之，就是主張教育應發揚仁義禮智這四種德性（善性）。

他說：「牛山之木嘗美矣」，如果既有斧斤伐之，又有牛羊牧之，則變為濯濯童山了。人之仁義之心亦然，其所以放其良心者，亦猶斧斤之於木也，旦旦而伐之，它就不美了。故說：「苟得其養，無物不長，苟失其養，無物不消。」（〈告子上〉）可見他在教育方面是重視存養工夫的，就是要將其善性養而致之，並防止一切斲傷和放蕩。

孟子說：「仁，人心也；義，人路也。舍其路而弗由，放心而不知求，哀哉。……學問之道無他，求其放心而已矣。」所謂求放心，就是要保守（或收回）仁心，亦就是不讓良心放失。

先天的良知良能，是就親親之仁與敬長之義而言，他主張發揚良知良能，就是主張發揚仁義之心。

㈡**重視德育**　孟子在敘述教育起源時說:「逸居而無教,則近乎禽獸,聖人有憂之,使契為司徒,教以人倫:父子有親,君臣有義,夫婦有別,長幼有序,朋友有信。」(〈滕文公上〉)他認為古代教育是以德育為中心的。故又曰:「謹庠序之教,申之以孝悌之義。」「庠者,養也,校者,教也,序者,射也,夏曰校,殷曰序,周曰庠,學則三代共之,皆所以明人倫也。」(同上)

明人倫的教育(德育)有什麼好處呢?孟子以為「人倫明於上」,則可以收到「小民親於下」的效果。又說:「壯者以暇日,修其孝、悌、忠、信,入則事其父兄,出則事其長上,可使制挺以撻秦、楚之堅甲利兵矣。」道德教育的功效,是可以發揮其精神力量,以挺(棍子)戰勝秦楚之堅甲利兵。

㈢**因材施教**　孟子把教學分為五類:「君子之所以教者五:有如時雨化之者(如孔子之於顏淵及曾子),有如成德者(如孔子之於冉有、閔子騫),有達財(材)者(如孔子之於子路、子貢),有答問者(如《論語》所載),有私淑艾者(如孟子之於孔子)是此五者,君子之所以教也。」(〈盡心上〉)此孟子依學者個性分別施教,期能各有成就。

㈣**注重教育環境**　西洋教育學者,凡主張發揚個性的,多不重視教育環境。孟子則兩者並顧,他以楚大夫欲其子學齊語為例說:「一齊人傅之,眾楚人咻之,雖日撻而求其齊也,不可得矣。引而置之莊嶽(齊境)之間數年,雖日撻而求其楚也,亦不可得矣。」(〈滕文公下〉)這是說學習要有良好的環境。孟母三遷,就是一個很好的說明。

2. 文化運動

著者認為孟子在儒家最大的貢獻,就是距楊墨,傳道統。

公都子曰:「外人皆稱夫子好辯,敢問何也?」孟子曰:「予豈好辯哉?予不得已也。天下之生(生民以來之意)也久矣,一治一亂。當堯之時,水逆行,氾濫於國中,蛇龍居之,民無所定,……使禹治之,禹掘地而注之海,驅蛇龍而放之菹(生草之澤)。……險阻既遠,鳥獸之害人者消,然後人得平土而居之。堯舜既沒,聖人之道衰,暴君代作,壞宮室以為污池,民無所安息。……及紂之身,天下又大亂。周公相武王,誅紂伐奄。……驅虎豹而遠之,天下大悅。……世衰道微,邪說暴行有作,……孔子懼,作春秋。」他把過去一治一亂的演進情形敘述之後,便談到當時社會情形與應負的責任。

他接著說:「聖王不作,諸侯放恣,處士橫議。楊朱墨翟之言盈天下,天下之言不歸楊則歸墨。楊氏為我,是無君也;墨氏兼愛,是無父也。無父無君,是禽獸也。……楊墨之道不息,孔子之道不著。是邪說誣民,充塞仁義也。仁義充塞,則率獸食人,人將相食。吾為此懼,閑(學習)先聖之道,距楊墨,放淫辭。邪說者不得作;作於其心,害於其事;作於其事,害於其政。聖人復起,不易吾言矣。」可見他是以閑先聖之道(可稱傳道統)、距楊墨為職責的。

其結論說:「昔者禹抑洪水而天下平,周公兼夷狄,驅猛獸,而百姓寧,孔子成春秋,而亂臣賊子懼。……我亦欲正人心,息邪說,距詖行,放淫辭,以承三聖者,豈好辯哉?予不得已也。能言距楊墨者,聖人之徒也。」(〈滕文公下〉)他以承三聖之道自任,更以傳堯、舜、禹、湯、文王、孔子之道自命。

〈盡心〉稱:「由堯舜至於湯,五百有餘歲。……由湯至於文王,五百有餘歲。……由文王至於周公,五百有餘歲。……由孔子而來,至於今,百有餘歲。去聖人之世,若此其未遠也,近聖人之居,若此其甚也。然而無有乎爾,則亦無有乎爾!」連上篇合起來看,他在積

極方面，是以傳堯舜禹湯文武周公孔子的道統自命；在消極方面，是以距楊墨自命。

他又在〈公孫丑下〉說：「五百年必有王者興，其間必有名世者。由周而來，七百有餘歲矣，以其數則過矣，以其時考之則可矣。夫天未欲平治天下也，如欲平治天下，當今之世，舍我其誰也?」所謂五百年必有王者興，固屬他的主觀邏輯，未必可靠；然而他以名世者自許，既有傳道精神，亦有英雄氣概。

現在我們講文化復興運動，據著者的看法，孟子是儒家文化運動的先驅。後來，漢之董仲舒，唐之韓愈，宋明之程朱陸王，都是儒家文化運動的繼起人物。他們在「立信」與「傳道」方面是一致的，在「破疑」與「解惑」方面則各有各的對象。孟子一面傳堯、舜、禹、湯、文、武、周、孔之大道，一面距楊墨；董仲舒一面尊儒術，一面罷百家；韓愈一面傳堯、舜、禹、湯、文、武、周、孔、孟之道統，一面反佛老；程朱陸王雖不免各立門戶，而對外旗幟仍是標榜傳道統與反佛老。是以他們衛道的精神是一貫的，都是孔子的忠實信徒，都為道統的繼承者。

柒、結　論

孟子的天命觀，乃因襲古代，其在政治方面的民本主義，亦含有天命主義在內，所謂「天視自我民視」，為他所重視的古語。

孟子的性善論與西洋的理性論相通，與經驗論相反；又與亞里斯多德的見解（人是有理性的動物）相似，與霍布士的見解（人天生是自私自利的）不同。後來，荀子、韓非持性惡論以反性善論，觀點跟霍布士一樣。

究竟人性是善抑是惡，本非三言兩語所能解答。著者以為人具有

機械性、獸性、理性和神性。告子曰:「性猶湍水也,決諸東方則東流,決諸西方則西流。」是就人的機械性而言。荀子曰:「人之性惡,其善者偽也。」並舉好利之心,疾惡之心,好聲色的耳目之欲為例,是就人的獸性而言。孟子道性善,並舉惻隱、羞惡、辭讓(恭敬)、是非之心(仁義禮智四端)以證之,是就人的理性而言。莊子曰:「至人無己,神人無功,聖人無名。」孟子曰:「大而化之之謂聖,聖而不可知之之謂神。」這裡所講的至人、神人、聖人,是就具有神性的人而言。著者又以為人性是進化的,不是退化的,即由機械性進化為獸性,獸性進化為理性,理性進化為神性。故自進化的立場說,亞里斯多德認為人是有理性的動物,是合理的,孟子認為人性善,也是合理的。

孟子的樂觀主義的人生觀,是求精神上的快樂,不求物質上的快樂,與孔、顏安貧樂道的精神相同,與《列子・楊朱》所求肉體上的快樂有別。孟子成仁取義的人生觀,乃由孔子「無求生以害仁,有殺身以成仁」推演而來。培根謂「個人福利與社會福利二者不可得兼時,寧舍個人福利,而取社會福利」,與孟子舍生取義的主張可稱同調。

孟子的道德觀,多由孔門而來,如講孝、講仁、講廉、講勇、講禮、別義利,重視君子仁人等;惟亦有獨創者,如講大丈夫,講養勇,養浩然之氣,在聖人之上再加一種神人(聖而不可知之之謂神,所存者神)等。《中庸》固講到「至誠如神」,但沒有加在聖人之上。

孟子的政治思想特別重視「別王霸」,說「仲尼之徒,無道桓文之事者」。後儒受其影響,皆重王而輕霸。其民族主義、民本主義與革命思想,為後世所稱道,孫先生在《民權主義》中備加讚揚。

孟子的經濟思想以民生問題為中心,允稱難能可貴。他對於婚姻問題之重視,著者認為我們現在尚未顧到,似應加注意。

　　孟子的教育思想，以性善論為基礎，重視發揚個性，與西洋近代自然主義及自由主義教育家的主張相類似，而早於他們千年以上，這是值得驕傲的事情。

　　就文化復興運動言，孟子是儒家第一位文化復興運動者，以後才有董仲舒（雜有陰陽家成分）、韓愈及宋明理學家。他說：「五百年必有王者興」，這種歷史循環論，未必與實際政治相符合，但是治亂相循，總是免不了的。尤其他以傳道統自命，所謂「當今之世，舍我其誰」，這種治國平天下的抱負，「正人心，息邪說」的大無畏精神，值得我們效法。

第三節　荀子的哲學思想

　　荀子，名況字卿，因避諱，一名孫卿（西元前二九八～二三八年）❶。趙人，年五十，始遊學於齊。田駢之屬皆已死。齊襄王時，荀卿為老師，在齊曾三為祭酒。齊人或讒荀卿，乃適楚，而春申君以為蘭陵令。春申君死而荀卿廢，因家蘭陵，李斯嘗為弟子，已而相秦。荀卿嫉濁世之政，亡國亂君相屬，不遂大道而營於巫說，鄙儒小拘，如莊周等，又滑稽亂俗。於是推儒墨道德之行事興壞，序列著書數萬言而卒，因葬於蘭陵。

　　據《漢志》載有「孫卿子」三十三篇，《宋史·藝文誌》計有「荀卿子」二十卷，今仍存二十卷，計三十二篇。這裡分為：⑴宇宙論⑵人性論⑶知行論與智識論⑷道德觀與修養論⑸政治觀⑹經濟思想⑺

---

❶　荀子生死年月不易考查，惟據汪中著《述學補遺》，內作〈荀子年表〉，謂生於趙惠王元年（西元前二九八年），歿於趙悼襄王七年（西元前二三八年）。今從之。

教育思想(8)各家哲學評論等。

壹、荀子的宇宙論

（一）無神論與自然主義　道家論天，崇尚自然，屬於無神論。儒家論天，有時屬於有神論，有時屬於無神論。如說「獲罪於天」，「天喪予」，「畏天命」，似含「有神」的意味，如說「天何言哉？四時行焉，百物生焉，天何言哉？」似含「無神」的意味。荀子論天，則有無神論及自然主義的見解。

〈天論篇〉云：「列星隨旋，日月遞炤，四時代御，陰陽大化，風雨博施，萬物各得其和以生，各得其養以成，不見其事而見其功，夫是之謂神。皆知其所成，莫知其無形，夫是之謂天。」這裡所講的「天」，屬於自然主義的「天」，所講的「神」，屬於無神論的「神」。

因為荀子主無神論和自然主義，所以他不把災異與神怪連在一起，即認為天變乃自然界不常見之事，可怪不可畏。〈天論篇〉云：「星隊（墜）木鳴，國人皆恐，曰：『是何也？』曰：『無何也，是天地之變，陰陽之化，物之罕至者也，怪之可也，而畏之非也。夫日月之有蝕，風雨之不時，怪星之黨見（解作頻見之意，又解作儻見或晝見），是無世而不常有之，上明而政平，則是雖並世起無傷也。上闇而政險，則是雖無一至者無益也。」可見荀子已粗具自然科學眼光，與陰陽家所說的災異大有區別。

天旱而求雨，雨至人以為是由於求神而獲得，荀子不以為然。〈天論篇〉云：「雩（求雨）而雨，何也？曰：『無何也，猶不雩而雨也。日月食而救之，天旱而雩，卜筮然後決大事，非以為得求也，以文之也（文飾政事以順民情而已）。故君子以為文，小人以為神。以為文則吉，以為神則凶。」荀子主無神論，並認為信神則凶，不信神則吉。

與所謂「國之興聽於民，國之滅聽於神」，同其意義。

（二）**制天命與戡天主義**　孔門重視天命，如說「死生有命，富貴在天。」故主張順天。墨子尊天而非命，雖反對命運，猶重視天志（天意），亦主張順天。獨荀子從無神論的立場，而主張戡天。

〈天論篇〉云：「大天而思之，孰與物畜而制之？從天而頌之，孰與制天命而用之？望時而得之，孰與應時而使之？因物而多之，孰與騁能而化之？思物而物之，孰與理物而勿失之也？願於物之所以生，孰與有物之所以成？故錯人而思天，則失萬物之情。」上面之主張，類似培根的征服自然論，如果能早予以發揚，可能在中國產生並發展了自然科學。只因國人多崇孟抑荀，以致自然科學無由興起，未免可惜！

曾國藩說：「盡其在我，聽其在天。」荀子則以為，應敬其在己者而不必慕其在天者。他說：「若夫心意修，德行厚，智慮明，生於今而志乎古，則是其在我者也。故君子敬其在己者，而不慕其在天者，小人錯其在己者，而慕其在天者。君子敬其在己者，而不慕其在天者，是以日進也。小人錯其在己者，而慕其在天者，是以日退也。故君子之所以日進，與小人之所以日退，一也，君子小人之所以相縣（懸）者在此耳。」如說莊子反對以人滅天，荀子則主張以人戡天。

貳、荀子的人性論

（一）**性惡論**　告子認為性無善無不善，公都子引他人之言曰：「有性善有性不善」，又曰：「性可以為善，可以為不善」。孟子認為性無不善，荀子則倡性惡論。他說：「人之性惡，其善者偽也。今人之性，生而有好利焉，順是故爭奪生，而辭讓亡焉！生而有疾惡焉，順是故殘賊生，而忠信亡焉！生而有耳目之欲，有好聲色焉！順是故淫亂生，

而禮義文理亡焉！然則從人之性，順人之情，必出於爭奪，合於犯分亂理，而歸於暴。故必將有師法之化，禮義之道，然後出於辭讓，合於文理，而歸於治，由此觀之，然則人之性惡明矣，其善者偽也。故枸木必將待櫽栝烝矯然後直，鈍金必將待礱厲然後利。今人之性惡，必將待師法然後正，得禮義然後治。」

孟子認為人性具有四善端：一為惻隱之心，仁也；二為羞惡之心，義也；三為辭讓之心，禮也；四為是非之心，智也。據此，他提倡性善論。荀子認為人性具有三惡端（惡端一詞為著者所擬）：一為好利之心，妨害辭讓；二為疾惡之心，妨害忠信；三為好聲色之心，妨害禮義文理。據此，他提倡性惡論。著者以為人性中既具有善端，亦具有惡端。善端可稱為理性，惡端可稱為獸性。孟荀各據一隅，故有性善性惡之爭。

孟子主性善，故認為仁義禮智根於心，即天然的，先天的；荀子主性惡，故認為禮義辭讓起於偽，即人為的，後天的。又孟子主性善，故認為「牛山之木嘗美矣」，以美木譬人性；荀子主性惡，故認為「鈎木必待櫽栝烝矯然後直」，以曲木譬人性。

荀子以性惡論駁性善論，並論性與偽之別。他稱：「孟子曰：『人之學者，其性善。』曰：『是不然，是不及知人之性，而不察於人之性偽之分者也。』凡性者，天之就也，不可學，不可事。禮義者，聖人之所生也，人之所學而能，所事而成者也。不可學，不可事，而在人者，謂之性；可學而能，可事而成之在人者，謂之偽。是性偽之分也。」

告子曰：「生之謂性。」《中庸》云：「天命之謂性。」孟子師子思，亦不否認《中庸》所言。荀子曰：「凡性者天之就也。」這都是說性是先天的，不是後天的，不過孟子說天生之性是善的，荀子說天生之性是惡的。

㈡**性惡論之疑問** 孟子道性善，但不能否定惡之存在，故說惡由於陷溺；荀子講性惡，亦不能否定善之存在，故說善起於人為（偽）。何人能起偽以化性呢？他把聖人抬出來。在〈性惡篇〉稱：「故聖人化性而起偽，偽起而生禮義，禮義生而制法度；然則禮義法度者，是聖人之所生也。故聖人之所以同於眾，其不異於眾者性也（指惡而言），所以異而過眾者偽也。」著者以為，聖人既具有與眾人相同之性（不能起偽，不能化性），又具有與眾人（凡人）相異之能（能起偽，能化性）；單就聖人與眾人之比較言，頗與性兩品說相似。王先謙云：「余謂性惡之說，非荀子本意也。其言曰：『直木不待檃栝而直者，其性直也；枸木必待檃栝烝矯然後直者，以其性不直也。』……夫使荀子而不知人性有善惡，則不知木性有枸直矣；然而其言如此，豈真不知性邪？余因以悲荀子遭世大亂，民胥泯棼，感激（憤激）而出此也。」《荀子·序》由王先謙之言，更可以看出荀子有性兩品的觀念，他之所以只引枸木以證人之性惡，不引直木以證人之性善，實出於偏激，或發於憤懑而已。

〈性惡篇〉又稱：「塗之人可以為禹，曷謂也？曰：『凡禹之所以為禹者，以其為仁義法正也。然則仁義法正，有可知可能之理。』然而塗之人皆有可以知仁義法正之質，皆有可以能仁義法正之具，然則其可以為禹也明矣。」這明明說塗之人（眾人）有可以為禹之質與為禹之具，與孟子認為「人皆可以為堯舜」，其意義相同。所謂「人皆可以為堯舜」，是就「性善」而言，所謂「塗之人可以為禹」，豈不是也含有性善之意嗎？為什麼一定要說性是惡的呢？

荀子又說：「塗之人可以為禹則然；塗之人能為禹，未必然也。雖不能為禹，無害可以為禹。」塗之人可以為禹，可說是與禹所具的性能相同；其所以未能為禹，或由於環境陷溺，或由於培養不當。這

又與孟子所謂「苟得其養，無物不長；苟失其養，無物不消」的說法相似了。所以著者認為荀子雖主性惡，但其議論中，亦流露著性善或性兩品的意味。

　　㈢進化的人性論　荀子一面講性惡，另一面講人的進化。他在〈王制篇〉稱：「水火有氣而無生，草木有生而無知，禽獸有知而無義，人有氣有生有知，亦且有義，故最為天下貴也。力不如牛，走不如馬，而牛馬為人用何也？曰：『人能群也。』人何以能群？曰：『分』。分何以能行？曰：『義』。故義以分則和，和則一，一則多力，多力則彊，彊則勝物。」如參照管子的見解來講，所謂「分」，含有分君臣上下，分尊卑貴賤，分公私義利，分父子兄弟夫婦而言。故能分則能分工合作，同心戮力，以戰勝萬物。反過來說，人生不能無群，群而無分則爭，爭則亂，亂則離，離則弱，弱則不能勝物。亞里斯多德以為物質只有存在，植物有存在還有生命，動物有存在有生命還有感覺，人有存在有生命有感覺還有理性，與荀子的看法相似，同屬於進化的人性論。

　　孫中山先生說：「人類由動物之有知識，能互助者進化而成；當其蒙昧，力不如獅虎牛馬，走不如犬兔，潛不如魚介，飛不如諸禽，而猶得自保者，能互助，故合弱以禦強，有知識故能趨利而避害也。」這段理論與荀子所說「能群」、「能一」、「能知義」、「能勝物」正復相同。孫先生的人性論，可稱為互助的人性論，不能稱為性惡論；荀子的人性論，亦可稱為互助的人性論，不能稱之為純性惡論。

　　荀子〈非相篇〉稱：「人之所以為人何已也？」曰：「以其有辨也。」又稱：「人之所以為人者，非特二足而無毛也，以其有辨也。今夫狌狌（猩猩）形笑，亦二足而無毛也，然而君子啜其羹，食其胾（臠）。故人之所以為人者，非特以其二足而無毛也，以其有辨也，夫禽獸有

父子，而無父子之親，有牝牡，而無男女之別。故人道莫不有辨，辨莫大於分，分莫大於禮。」這是說人的特點在有辨有分，人與禽獸的區別，不在形體方面，而在精神方面（心性方面）。自智識方面看，人生而有分辨之知，為禽獸所無；自道德方面看，人生而具有理性（禮義之知），而禽獸則只有獸性。合起來說，就是「有知亦且有義」；或則說人與禽獸較，人是有理性的動物，故荀子認為人性善於獸性的見解，與孫先生的主張初無二致，怎能說他是純性惡論者呢？

　　總之，荀子的性惡論，多為憤世嫉俗之辭，或為有所感而發，他的理論，雖以反對孟子性善論為對象，但字裡行間，亦流露著性善的見解。荀學專家陳大齊先生，著〈孟子性善說與荀子性惡說的不相牴觸〉（載《孔孟學報》十三期），認為「兩家的人性學說不但不相反對，且竟不妨認為大體上兩相符順。縱有不同之點，其不同亦甚微細。」著者曾請教陳先生，當時引「人能群」，「人有義」等語，指出荀子的性惡論中含有性善思想，陳先生答以值得研究。閱讀陳先生在《孔孟學報》大著後，益信管見有研究之價值。不過陳先生認為孟子將「知」置於「性」之內，故講性善；荀子將「善」置於「知」，將「知」置於「性」之外，故講性惡。亦可以說，析知與性為二，荀子的性惡論是合理的；合知與性為一，荀子的性惡論便有問題了。

參、荀子的知行論和智識論

　　㈠關於知行論者　中國學者對於知行問題，有知行先後之爭，有知行難易之爭，有知行輕重之爭，而大多數都是重行主義者，或稱力行主義者。

　　荀子〈法行篇〉載：「公輸不能加於繩，聖人不能加於禮。禮者眾人法而不知，聖人法而知之。」所謂「眾人法而不知，聖人法而知

之」，便含有知難行易之意。單就「眾人法而不知」言，與孔子所謂「民可使由之，不可使知之」同義，含有「不知亦能行」之意。〈勸學篇〉云：「君子博學而參省乎己，則知明而行無過矣。」與程子所謂「知之深則行之必至」同義，亦含有「能知必能行」之意。荀子認為「心知道，然後可道，可道，然後能守道以禁非道。」這又是一個知行問題。陳大齊先生的解釋是：「認識（知）與踐履（行），二者不可缺一。認識得確當是知明；踐履得篤實是行修。」這是荀子的修養工夫。

〈勸學篇〉云：「故不登高山，不知天之高也；不臨深谿，不知地之厚也；不聞先王之遺言，不知學問之大也。」這裡有行而後知之意，即有鼓勵力行實踐之意。

〈勸學篇〉又云：「吾嘗終日而思矣，不如須臾之所學也；吾嘗跂而望矣，不如登高之博見矣。」蓋謂靜思不如力學，空望不如行動，這亦是提倡實踐力行的明徵。〈儒效篇〉云：「不聞不若聞之，聞之不若見之，見之不若知之，知之不若行之，學至於行之而止矣。」這是一種重行主義者的主張；如能力行實踐，則日積月累，終有所成。〈勸學篇〉又云：「積土成山，風雨興焉；積水成淵，蛟龍生焉；積善成德，而神明自得，聖心備焉。故不積跬步，無以致千里；不積小流，無以成江海。……鍥而舍之，朽木不折；鍥而不舍，金石可鏤。」可見荀子是重視力行實踐的思想家。

〈脩身篇〉云：「故跬步而不休，跛鼈千里，累土而不輟，丘山崇成。一進一退，一左一右，六驥不致，彼人之才性鼈，豈若跛鼈之與六驥足哉？然而跛鼈致之，六驥不致，是無他故焉，或為之，或不為爾。」這種重視力學的見解，與西洋人所謂龜兔競走相同。故又云：「道雖邇，不行不至，事雖小，不為不成。」〈儒效篇〉云：「積土而

為山，積水而為海，且暮積謂之歲。」這可以說是重視後天的經驗，亦可以說是重視人為的力行。

㈡**關於智識論者**　就智識起源問題言，理性論者以為智識起源於先天的理性；經驗論者以為智識起源於後天的經驗。如孟子講良知良能，屬於理性主義，洛克謂「人生如白紙」，屬於經驗主義。孫中山先生說：「智何自生，有其來源，約言之，厥有三種：⑴由於天生者。⑵由於力學者。⑶由於經驗者。中國古時亦有生而知之、學而知之、困而知之之說，與此略同。」（見〈軍人精神教育〉）按所謂「天生」或「生而知之」，屬於理性論；所謂「力學」與「經驗」，或「學而知之」與「困而知之」，屬於經驗論。合而言之，孫先生乃理驗並顧，先天與後天並重。

荀子主性惡，主力學，早已被人列為經驗論，如說「木受繩則直，金就礪則利。」（詳〈勸學〉〈性惡〉諸篇），但他有時亦於無意之間，流露了一種理性論的主張。如〈解蔽篇〉云：「人生而有知，知而有志（指記憶言）；志也者臧也（同藏），然而有所謂虛。不以所已臧，害所將受，謂之虛（雖有所志而臧，不害於將有所志而臧）」又云「心生而有知，知而有異；異也者，同時兼知之，同時兼知之，兩也，然而有所謂一。」單就生而有知言，他的理論，好像理性主義者朱熹所說：「凡人心之靈，莫不有知。」及「人自有生，即有知識。」荀子又說：「禽獸有知而無義，人有氣有生，有知亦且有義，故最為天下貴也。」由此可知，荀子固可稱經驗主義者，但有時亦流露了理性論的主張，稱之為重經驗而未忽視理性的理驗並顧論者，亦未嘗不可。

肆、荀子的道德觀與修養論

荀子的道德觀與修養論，包括甚廣。這裡講誠與修身、孝弟、忠

信與禮義、勇的種類、中庸主義等。

㈠**誠與修身**　荀子在〈不苟篇〉中曾說：「君子養心，莫善於誠。致誠則無它事矣。惟仁之為守，惟義之為行。誠心守仁則形，形則神，神則能化矣。誠心行義則理，理則明，明則能變矣。」這與《中庸》所謂「誠則形，形則明，明則著，著則動，動則變，變則化，唯天下至誠為能化。」其意思非常接近。

《大學》以誠意為政治的先決條件，《中庸》以誠為行九經的前提。荀子〈不苟篇〉說：「善之為道者，不誠則不獨，不獨則不形，不形則雖作於心，見於色，出於言，民猶若未從也，雖從必疑。天地為大矣，不誠則不能化萬物，聖人為知矣，不誠則不能化萬民。父子為親矣，不誠則疏，君上為尊矣，不誠則卑。夫誠者，君子之所守也，而政事之本也。」這與《大學》八目以修身為本，《中庸》九經以修身為首，其主要旨趣完全相同。〈君道篇〉載：「請問為國？」荀子答曰：「聞修身，未聞為國也。君者儀也，儀正而景正。」這也是說能修身方能為政，與「其身正不令而行」的意思，沒有區別。

㈡**孝弟、忠信與禮義**　荀子在道德方面重視孝弟忠信仁義與禮義。他在〈議兵篇〉強調仁義之師，〈臣道篇〉強調忠與仁，〈王制篇〉主張興孝弟，〈子道篇〉提倡入孝出弟。〈彊國篇〉云：「凡姦人之所以起者，以上之不貴義，不敬義也。夫義者，所以限禁人之為惡與姦者也。……凡為天下之要，義為本，而信次之，古者禹湯本義務信而天下治，桀紂棄義倍信而天下亂。故為人上者，必將慎禮義，務忠信，而後可。」

㈢**論勇的種類**　孫中山先生在〈軍人精神教育〉中，分勇為大勇與小勇，又分小勇為匹夫之勇、血氣之勇及無知之勇三種。荀子〈榮辱篇〉稱：「有狗彘之勇者、有賈盜之勇者、有小人之勇者、有士君

子之勇者。爭飯食、無廉恥、不知是非、不辟（同避）死傷，不畏眾彊，悻悻然（愛欲之貌）唯利飲食之見，是狗彘之勇也。為事利、爭貨財、無辭讓，果敢而振，猛貪而戾，悻悻然唯利之見，是賈盜之勇也。輕死而暴，是小人之勇也。義之所在、不傾於權，不顧其利，舉國而與之，不為改視，重死持義而不撓（不撓曲以苟生），是士君子之勇也。」這裡所說的狗彘之勇、賈盜之勇，就是小勇；士君子之勇，就是大勇，可見荀子是重大勇而輕小勇。

㈣**中庸主義** 孔門講中庸，荀子亦講中庸。〈儒效篇〉云：「先王之道，……比中而行之。曷謂中？曰：禮義是也」。荀子重視「中」，且以為循乎禮義而行，即是循「中道而行」。故禮能「斷長續短，損有餘，益不足」，以求合乎中道。

〈禮論篇〉云：「三年之喪何也？曰：稱情而立文，……故先王聖人安為之立中制節。」這裡反對墨子之短喪，認為短喪薄葬，不合乎「立中制節」。

從荀子的〈解蔽篇〉，亦可以看出他是反對走極端的。「墨子蔽於用而不知文，宋子蔽於欲而不知得，慎子蔽於法而不知賢，申子蔽於勢而不知知，惠子蔽於辭而不知實，莊子蔽於天而不知人。」他反對走極端，亦可說是反對「偏而不中」。故又說：「凡人之患，蔽於一曲，而闇於大理。」

〈天論篇〉云：「慎子有見於後無見於先；老子有見於詘（屈）無見於信（伸）；墨子有見於齊無見於畸；宋子有見於少無見於多。」這也是對於「偏而不中」的一種批評。

以上是就「禮義」「三年之喪」及偏激學術而講「中」，下面又就道德修養而講「中」。

〈修身篇〉云：「君子……怒不過奪，喜不過予。」這是說，不要

應喜怒的情感而違反中庸之道。又云:「欲過之而動不及,心止之也。」這是說心要使之止於中,以避免太過與不及。

荀子反對偏而不中,故主張「兼陳萬物而中懸衡焉」(〈解蔽篇〉),希望做到不偏於遠,亦不偏於近,不偏於古,亦不偏於今。並認為「惠施、鄧析之好辯,非禮義之中也。」(〈不苟篇〉)亞里斯多德講中庸,荀子亦講中庸,故有人說荀子類似亞里斯多德。

中國道統論者,因為荀子講性惡,不讓他傳道統;但就允執厥中言,荀子仍然紹道統之餘緒。

伍、荀子的政治觀

㈠論王霸 孟子論王霸,荀子亦論王霸。

荀子〈大略篇〉稱:「君人者隆禮尊賢而王,重法愛民而霸,好利多詐而危。」

〈王制篇〉云:「王奪之人,霸奪之與,彊奪之地。(人謂賢人,與謂與國也),奪之人者臣諸侯,奪之與者友諸侯,奪之地者敵諸侯。臣諸侯者王,友諸侯者霸,敵諸侯者危。」

霸道主義者有何措施呢?「辟田野,實倉廩,便備用,……存亡繼絕,衛弱禁暴,而無兼併之心,則諸侯親之矣。……是知霸道者也。」這裡講霸道,講到存亡繼絕,衛弱禁暴,倒與孫先生在《民族主義》中所講「扶弱抑強」、「扶助弱小民族,打倒帝國主義」相同。類似管仲之言論和齊桓之措施,與孟子之所謂「以力假仁者霸」稍有出入。良以孟子用二分法講王道與霸道,荀子用三分法講「臣諸侯者王,友諸侯者霸,敵諸侯者危。」故稍有不同。

王道主義者有何措施呢?「仁眇天下(眇、盡也,盡天下皆懷其德仁),義眇天下,威眇天下。仁眇天下,故天下莫不親也,義眇天

下，故天下莫不貴也，威眇天下，故天下莫敢敵也。以不敵之威，輔服人之道，故不戰而勝，不攻而得，甲兵不勞而天下服，是知王道者也。」荀子論霸道優於孟子，固有些與孫先生的「扶弱抑強」相符合，而論王道，則接近道家政治思想，亦似高出孟子一籌。

荀子在〈王霸篇〉又論王道與霸道之區別說：「故用國者義立而王，信立而霸，權謀立而亡。三者明主之所謹擇也。」並以湯武尚義、五伯尚信以證之，這也是用三分法以言王道與霸道。

㈡**民本思想**　孫先生在《民權主義》中強調中國的民本思想，以孟子「民為貴」說，作為民權主義的思想淵源，雖未提及荀子，但荀子亦有民主思想或民本思想。〈大略篇〉云：「天之生民，非為君也，天之立君，以為民也。故古者列地建國，非以貴諸侯而已；列官職，差爵祿，非以尊大夫而已。主道知人，臣道知事。」所謂「立君為民」，就是荀子的民本思想。孫先生在《民權主義》中，讚揚孟子的「聞誅一夫紂矣，未聞弒君也。」認為這是中國固有的民權思想，荀子亦有與孟子相同的理論。〈正論篇〉云：「世俗之為說者曰：『桀紂有天下，湯武弒篡而奪之。』是不然，……無罪之民，誅暴國之君，若誅獨夫；若是則可謂能用天下之謂王。湯武非取天下也，修其道，行其義，興天下之同利，除天下之同害，而天下歸之也。桀紂非去天下也，反禹湯之德，亂禮義之分，禽獸之行積其凶，全其惡，而天下去之也。天下歸之之謂王，天下去之之謂亡；故桀紂無天下，而湯武不弒君，由此效之也。湯武者，民之父母也，桀紂者，民之怨賊也。今世俗之為說者，以桀紂為君，而以湯武為弒；然則是誅民之父母，而師民之怨賊也，不祥莫大焉！」這樣的民本思想，可說是優於孟子，自然亦可以作為民權主義的思想淵源。

㈢**賢能政治**　孫先生在民權主義中發明權能區分說，著者以為

其立論基礎，乃在於中國政治學上所講的賢能政治，如選賢與能，及賢者在位，能者在職等學說。荀子〈君子篇〉論亂世有云：「亂世則不然，刑罰怒罪，爵賞愈德，以族論罪，以世舉賢。……先祖當賢，後世子孫必顯，行雖如桀紂，列從必尊，此以世舉賢也。以族論罪，以世舉賢，雖欲無亂，得乎哉？」這是就反面指出不能選賢與能的流弊，及其必得的惡果。另一方面，他認為王道主義者，必能尚賢使能。〈王制篇〉稱：「王者之論（論即倫，可釋為類），無德不貴，無功不賞，無罪不罰，朝無幸（同倖）位，民無幸生，尚賢使能，而等位不遺。」

陸、荀子的經濟思想

㊀**禮義與教養** 朱熹提倡存天理，去人欲。戴東原反對去人欲，主張遂人欲，但亦不主張縱欲。孫先生倡民生主義，就人民生活方面講，也是主張遂人之欲。荀子〈禮論篇〉云：「禮起於何也？」曰：「人生而有欲，欲而不得，則不能無求，求而無度量分界，則不能不爭，爭則亂，亂則窮。先王惡其亂也，故制禮義以分之，以養人之欲，給人之求。使欲必不窮乎物，物必不屈於欲，兩者相持而長，是禮之所起也。故禮者養也。」禮何由起？起於分，起於養人之欲與給人之求，不是起於去欲或禁欲。

養人之欲可分那幾種呢？〈禮論篇〉接著說：「芻豢稻粱，五味調香，所以養口也；椒蘭芬苾，所以養鼻也：雕琢刻鏤，黼黻文章，所以養目也；鐘鼓管磬琴瑟竽笙，所以養耳也；疏房……越席，床笫几筵，所以養體也。故禮者養也。」這是就五官四體的養欲與給求而言。

〈大略篇〉云：「不富無以養民情，不教無以理民性，故家五畝宅，百畝田，務其業而勿奪其時，所以富之也。立大學，設庠序，修

六禮，明十教，所以道之也（指教育言）。《詩》曰：『飲之食之，教之誨之，王事具矣』。」就民生主義言，這是說食與教兩個問題，要同時注重，孫先生亦常說，中國古代政治是教養兼施的，荀子這裡的政治主張，就是主張教養兼施。

荀子生於墨子之後，他提倡「養人之欲給人之求」，乃在反對墨子的尚儉與短喪薄葬，因此，他重視三年之喪，在〈禮論篇〉強調，三年之喪不可縮短。

㈡節用裕民　〈王制篇〉認為：「君者，善群也。群道當則萬物皆得其宜，六畜皆得其長，群生皆得其命。故養長時，則六畜育，殺生時，則草木殖，政令時，則百姓一，賢良服，聖王之道也。草木榮華滋碩之時，則斧斤不入山林，不夭其生，不絕其長也。黿鼉魚鱉鰌鱣孕別之時，（別謂生育，與母分別也。）罔罟毒藥不入澤，不夭其生，不絕其長也。春耕夏耘，秋收冬藏，四者不失時，故五穀不絕，而百姓有餘食也。汙池淵沼川澤謹其時禁，故魚鱉優多，而百姓有餘用也。斬伐養長不失其時，故山林不童，而百姓有餘材也。」所謂有餘食，有餘用，有餘材，均就民生主義而言，這與孟子所謂「穀與魚鱉不可勝食，材木不可勝用，王道之始也。」同屬以民生為中心的經濟思想，同是裕民之道。

〈富國篇〉亦講到節用裕民的道理。荀子說：「足國之道，明富國之術也。節用裕民，而善臧其餘，節用以禮，裕民以政。彼裕民，故多餘，裕民則民富，民富則田肥以易（易謂耕墾平易），田肥以易，則出實百倍（所出穀實多也）。上以法取焉，而下以禮節用之。餘若丘山，不時焚燒，無所臧之。夫君子奚患乎無餘，……不知節用裕民，則民貧，民貧則田瘠以穢，則出實不半。上雖好取侵奪，猶將寡獲也。而或以無禮節用之，則必有貪利糾譑之名，而且有空虛窮乏之實矣。

（糾，察也。譎，發人罪也。譎音矯）此無它故焉，不知節用裕民也。」
節用就是節省政府開支，是節流；裕民就是充裕人民生計，是開源，
都與國計民生有關。

〈富國篇〉又云：「故田野縣鄙者，財之本也，垣窌倉廩者，財
之末也。百姓時和，事業得敘者，貨之源也，等賦府庫者，貨之流也。
故明主必謹養其和，節其流，開其源，而時斟酌焉。」〈天論篇〉亦云：
「彊本而節用，則天不能貧。」陳大齊先生認為：「荀子書中說及節用
的處所較少，說及裕民的處所較多。荀子之重視裕民，似尤甚於節
用。」（見《荀子學說》）也就是積極方面的開源，重於消極方面的節
流。

(三)**輕稅主義**　〈王制篇〉講到王者的政治實施，主張以輕稅便商
為主旨。荀子說：「王者之等賦政事，財萬物，所以養萬民也。（等賦，
賦稅有等。財與裁同。）田野什一，關市幾而不征，（幾，呵察也。但
呵察姦人，而不正稅），山林澤梁，以時禁發而不稅。相地而衰政，
（相，視也。衰，差也），理道之遠近而致貢，通流財物，粟米無有
滯留，使相歸移也，四海之內若一家。故近者不隱其能，遠者不疾其
勞，夫是之謂人師，是王者之法也。」孫先生在〈上李鴻章書〉中，
論貨暢其流，謂「商不見保，則貨物不流，則財源不聚。」又謂「籌
富國者，當以商務收其效也。不然徒以聚斂為工，捐納為計，吾未見
其能富也。」荀子所謂流通財物和粟米，與孫先生所說「貨暢其流」
的意思相同。

荀子在〈富民篇〉亦云：「下貧則上貧，下富則上富。」故「田野
荒而倉廩實，百姓虛而府庫滿，夫是之謂國蹶。」這與孔子所謂「百
姓不足君孰與足」同義。

柒、荀子的教育思想

荀子的教育思想，可分為教育之重要及效果、教育環境之重視、強調專心致志、課程與次序、君子之學與小人之學、慎言之教等。

㈠**教育之重要及效果**　荀子是就獸性方面講性惡的，天生之性既不是善的，故賴後天的教育去補救。他在〈勸學篇〉云：「木受繩則直，金就礪則利，君子博學而日參省乎己，則知明而行無過矣。故不登高山，不知天之高也，不臨深谿，不知地之厚也。不聞先王之遺言，不知學問之大也。干越夷貉之子，生而同聲，長而異俗，教使之然也。」這是說教育重要，其效果非常偉大，可以使人知明而行善。故他主張「學不可以已，青，取之於藍而青於藍；冰，水為之而寒於水。」就是愈學愈有效果。

㈡**重視教育環境**　性善論者之所以重視教育環境，乃希望由適當環境發揚其善性；性惡論者之所以重視環境，乃希望由適當環境抑制其惡性。荀子在〈勸學篇〉云：「蓬生麻中，不扶自直。」孟母三遷教子，重視鄉鄰，荀子亦重視鄉鄰。他說：「故君子居必擇鄉，遊必就士，所以防邪僻而近中正也。物類之起，必有所始，榮辱之來，必象其德。肉腐出蟲，魚枯生蠹，怠慢忘身，禍災乃作。」（〈勸學篇〉）他重視鄉鄰與所就，即是重視教育環境。

㈢**強調專心致志**　荀子認為求學要專一，要不斷用功，要鍥而不舍。〈勸學篇〉稱：「積土成山，風雨興焉；積水成淵，蛟龍生焉；積善成德，而神明自得，聖心備焉。（神明自得，謂自通於神明）故不積跬步，無以至千里（跬與蹞同），不積小流，無以成江海。騏驥一躍，不能十步，駑馬十駕，功在不舍。鍥而舍之，朽木不折，鍥而不舍，金石可鏤。螾（同蚓）無爪牙之利，筋骨之強，上食埃土，下飲

黃泉，用心一也。」他以「駑馬」、「蚯蚓」作例，說明不斷的努力，可以克服學問上的困難，這與《中庸》所謂「人一能之己百之，人十能之己千之，果能此道矣，雖愚必明，雖柔必強」，有同樣意義。

他又說：「行衢道者不至，事兩君者不容。目不能兩視而明，耳不能兩聽而聰。」都是說為學應專一，與所謂「大道以歧路亡羊，學者以多方喪心」的意思相同。

㈣**課程與次序**　荀子論學，亦以《詩》《書》《禮》《樂》為主要課程，而其次序則有一套自己的見解。〈勸學篇〉云：「學惡乎始？惡乎終（假設問也）？曰：其數則始乎誦經，終乎讀《禮》，其義則始乎為士，終乎為聖人。」這是就為學的先後次序而言。

他又說：「故《書》者，政事之紀也，《詩》者，中聲之所止也。《禮》者，法之大分，類之綱紀也，故學至乎《禮》而止矣，夫是之謂道德之極。」接著講到《禮》之敬文，《樂》之中和，《詩》《書》之博，《春秋》之微，這些是天地間的大學問。可見《詩》《書》《禮》《樂》《春秋》，是孔門的課程，也是荀子的課程。

荀子另撰〈禮論〉、〈樂論〉兩篇，他對於禮固然特別重視，對於樂亦強調其重要，並堅決反對墨子之「非樂」。

㈤**君子與小人**　就學問與修養言，荀子分君子與小子之學。

⑴**就學問言**　荀子在〈勸學篇〉說：「君子之學也，入乎耳，箸乎心，布乎四體，形乎動靜，端而言，蝡而動，（端讀為喘，喘、微言也。蝡、微動也。）一可以為法則。小人之學也，入乎耳，出乎口。口耳之間，則四寸耳，曷足以美七尺之軀哉？古之學者為己，今之學者為人。君子之學也以美其身，小人之學也以為禽犢。」按禽犢有兩解：一為餽獻之物，一指禽獸而言。君子之學，有心得，能變化氣質，所謂「以美其身」，有「富潤屋，德潤身」之意。小人之學，由耳入，

由口出，毫無心得，以學問當餽獻之物，送他人而已。正如《論語》所謂「古之學者為己，今之學者為人」。

⑵就修養言　荀子在〈修身篇〉說：「故非我而當者，吾師也，是我而當者，吾友也。諂諛我者，吾賊也。故君子隆師而親友，以致（致猶極也。下同）惡其賊，好善無厭，受諫而能誡，雖欲無進，得乎哉？小人反是，致亂而惡人之非己也，致不肖而欲人之賢己也。心如虎狼，行如禽獸，而又惡人之賊己也。諂諛者親，諫爭者疏，脩正為笑，至忠為賊，雖欲無滅亡，得乎哉？」君子修養高，故趨於進步；小人修養差，故趨於滅亡。

以上是就智識學問與道德修養兩方面，指出君子與小人的區別，而勸人為君子，勿為小人。

㈥成人　除君子外，〈勸學篇〉又講到一種理想人物，叫做成人：「是故權利不能傾也，群眾不能移也，天下不能蕩也（蕩動也）。生乎由是，死乎由是，夫是之謂德操。德操然後能定，能定然後能應，（我能定，故能應物也）能定能應，夫是之謂成人。」這裡所講的成人，與孟子所講的「富貴不能淫，貧賤不能移，威武不能屈」的大丈夫大致相符。

㈦慎言之教　孔子教學分四科，內有言語一科，荀子對於言語，亦有慎言之教。〈勸學篇〉云：「故禮恭而後可與言道之方，辭順而後可與言道之理，色從而後可與言道之致。（至而後接之也）故未可與言而言，謂之傲（傲亦戲傲也），可與言而不言，謂之隱，不觀氣色而言，謂之瞽。故君子不傲，不隱，不瞽，謹順其身。」這裡所謂謹順其身，有謹順其人之意，就是要順人而言，不可造次。

《論語》云：「侍於君子有三愆：言未及之而言，謂之躁；言及之而不言，謂之隱；未見顏色而言，謂之瞽。」荀子的慎言之教，乃

來自《論語》。

捌、各家哲學評論

荀子是一位批評家，在哲學方面（或稱在學說方面），他批評了道墨法諸家，只稱讚孔子、子弓兩人。〈非十二子篇〉首稱：「假今之世，飾邪說，文姦言，以梟亂天下（梟與澆同），……使天下混然，不知是非治亂之所存者，有人矣。」有那些人呢？下面分別指出六派，每派二人，共計十二人。

㈠它囂與魏牟　荀子認為這兩人「縱性情，安咨睢（咨睢為矜放之貌），禽獸行，不足以合文通治；然而其持之有故，言之成理，足以欺惑愚眾，是它囂魏牟也。」它囂不知何代人，相傳為楚平王孫。魏牟，即公子牟，戰國時人，屬道家，先莊子，莊子稱之。荀子批評他們是有禽獸之行，而不足以合文理通治道，這是他反對道家學說的明徵。

㈡陳仲與史鰌　他以為「忍情性，綦谿利跂（綦谿者過於深隙，利跂者便於走趨），苟以分異人為高（苟求分異，以不同於人為高行），不足以合大眾，明大分；然而其持之有故，其言之成理，足以欺惑愚眾，是陳仲史鰌也。」陳仲即田仲，齊人，處於陵，不食兄祿，夫婦灌園食力，屬於隱士派或田園派，或個人主義者。孟子對他曾予以無情的批評。史鰌，即史魚，孔子曾稱他說：「直哉史魚，邦有道如矢，邦無道如矢。」荀子指他們兩人故忍情性，立異鳴高，欺世盜名，不合大眾之需要。他又在〈不苟篇〉以謾罵的口吻說：「盜名不如盜貨，田仲史鰌，不如盜也。」

㈢墨翟與宋鈃　荀子說：「不知壹天下，建國家之權稱，上功用，大儉約，而僈差等，曾不足以容辨異，縣君臣；然而其持之有故，其

言之成理，足以欺惑愚眾，是墨翟宋鈃也。」宋鈃即宋牼，孟子書中有「宋牼將之楚，過宋而見孟子」等語。墨翟與宋鈃均為墨家領袖，他們提倡兼愛，故主張愛無差等，與孟子之「親親而仁民」不同。荀子認為墨家不知齊一天下，建立國家之權稱，以分別輕重，徒然重視功利，尊尚儉約，不足以辨上下，別君臣，與孔子的「君君臣臣父父子子」的正名主義相違，亦與荀子自己之所謂人能分能辨有異，故荀子指墨學為欺惑愚眾之學。

㈣**慎到與田駢**　荀子說：「尚法而無法，下修而好作（既欲靜修又好自作自用），上則取聽於上，下則取從於俗，終日言成文典，反紃察之（反覆深察），則偶然無所歸宿，不可以經國定分；然而其持之有故，其言之成理，足以欺惑愚眾，是慎到田駢也。」慎到與田駢，都屬法家人物，荀子認為他們一面迎逢君主，一面從乎流俗，終日講成文法典，反覆紗察，深文苛刻，沒有歸宿，這種法家學說，實在不能經國濟世。

㈤**惠施與鄧析**　他說：「不法先王，不是禮義，而好治怪說，玩琦辭，甚察而不惠，辯而無用，多事而寡功，不可以為治綱紀；然而其持之有故，其言之成理，足以欺惑愚眾，是惠施鄧析也。」惠施與鄧析屬於名家，好詭辯，常為荀子所攻擊。〈不苟篇〉亦云：「山淵平，……卵有毛，是說之難持者也，而惠施、鄧析能之，然而君子不貴者，非禮義之中也。」

㈥**子思與孟子**　荀子雖屬儒家，但亦攻擊子思與孟子。他說：「略法先王而不知其統，猶然而材劇志大，聞見雜博，案往舊造說，謂之五行（五行指仁義禮智信五常言），甚僻違而無類（乖僻違戾，而不知善類，又類與法同），幽隱而無說，閉約而無解（言論幽隱閉結而不能自為解說），案飾其辭，而只敬之曰：『此真先君子之言也（自敬

其辭，以為孔子之言），子思唱之，孟軻和之。』世俗之溝猶瞀儒（溝讀為恂，恂愚也，猶即猶豫。瞀，闇也），嚾嚾然（喧囂之貌，指爭辯言）不知其所非也。遂受而傳之，以為仲尼子弓為茲，厚於後世，是則子思孟軻之罪也。」孟子道性善，法先王，荀子道性惡，法後王，兩人主張不同，學說多異，這可算是儒家的內爭。

荀子對於以上六派，一律批評，惟對孔子與子弓則竭誠擁護。他認為孔子與子弓是「無置錐之地，而王公不能與之爭名，在一大夫之位，則一君不能獨畜，一國不能獨容，成名況（比也）乎諸侯，莫不願以為臣，是聖人之不得執者也。」他以傳孔道自命，仁人自居。故說：「今夫仁人也，將何務哉？上則法舜禹之制，下則法仲尼子弓之義，以務息十二子之說；如是則天下之害除，仁人之事畢，聖王之跡著矣。」孟子要距楊墨，息邪說，以傳聖道；荀子則要距十二子，息六說，以傳聖道，可見他亦有孟子之志，惟趨向不同而已。

玖、結論——為荀子抱屈

總觀荀子全部學說，計分為宇宙論（包括〈天論篇〉等），人性論（〈性惡篇〉等），知行論與智識論（〈法行篇〉、〈勸學篇〉、〈脩身篇〉、〈解蔽篇〉各篇中的一部分），道德觀與修養論（〈不苟篇〉、〈彊國篇〉、〈榮辱篇〉、〈效儒篇〉等），政治觀與經濟思想（〈王霸篇〉、〈王制篇〉、〈君道篇〉、〈臣道篇〉、〈富國篇〉等），教育思想（〈勸學篇〉、〈脩身篇〉等），以及對各家的批評（〈非十二子篇〉、〈解蔽篇〉、〈非相篇〉等），內中理論固多因襲，但亦有不少特見。除性惡論最為突出外，自然主義與無神論，戡天主義與制天命說，宇宙萬物進化論，遂欲主義，禮治主義，與夫論王霸，論民本，非相，批評十二子，都屬言人所未言，發人所未發。所以陳大齊先生說：「荀子是中國古

代一位博學而有創見的學者，其言論，涉及諸種學問，而且其學說有
與希臘的亞里斯多德不謀而合者。」因此，著者認為，亞里斯多德志
在傳蘇格拉底與柏拉圖之哲學，荀子志在傳文武周公孔子之大道，惟
性惡論與孟子見解不同而已。

最後，著者有四點意見，特分別敘述如下：

⑴最令人抱不平的，是譚嗣同對於荀子的評論。他說：「荀乃……
唱孔子之名，敗孔子之道。……一傳而為李斯，其為禍亦暴著於世矣。
……故嘗以為二千年之制政者，皆大盜也；二千年之學，荀學也，皆
鄉愿也。惟大盜利用鄉愿，惟鄉愿工媚大盜，二者交相資，而罔不託
之於孔。」依著者的看法，荀學一傳於李斯，固為荀學之不幸，但李
斯的行為，荀子實難以負其責任。如〈鐵論〉云：「方李斯之相秦也，
始皇任之，人臣無二，然而荀卿為之不食。」按荀學傳至李斯，業已
變質，由重禮而尚法，由儒家而法家，實非荀子所料。

至於所謂二千年來之制政者，是否皆為大盜，固值得研究；而二
千年之學皆為荀學、皆為鄉愿，更值得研究。固有人認為漢代六經，
強半為荀子所傳，但著者則以為荀子以性惡論違反孟學，不僅被唐宋
元明清的道統論者所歧視，且常被一般人視為孔門叛徒，六經固與荀
子有關，實則為孔門主要教材，故傳六經不能視為純粹傳荀學。誰都
知道，宋明理學家都宗孟子，韓愈亦崇孟抑荀（見〈原道〉），怎能說
二千年之學皆荀學呢？又荀子曾著〈非相篇〉、〈非十二子篇〉、〈解蔽
篇〉，並批評其他學說，怎能說荀學是「鄉愿」呢？

⑵著者將荀子的人性論加以研究之後，判定荀子為進化的人性
論者，其性惡論中亦流露性善的見解。這種判斷應待就正於有道，但
絕不是無的放矢，或信口開河。楊倞對荀子的性惡論加以評論說：「作
者（荀子）生當戰國之時，人多貪亂不脩仁義，作者雖明於治道，又

不能得勢位，發展其才能，所以激發而為此篇。」王先謙亦云：「昔唐韓愈氏以《荀子》書為大醇小疵，逮宋攻者益眾；推其由，以言性惡故。余謂性惡之說，非荀子本意也。其言曰：『直木不待檃栝而直者，以其性直也；枸木必待檃栝烝矯然後直者，以其性不直也。』……夫使荀子不知人性有善惡，則不知木性有枸直矣。……余因以悲荀子遭世大亂，民胥泯棼，感激而出此也。」著者以為荀子主性惡，固為有所感而發，有所為而言，非其原始的中心思想。退一步論，縱然荀子提倡性惡論，亦未犯任何滔天大罪。著者以為人性中本有善性（理性）和惡性（獸性），孟子既可提倡性善論，荀子自可提倡性惡論。西洋學者講性惡的不止一人，如霍布士、馬基維尼等是。故可說荀子因主性惡，而遭後儒的嚴重打擊，實在是一件極不公平的事。

⑶荀子能否傳道統？著者以為這是值得探討的問題。韓愈著〈原道〉，論道統之流傳曰：「堯以是傳之舜，舜以是傳之禹，禹以是傳之湯，湯以是傳之文武周公，文武周公傳之孔子，孔子傳之孟軻，軻之死，不得其傳焉。荀與揚也，擇焉而不精，語焉而不詳。」這裡明明說，荀子不足以傳堯舜禹湯文武周孔之大道。自此以後，誰還敢把他的思想列於道統之內呢？

究其實，韓愈著〈原道〉，論道統，乃以仁義道德及「民生政治」作為傳道統的中心思想；果如所言，則荀子既重視仁義道德（詳前道德觀），亦重視「民生政治」（如富民裕民等）；而且有些地方與孟子相似，為什麼不能傳道統呢？

又朱熹序《中庸》，謂十六字心傳（人心惟危，道心惟微，惟精惟一，允執厥中）為傳統的中心思想；果如所言，則荀子對於允執厥中亦非常重視，他提倡禮義就是提倡中庸，又為什麼不能傳道統呢？

誠如熊公哲先生所說：「荀子固自以為法孔子者也，孔子道歸於

為仁，仁本於復禮（按克己復禮為仁）。」（果庭文存）因此可以說，荀子提倡禮或禮義，就是傳孔子之大道；不僅傳孔子之大道，而且是傳周公之大道（周公制禮，提倡禮治）。又其所謂「法後王」，乃以文武之政為法，又為什麼不能傳道統呢？

　　(4)中國自然科學為何難以發展？著者以為原因之一，由於宇宙哲學不發達；西洋自然科學為什麼發展較早？原因之一，由於宇宙哲學發達。語云：「哲學為科學之母。」認識哲學為論理學之母，宇宙哲學便是自然科學之母。

　　中國人多講人道，少講天道，如孔子之「天道」，子貢即「不可得而聞」。固道家較儒家多講了一點天道，但只是重視順天（順其自然），而不敢「戡天」。

　　中國人講天命，多偏重順天命，畏天命，而不敢說「制天命」。獨荀子將儒家主宰之天與意志之天，轉而視為自然之天，並將陰陽家災異之天一掃而空，破迷信之樊籬，明自然之真象，何等徹底！何等痛快！他主張「制天命而用之」，「騁能而化之」，這就含有「征服自然」之意，假設有人繼而加以發揚，便可走向開展自然科學之路了。可惜的是漢儒講訓詁，講陰陽，晉儒尚清談，唐儒尚詞章，宋明儒拘於理學，清儒困於考據，沒有人願意理會或發揚荀子的戡天主義與制天命說，以致無法啟自然科學之門，無法走征服自然之路，這不能不算是中華文化的一大不幸！

第四節　墨子的哲學思想

　　《管子》一書是否為管仲所作，固然有人懷疑，但管仲曾相桓公霸諸侯，則無人否認。至於《墨子》一書，不僅有人懷疑是否為墨翟

親著,即墨子是何許人?是否姓墨?屬於那一階級?也有人在討論。

江瑔著《墨子厄言》,謂墨子非姓墨,胡懷琛謂墨子為印度人(見所著《墨子學辨》),金祖同謂墨子為阿拉伯回教徒(見所著《墨子為回教徒考》),衛聚賢亦加以贊同(見《古史研究》第二集),錢穆謂墨子為受墨刑之徒。惟方授楚對以上各說均著文予以駁斥,而證明墨子係魯人(孫詒讓早已持此說),其職業為工匠(賤人),頗為可信。

《墨子》原書七十一篇,據孫詒讓《墨子閒詁》目錄,計尚存五十三篇,蓋七十一篇中闕有題者八篇,無題者十篇。單就五十三篇論,究竟那些為墨子親撰,那些為門人記錄,那些為後人補充,考據者亦言人人殊,不易判斷。梁啟超著《墨子學案》,將以上各篇分為五類,註明那些是墨門弟子所記,那些是偽託。茲為減少辯論,就書論書,分為:⑴有神論與宇宙論,⑵倫理觀與人生觀,⑶政治觀,⑷經濟觀等。

壹、墨子的有神論與宇宙論

㈠尊天 天有自然之天、天性之天、天命之天、主宰之天、意志之天,而墨子所講的天,乃最後二者。

〈法儀〉云:「父母學(學者)君三者莫可以為治法而可,然則奚以為治法而可,故曰莫若法天。」這是主張以人法天,不主張以人法人。

〈尚同上〉云:「天下之百姓,皆上同於天子,而不上同於天,則菑猶未去也。」這是主張以人合(同)天,即上同於天。

〈天志上〉云:「子墨子言曰:我有天志,譬若輪人之有規,匠人之有矩,以度天下之方圓。曰中(去聲)者是也,不中者非也。今天下士君子之書,不可勝載,言語不可盡計,上說諸侯下說列士,其

於仁義則大相遠也，何以知之？曰我得天下之明法以度之。」這是說，要以天志作為萬事萬物之準繩，是非善惡之尺度，可以量度士君子之著作與言論。

〈天志中〉云：「故墨子之有天之意也，上將以度天下之王公大人之為刑政也，下將以量天下之萬民為文學出言談也。觀其行，順天之意，謂之善意行；反天之意，謂之不善意行。觀其言談，順天之意，謂之善言談，反天之意，謂之不善言談。觀其刑政，順天之意，謂之善刑政；反天之意，謂之不善刑政。故置此以為法，立此以為儀，將以量度天下之王公大人卿士大夫之仁與不仁。」可見他是以天的意志作尺度，順天意即善，即仁；反天意即不善、不仁。他所講的天，為意志之天，亦是主宰之天，司賞罰之天。

〈法儀〉云：「愛人利人者，天必福之；惡人賊人者，天必禍之。」天欲人兼相愛，交相利，故順天則得賞；逆天則得罰。恐人不相信，乃以堯舜禹湯文武為例，證明順天必得賞；以桀紂幽厲為例，證明逆天必得罰。天司賞罰，是就主宰之天（上帝，神）而言，所以他是有神論者。

㈡明鬼　老子不尚鬼神，墨子反之，而主「明鬼」。

〈明鬼下〉云：「逮至昔三代聖王既沒，天下失義，諸侯力正（政），是以存夫為人君臣上下者之不惠忠也，父子弟兄之不慈孝弟長貞良也；正長之不強於聽治，賤人之不強於從事也，（中略）奪人車馬衣裘以自利者並作由此始，是以天下亂。此其故何以然也，則皆疑惑鬼神之有與異之別，不明乎鬼神之能賞賢而罰暴也。今若使天下之人，借若信鬼神之能賞賢而罰暴也，則夫天下豈亂哉？今執無鬼者曰：鬼神者固無有，（中略）使天下之眾，皆疑惑乎鬼神有無之別，是以天下亂。」他以為承認有神鬼，則天下安定，否認鬼神之存在，則天下

大亂。這是宗教家的看法，也是有神論者的主張。

何以能證明有鬼呢？他有下列三個論證：

第一，他以為由眾人之經驗，可以證明有鬼。〈明鬼下〉云：「是與天下之所以察知有與無之道者，必以眾之耳目之實知有與無為儀者也。」他曾舉有人看見鬼為例，以為證明。

第二，謂若以為眾人耳目之所經驗不足信，則請徵諸古昔聖王。因古昔聖王者賞人必於祖（祖廟），僇人必於社，及先王謹飭祭祀之成例，以證明有鬼神。

第三，更考之於聖人之言，引《詩·大雅·文王》在上，於昭於天，文王陟降，在帝左右。及《商書》《夏書》等凡言及鬼神之事，以證明鬼神之存在。

明鬼神則共祭祀，共祭祀則費財用，於是有人執以難墨子，謂其明鬼之義與節用之義相衝突。墨子解釋說：「今吾為祭祀也，非直注之污壑而棄之也，上以交鬼之福，下以合驩聚眾，取親乎鄉里，若神有，則是得吾父母弟兄而食之也（意謂有鬼則吾父母得享食也）；則此豈非天下之利事也哉？」這是墨子明鬼的最後論據，以為祀鬼並沒有浪費。

貳、墨子的倫理觀與人生觀

墨子的道德觀與人生觀往往分不開，所以把二者合起來研究。

㈠兼愛的道德觀與天人合一的人生觀　〈兼愛上〉云：「聖人以治天下為事者也，不可不察亂之所自起。當察亂何自起？起不相愛，臣子之不孝君父，所謂亂也。子自愛，不愛父，故虧父而自利；弟自愛，不愛兄，故虧兄而自利；臣自愛，不愛君，故虧君而自利，此所謂亂也。父自愛也，不愛子，故虧子而自利；兄自愛也，不愛弟，故

虧弟而自利；君自愛也，不愛臣，故虧臣而自利。是何也？皆起不相愛。雖至天下之為盜賊者亦然，盜愛其室，不愛其異室，故竊異室以利其室；賊愛其身，不愛人，故賊人以利其身。此何也？皆起不相愛。雖至大夫之相亂家，諸侯之相攻國者亦然。大夫各愛其家，不愛異家，故亂異家以利其家；諸侯各愛其國，不愛異國，故攻異國以利其國。天下之亂物，具此而已矣。察此何自起，皆起不相愛。」

　　以上是自反面說的，如從正面來看，「若使天下兼相愛，愛人若愛其身猶有不孝者乎，視父兄與君若其身。惡施不孝，猶有不慈者乎？視子弟與臣若其身，惡施不慈？故不孝不慈亡有，猶有盜賊乎？故視人之室若其室，誰竊？視人身若其身，誰賊？故盜賊亡有，猶有大夫之相亂家，諸侯之相攻國者乎？視人家若其家，誰亂？視人國若其國，誰攻？故大夫之相亂家，諸侯之相攻國者亡有。若使天下兼相愛，國與國不相攻，家與家不相亂，盜賊無有，君臣父子皆能孝慈，若此則天下治。故聖人以治天下為事者，惡得不禁惡而勸愛？故天下兼相愛則治，交相惡則亂。故子墨子曰：『不可以不勸愛人』者此也。」

　　〈禮運〉大同段，載於《禮記》，為孔子或孔門的思想，亦有人認為這是墨家的兼愛主義，與儒家其他思想不甚相符，姑無論此種考據是否合理，而墨家所提倡的兼愛，是一種大同主義，是一種救世主義，是主張天下為公的，無人可以否認。

　　〈天志〉云：「順天意者，兼相愛，交相利，必得賞；反天意者，別相惡，交相賊，必得罰。」為什麼提倡兼愛呢？是要順天，法天，從天之所欲。由此，可以看出他提倡「兼愛」的道德觀中，包含以人合天（天人合一）的人生觀。

　　㈡「**貴義**」的道德觀與成仁取義的人生觀　墨子在〈貴義〉云：「萬事莫貴於義」，「手足口鼻耳，從事於義，必為聖人。」他講政治

的時候，常提倡義政。他不僅重視「義」的理論，而且重視「義」的實行。〈公孟〉云：「言義而弗行，是犯明也。」他是反對口是而心非，明知而故犯的。又曰：「爭一言以相殺，是義貴於身也。」這與孟子之「舍生而取義」相差不遠。

義與信有其不可分的性質，由《呂氏春秋·上德》所載，孟勝與其門徒八十餘人為陽城君死難一事，可以看出墨家對於信義之實踐。

孟勝為墨子鉅子（領袖），善荊之陽城君。陽城君令守於國，毀璜以為符約，曰符合，聽之。荊王薨，群臣攻吳起於喪所，陽城君與焉。荊罪之，陽城君走，荊收其國。孟勝曰：「受人之國，與之有符，今不見符，而力不能禁，不能死不可。」他的弟子徐弱勸他不必死，死則絕墨者於世。孟勝認為行墨者之義，不得不死，乃使二人傳鉅子於田襄子。孟勝死，弟子死之者八十三人，連這傳鉅子通知的二人，亦歸而自殺。由上面這個故事，可知成仁取義亦是墨家一脈相傳的人生觀。

㈢「非命」與力行主義的人生觀　普通對「天命」兩字是相提並用的，惟墨子尊天而非命，以為天可順而命不可信。

就人生觀來看，宿命主義（天命主義）與力行主義（人為主義）是對立的，《列子·力命》敘述力與命爭辯，結果是命辯贏了，認為萬事皆由命定，人力無可如何。

墨子對於宿命主義加以反駁說：「今也王公大人之所以早朝晏退，聽獄治政，終朝均分，而不敢怠倦者何也？曰：彼以為強（同勤）必治，不強必亂；強必寧，不強必危。故不敢怠倦。今也卿大夫之所以竭股肱之力，殫其思慮之知，內治官府，外斂關市山林澤梁之利，以實官府，而不敢怠倦者何也？曰：彼以為強必貴，不強必賤；強必榮，不強必辱。故不敢怠倦。今也農夫之所以蚤出暮入，強乎耕稼樹

藝，多聚升粟，而不敢怠倦者何也？曰：彼以為強必富，不強必貧；強必飽，不強必饑。故不敢怠倦。今也婦人之所以夙興夜寐，強乎紡績織紝，多治麻絲葛緒（即紵）捆布縿（音衫，為旌旗上之直幅。又音宵，與綃通，即生絲繒也），而不敢怠倦者何也？曰：彼以為強必富，不強必貧；強必煖，不強必寒。故不敢怠倦。」反過來說：「王公大人，若信有命而致行之，則必怠乎聽獄政治矣，卿大夫必怠乎治官府矣，農夫必怠乎耕稼樹藝矣，婦人必怠乎紡績織紝矣。王公大人怠乎聽獄治政，卿大夫怠乎治官府，則我以為天下必亂矣；農夫怠乎耕稼樹藝，婦人怠乎紡績織紝，則我以為天下衣食之財，將必不足矣。」（〈非命下〉）

上面所說的「強」，可以釋為「勤」，勤必治，不勤必亂；勤必寧，不勤必危；勤必貴，不勤必賤；勤必榮，不勤必辱；勤必富，不勤必貧；勤必飽，不勤必飢。這裡所謂勤，就是力行，可見墨子提倡「非命」，乃是以力行主義的人生觀，去破宿命主義的人生觀。

㈣「互助」道德與利他主義的人生觀　普通談人生觀，有利己主義，有利他主義，亦有互助主義。墨子所提倡的利他主義，同時包含著互助道德。

〈尚同中〉云：「至乎舍餘力，不以相勞，隱匿良道，不以相教，腐歹（朽）餘財，不以相分，天下之亂也，至如禽獸然。」所謂相勞、相教、相分，就是互助，大家不互助，就和禽獸一樣，可見他是提倡互助道德的。

〈尚賢下〉云：「有力者疾以助人，有財者勉以分人，有道者勸以教人，若此，則飢者得食，寒者得衣，亂者得治。」如果人與人之間，能有力出力，有錢出錢，熱心助人，則天下安寧了，可見這是提倡利他主義的人生觀。孟子云：「墨子兼愛，摩頂放踵利天下為之。」

倒是利他主義者的寫照。

利他主義與互助道德有時分不開，〈兼愛中〉云：「視人之國，若視其國；視人之家，若視其家；視人之身，若視其身。是故諸侯相愛，則不野戰；家主相愛，則不相篡；人與人相愛，則不相賊。君臣相愛則惠忠，父子相愛則慈孝，兄弟相愛則和調。天下之人皆相愛，強不執弱，眾不劫寡，富不侮貧，貴不傲賤，詐不欺愚。」所謂「相愛」、「不相賊」，就是互助道德。所謂強不執弱，眾不劫寡，富不侮貧，貴不傲賤，詐（智）不欺愚，誠如孫中山先生所說：「人人當以服務為目的，不以奪取為目的。」就是利他主義的人生觀，或稱服務的人生觀。

互助可由助人（利他）而產生。〈兼愛中〉云：「愛人者人必從而愛之，利人者人必從而利之。」這就是說由愛人而可得到互愛，由利人而可得到互利，亦可說由助人而可得到互助。所以，墨子的互助道德觀，與利他主義的人生觀是分不開的。

參、墨子的政治觀

(一)非攻　墨子對於當時社會的戰禍非常關心，因此本諸良知，對戰爭大肆攻擊。〈非攻中〉云：「今師徒唯毋興起：冬行恐寒，夏行恐暑，此不可以冬夏為者也。春則廢民耕稼樹藝，秋則廢民穫斂。……則百姓飢寒凍餒而死者，不可勝數。……與其涂道之修遠，糧食輟絕而不繼，百姓死者不可勝數也；與其居處之不安，食飯之不時，飢飽之不節，百姓之道疾病而死者，不可勝數，喪師多不可勝數，喪師盡不可勝計，則是鬼神之喪其主后（主后即主後，所謂喪其主後，即無後為之祭主）亦不可勝數。」

西洋有非戰文學，有反侵略主義者；中國亦有非戰文學，亦有反

侵略主義者，墨子就是反侵略主義的健將，其〈非攻〉上中下三篇，可視為流傳千古的非戰文學。

墨子的非攻與反侵略，不僅出諸口，訴諸文，而且見諸行事。他曾奔走呼號，止楚攻宋，止楚攻鄭，止齊攻魯，內中尤以勸阻公輸盤攻宋一幕最為精彩。

〈公輸〉載：「公輸盤為楚造雲梯之械成，將以攻宋，子墨子聞之，起於齊，行十日十夜而至於郢，見公輸盤。公輸盤曰：『夫子何命焉為？』子墨子曰：『北方有侮臣，願藉子殺之。』公輸盤不說，子墨子曰：『請獻十金』。（一本作千金）公輸盤曰：『吾義固不殺人。』子墨子起再拜曰：『請說之，吾從北方聞子為梯，將以攻宋，宋何罪之有？荊國有餘於地，而不足於民；殺所不足，而爭所有餘，不可謂智；宋無罪而攻之，不可謂仁。知而不爭，不可謂忠；爭而不得，不可謂強；義不殺少而殺眾，不可謂知類。』公輸盤服，子墨子曰：『然乎，不已乎？』公輸盤曰：『不可，吾既已言之王矣。』子墨子曰：『胡不見我於王？』公輸盤曰：『諾！』子墨子見王曰：『今有人於此，舍其文軒，鄰有敝轝，而欲竊之；舍其錦繡，鄰有短褐，而欲竊之；舍其梁肉，鄰有糟糠，而欲竊之。此為何若人？』王曰：『必為竊疾矣。』子墨子曰：『荊之地方五千里，宋之地方五百里。此猶文軒之與敝轝也；荊有雲夢犀兕，麋鹿滿之，江漢之魚鼈黿鼉為天下富，宋所為無雉兔狐狸者也，此猶梁肉之與糟糠也；荊有長松文梓，梗枏豫章，宋無長木，此猶錦繡之與短褐也。臣以三事之攻宋也，為與此同類，臣見大王之必傷義而不得。』王曰：『善哉！雖然公輸盤為我為雲梯，必取宋。』於是見公輸盤。子墨子解帶為城，以牒為械。公輸盤九設攻城之機變，子墨子九距之；公輸盤之攻械盡，子墨子之守圉有餘。公輸盤詘而曰：『吾知所以距子矣，吾不言。』子墨子亦曰：『吾知子之

所以距我，吾不言。」楚王問其故，子墨子曰：『公輸子之意，不過欲殺臣。殺臣，宋莫能守，可攻也。然臣之弟子，禽滑釐等三百人，已持臣守圉之器，在宋城上而待楚寇矣，雖殺臣不能絕也。』楚王曰：『善哉！吾請無攻宋矣。』」

孫先生在《民族主義》中，敘述第一次世界大戰時，他對英國駐廣州領事說：「我們在二千多年以前，便丟去了帝國主義，主張和平。」他雖然沒有指出墨子的姓名，墨子總可算是二千多年以前的和平主義者、反帝國主義者、反侵略主義者。

墨子雖然非攻，反對大國之攻小國，大家之攻小家，但他認為湯武伐桀紂，不是「攻」，乃是「誅」。「攻」與「誅」不可混而為一，正和孟子之所謂「弒君」與「誅一夫」不可混為一談，有其同樣意義。

〈非攻下〉云：「好攻伐之君，又飾其說以非墨子曰：『以攻伐為不義，非利物與？昔者禹征有苗，湯伐桀，武王伐紂，此皆立為聖王，是為何也？』子墨子曰：『子未察吾言之類，未明其故者也。彼非所謂攻，謂誅也。』」禹乃奉天之命去征有苗，湯乃奉天之命去誅夏桀，武乃奉天之命去誅商紂。其結論說：「若以此三聖王者觀之，則非所謂攻也，所謂誅也。」

（二）尚賢　〈親士〉云：「入國而不存其士，則國亡矣。見賢而不急，則緩其君矣。……緩賢忘士，而能以存其國者，未曾有也。」這裡講到了親士尚賢的重要性，他又舉例講到「桀紂不以其無天下之士邪（耶）？殺其身而喪天下。故曰：歸國寶，不若獻賢而進士。」《中庸》九經論為政之道，一曰修身，二曰尊賢，三曰親親。墨人出身「賤人」（有人謂係工匠出身），反對貴族政治，故「尊賢」而不「親親」。

〈尚賢上〉云：「今者王公大人為政於國家者，皆欲國家之富，人民之眾，刑政之治；然而不得富而得貧，不得眾而得寡，不得治而

得亂，……是其何故也？子墨子曰：「是在王公大人為政於國家者，不能尚賢事能為政也。是故國有賢良之士眾，則國家之治厚，賢良之士寡，則國家之治薄。」故曰：『大人之務，在於眾賢而已。』」何謂「眾賢」？可釋為培養很多賢者，如何培養賢者？該篇還講到聖王之為政，不義不富，不義不貴，不義不親，不義不近，於是國人聞風而起，大家競相為義，賢士便自然而然多起來了。

墨子為「賤人」，反對貴族專政，反對世襲，主張起用平民，起用「賤人」。他說：「量功而分祿；故官無常貴，而民無常賤，有能則舉之，無能則下之。」並以堯舉舜於服澤之陽，禹舉益於陰方之中，湯舉伊尹於庖廚之中，文王舉閎夭、泰顛於罝罔（罝為兔罟，罔為魚網）之中。由是可知尚賢而不遺「賤人」，故能名立而功成。他的結論是「欲祖述堯舜禹湯之道，將不可以不尚賢，夫尚賢者政之本也。」

㈢**尚同**　墨子的〈尚同〉，分上中下，人僅以為他主張中央集權而已，其實篇中含義甚廣，包括論國家起源，論國家組織，論意志集中與力量集中，論思想（信仰）統一與行動統一，論下情上達與上令下行等。

墨子認為國家未組成以前，人民不能互助合作，各是其是，各非其非，互相殘害，與禽獸無異。〈尚同上〉云：「子墨子言曰：『古者民始生未有刑政之時，蓋其語人異義，是以一人則一義，二人則二義，十人則十義，其人茲（滋）眾，所謂義者亦茲眾。是以人是其義以非人之義，故交相非也。是以內者父子兄弟作怨惡，離散不能相和合，天下之百姓，皆以水火毒藥相虧害，至有餘力不能以相勞，腐臭餘財不以相分，隱匿良道不以相教，天下之亂若禽獸然。』」

上面所謂「以水火毒藥相虧害，至有餘力不能以相勞，腐臭餘財不能以相分」，就是不能合作，不能互助，因此天下大亂。墨子認為

大家為了要平亂，故立政長。

　　他說：「夫明虖（同乎）天下之所以亂者，生於無政長。是故選天下之賢可者，立以為天子。天子立，以其力為未足，又選擇天下之賢可者，置立之以為三公。天子三公既以立，以天下為博大，遠國異土之民，是非利害之辯，不可一一而明知，故畫分萬國，立諸侯國君。諸侯國君既已立，以其力未足，又選擇其國之賢可者置立之以為正長（與中篇所稱左右將軍大夫及鄉里之長同）。」這裡可以看出下列幾點：⑴政長（天子）之所以立，由於要平亂，亦是由於要使人民互助；故可以說國家之起源，由於要使人民互助，以免互害，要人民發揚人性，消除獸性（不要使天下之亂若禽獸然）。這與西洋的社會契約說及孫中山先生的人性進化論（由獸性進化為人性），不無相通之處。⑵政長是選舉的，究應由民選或官選，則未說明。⑶三公、諸侯、正長（左右將軍大夫及鄉里之長）也是選舉的，這諒是官選的。

　　墨子重視輿論，亦重視下情之上達。「是故里長者里之仁人也，里長發政（於）里之百姓言曰：聞善而（而同與）不善。必以告其鄉長，鄉長之所是，必皆是之；鄉長之所非，必皆非之。去若不善言，學鄉長之善言，去若不善行，學鄉長之善行，則鄉何說以亂哉？察鄉之所（以）治者何也？鄉長唯能壹同鄉之義，所以鄉治也。鄉長者鄉之仁人也。鄉長發政（於）鄉之百姓言曰：聞善而不善者，必以告國君，國君之所是，必皆是之，國君之所非，則必皆非之。去若不善言，學國君之善言，去若不善行，學國君之善行。……國君者國之仁人也，國君發政（於）國之百姓言曰：聞善而不善，必以告天子，天子之所是皆是之，天子之所非皆非之，去若不善言，學天子之善言，去若不善行，學天子之善行，則天下何說以亂哉？察天下之所以治者何也？天子惟能壹同天下之義，是以天下治也。」墨子認為自天子以至里長，

都是選出來的，故一律視為仁人，一律視為能知義行義；故要百姓以其所言為言，以其所行為行，以期統一言行，統一意志，這就是尚同的精義。

〈尚同上〉又稱：「上之所是，必皆是之，上之所非，必皆非之。」論者認為這是集權，這是專制；其實，只可視為請示時的上級裁決，與發號施令時的遵照辦理，以期上令容易下行而已，不必以集權專制釋之。

肆、墨子的經濟觀

㈠**功利主義** 墨子云：「凡言凡動，利於天鬼百姓者為之，凡言凡動，害於天鬼百姓者舍之。」〈節用〉云：「諸加費不加利於民者，聖王弗為。」如從倫理學觀點看，他是重視效果，不重視動機。如從政治與經濟觀點看，墨子是功利主義者，或稱實利主義者。

董仲舒云：「正其誼不謀其利，明其道不計其功。」這是反功利的道義主義主張。顏元云：「正其誼以謀其利，明其道以計其功。」這是功利主義的主張，墨子的見解正與顏元相似。

孟子辨義利，主張「以義說秦楚之王」。又對梁惠王曰：「仁義而已矣，何必曰利。」墨子經云：「義，利也。」孟子析義利為二，墨子則合義利為一。或則說孟子所指的利乃為私利，墨子所指的利乃為公利，如邊沁所講的「最大多數人的最大利益」。（他為了謀大多數人的利益，雖「摩頂放踵」亦在所不惜）因此，他一面貴義，一面重功利，是沒有衝突的。

墨子提倡節用（尚儉）、短喪、薄葬、非樂，都與其功利主義有關。

㈡**尚儉（節用）** 〈七患〉有云：「食者國之寶也，兵者國之爪

也，城者所以自守也，此三者國之具也。」三具以食為首，與孔子論政列食於「兵」、「信」之先略同。又云：「虛其府庫，以備車馬衣裘奇怪，苦其役徒，以治宮室觀樂；死又厚為棺椁（同「槨」），多為衣裘。生時治臺榭，死又修墳墓。故民苦於外，府庫單於內，上不厭其樂，下不堪其苦。故國離（羅）寇亂則傷，民見飢凶則亡。……且夫食者聖人之寶也，故周書曰：『國無三年之食者，國非其國也，家無三年之食者，子非其子也。』」因為墨子尚儉，故反對奢侈，反對浪費，重視民食，重視儲蓄。

〈七患〉又云：「故雖上世之聖王，豈能使五穀常收而旱水不至哉？然則無凍餒之民者何也？其力時急而自養儉也，其生財密而其用之節也。」所謂「自養儉」與「用之節」，就是說平時「節用」與「尚儉」，可以防水旱之患。

〈辭過〉云：「是故聖王作為宮室，便於生，不以為樂觀也。作為衣服履帶，便於身，不以為怪辟也。故節於身，誨於民，是以天下之民，可得而治，則用可得而足。」他又認為當今之主，治宮室則趨於奢華，為衣服則講求錦繡，這不是為了便生或便身，乃是為了美觀，不免趨於奢侈。

再就飲食與行（交通）而言：「聖人作誨，男耕稼樹藝，以為民食。其為食也，足以增氣充虛，彊體適腹而已矣。……其為舟車也，全（完）固輕利，可以任重致遠，以其用財少，而為利多。」當今之主講究食前方丈，目不能遍視，口不能遍味，是以富貴者奢侈，孤寡者凍餒。又飾車以文采，飾舟以刻鏤。女子廢其紡織而修文采，男子離其耕稼而修刻鏤，以致發生了糧食恐慌，與聖人解決食與行問題的原旨不相符了。

〈節用上〉認為「聖人為政一國，一國之利可倍，為政天下，天

下之利可倍，其倍之，非外取地也，因其國家，去其無用之費，即足以倍之。」如何去無用之費呢？要從衣裳、宮室、用兵、舟車各方面著手（詳〈節用中〉），以節省物力，而增進國用。

㈢**早婚與生育**　《禮記‧禮運》云：「飲食男女，人之大欲存焉。」告子云：「食色，性也。」故飲食問題固屬重要，婚姻生育問題，亦不應忽視。

墨子對婚姻與生育問題，獎勵不遺餘力。他認為「昔者聖王為法曰：丈夫年二十，毋敢不處家；女子十五，毋敢不事人。」後人結婚有早有晚，大約要遲十年，故生男育女為數較少。加以鄰國相攻，男女不能同居，久則終年，近者數月，生男育女的機會又為減少。更加上居處不安，飲食不時，因疾病而死者與因攻城野戰而死者，不可勝數，故生育減少，人口問題日趨嚴重。

孟子對齊宣王講「好色」時，講到「內無怨女，外無曠夫」。墨子亦重視這個問題，他在〈辭過〉稱：「上世至聖，必私蓄（妾媵）不以傷行。故民無怨，宮無拘女，故天下無寡夫。內無拘女，外無寡夫，故天下之民眾。當今之君，其蓄私也，大國拘女累千，小國累百，是以天下男子多寡無妻，女多拘無夫，男女失時，故民少。」他好像主張一夫一妻制，反對國君多妻，而提倡婚姻機會應均等，並獎勵多生子女。

㈣**短喪薄葬**　喪葬問題，墨子談得最多。當時社會受了儒家的影響，崇尚久喪與厚葬，不免費時傷財，故墨子極力提倡短喪與薄葬。〈節用中〉云：「死者既葬，生者毋久喪用哀。」〈節葬〉云：「仁者之為天下度，……曰：天下貧則從事乎富之；人民寡則從事乎眾之；眾而亂，則從事乎治之。」「今天下失義，後世之君子，或以厚葬久喪以為仁也義也，孝子之事也？或以厚葬久喪，以為非仁非義，非孝子之

事也?」墨子自問自答:「厚葬久喪,實不可以富貧眾寡,定危理亂乎?……此非仁非義,非孝子之事也。」墨子曾列舉王公大人諸侯,以及匹夫賤人之死,因厚葬而浪費;又君死,父母死,妻死,長子死,伯、叔、兄、弟、姑、姊、甥、舅以及族人之死,因喪期太久而耗時。其結論是「以厚葬久喪者為政,國家必貧,人民必寡,刑政必亂。」墨子認為久喪厚葬,不能富國家,眾人民,治刑政,禁攻伐,干上帝鬼神之福,合堯舜文武之道,符仁義之行,徒然為習俗所囿,故應加以廢除。墨子於反對久喪厚葬之後,乃提倡合理的、節儉的喪葬。就是「棺三寸,足以朽骨;衣三領,足以朽肉;掘地之深,下無菹漏,氣無發洩於上」。以今日的眼光來看,富貴人家的喪葬,仍多浪費,仍應改革,即喪葬節約應加以提倡。孔子云:「禮,與其奢也寧儉;喪,與其易也寧戚。」可見孔子本人並非提倡奢侈的喪葬。不過,後儒重視繁文縟節,不免流於浪費了。

(五)非樂　周公制禮作樂,以遺後世。儒家信奉周公,乃以禮樂設教。墨子非儒亦非樂,他認為樂無益於政治,更有害於經濟。〈非樂上〉云:「子墨子言曰:仁之事者必務求興天下之利,除天下之害,將以為法乎天下,利人乎即為,不利人乎即止。且夫仁者之為天下度也,非為其目之所美,耳之所樂,口之所甘,身體之所安,以此虧奪民衣食之財,仁者弗為也。是故子墨子之所以非樂者,非以大鐘鳴鼓琴瑟竽笙之聲以為不樂也,非以刻鏤文章之色以為不美也,非以犓豢煎炙之味以為不甘也,非以高臺厚榭邃野之居以為不安也。雖身知其安也,口知其甘也,目知其美也,耳知其樂也,然上考之不中聖王之事,下度之不中萬民之利,是故子墨子曰:為樂非也。」明知音樂、雕刻、建築、烹飪,是一種享樂,是一種藝術,但不能中萬民之利,所以墨子加以反對。

〈非命下〉云：「今惟毋在乎王公大人說樂而聽之，即必不能蚤朝晏退，聽獄治政，是故國家亂而社稷危矣。今惟毋在乎士君子說樂而聽之，即必不能竭股肱之力，亶其思慮之智，內治官府，外收斂關市山林澤梁之利，以實倉廩府庫，是故倉廩府庫不實。今惟毋在乎農夫說樂而聽之，即必不能蚤出暮入，耕稼樹藝，多聚菽粟，是故菽粟不足。今惟毋在乎婦人說樂而聽之，即不必能夙興夜寐，紡績織紝，多治麻絲葛緒，綑布縿，是故布縿不興。……是故墨子曰為樂非也。」因為音樂妨政事，廢耕織，有害無利，所以墨子非樂。

伍、結論——儒墨兩家之異同

墨家哲學以反儒、反貴族政治、反侵略、反繁文褥禮，與儒哲學多異而少同。

㈠異點

儒家	墨家
①敬鬼神而遠之	①敬鬼神以求賞避罰：有神論
②敬命或聽命	②非命
③別義利：道義主義	③合義利：功利主義
④愛有差等	④愛無差等：兼愛
（親親仁民愛物）	⑤尚賢而不貴貴
⑤尊賢貴貴	（反對貴族政治）
⑥久喪厚葬	⑥短喪薄葬
⑦崇尚禮樂	⑦非樂

㈡同點

①同尊堯舜禹湯文武。

②同反對強凌弱、眾暴寡。

③同重視力行。

④同重視互助與服務。

自孟子闢楊墨以來，儒家視墨學為異端，而不斷予以打擊。其實，墨學中的兼愛主義、互助主義、服務主義與利他主義，頗合乎今日之世界潮流，尤其是反侵略運動，更為世界各弱小民族及國際和平運動者所信奉。其尚儉、短喪薄葬等，乃有助於民生問題之解決，更應為現代執政者所重視。

第五節　老子的哲學思想

㈠《道德經》與老子　是否有老子其人？《道德經》是否為老子著作？這是先要研究的問題。

1.《史記‧老莊申韓列傳》對於老子之記載頗欠精確，如說：「老子楚苦縣厲鄉曲仁里人也，名耳字聃，姓李氏。（西元前五七一～？）……莫知其所終。或曰：老萊子亦楚人也，……蓋老子百六十餘歲，或言二百餘歲。……自孔子死之後，百二十九年，而史記周太史儋見秦獻公，……或曰：儋即老子；或曰非也。世莫知其然否？……老子之子名宗，宗為魏將，封于段干。」

2.馮友蘭著《中國哲學史》，認為《道德經》乃李耳所著，將李耳列為戰國時人，根本懷疑老子之存在。

3.胡適、蔣維喬等承認老子實有其人，而且生在孔子前，為道家之祖，與一般史家所說的相同。

4.我們的態度：承認老子為道家之祖，《道德經》為道家最早之著作，茲就其書分為：⑴本體論，⑵宇宙論，⑶人生觀和倫理觀，⑷政治觀和社會觀等。

㈡**論天與道**　何謂天？何謂道？這是在分類研究老子哲學思想前，應先解答的問題。

1.中國古人所講的天，含有下列幾種意義：

⑴墨子及古代人所講的天，多為主宰之天，含有天神的意義，亦可說是宗教性的。

⑵老子所講的天，純為自然之天，沒有神秘的意義，亦沒有宗教性。

⑶儒家所講的天，有時為主宰的天，如「天喪予」；有時為性命之天，如「天命之謂性」；有時為自然之天，如「天何言哉」。

2.中國人所講的道，意義更多，舉其要者如下：

⑴道的含義：

①道可作原理或道理解。

②道可作法則或方法解。

③道可作道路解。

④道可作道德解。

⑤道可作太極或本體解——《易》云：「一陰一陽之謂道。」朱子以道為太極。道家講道，有時以道為原理，有時以道為本體。前者如說：「人法地，地法天，天法道。」後者如說：「道生一，一生二，二生三，三生萬物。」

⑵道的分類：

①天道——《易》曰：「立天之道，曰陰與陽。」

②地道——《易》曰：「立地之道，曰柔與剛。」

③人道——《易》曰：「立人之道，曰仁與義。」

此外，還有神道、事道、物道。

孔子論道，偏於人道；老子論道，重視天道。

⑴人道的分類：

①修身之道——重視誠意、正心及其他修養功夫。

②齊家之道——重視慈、孝、友、恭、和、順、勤、儉等德目。

③治國平天下之道——或稱從政之道，重視忠、愛、禮讓、天下為公等德目。

④求學或教人之道——如學不厭，教不倦，尊師重道等。

⑤處世之道——持身涉世，待人接物，交朋接友，和鄰睦族，尊賢敬老等。

㈢**道德的含義**　道與德有何關係？也是在研究老子哲學思想前，應解釋的問題。

1.「道者德之舍」（管子語）——舍為舍寓之意，言德乃道之寓於物者。換句話說：「德是物之所得於道，而以成其物者」。

2.道以德為內容——如說忠恕為一貫之道。

3.德為道之一部分——如說大學之道，在明明德，在新民，在止於至善。

4.道為原理，德為達到或完成此項原理之手段——如五達道與三達德之關係。

5.德與道與天的關係——《莊子‧天地》謂德兼於道，道兼於天。有德法於道或德秉於道之意。

6.道與德的體用關係——「道德實同而異名，……無所不在之謂道，自其所得之謂德。道者人之所共由，德者人之所自得也。」（江袤語，見焦竑《老子翼》七引）馮友蘭解釋說：「道者物之所共由，德者物之所自得也。」老莊宇宙哲學中所講的道德多具此項意義。《莊子‧天地》云：「形非道不生，生非德不明。」《道德經》云：「道生之，德畜之。」陸明德云：「德者道之用也」。亦可釋為以道為體，以德為用。

老莊哲學講到道德時，多就 1. 5. 6.立言，故不可完全以儒家論道德的眼光去衡量，但有時亦與儒家的看法相似，如老子所主張的「絕仁棄義」，莊子所說的「盜亦有道」，大致是就一般道德而言。

㈣**老學的思想淵源與時代背景**　在分項研究之前，我們應先探老學的淵源。

⑴老學的思想淵源

　①本於黃帝說──有黃帝自廣成子問道之傳說，黃帝以後，伊尹、姜尚皆因信奉此道而成大業。如《淮南子》說：「姜太公以卑弱制強暴。」

　②本於史官說──周代史官專掌此項學說，老子為周柱下史，故能研究此項學說。

⑵老學的時代背景

　①東周以後，周代封建制度動搖，各國互相爭伐，社會日趨紊亂，有志之士都想發表救民救世之主張，老子以為要使社會安定，民生繁榮，唯有使政治回復到古代，人心復歸於嬰兒，天真爛漫，純樸無瑕，各守本分，不事爭奪，則可恢復上古之理想社會──小國寡民。

　②有人說北方學者受地理環境與生活資料之影響，多只注意實際生活問題，很少窮究宇宙本體。南方學者相反，老子為楚人，屬於南方學者，故能先談宇宙論，再本其自然主義的宇宙哲學，以發揚其無為而治的政治哲學，及清靜無為的人生哲學。但著者認為其思想背景，仍以當時政治及民生問題為主，南北問題，似乎另當別論。

壹、老子的本體論

西洋哲學的本體論 (Ontology) 以宇宙萬物的根源、本質、或基本元素為對象。老子的本體論，則以「道」或「無」為宇宙萬物的基本元素（或稱天地萬物之母）。《道德經》中的道既為原理，亦為本質。馮友蘭只說視道為原理，故很多地方說不通。（見馮著《中國哲學史》）《道德經》載：「道生一，一生二，二生三，三生萬物。萬物負陰而抱陽，沖氣以為和。」（《道德經》四十三章）道既為宇宙萬物的本質或基本元素，便與《易經》的太極相似。《易》云：「易有太極，是生兩儀，兩儀生四象，四象生八卦。」如以太極比道，則兩儀是生的第一階段，四象是生的第二階段。

「有物混成，先天地生，寂兮寥兮，獨立而不改，周行而不殆，可以為天下母，吾不知其名，字之曰道，強為之名曰大。」（二十五章）道既是宇宙萬物的本質或基本元素，故又可稱為天下之母。

「天下萬物生於有，有生於無。」（四十章）這裡的「無」，不可解釋為「一無所有」，只可解釋為肉眼看不見的基本元素。因此有人視「無」為「道」，亦有人視「無」為「道」的前一階段。無論怎樣說，它總是宇宙萬物的根源或本質（基本元素）。

「道可道，非常道；名可名，非常名。無，名天地之始，有，名萬物之母。常無，欲以觀其妙，常有，欲以觀其徼。此二者，同出而異名，同謂之玄。玄之又玄，眾妙之門。」（第一章）按前面說「道為天下母」，這裡說「有為萬物母」，可知「有即是道」。如就「無」與「有」兩者同出而異名言，可以說「無」即是「有」，亦即是「道」。又如說「天地之始」的「無」，早於「萬物之母」的「有」，那「無」就先於「有」，亦即先於「道」。著者以為《道德經》中的「無」有三

種意義：一為宇宙萬物的本體（基本元素），二為無為，三為空虛。胡適在《中國古代哲學史》指出「道即無」，「無即道」，因為古代名詞不完備，用名詞很困難，故既用「無」又用「道」這種解釋，可說聊備一格而已，如有人說「無先於有」，「無先於道」，我們亦不必反對。他又說：「老子所謂『有』，應視為有形象可見的東西，所謂『無』，應視為無形象可見的原素，非等於零。」這種解釋，就基本元素（本體）言，我很贊成。但不要忘記「無」還可以解釋為空虛。王弼解釋謂「欲言亡（無）耶？而物因之生，欲言存（有）耶？則不見其形。」我們再加解釋是：「物能因之生」，可知「無」為宇宙萬物的基本元素；而「不見其形」，可知「無」是肉眼看不見的本體。「道之為物，惟恍惟惚。惚兮恍兮，其中有象。恍兮惚兮，其中有物。窈兮冥兮，其中有精。其精甚真，其中有信。」

著者按，所謂「惟恍惟惚」、「窈兮冥兮」，是指不見其形而言，但非等於零，因為其中「有象」、「有物」、「有精」、「有信（誠）」。可以說「道」就是宇宙萬物的「原子」或「電子」或「生元」（生物的元子）。

所謂「恍惚」，是「無狀之狀，無物之象」，亦可別名為「夷」、「希」、「微」。「視之不見名曰夷，聽之不聞名曰希，搏之不得名曰微。此三者不可致詰，故混而為一。其上不皦（音皎，白月），其下不昧，繩繩不可名，復歸於無物，是謂無狀之狀，無物之象，是謂恍惚。」（十四章）這個混而為一的「夷」、「希」、「微」，可視為宇宙的本體（元子）；這個無狀之狀與無物之象的恍惚，亦可視為宇宙萬物的本體，千變萬化的狀況。

如果說「道」為宇宙萬物生成變化的基本元素，則「德」為聯合此元素而成萬物的一種愛力或能力。《道德經》五十一章載：「道生之，

德畜之，物形之，勢成之。是以萬物莫不尊道而貴德；道之尊，德之貴，夫莫之命而常自然。」由「道生」而「德畜」，可達到「物形」而「勢成」。這是自然而然的，不假人為的，故說：「道之尊，德之貴，夫莫之命而常自然。」因此，可以講老子的宇宙法則——宇宙論了。

貳、老子的宇宙論

老子在本體論方面，以「道」或「無」為宇宙萬物生成變化的基本元素，而在宇宙論方面，則以「道」為宇宙萬物生成變化的原理及法則。這個原理及法則是自然的，無為的，或自化的。所以老子的宇宙論，可稱之為自然主義，無為主義，或自化主義。《道德經》載：「道常無為而無不為，侯王若能守之，萬物將自化。」（三十七章）天地間有一種自然而然的安排，用不著有心的人為工夫，侯王若能明此無為而無不為的天道，順其自然，守其自然，則萬物各遂其生，無為而成，亦無為而治。

「天地相合以降甘露，民莫之令而自均。」（三十二章）天地相合，甘露自降，風調雨順，自然和諧。對於人民亦不要下什麼命令，自然平均。

「人（王）法地，地法天，天法道，道法自然。」（二十五章）簡單點說，就是人法自然，或王法自然。

以上是說，天道是自然而然的，無為而無不為的，人應法天，即應以自然無為為法，侯王更應守此法則。

「大道汜（泛）兮其可左右，萬物恃之而生而不辭，功成不名有，衣養萬物而不為主。」（三十四章）宇宙法則（大道），既是自然而然的，故順其自然而生萬物，而養萬物，既不以為功，亦不享其名。《道德經》第九章又云：「功成名遂身退，天之道。」就春夏秋冬的推移言

是如此，就堯舜禪讓言亦是如此。

　　西洋宇宙哲學，有機械論與目的論之爭。目的論者認為宇宙萬物的生成演化是有目的的，機械論者認為是無目的的，只是自然演化，機械的因果關係。老子的宇宙論以自然主義、無為主義為中心，應屬於機械論。

　　又西洋宇宙哲學有無神論與有神論之爭，老子以「無」與「道」為宇宙萬物之本體，而不談神，應列於無神論。

參、老子的人生觀和道德觀

　　㈠**人生觀**　普通講人生觀的，可分為：

　　⑴利己主義與利他主義及無我主義；

　　⑵宿命主義（自然主義、無為主義）與人為主義（力行主義、有　　為主義）；

　　⑶縱欲主義與禁欲主義及節欲（寡欲）主義。

　　如就以上⑴項論，老子的人生觀，可列於無我主義；就⑵項論，老子的人生觀，可稱為自然主義、無為主義；就⑶項論，老子的人生觀，是由寡欲而走向無欲。

　　《道德經》云：「致虛極，守靜篤。」（十六章）如何「守靜」？在於無欲。「無欲以靜，天下將自定。」（三十七章）後來周濂溪著《太極圖說》，主張「主靜以立人極」，自註為「無欲故靜」。「無欲」「守靜」又與「無為」發生連帶關係。故聖人云：「我無為而民自化，我好靜而民自正，我無事而民自富，我無欲而民自樸。」（五十七章）這裡一面講修己，一面講治人。就修己言，便包含著無為主義的人生觀，無欲主義的人生觀，靜的人生觀。

　　老子一面講「無欲」；一面又講「寡欲」。《道德經》云：「我有三

寶，……二曰儉，……儉故能廣。」「禍莫大於不知足，咎莫大於欲得。故知足之足，常足矣。」（四十六章）「甚愛必大費，多藏必厚亡，知足不辱，知止不殆，可以長久。」（四十四章）「見素抱樸，少私寡欲。」（十九章）「是以聖人去甚，去奢，去泰。」（二十九章）老子的「寡欲」與「知足」，和孔子的崇儉，孟子的寡欲，都可列於節欲主義的人生觀。這種「知足」「寡欲」的人生觀，與其無欲主義的人生觀是沒有衝突的，也可說上根之人，求其修養到「無欲」；中根之人，求其修養到「寡欲」足矣。又可說領導人物應以「無欲」相期，一般老百姓，只可以「寡欲」相期，不可苛求或妄求。

《道德經》云：「寵辱若驚，貴大患若身。」「何謂貴大患若身？吾所以有大患者，為吾有身；及吾無身，吾有何患？」（十三章）莊子曰：「至人無己。」「無己」與「無身」，都可列於「無我主義」的人生觀。

有了無為、無欲、無我的人生觀，便產生了無所為而為的道德觀。

㈡**道德觀**　老子的道德觀與儒家的道德觀，多有不同之處。

老子提倡從自然的道德，反對人為造作的道德，前者可名之為大道，後者可名之為禮義；或者說前者屬於上德，後者屬於下德。大道或上德是自然而然的，無所為而為的，純樸的，如嬰兒然的，上古式的，不識不知的，可以使社會趨於安定。下德或禮義，是出於人為之偽，產於風俗之澆薄，使國事反而趨於紊亂。故說：「大道廢，有仁義，智慧出，有大偽，六親不和，有孝慈，國家昏亂，有忠臣。」（十八章）反過來說，大道不廢，何必談仁義？六親和睦，何用孝慈？國家不亂，何需忠臣？

「上德不德，是以有德；下德不失德，是以無德。上德無為而無以為，下德為之而有以為；上仁為之，而無以為；上義為之，而有以

為；上禮為之，而莫之應，則攘臂而扔之。故失道而後德，失德而後仁，失仁而後義，失義而後禮，夫禮者忠信之薄，而亂之首也。」（三十八章）上德之人是順其自然的，無所為而為的，為德而不存心自居其德，所以才有德。下德之人，是有所為而為的，存心而為德的，表面上不失其德，實際上自上德的立場來看，反而無德了。上德與大道同體，故無為而無所為；下德離道太遠，故為之而有所為。上仁接近上德，惟較上德低了一層，故不是無為而無所為，乃是為之而無所為；上義較上仁又低了一層，故不是為之而無所為，乃是為之而有所為；上禮更低了一層，故為之而莫之應（答禮），既莫之應，則攘臂而引之，強人以為禮，這就是等而下之了。按德低於道，故失道而後言德；仁低於德，故失德而後言仁；義低於仁，故失仁而後言義；禮又低於義，故失義而後言禮。儒家以仁義或禮義治國平天下，在老子眼光中，禮是忠信之薄，禍亂之首。這與「國家昏亂有忠臣」說，是一正一反的論調。

　　老子的倫理觀重視上德，亦重視元德。第十章載：「生而不有，為而不恃，長而不宰，是謂元德。」元德與上德同是無為而自然的高尚道德。或者說上德無德，元德無功。

　　德有上德，善亦有上善。「上善若水，水善利萬物而不爭，處眾人之所惡（卑下），故幾於道。」上善不爭，「夫唯不爭，故無尤。」（八章）至於普通流俗之所謂善與美，則不足與上善上美比擬了。「天下皆知美之為美，斯惡已，皆知善之為善，斯不善已。」（二章）如果說元德無功，亦可說上善無名。

　　儒家所重視的德、仁、義、禮、善是普通的，是相對的；道家所重視的是上德（元德），上善，是高尚的，是絕對的。

　　上德是天真無邪的，故說：「含德之厚，比於赤子。」（五十五章）

赤子或嬰兒，是老子書所特別重視的。第二十八章云：「知其雄，守其雌，為天下谿；為天下谿，常德不離（「離」借為「漓」，有澆薄之意），復歸於嬰兒。」

肆、老子的政治觀及社會觀

老子的宇宙觀及人生觀，都以「無為而自然」為主旨，他的政治觀及社會觀，是以「無為而治」為目標，認為「有為的德治或法治」是失敗的。

「民之難治，以其上之有為，是以難治。」（七十五章）西方談民主者，主張「少為」而治，老子則主張無為而治。

「天下神器，不可為也，為者敗之，執者失之。」（二十九章）《易》云：「形而下者謂之器。」普通事物可叫「形器」，天下與普通事物不同，故叫「神器」。對於「神器」，要順其自然，不可存心有所為而為。

「天下多忌諱，而民彌貧。民多利器，國家滋昏；人多伎巧，奇物滋起；法令滋彰，盜賊多有。」（五十七章）故聖人云：「我無為而民自化，我好靜而民自正，我無事而民自富，我無欲而民自樸。」（五十七章）如以漢初實施黃老哲學為例，當時曹參為相，蕭規曹隨，無所事事，結果「大倉之粟，陳陳相因，……眾庶街巷有馬，阡陌之間成群。」人民家給戶足，政府財貨充裕，這正是「我無事而民自富」的實例。

「是以聖人處無為之事，行不言之教。萬物作焉而不辭，生而不有，為而不恃，功成而弗居。」（第二章）「不言之教，無為之益，天下希及之。」（四十三章）曹參「能處無為之事」，故天下富裕。子貢不明「不言之教」，故不贊成孔子所說之「予欲無言」❸。

---

❸　孔子曰：「予欲無言。」子貢曰：「子如不言，則小子何述焉。」

「以正治國，以奇用兵，以無事取天下。」（五十七章）「取天下常以無事，及其有事，則不足以取天下。」（四十八章）著者認為趙匡胤的「黃袍加身」，就是「以無事取天下」。項羽之為戰爭而東西奔馳，就是「及其有事，不足以取天下」的明徵。

怎樣達到無為而治之目的呢？必定要使人民無知無欲，（或少私寡欲），不爭不盜，勿尚賢，勿貴貨。

「古之善為道者，非以明民，將以愚之，民之難治，以其智多。故以智治國，國之賊，不以智治國，國之福。」（六十五章）後人說老子提倡愚民政策，實則他要返於上古，以求無為。

「不尚賢，使民不爭；不貴難得之貨，使民不為盜；不見可欲，使民心不亂。是以聖人之治，虛其心，實其腹，弱其志，強其骨，常使民無知無欲，使夫智者不敢為也。為無為，則無不治。」（第三章）不尚賢，不貴貨，不見可欲，不使民有智，則民易安，國易治了。最徹底的辦法，是不講普通道德，不重一般智能（才智）。這裡有一句話要特別注意，就是「為無為」，所謂「為無為」，是說要做到無為而治，不是盲目的高枕而臥；是說要好好安排布置，故說「無為而無不為」。

「絕聖棄智，民利百倍，絕仁棄義，民復孝慈；絕巧棄利，盜賊無有。此三者，以為文不足，故令有所屬。是素抱樸，少私寡欲。」（十九章）老子自己所奉的聖人，乃是順其自然的聖人，這裡所講「絕聖棄智」的聖人，以及「聖人不死，大盜不止」的聖人，乃是運用私智的聖人。

「民之飢，以其上食稅之多，是以飢；民之難治，以其上之有為，是以難治；民之輕死，以其上之厚生，所以輕死。」（七十五章）

不僅法令、道德、智巧應該摒棄，就是求生的欲望亦應該減少，

即為人君者,自己不要重視生命。

不僅不重法德智巧,亦不重視軍事。「以道佐人主者,不以兵強天下。」(三十章)「夫佳兵者不祥之器,聖人不得已而用之。」(三十一章)

老子理想中的政治家是順其自然的,是不戀棧的。故說:「功遂身退,百姓皆謂我自然。」堯舜之禪讓,及現代民主國家之任期制,有些像老子書中的政治主張。

又理想的政治家是體貼民意的,非常民主的,沒有成見的,不存心報復的。

「聖人無常心,以百姓之心為心,善者吾善之,不善者吾亦善之,德(得)善;信者吾信之,不信者吾亦信之,德信。」這與他的「報怨以德」的道德思想如出一轍。

盧梭提倡自然主義,主張「返乎自然」,凡自然的是好,一落到人手(文明人)便壞了,這與老子的自然主義相似。

老子的理想人是要復於嬰孩,老子的理想政治家是要使民如嬰孩。「聖人在天下,歙歙為天下渾其心,聖人皆孩之。」老子的理想國,是要回復到古代。這個理想國是一個沒有戰爭的,沒有法律的,不用文字的,不用器具及交通工具的,民生問題得到圓滿解決的。《道德經》第八十章載:「小國寡民,使民有什佰之器而不用,使民重死而不遠徙。雖有舟輿,無所用之,雖有甲兵,無所陳之,使人復結繩而用之,甘其食,美其服,安其居,樂其俗。鄰國相望,雞犬之聲相聞,民至老死不相往來。」這樣國家對於衣食住行育樂等問題都得到了解決,真是「桃花源」之實現,天國之降臨。所以孫中山先生講大同主義時,亦引用「雖有甲兵,無所用之」等語句,(詳〈軍人精神教育〉)以形容大同世界之理想社會。

伍、老子的方法論——循環論

有人（如蔣維喬）認為老子的方法論是辯證法的。如說：「道生一（正），一生二（反），二生三（合）。」「大曰逝（正），逝曰遠（反），遠曰反（合）。」及「有無相生，難易相成，長短相較」等。

又有人以「大直若屈，大巧若拙」為正反合之合的階段（直為正，曲為反，大直為合）。

其實，著者以為老子的方法論，仍不脫循環論的窠臼。如說：「反者道之動」、「遠曰反」、「禍兮福之所倚，福兮禍之所伏，正復為奇，善復為妖」、「萬物並作，吾以觀復，夫物芸芸，各復歸其根」、「銳則挫」、「堅則毀」、「曲則全，枉則直，窪則盈，敝則新」與《易經》所謂「革故鼎新」、「復見天地之心」，同為循環論。

此種循環論，可用之於修身，亦可用之於從政。「保此道者不欲盈」，「功成，名遂，身退，天之道。」張良體會此道，故從赤松子遊；范蠡體會此道，故泛海入齊，三致千金而三散之；曾國藩於破太平天國後，自動解散湘軍，未嘗不是惕於「保此道者不欲盈」。

陸、老學的影響

㈠**老學與孔子及其門人**　老子講報怨以德。《論語》載：「或曰以德報怨何如？」孔子曰：「何以報德？以直報怨，以德報德。」這個或曰，諒係孔子的學生所說。果爾，則孔門學生已經受到老子學說的影響。

老子講無為而治，孔子贊大舜「無為而治」。老子講無名，孔子贊堯為「民無能名焉」。可見孔子的言論，亦染上老學的色彩。

老子講「無言之教」，孔子亦曰：「予欲無言。」

老子謂:「修之身,其德乃真,修之家,其德乃餘,修之鄉,其德乃長,修之邦,其德乃豐,修之天下,其德乃普。」(五十四章)而《大學》講齊家治國平天下,乃以修身為本;《中庸》講九經,亦以修身為首。老學與孔學在某些部門,實在可稱「通家」了。

㈡**老學與楊朱及楚狂** 著者按:楊子的為我貴己,全性保真,是受了老學的影響。雖有人把他列於老子之前,以為楚狂、接輿等都是楊朱的後學,這是不可靠的。我以為楊朱與接輿、長沮、桀溺等,都在老子之後,都受了老學的影響。

孟子攻擊楊朱,僅以利己主義(為我主義)為範圍,至《列子‧楊朱》所載的縱欲主義,諒與楊朱本人無關。

唐蘭著《老子時代新玫》,判斷楊朱即陽子居。因為《莊子‧應帝王》有陽子居見老聃一節(〈寓言〉載師老聃情形),可以引證。無論陽子居是否即楊朱,老聃應為道家之祖,不能將楊朱加於老聃之前。又有人疑楊朱即莊周,但亦無法證實。

㈢**老學與莊子及其他** 《莊子》書中載老子之言行甚多,其宇宙觀、人生觀、道德觀與《道德經》多相同。漢初黃老並列,魏晉老莊並列,可見莊子與老學關係之密切。

唐蘭說:「老子學說到了孟子時代變為楊朱學派,到了〈天下〉篇時代變成莊子學派和彭蒙田駢慎到學派,到了荀子時代又變成慎到田駢和它囂魏牟兩派。」

老子所謂道,本兼養生、治天下兩方面,到了楊朱、它囂、魏牟則偏於養生之道。

㈣**老學與申韓學說的關係** 《史記‧老莊申韓列傳》說:「申子之學本於黃老而主刑名。」又說:「韓非……直刑名法術之學,而其歸本於黃老。」

老子所謂「道」，本兼養生與治天下兩方面，到了申韓手上，卻偏於治天下之術。有人說韓非的重威勢，尚權術，都是受了老子影響。

《道德經》云：「古之善為道者，非以明民，將以愚之，民之難治，以其智多。」這本是就復古的政治而言，亦是就「返乎自然」而言。可是到了李斯手上，卻變成了愚民政策，因此有人說，秦始皇焚書坑儒，是受了老學的影響。

（五）**老學對於漢代政治及學說之影響** 黃老之學由河上丈人傳安期生 —— 毛翕公 —— 樂瑕公 —— 樂臣公 —— 蓋公，蓋公為曹相國師。曹參既信奉黃老之學，故以「清靜無為」作處理政事的根本原則，蕭規曹隨，力避造作，讓人民休養生息，結果，「天下晏然，刑罰罕用」。

又漢代《淮南子》的本體觀，王充的自然主義，亦是受了老學的影響。

（六）**老學與道教及神仙方士** 張道陵倡道教（五斗米教），自己沒有宗教哲學，以老子為教主，以老子哲學為哲學。

秦始皇信方士，方士亦導源於道家。

《史記·秦始皇本紀》載方士盧生之言曰：「真人者入水不濡，入火不熱，凌雲氣，與天地長久。今上治天下未能恬淡，願上所居宮，無令人知，然後不死之藥殆可得也。」所謂真人，本是道家所說超乎聖人的高尚人物，後來被道教及神仙家指為神仙，如老子被稱為太上老君，莊子被稱為南華真人。

莊子所講的真人中，有許多奇形怪狀的、殘廢的人物，後來神仙塑像亦多如此。

（七）**老學與清談家及歷代文學家** 魏晉清談盛行，王弼、何晏等，都直接受了老莊學說的影響。

竹林七賢（嵇康、阮籍、山濤、向秀、劉伶、阮咸、王戎），都

具有道家風範，而為後世羨慕。「山濤如渾金樸玉，人皆欽其寶，莫知名其器，」完全是《道德經》「大道無名」的氣概。

陶淵明不為五斗米折腰，安貧樂道，詩酒自娛，其為詩沖穆澹遠，妙超自然，實具道家修養。以後文學家多具此修養，如李白之高妙清逸，自稱酒中仙 ❹，蘇軾之「清風明月」（見〈赤壁賦〉），超然達觀皆是。

⑻**老學與唐代皇室**　到了唐朝，由於皇室姓李，便把《道德經》的作者老子李耳認為祖先，一方面設立研習道學的博士，助教等，並專門設立道學為一科以取士；一方面又在全國各地遍設道觀，誦習《道德經》與《莊子》、《列子》等書，因此《道德經》遂普遍於民間社會，幾乎成為家傳戶曉的一本書。

⑼**老學與宋代理學**　宋明理學家表面上固多持反佛老的態度，實質上他們既援佛入儒，亦援道入儒。

《易經》只講太極，《道德經》則有「復歸於無極」之語。理學家之鼻祖周濂溪著《太極圖說》，於太極之上，加了一個無極，故說：「無極而太極，太極動而生陽，靜而生陰，……主靜立人極焉。」所謂「無極」，所謂「主靜」，（自註云：無欲故靜），所謂無欲，皆屬老子思想，所以著者認為他是援道入儒。

程明道有詩云：「萬物靜觀皆自得，四時佳興與人同，道通天地有形外，閒來無事不從容。」這種風度，便與老子的自然主義相通。

朱子詩云：「昨夜江邊春水生，艨艟巨艦一毛輕，向來枉費推移

---

❹ 杜甫〈酒中八仙歌〉云：「李白斗酒詩百篇，長安市上酒家眠，天子呼來不上船，自云臣是酒中仙。」又李白自作亦多道家風範。〈廬山謠〉中云：「我本楚狂人，狂歌笑孔丘。」〈行路難〉中云：「且樂生前一杯酒，何須身後千載名。」

力，此日中流自在行。」這還不合乎老子的自然主義與無為主義嗎？

㈩**老學與歷代政治家**　著者認為道家的政治理論與作風，高於縱橫、法、墨各家，惟孔孟的最高境界方可附其驥尾。因此，歷代思想高超的政治家，除曹參外，亦多具道家風範。

張良運籌帷幄之中，多採用老子的政治作法，而最後從赤松子遊，更合乎《道德經》所說「功成、名遂、身退，天之道。」

范蠡佐勾踐滅吳，知勾踐可以共患難不可以共安樂，遂變姓名，致仕從商，三次致千金，三次散之，其功成身退之作風，與張良異曲同工。

諸葛亮躬耕南陽，「苟全性命於亂世，不求聞達於諸侯」，又「澹泊以明志，寧靜而致遠」，就是具有道家的精神修養。

謝安石少有重名，徵辟皆不就，隱居東山，以妓相從。人說：「安石不出，如蒼生何？」年四十餘始從政，淝水之役，鎮靜異常人，非有道家修養，安能達此境界？

曾國藩雖以「衛道」興師，雖以儒將著稱，但平日修養，實以老莊為體。尤其攻下南京以後，即毅然決然解散湘軍，更合乎老子所謂功成身退之天道。

㈠**老學與歐美學說**　老子《道德經》，不僅為中國二千餘年學說家、政治家所重視，而且暢銷國外。到了近代，譯文遍及各種重要的文字，銷行於世界各地，非常受人歡迎。據《良師叢書》的編者認為，除了基督教的《聖經》外，現今世界上所有名著，最普遍的翻譯，要算老子的《道德經》了。

自經兩次世界大戰以來，世人因受盡了炮火的荼毒，窮極知返，才領悟到徒賴物質文明，並不能帶來真正的幸福，唯有使用老子的智慧，始能解決人類的紛爭，因而重視東方的政治哲學思想與學術文

化。美國當代有名的學者蒲克明曾翻譯有老子的《道德經》，在其譯本序文中說：「當人類隔閡泯除，四海成為一家時，《道德經》將是一本家傳戶誦的書。」足見國外學者之對其讚譽與推崇。

柒、結　論

無論孔子問禮於老子是否確有其事，而老學與孔學在中國哲學史上有同等重要的地位，則無法否認。誠如張其昀先生所說：「老子主張無為，孔子主張知其不可而為之。此春秋時代二大聖哲之學說，一為反，一為正，一為隱，一為顯；相輔相成，相得益彰，而形成中國文化對世界最有影響之兩大思潮。」[15] 這兩大思潮，雖因後儒信奉有所偏倚，以致海外流傳亦有其榮枯，但迄今各國仍有人分別傳其學說。

可惜的是，孟子距楊墨，董仲舒黜百家，韓愈反佛老，宋明理學家雖已援道入儒，仍以反佛老為號召，清初學者雖反理學，猶視老學為異端。二千年來，儒家對於老學之攻擊，可謂代代相傳，從未休戰。這固是老學之不幸，亦是中國哲學之不幸。蓋就哲學言，老學中有宇宙哲學（天道），有人生哲學和倫理哲學，有政治哲學，亦有方法論。單就《道德經》五千言來說，是一本比較完備的哲學書籍，較之《論語》僅談道德、政治、教育等問題，實有深淺之不同，亦可說有高明與中庸之別。

我們不談人生（道德）修養則已，要談人生修養，總是以老學的上德、玄德、不爭、不伐、「報怨以德」、「功成不居」、「輔萬物之自然而不敢為」等為最高境界。顏子雖列孔門，猶傾向老學。（有若無，實若虛，願無伐善等）曾點言志，亦有道家風度。孔子本人五十而知

---

[15]　張其昀著，〈孔子傳〉，《中華五千年史》，臺北：中國文化大學出版部。

天命，亦似乎已躋於此項境界。至於莊周、楊朱、陳仲子、王充、何晏、王弼、竹林七賢、陶淵明、李白、蘇東坡等，無論為哲學家、為隱士、為文學家，莫不是受了老學的影響，而有其高超脫俗、清逸不羈的風度。這種風度，可風範一世，遺訓後人，減少權利之爭奪，清除悲觀之情緒，小則有益於安定社會秩序，大則有利於防弭國家禍亂。

再者，我們不談政治哲學則已，要談政治哲學，試問，那一種政治哲理能超老學而上之？

這裡要先加說明的是，我們不能視「無為而治」為「一事不作」；反之，應視為一切安排妥當，一切考慮周詳，看的遠，思的深，任何命令，不引起反感，任何措施，不掀起糾紛，或順水推舟，或釜底抽薪，或潛移默化，或因勢利導，菓待熟而後取，薪未燃而先徙。如此，表面上似無所事事，實際上處處已顧到，件件已做通，這就叫「無為而無不為」。反之，能「無不為」才可達到「無為而治」的目的。

「無為而治」，不僅是老學的政治目標，亦為儒家所憧憬。《論語》云：「無為而治者，其舜也與？恭己正南面而已。」《大學》載孔子之言曰：「聽訟，吾猶人也，必也，使無訟乎！」《中庸》云：「君子篤恭而天下平。」《易》云：「黃帝堯舜，垂衣裳而天下治。」

西洋近代政治學家鼓吹民主自由、政府少管事（可謂少為政治）、任期制度。老學的「功成、名遂、身退」，就是民主主義與任期制度；「治大國若烹小鮮」（不要亂動），「我無事而民自富」，就是自由主義或放任主義，毋怪乎嚴復說：「老學才是真正的自由主義。」（見所批老子《道德經》）著者還要說：「老學的自然主義，較今日歐美各國所實施的自由主義，更進一層；老學的『無為而治』，較今日西洋學者所期求的『少為政治』，棋高一著。」

再其次，我們要培養高明的政治人才或政治家，更非重視老學不可。就政治作風而言，如能做到順其自然，「無為而無不為」，是一種非常高超的政治藝術。就政治家的修養而言，如能做到「為而不有」、「功成不名有」、「功成而退」，是一種非常高明的修養工夫。「堯之為君也，……蕩蕩乎！民無能名焉！」「舜、禹之有天下也，而不與焉！」（見《論語》）又前面所舉的張良、范蠡、曹參、諸葛亮、山濤、謝安以及曾國藩等，其所以有為人所不及之處，就是因為他們具有老學所重視的政治家修養。因此，著者常對各授課大學的學生，講《道德經》的政治哲理與修養工夫，希望他們學習。

第六節　莊子的哲學思想

莊子名周，宋蒙縣（屬歸德府）人，做過漆園吏，生於梁惠王、齊宣王、楚威王之世（西元前二八六～三六九年），與孟子同時，但為交通所阻，似未相晤，與惠施為好友，但旨趣不同，常予以譏諷。

莊子學問淵博，文筆汪洋，天姿高邁，胸懷曠達，可說是一位古代的中國超人。

他自比大鵬，把人家比做斥鷃（小鳥），寧願做烏龜，不願做宰相，視宰相為死老鼠，而不屑為，故楚威王欲聘為相，辭而不就。他見魏王的時候，穿了打補的大布之衣。飢餓時曾向監河侯借過米，窮居陋巷，有時「織屨」為生。

莊子及其後學，既瞧不起儒家，亦瞧不起名家，既非難曾、史，亦非難楊、墨，對於老聃，則始終尊敬，稱為博大真人，如以老子為道家之祖，並以老學早於莊學的話，則莊子便是道家的第二號人物。雖然老學與莊學亦有些區別，〈天下〉（莊子後學的作品）亦未將老莊

並列，但道家以老莊作代表，已成為定論。

　　《莊子》一書經郭象刪為三十三篇，內篇七，外篇十五，雜篇十一，那幾篇是真的，那幾篇是假的，作考證工夫的人很多，尚未能完全判斷，惟〈逍遙遊〉、〈齊物論〉、〈養生主〉三篇，多數人認為是莊子手筆，〈天下〉敘述學術派別，連莊子在內，自為莊子後學的作品。我們這裡把《莊子》一書視為莊子本人及其後學的共同著作，故不必多作考據。現分：(1)宇宙哲學，(2)人生觀與道德觀，(3)相對論等。

壹、莊子的宇宙哲學

　　㈠道與本體論　老子所謂的「道」，一方面可以作為宇宙萬物的基本原素(本體)，一方面可以作為宇宙萬物生成變化的原理及法則，(但有時則兩者混用，不易截然劃分)。莊子所謂的「道」亦和老子一樣，可在本體論、宇宙論兩方面來研究，這裡先講本體論方面的「道」。

　　〈大宗師〉篇云：「夫道有情有信，無為無形；可傳而不可受，可得而不可見，自本自根，未有天地，自古以固存；神鬼神帝，生天生地，在太極之先而不為高，在六極(指上下四方言)之下而不為深，先天地生而不為久，長於萬古而不為老。」

　　這裡所謂「有情有信」，與老子《道德經》二十一章所說「有情有信」相似，可以把「道」看作宇宙萬物的基本原素；所謂「無形」、「不可見」，與《易經》所說「形而上者謂之道」，《道德經》所說「視之不見名曰夷」相似。所謂「自本自根」，與西洋哲學家所說「本體是自因的」相同。所謂「生天生地」、「先天地生」，都可拿來作為「道是基本元素」的說明。

　　老子有「道生萬物」及「無生萬物」之說，莊子亦有類似的主張。

〈天地〉云：「泰初有『旡』，旡有無名。❻一之所起，有一而未形。物得以生謂之德。未形者有分❼，且然（始然）無間謂之命。流（留）動而生物，物生成理謂之形，形體保神各有儀則謂之性。」

老子的「無」與莊子的「旡」是可以相通的，老子的「無」可釋為「道」，亦可釋為「無」在「道」之前，莊子的「旡」亦可作同樣解釋。

「旡」為「道」基本元素的另一名稱，「一」為「旡」所生，與老子所說「道生一」同義。「一」雖「未形」（形而上的），然而有「分」，能流動生「物」（如分子分裂），物生成理（有組織）表現了「形體」（由未形到有形），這形體中包含精神作用，便產生了心性。朱子認為人與萬物「得天地之理以為性，得天地之氣以為形」，可作「形體保神……謂之性」的補助說明。蓋形體屬氣，神性屬理。

老子的本體論有「道生德畜」之說，莊子亦有「物得以生謂之德」之說。又〈天地〉云：「形非道不生，生非德不明。」江袤的解釋是：「道者人之所共由，德者人之所共得。」馮友蘭的解釋是：「道者物之所共由，德者物之所共得。」又說：「天地萬物所以生之總原理即名曰道，各物個體所生之原理即名曰德。」蔣維喬的解釋是：「道乃宇宙萬物生成的原素，而德即為聯合原素而成萬物的愛力。」（詳蔣著《中國哲學史》）如果就蔣先生的解釋加以申述，則道為宇宙萬物生成的公共元子，德為構成各個物體的個別組織。萬物非有公共元子則不生，非有個別組織則無以分門別類（不明）。本體論講生成的基本元素，

---

❻　「泰初有旡旡，旡有旡名」，另一斷句為「泰初有旡旡，有旡名」。下句好解釋，即老子《道德經》所謂「無名，天地之始」。上句有旡旡，不好解釋。

❼　「未形者有分」，這個「分」字普通注解唸去聲，釋為「質」，著者以為宜作「分裂」解，如分子或原子分解。

宇宙論講生成的原理和法則。就本體論來說，蔣的解釋比較合理。如就宇宙論來說，馮的解釋亦說得通。所以這裡的道與德，不可以儒家的道德（倫理）釋之。

　　㈡**道與宇宙論**　這裡分兩方面研述。

　　1.道與宇宙論　道在本體論方面，可以解釋為宇宙萬物生成的基本元素，而在宇宙論方面，則可以解釋為宇宙萬物生成變化的原理或法則，老子認為這種原理或法則，以「無為而自然」為本，莊子亦是一樣，一切重視自然。〈天地〉云：「德兼於道，道兼於天。」「無為為之之謂天」，亦與老子「道法自然」之意相似。何謂天？〈秋水〉云：「牛馬四足是謂天，落馬首，穿牛鼻是謂人。」可見天指自然，或「自然而然」解，人指人工，或人為造作解。莊子最反對以人為造作破壞自然（天），故〈秋水〉說：「無以人滅天，無以故滅命。」〈駢拇〉說：「是故鳧脛雖短，續之則憂；鶴脛雖長，斷之則悲。」依他的看法，違反自然的人為造作，是不合理的。

　　道本「無為而自然」，天如此，地如此，萬物亦如此。

　　〈至樂〉云：「天無為以之清，地無為以之寧，故兩無為相合，萬物自化，芒（音荒）乎？芴（音忽）乎？而無從出乎？芴乎芒乎？而無有象乎？萬物職職（繁殖貌），皆從無為殖。故曰：天地無為也，而無不為也；人也，孰能得無為哉？」這是說「萬物芸芸」，皆由「無為」而生成，而演化，一切任其自然，順其自然。人能如此嗎？能如此，就是聖人。老子提倡「為無為，事無事」，莊子亦希望人能修養到這個境界。又所謂「無不為」，亦是指順其自然而生成化育言。正如孔子所說：「四時行焉，百物生焉，天何言哉？」

　　2.道與循環論及動的宇宙論（生物進化論）　「無為而自然」的宇宙法則，是動的，不是靜的；是自生自成自變自化的（不是有什麼

神力在那裡支持），是循環不已的。

〈秋水〉云：「物之生也，若驟若馳，无動而不變，无時而不移。」這與《易經》所說的「變動不居」說相類似。這是一種動（變）的宇宙論，或生的宇宙論。

〈至樂〉云：「種有幾（幾釋為元子或基本元素），得水則為䰅（䰅釋為水上塵埃），……久竹生青寧（蟲名），青寧生程（豹），程生馬，馬生人，人又反入於機，萬物皆出於機（同幾），皆入於機。」這裡講到了生物進化的過程，生物同源的道理，而歸結到一種生死循環論。（見附錄）

〈寓言〉云：「萬物皆種也，以不同形相禪，始卒若環，莫得其倫。」如借用西洋「種子論」這個名詞來解釋，則萬物同為種子所造成，自始至終，是循環的。這種循環的演變方法，故有些地方像黑格爾或恩格斯的辯證法，但不是完全相同的，倒與《易經》、《道德經》的循環論相差不遠。

〈秋水〉云：「道无終始，物有死生，」「无終始」是指不生不滅之本體言；「有死生」是指有形之物體言，也是指終始循環言。

㈢道無所不在說　〈知北遊〉載：「東郭子問於莊子曰：道惡乎在？莊子曰：無所不在。東郭子曰：期（有所指）而後可。莊子曰：在螻蟻。曰：何其下耶？曰：在稊稗。曰：何其愈下耶？曰：在瓦甓。曰：何其愈甚耶？曰：在屎溺。東郭子不應。」我們如果把道解作「宇宙萬物生成的基本元素，及宇宙萬物生成變化的法則」的話，那麼有物必有體（本體），有物必有則（法則），螻蟻有體有則，屎溺亦有體有則，故道無所不在之說，實在答得合理。朱子講「理」的時候，也有「理無所不在」之說，可以拿來作這裡道無不在的補充說明。

總括上面三項，可以得一結論如下：

㈠項所講的「道」，偏於萬物本體方面；

㈡項所講的「道」，偏於宇宙法則方面；

㈢項所講的「道」，可在本體論與宇宙論兩方面應用。

貳、莊子的人生觀與道德觀

㈠**莊子的理想人物**　尼采的理想人物為超人，莊子的理想人物為聖人、至人、真人及神人。

〈逍遙遊〉云：「藐姑射之山，有神人居焉。肌膚若冰雪，綽約若處子；不食五穀，吸風飲露，乘雲氣，御飛龍，而遊乎四海之外，其神凝，使物不疵癘，而年穀熟。」又云：「至人無己，神人無功，聖人無名。」

〈齊物論〉云：「至人神矣，大澤焚而不熱，河漢沍（釋凍）而不寒，疾雷破山，風振海而不能驚。若然者，乘雲風，騎日月，而遊乎四海之外，死生無變於己，而況利害之端乎？」

〈應帝王〉云：「至人用心如鏡，不將不迎，應而不藏，故能勝物而不傷。」

〈大宗師〉云：「古之真人，不知說生，不知惡死，其出不訢（音欣），其入不距（同拒），翛然（翛音蕭，自適貌）來往，不忘其所始，不求其所終，……不以心損道，不以人助天。」

神人、真人本是莊子的理想人，後來卻變成道教的理想神了，連莊子本人亦被稱為南華真人（人化之神）。莊子上面所形容這些語句，就理想人言，本不易解釋，就理想神言，倒無須解釋了。

㈡**莊子的人生觀及修養論**　莊子的人生觀是偉大的，其修養論也是高尚的。

莊子的人生觀，可說是達觀主義的，自然主義的，無為主義的，

超時空的，天人合一的。其修養功夫，是超哀樂喜怒的，外生死的，
外物的，外天下的，超得失名利的，薄功名富貴的：

1.輕得失超哀樂　《莊子》云：「悲樂者德之邪，喜怒者道之過，
好惡者德之失也。」（〈刻意〉）「得者時也，失者順也，安時而處順，
哀樂不能入也。」（〈大宗師〉）他是要由安時處順的修養，以達到達觀
主義的人生觀。

2.外生死外天下　《莊子》書載女偶（音禹）之言曰：「參日而
後能外天下，已外天下矣。吾又守之，七日而後能外物，已外物矣。
吾又守之，九日以後能外生，已外生矣，而能朝徹，朝徹而後見獨，
見獨而後能外古今，無古今然後能入於不生不死。」（同上）由外天下，
外物，外生死，外古今的修養，而達到不生不死的超時空的人生觀。

3.為無為，去四「六」　何為去四「六」？一為微志之勃，二為
解心之謬，三為去德之累，四為達道之塞。「富貴顯嚴名利，六者勃
志也；容動色理氣意六者謬志也；惡欲喜怒哀樂六者累德也；去就取
與知能六者塞道也。此四『六』？者不蕩胸中，則正，正則靜，靜則
明，明則虛，虛則無為而無不為也。」要達到無為而無不為的人生觀，
以修養到去四「六」為前提。

4.離形智，臻「坐忘」　「顏回曰：回益矣。仲尼曰：何謂也？
曰：回忘仁義矣。……他日復見，……曰：回忘禮樂矣。……他日復
見，……曰：回坐忘矣。仲尼蹴然曰：何謂坐忘？顏回曰：墮肢體，
黜聰明，離形去智，同與大通，謂之坐忘。」（〈大宗師〉）「坐忘」是
一種修養，「同與大通」是一種天人合一的人生觀。有此高深的修養，
始可達到此人生觀。

5.遊物外，樂逍遙　至人遊於物之外，不受物的束縛，非常自由。
〈逍遙遊〉載大如鵬鳥，小至蜩鳩，各有其自由。逍遙是一種修養，

遊於物之外，是一種超時空的人生觀。

6.齊物我，合天人　莊子云：「天地與我並生，而萬物與我為一。」（〈齊物論〉）這是一種物我一體與天人合一的人生觀。

7.生不樂，死不哭　普通以為生樂死苦，妻死必哭。〈至樂〉記莊子妻死不惟不哭，而且鼓盆作歌，內有一段話說：「察其始而本無生，非徒無生也，而本無形；非徒無形也，而本無氣，雜乎芒芴之間，變而有氣，氣變而有形，形變而有生；今又變而之死，是相與為春秋冬夏四時行也。人且偃然寢於巨室，而我噭噭然而哭之，自以為不通乎命，故止也。」〈大宗師〉云：「大塊載我以形，勞我以生，佚我以老，息我以死。」他能明「生寄死歸」與「生勞死息」之道，故死而不哭了。

㈢莊子的人性論及道德觀　莊子的人性論是「自然」的，反對人為的修飾。莊子道德觀是「常然」的，反對畫蛇添足的禮教；他又認為道德是相對的，反對絕對的道德觀。

〈駢拇〉云：「駢拇枝指，出乎性哉？而侈於德，附贅懸疣，出乎形哉？而侈於性。多方乎仁義而用之者，列乎五藏哉？而非道德之正也。是故駢於足者（大足指有二指），連無用之肉也，枝於手者（六指），樹無用之指也。……性長非所短，性短非所續，無所去憂也。意仁義其非人情乎？彼仁人何其多憂也，……且夫待鉤繩規矩而正者，是削其性也，待繩約膠漆而固者，是侵其德也。屈折禮義，呴俞仁義（呴俞，猶煦嫗，假仁義也），以慰天下之心者，此失其常然也。常然者，……天下誘然皆生而不知其所以生，同焉皆得而不知其所以得。」他以為物性人性，皆應順其自然，不可加以人工的禮義或繩墨規矩，這與荀子的性惡論（人必待禮義師法而後善），剛剛相反。

〈天道〉云：「天地固有常矣，……夫子亦放德而行，循道而趨

已至矣。又何偈偈乎仁義,若擊鼓而求亡子乎?噫! 夫子亂人之性也!」
這是提倡自然道德,要知常守常(老子云: 不知常、妄作,凶),反
對用人為的仁義道德,以擾亂天然的人性。

莊子的道德觀,與老子的道德觀亦有相似之處。

莊子認為講人為的仁義道德,可以發生莫大的流弊。如田成子殺
齊君而盜其國,並經其國之法而盜之,小國不敢非,大國不敢誅。「跖
之徒問於跖曰: 盜亦有道乎? 跖曰: 何適而無有道邪? 夫妄意室中之
藏聖也,入先勇也,出後義也,知可否知也,分均仁也,五者不備,
而能成大盜者未之有也。由是觀之,善人不得聖人之道不立,跖不得
聖人之道不行,天下之善人少,而不善人多,則聖人之利天下也少,
而害天下也多。」所謂盜亦有道,是從聖人學來的,此與老子所謂「聖
人不死,大盜不止」說相似。

參、莊子的相對論

㈠**相對的道德觀**　道德哲學方面有絕對論與相對論之別,絕對
論者主張道德有普遍性和永久性,相對論者主張道德只有時間性和
空間性。

莊子認為道德是有時空性的。他說:「禮義法度者,應時而變者
也。」「古今之異,猶猿狙之異於周公也。」我們能令猿狙衣周公之衣
嗎? 因此不能不顧及道德時空性,即不能不顧及道德的相對性。

㈡**相對的智識論**　西洋智識哲學,亦有相對論與絕對論之爭。絕
對論者認為智識有絕對性和普遍性; 相對論者認為智識只有時間性
和空間性,莊子是持相對論的。〈齊物論〉云:「故有儒墨之是非,以
是其所非,而非其所是。欲是其所非,而非其所是,則莫若以明。」
是非因立場而異,故難以判定。又云:「物無非彼,物無非是,……

故曰彼出於是，是亦因彼。」這是說彼此是相通的。「雖然，方生方死，方死方生。方可方不可。因是因非，因非因是。是以聖人不由（用也），而照之於天。」生死、可否、是非既是相對的，故聖人不主觀判斷，而訴諸天然。

又云：「可乎可，不可乎不可，道行之而成，物謂之而然。惡乎然？然於然；惡乎不然？不然於不然。物固有所然，物固有所可；無物不然，無物不可。」這是說可否是主觀的。「其分也，成也，其成也，毀也。凡物無成與毀，復通為一，唯達者道通為一。」站在齊物論的觀點來看，成毀是合一的，生死是相對的，通達之人不拘泥於一面。

肆、結　論

莊子的宇宙哲學，大致與老子相同，惟對於自然主義之發揚，則較老子為詳。書中寓言甚多，皆含至理，讀之令人心領神馳。

〈逍遙遊〉中所描寫的大鵬，引人起遐思與遠志。〈齊物論〉所講的天地萬物齊一之理，亦可引起物我一體之情懷。至其外生死，外天下，輕得失，超哀樂，離形去智，槁木死灰的修養論，真是何等高超。生勞死息的人生觀，及真人、至人、神人的超脫境界，更足以開人茅塞，擴人胸襟。

莊子的思想與學問，固高人一等，其行為志節，尤令人不可高攀。其安貧樂道，泥塗軒冕，視富貴如浮雲之精神，千秋萬世，可使貪夫廉而懦夫有立志。

附錄：生死循環論

〈至樂〉云：「列子行食（遊食）於道從（道旁也，亦有將從字

加者字連下讀的），見百歲髑髏（死人首），攓（拔也）蓬而指之曰：
『唯予與女（同汝）知而未嘗死，未嘗生也。若果養乎（借為恙，憂
也）？予果歡乎？種有幾（與下面之機同，同作元子看），得水則為䐠
（作繼，水上塵埃）得水土之際則為䵷（蛙）蠙（音賓）之衣（水苔），
生於陵屯，則為陵舄（音夕、車前草），陵舄得鬱棲（虫名），則為烏
足（草名），烏足之根為蠐（音齊）螬（音曹。蠐螬，金龜子之幼虫），
其葉為胡蝶，胡蝶胥也（少也，謂少時，即俄焉）化而為虫，生於竈
下（得熱氣而生），其狀若脫，其名為鴝（其俱反）掇（丁活反），鴝
掇千日為鳥，其名為乾（音干）餘骨，乾餘骨之沫（口中汁也）為斯
彌（蟲也），斯彌為食醯（蝕醯，若酒上蠛蠓也），頤輅（音路）生乎
食醯，黃軦（音況）生乎九猷（列子，作九猷生乎瞀芮），瞀芮（似
蚊而較小）生乎腐蠸（蠸，瓜中黃甲小蟲），羊奚（草名）比乎不箰
（古筍字），久竹生青寧（蟲名），青寧生程（赤蟲名，又云程即豹），
程生馬，馬生人（秦孝公時，有馬生人），人又反入於機《列子・天
瑞》，作人久入於機），萬物皆出於機（與幾同），皆入於機。』』如以
元子或生元釋機（幾），則萬物皆由元子而生，死復為元子。元子有
變化，無生死，惟人與萬物有生死耳。中間所謂甲生乙，乙生丙，雖
不如達爾文所說之精細，但已開生物進化研究之端，惜無人繼之罷
了。

第七節　列子的哲學思想

班固謂列子名圄寇，（西元前五〇〇～？）先莊子，莊子稱之。今
本《列子》有劉向敘，謂列子鄭人，與鄭繆（穆）公同時，但有人疑
此敘亦為偽托。

　　《漢志》著錄《列子》八篇，《隋唐志》著錄，篇數亦同。今本《列子》為晉人張湛註，計分：〈天瑞〉第一，〈黃帝〉第二，〈周穆王〉第三，〈仲尼〉第四，〈湯問〉第五，〈力命〉第六，〈楊朱〉第七，〈說符〉第八。是否真為列子所著，懷疑者甚多。現就書論書，作為道家哲學思想之一可也，不必問是否真有其人。茲就書中內容分為：⑴本體論，⑵宇宙論，⑶人生觀，⑷倫理觀等。

壹、列子的本體論

　　〈天瑞〉載：「夫有形者生於無形，則天地安從生？故曰：有太易，有太初，有太始，有太素。太易者未見氣也，太初者氣之始也，太始者形之始也，太素者質之始也。氣形質具而未相離，故曰渾淪。渾淪者言萬物相渾淪而未相離也。視之不見，聽之不聞，循之不得，故曰易也。」《道德經》云：「視之不見名曰希，聽之不聞名曰夷，搏之不得名曰微。」這裡統名之曰易，即指太易言。「易變而為一，一變而為七，七變而為九，九變者究也。乃復變而為一，一者形變之始也。清輕者上為天，濁重者下為地，沖和氣者為人，故天地含精，萬物化生。」這裡是把老莊周易的本體論混為一談。太易為宇宙之本體，由太易而太初，由太初而太始，由太始而太素，由太素而形成宇宙萬物，氣之清輕者為天，重濁者為地，其法則是循環的。如一到九，是一種三度的循環論。

　　《道德經》云：「道生一，一生二，二生三，三生萬物。萬物負陰而抱陽，沖氣以為和。」這裡說「易一變為七，七變為九，九復為一，沖和氣者為人。」可見是以老子的本體論為基礎，而加以發揮的。

　　《易》云：「天地絪縕，萬物化醇；男女媾精，萬物化生。」《列子》說：「天地含精，萬物化生。」可見又採取了《易經》的主張。

老子謂：「天地萬物生於有，有生於無。」《列子》乃進一步，說明有生於無的道理。〈天瑞〉載：「黃帝書曰：『形動不生形而生影，聲動不生聲而生響，無動不生無而生有。』」這是說明無是能動的，無動則生有，無既是能動能生的，可見不是一無所有的空虛，乃是肉眼看不見的東西，或稱元子。

貳、列子的宇宙論與生化論

如果說，宇宙論是研究宇宙萬物生成變化法則（道）的學問，那麼，《易經》分其法則為天道、地道與人道，《列子》則分其法則為天道、物道與人道。〈天瑞〉載：「天地無全功，聖人無全能，萬物無全用。故天職生覆，地職形載，聖職教化，物職所宜，……生覆者不能形載，形載者不能教化，教化者不能違所宜。……故天地之道，非陰則陽，聖人之教，非仁則義，萬物之宜，非柔則剛。此皆隨所宜而不能出所位者」。天地人物，各有所藏，各有所宜，各有所短，各有所長，天地人物且各有分工，與西洋哲學所謂上帝全知全能，似不相同。

《列子》的生化論，大多是合本體論與宇宙論（現象論）而立言的。

〈天瑞〉載：「有生不生，有化不化，不生者能生生，不化者能化化，生者不能不生，化者不能不化，故常生常化。常生常化者，無時不生，無時不化，陰陽爾，四時爾，不生者疑獨，不化者往復。其際不可終，疑獨其道不可窮（疑其冥一而無始終或有獨立而不改之意）。……故生物者不生，化物者不化。自生自化，自形自色，自智自力，自消自息，謂之生化形色，智力消息者非也。」列子的生化論，就是一種宇宙萬物生成變化的法則論。這種法則與老莊所論相類似，是自然的，無為的，是自生自化，自形自色，自智自力，自消自息的，

不是有心去生化形色，智力消息的。又所謂生物者不生，化物者不化，乃是指不生不滅的元子言。元子循環往復，獨立而不改，屬於本體方面的研究，至於生生化化，形形色色，乃屬於現象方面的研究。

宇宙現象是有終有始，有形有聲，有色有味，而且是有為的。宇宙本體是未嘗有終，未嘗有始，未嘗有形，未嘗有聲，未嘗有色，未嘗有味，亦即未嘗有為。「故有生者，有生生者；有形者，有形形者；有聲者，有聲聲者；有色者，有色色者；有味者，有味味者。生之所以生者死矣，而生生者未嘗終；形之所以形者實矣，而形形者未嘗有；聲之所以聲者聞矣，而聲聲者未嘗發；色之所以色者彰矣，而色色者未嘗顯；味之所以味者嘗矣，而味味者未嘗呈。皆無為之職也。」〈天瑞〉所謂「有生者，有形者」，是就宇宙現象而言；所謂「有生生者，有形形者」，是就宇宙本體而言。

《老子》只有「無為而無不為」之言，《列子》推廣其義，立「無知而無不知，無能而無不能」之說。故〈天瑞〉又稱：「能陰能陽，能柔能剛，能短能長，能圓能方，能生能死，能暑能涼，能浮能沉，能宮能商，能出能沒，能玄能黃，能甘能苦，能羶能香。無知也，無能也，而無不知也，無不能也。」這是就天道言，就宇宙的自然法則言，沒有神（上帝）的意義在內。

參、列子的人生觀

㈠就神形二元論講　《列子》在宇宙論方面有「清輕者為天，濁重者為地」之說，在人生論方面亦有「天心與地物之分」之說。〈精神訓〉云：「精神者所稟於天也，而形骸者所稟於地也」。〈天瑞〉載：「精神者天之分，骨骸者地之分，屬天清而散，屬地濁而聚。精神離形，各歸其真。故謂之鬼，鬼歸也，歸其真宅。黃帝曰：『精神入其

門，骨骸反其根，我尚何存』?」這裡可以看出兩點：其一為生死是神形的分離，頗有心物（神形）二元論的傾向，其二為有神論（有鬼論）。范縝謂「神形不可分」，持無神論，列子謂神形可以分，持有神論。

〈周穆王〉曾論覺與夢，覺就形體活動言，夢就精神活動言，他以為「覺有八徵，……形所接也，夢有六候，……神所交也。……神遇為夢，形接為事。」人未死，則神形合於一身，白天有形的活動，晚間有神的活動。人死後，則形歸地為屍體，神歸天為鬼，這種神形二元論，影響世俗的人鬼觀念，亦與宗教的看法相似。

㈡就人生階段講　《列子》分人生階段為四：

1. 嬰孩時期：氣專志一，和之至也，物不傷焉，德莫加焉。

2. 少壯時期：血氣飄溢，欲慮充起，物所攻焉，德故衰焉。

3. 老耄時期：欲慮柔焉，體將休焉，物莫先焉，雖未及嬰孩之全，方於少壯間矣。

4. 死亡時期：之於息焉，反其極矣。

㈢就人生態度講　計有下列各種人生觀：

1. 樂觀的人生觀　《列子》有一種樂觀的人生觀。〈天瑞〉載榮啟期答孔子之問曰：「吾有三樂。天生萬物，唯人為貴，而吾得為人，是一樂也。男女之別，男尊女卑，故以男為貴，吾既得為男矣，是二樂也。人生有不見日月，不免襁褓者，吾既已行年九十矣，是三樂也。貧者士之常也，死者人之終也，處常得終，當何憂哉? 孔子曰: 善哉! 能自寬者也。」這是一種樂觀主義的人生觀。不過這種樂觀，亦傾向於達觀。

2. 生勞死息的人生觀（達觀主義的人生觀）　〈天瑞〉載：「子貢倦於學，告仲尼曰：『願有所息。』仲尼曰：『生無所息。』子貢曰：『然則賜息無所乎?』仲尼曰：『有焉耳。望其壙，睪如也，宰如也，

墳如也，鬲如也，則知所息矣。』子貢曰：『大哉死乎？君子息焉，小人伏焉。』仲尼曰：『賜！汝知之矣。人胥皆知生之樂，未知生之苦；知老之憊，未知老之佚；知死之惡，未知死之息也』」。又載林類之言曰：『死期將至，故樂若此，……又安知今之死，不愈昔之生乎？』這種生勞死息或生苦死樂的人生觀，與莊子不知悅生、不知惡死的達觀主義相似。

3.天命主義的人生觀（自然主義與無為主義的人生觀）　講人生觀的有天命主義與力行主義之爭，《列子》一書是提倡天命主義的。〈力命〉云：「力謂命曰：『若（汝）之功奚若我哉？』命曰：『汝奚功於物而欲比朕？』力曰：『壽夭窮達，貴賤貧富，我力之所能也。』命曰：『彭祖之智，不出堯舜之上，而壽八百，顏淵之才，不出眾人之下，而壽四八，……若是汝力之所能，奈何壽彼而夭此，窮聖而達逆，賤賢而貴愚，貧善而富惡耶？』其辯論終結是力既無功，命亦不居功，此種天命主義，既是自然主義，亦是無為主義。

此外，尚有為我主義及縱欲主義的人生觀——見〈楊朱〉。不過，〈楊朱〉的縱欲主義，仍然含有自然主義及達觀主義的意義在內。

肆、列子的不可知論與相對論及循環論

西洋智識哲學中有可知與不可知之爭，有絕對與相對之爭，《列子》的主張，則屬於不可知論與相對論。又循環論亦與相對論有關，特附論之。

斯賓塞主不可知論，孔子有未知生焉知死之說。〈天瑞〉載列子杞人憂天故事曰：「言天地壞者亦謬，言天地不壞者亦謬，壞與不壞，吾所不能知也。……故生不知死，死不知生，來不知去，去不知來壞與不壞，吾何容心焉。」這是說不可知的東西我們何必研究它呢？這

叫不可知論，亦是達觀主義的人生觀，又〈湯問〉亦多不可知論。

〈周穆王〉載逄氏之子患迷罔症，聞歌以為哭，視白以為黑，遂赴魯請儒生診治。過陳遇老聃，老聃曰：「汝庸知汝子之迷乎？今天下之人，皆惑於是非，昏於利害，同疾者多，固莫有覺者。……向使天下之人其心盡如汝子，汝則反迷矣。哀樂聲色，臭味是非，孰能正之？」黑白哭歌是相對的，是主觀的，不是絕對的，不是客觀的，這是一種相對論。

〈說符〉云：「且天下理無常是，事無常非，先日所用，今或棄之。」亦是一種相對論。

列子和莊子一樣，亦有「萬物皆出於機，皆入於機」的生死循環論。(詳〈天瑞〉)張湛注稱「生於此者或死於彼，死於彼者或生於此，……是以聖人知生不常存，死不永滅，一氣之變，所適萬形，萬形萬化而有不化者存，歸於不化，故謂之機。機者群有之始，動之所宗，故出無入有，散有反無，靡不由之也。」這是一種生死循環論，亦可叫有無循環論。

又〈天瑞〉云：「故物損於彼者盈於此，成於此者虧於彼，損盈成虧，隨世（解作生）隨死，往來相接，間不可省。」這是一種成虧循環論，亦可叫損盈循環論。

伍、列子的理想人物與理想國

莊子的理想人物為藐姑射之神人，列子亦有同樣看法。〈黃帝〉載：「列姑射山，在海河洲中，山上有神人焉，吸風飲露，不食五穀，心如淵泉，形如處女，不偎不愛，仙聖為之臣，不畏不怒，愿慤為之使，不施不惠，而物自足，不聚不斂，而己無愆，陰陽常調，日月常明，四時常若（若，順也），風雨常均，字育常時，年穀常豐，而土

無札傷，人無夭惡，物無疵厲，鬼無靈響焉。」孔子的理想人物，以聖人為最，列子與莊子的理想人物。則在聖人之上，還有一種神人。

〈周穆王〉云：「古之真人，其覺自忘，其寢不夢，幾虛語哉？」莊子另一種理想人物為真人，列子亦同。

〈黃帝〉形容華胥氏之國稱：「其國無帥長，自然而已，其民無嗜欲，自然而已。不知樂生，不知惡死，故無夭殤；不知親己，不知疏物，故無愛憎；不知背逆，不知向順，故無利害。都無所愛惜，都無所畏忌，入水不溺，入火不熱，斫撻無傷痛，指擿無痟癢，乘空如履實，寢虛如處床，雲霧不硋其視，雷霆不亂其聽，美惡不滑其心，山谷不躓其步，神行而已。」這是列子的理想國，國父曾在《三民主義》中引此以論無政府主義。

以上的理想人物和理想國雖屬寓言，但其境界之高超，則令人嚮往。

陸、結　論

《列子》一書，有許多像《莊子》，但其文筆淺顯流利，較易閱讀。至其雷同之處，究竟誰抄誰的，則是一個先後問題，如說《列子》一書問世在先，則莊子是抄《列子》的，反之，如果說《列子》一書問世在後，則列子是抄《莊子》的。雖班固說，列圄寇先莊子，但考據者多說，《列子》一書問世於《莊子》一書之後。

如果說《列子》一書問世在《莊子》一書之後，則《列子》書中的本體論是混合易、老而加以發揮的，其人生觀與相對論，亦多是因襲莊學的。

《列子》一書固多因襲，然不是沒有創見和新見，如〈天瑞〉所講，宇宙萬物之本質及其進化經過，〈黃帝〉所載華胥氏之國，〈周穆

王〉之說夢，〈湯問〉之愚公移山，〈力命〉之力與命對辯等，在在有其新意義存焉。又《列子》書中所載寓言，境界高超，含意宏遠，讀之可以發人深省。

第八節　管子的哲學思想

管子，名夷吾，號仲父，潁上（今屬安徽）人。（西元前？～六四五年）。少時嘗與鮑叔牙遊，鮑叔知其賢。管子貧困，常欺叔牙，叔牙終善之。鮑叔事齊公子小白，管子事公子糾，及小白立為桓公，子糾死，管仲囚。鮑叔薦管仲，管仲既任政於齊，齊桓公以霸，九合諸侯，一匡天下，管仲之謀也。故管仲曰：「吾始困時，與鮑叔分財，多自予。鮑叔不以我為貪，知吾貧也。嘗為鮑叔謀事而更窮困，鮑叔不以我為愚，知吾有利有不利也。公子糾敗，召忽死之，吾幽囚受辱。鮑叔不以我為無恥，知吾不羞小節，而恥功名不顯於天下也。生我者父母，和我者鮑叔。」鮑叔既進管仲，而己下之。管子既相，以區區之齊在海濱，通貨積財，富國彊兵，與俗同好醜。故其書稱曰：倉廩實而知禮節，衣食足而知榮辱，上服度則六親固，四維不張，國乃滅亡。下令猶流水之原，令順人心，故論卑而易行。俗所欲，因予之；俗所否，因去之。其為政也，善因禍為福，轉敗為功，貴輕重，慎權衡。桓公怒少姬，南襲蔡，管仲因伐楚，責包茅不入貢於周室。桓公北征山戎，管仲因而令燕修召公之政。柯之會，桓公背曹沬之盟，管仲因而信之，諸侯歸之。（以上見劉向校〈管子書序〉）

《管子》一書經劉向刪定為八十六篇，內遺失十篇，現僅存七十六篇。後世校閱此書者，多謂非管子一人手筆，疑有些為後人所加，甚至司馬遷在《史記・管、晏列傳》中所言，亦欲加以否定，不免過

火了一點。今以書言書，縱非管子親撰，視為管子學派之著作可也，似不必因噎廢食，而否認此書之價值。

自來撰中國哲學史者，古代不列管子，近代不列王安石。著者以為王安石既可以列於近代哲學家之林，而《管子》一書不僅富有高深的政治、經濟思想，亦包含宇宙哲學與倫理哲學，而且對於儒、墨、道各家學說都有相當影響，不僅法家而已；故特將它列於古代哲學。現分：⑴宇宙哲學，⑵倫理觀和教育觀，⑶政治觀和法律觀，⑷經濟觀等。為了先易後難之安排，依孔門哲學先例，將宇宙哲學置於經濟觀之後。

壹、管子的倫理觀與教育觀

㈠**倫理觀** 管子對於倫理討論之處甚多，茲述四維、孝悌忠信、大德至仁及互助道德等。

1.四維 禮義廉恥，為管子所最重視之國家道德與社會道德。

〈牧民〉稱：「四維張則君令行，……守國之度，在飾四維，……不敬宗廟，則民乃上校（義同效），不恭祖舊，則孝悌不備，四維不張，國乃滅亡。」何以說四維不張，國乃滅亡？他又稱：「國有四維，一維絕則傾，二維絕則危，三維絕則覆，四維絕則滅。傾可正也，危可安也，覆可起也，滅不可復錯也。」所謂「滅不可復錯也」，就是沒有復興或再起的機會了。

《管子》自稱：「何謂四維？一曰禮、二曰義、三曰廉、四曰恥。禮不踰節，義不自進，廉不蔽惡，恥不從枉。故不踰節則上位安，不自進則民無巧詐，不蔽惡則行自全，不從枉則邪事不生。」禮義廉恥之所以被重視，乃是可以使上位安，使民無巧詐邪惡。

蔣介石先生提倡新生活運動，以禮義廉恥為中心，即希望融合禮

義廉恥於衣食住行之中，使人民生活革新，社會風氣改善，國家政治進步。

2.孝悌忠信　〈形勢〉云：「忠者臣之高行也。」〈權修〉云：「賞罰不信，則民無取。」又認為「臨事不信於民者，則不可使任大官。」

管子作內政以寄軍令，內有一種選舉方法，就是「凡孝悌忠信，賢良俊才」，可以由鄉里依次向上推選，予以各種獎勵。

〈小匡〉講到孝慈於父母，長弟於鄉里者，鄉長應上報。不孝慈於父母，不長弟於鄉里者，鄉長亦要上報。隱而不報者，有一定之處分，上報之後，則有賞善罰惡。

3.大德至仁　〈法禁〉云：「聖王之教其民也，以仁錯之，以恥使之。」〈立政〉云：「非大德至仁，不可以授國柄。」由此，可知管子是主張讓大德至仁來處理國事，故又曰：「授有德則國安」。

4.互助道德　管子講道德，頗重視互助。他說：「伍之人，祭祀同福，死喪同恤，禍災共之。……居同樂，行同和，死同哀，是故守則同固，戰則同強。」（《國語》）這比孟子所謂「出入相友，守望相助」，講得更為詳細。

孫中山先生提倡互助進化論，故說：「物種進化以競爭為原則，人類進化則以互助為原則。」管子提倡互助道德，則遠在二千五百年之前。

㈡**教育觀**　管子的教育主張，可分為先教後刑，民眾教育，分業教育，生產與軍事教育等。

1.先教後刑　這是身教，也是鄉村教育。〈權修〉云：「明禮者，是以教之，上身服以先之。……鄉置師以說道之，然後申之以憲令，勸之以慶賞，振之以刑罰，故百姓皆說（悅）為善，則暴亂之行無由至矣。」這種先教後刑的辦法，可以減少政令的阻礙，可以免除老百

姓的過失。

孔子云：「以不教民戰，是謂棄之。」推此，以不教之民行憲令，也是「棄之」。故法令頒布之先，應多予宣傳。

2.教訓成俗　〈權修〉云：「凡牧民者使士無邪行，女無淫事。士無邪行，教也；女無淫事，訓也。教訓成俗，而刑罰省數也。」這種教育，可稱為民眾教育，就是要民眾人人謹守道德，不作邪行淫事。

前面講先教後刑，這裡講教訓成俗，都是管子重視教育的明徵。前者為法律教育，可以收到順利推行政令之效果，後者為道德教育，可以收到教成刑省之效果。

3.分業教育　他主張用父兄之教，以達到分業教育之目的。

〈小匡〉載管仲對桓公云：「今夫士群萃而州處，閒燕（謂學校之處），則父與父言義，子與子言孝，其事君者，言敬，長者言愛，幼者言弟。且夕從事於此。……是故其父兄之教，不肅而成，其子弟之學，不勞而能。」這是說要士之子常為士。管子主張用同樣的父兄之教，使農之子常為農，工之子常為工，商之子常為商。這種分業教育，類似今日之師範與職業教育。

4.生產教育與軍事教育　這兩種教育有相互關係，特合而論之。

管子的生產教育是「以勞教民富」，軍事教育是「以死教民強」。

管子認為「政教相似而殊方」，即在政治方面要「順民心」，在教育方面要「反民性」。〈侈靡〉云：「為國者反民性，然後可以與民戚（與民共休戚）。民欲佚，而教之勞；民欲生，而教之以死。勞教定而國富，死教定而威行。」要威行即要兵強，故管子的教育政策是實現富國強兵。

前面所述分業教育中的農工商教育，是職業教育，也是生產教育，內中包含勞動教育。

管子「作內政以寄軍令」，「因田獵以行賞罰」，使百姓通於軍事，就是一種避開鄰國耳目的軍事教育。故梁任公曾與斯巴達之軍國主義教育，及日本以郡縣為單位之師團訓練相比。

5.生活教育　朱熹在〈大學章句序文〉中說：「三代之隆，……王宮國都以及閭巷，莫不有學。人生八歲，則自王公以下，至於庶人子弟，皆入小學；而教以洒掃應對進退之節，禮樂射御書數之文。」《管子》一書中，載有〈弟子職〉一篇，在昔日可視為小學「洒掃應對進退」之節目，在今日可視為公民生活教育，與蔣介石先生所訂「生活規範」，及中華文化復興運動推行委員會所訂「國民生活須知」，同其意義。

「弟子職」是一種有韻的四字經，前數段是講學生飲食起居，侍奉師長應有禮貌和動作，後面還講到屋內外打掃，舉燭侍坐、侍寢等，雖以學生（弟子）生活為主，但亦可推及於一般公民。

王雲五先生云：「世人皆知管子為政治與經濟學者，間亦知其為法學者，但對於他在教育上的思想認識者尚鮮有其人。然詳加研究，當不難發現他是上古很卓越的一位教育學者。」（《先秦政治思想》）如就《管子》一書中的道德教育、分業教育、生產勞動教育、軍事教育、生活教育來看，著者亦有同感。

貳、管子的政治觀和法律觀

㈠尊王攘夷與存亡繼絕（民族主義與霸道主義）　桓公即位七年後稱霸，二十二年山戎伐燕，桓公救燕伐山戎，至孤竹而還。二十五年救邢，平狄亂。二十七年救衛，平狄亂。三十八年使管仲平戎於周，使濕明平戎於晉。這些征伐，都是以尊王攘夷、存亡繼絕為主，故能做到「東夷、西戎、南蠻、北狄，中國諸侯，莫不賓服。……然後率

天下，定周室。」普通以為存亡繼絕，乃王道主義者的責任，其實管仲相桓公、霸諸侯，做了不少存亡繼絕的工作。故周興嗣說：「齊桓匡助，濟弱扶傾。」

㈡**民本主義**　孟子有民本主義，管子亦有民本主義。〈中匡〉載桓公之言曰：「昔三王者即弒其君，今言仁義，則必以三王為法度，不識其故何也？」管仲對曰：「昔者禹平治天下，及桀而亂之，湯放桀，以定禹功也。湯平治天下，及紂而亂之，武王伐紂，以定湯功也。且善之伐不善也，自古及今，未有改之，君何疑焉。」這與孟子所謂「聞誅一夫，紂也，未聞弒君也」，同屬民本主義。〈霸言〉載管仲答桓公云：「霸王之所始也，以人為本。本固則國固，本亂則國危。」〈霸形〉載管仲答桓公云：「齊國百姓，公之本也。」這更是提倡民本主義的明徵。〈牧民〉云：「政之所興，在順民心；政之所廢，在逆民心。」這與孟子所謂「得天下有道得其民，得其民有道得其心」，同其意義。孟子雖重王輕霸，但在民本主義方面，與管子見解大略相同。

㈢**法治主義**　管子提倡法治，人所共知。〈任法〉云：「法者，王之所以一民使下也。」〈七法〉云：「不明於法，而欲治民一眾，猶左書而右息之。」指揮臣民，統一意志，不運用法律，便無效果可言。〈任法〉云：「法者天下之至道也，聖君之實用也。」〈禁藏〉云：「法者天下之儀也，所以決疑而明是非也。」〈法法〉云：「故巧者能規矩，不能廢規矩以正方圓；雖聖人能生法，不能舍法而治國。」《管子》被列為法家之鼻祖，其論法的文字可謂不勝枚舉。

㈣**德治主義（禮治主義）**　管子固重視法治，但亦不忽視德治與禮治。〈牧民〉云，「錯國於不傾之地者，授有德也」，「授有德則國安」，這是重視德治之顯明例子。〈君臣〉上云：「是故有道之君，正其德以蒞民。」與孔子所謂「為政以德，譬如北辰，居其所，而眾星拱之」

之主張相似。〈樞言〉云:「法出於禮。」著者以為管子善變周公之禮以為法,或則說善變周公之禮治以為法治,這可以知管子為德治主義者,亦為禮治主義者。誠如梁任公所說:「管子雖尊法治而不廢禮治。」(《管子傳》)

㈤作內政以寄軍令(軍國主義) 〈小匡〉載桓公欲從事天下諸侯,管子以為欲「會諸侯」,成霸業,不可公開練兵,只可暗中進行。桓公曰:「為之奈何?」管子對曰:「作內政而寓軍令焉。為高子之里,為國子之里,三分齊國,以為三軍,擇其賢民,以為里君,鄉有行伍卒長,則其制令;且因田獵以行賞罰,則百姓通於軍事矣。」就教育言,這是軍事教育;就組織言,這是內政軍事化,或全國皆兵的制度。

參、管子的經濟觀

㈠富民政策 軍國主義的目的在強兵,富民政策的目的在富國。管子認為富民為治國之道,何以要富民?他在〈治國〉曰:「治國之道,必先富民,民富則易治也,民貧則難治也。」「奚以知其然也? 民富則安鄉重家;安鄉重家,則敬上畏罪;敬上畏罪,則易治也;民貧則危鄉輕家;危鄉輕家,則敢陵上犯禁;陵上犯禁,則難治也;是以善為國者,必先富民,然後治之。」從另一方面看,富民政策,就是藏富於民。

㈡節約政策 莫以為管仲自己不尚儉樸,對於國家亦不主張節約,其實不然。〈八觀〉云:「國侈則用費,用費則民貧,民貧則奸智生,奸智生則邪巧作;故奸邪之所生,生於匱不足,匱不足之所生,生於侈。」因此,他提倡節約政策,國家要節用,要薄稅歛;人民要勤耕,不得製造奇器淫巧。故曰:「省刑之要,在禁文巧。」(〈牧民〉)

㈢九惠之教 古代的惠民政策,等於今日的社會安全制度。管子

於此曾提倡九惠之教，一曰老老，二曰慈幼，三曰恤孤，四曰養疾，五曰合獨，六曰問候，七曰通窮，八曰振困，九曰接絕。他在〈入國〉中對於以上九項辦法規定甚詳，類似國父民生主義中的食、衣、住、行，及蔣介石先生所補述的民生主義育樂兩篇。

㈣**貿易政策**　〈乘馬〉說：「市者，可以知治亂，可以知多寡。」〈問〉說：「市者，天地之財具也，而萬人之所和而利也。」〈問〉又說：「征於關者，勿征於市，征於市者，勿征於關；虛車勿索，徒負勿入，以來遠人。」這裡既講到貿易的重要，又講到輕稅政策，與孔孟之主張薄稅斂相同。

〈揆度〉說：「善為國者，天下下我高，天下多我寡，然後可朝天下。」這是一種商戰，或稱貿易戰。〈輕重〉講得最多，或以貨幣，或以鹽鐵，或以穀物，以操縱物價，以戰勝鄰國。

㈤**鹽鐵公營（官山海）**　這是中國最早的公賣制度或稱國營事業。〈海王〉載：桓公以收稅方法問於管子曰：「吾欲籍於臺雉（可視為臺榭）何如？」管子對曰：「此毀成也。」「吾欲籍於樹木？」管子曰：「此伐生也。」「吾欲籍於六畜？」管子對曰：「此殺生也。」「吾欲籍於人，何如？」管子對曰：「此隱情（隱戶口）也。」桓公曰：「然則吾何以為國？」管子對曰：「惟官山海為可耳。」所謂官山海，就是鹽鐵公營。管子在齊實行鹽鐵公營，獲利甚豐，因之國富而兵強，後世提倡公賣制度者宗之。

㈥**均產主義與均地主義**　孫中山先生提倡平均地權，甚贊孔子的均產主義（不患寡而患不均說），管子既提均產，亦提倡均地。〈侈靡〉云：「甚富不可使，甚貧不知恥。」可知他認為財產不均，民不易治。〈國蓄〉云：「夫民富則不可以祿使也，貧則不可以罰威也。法令之不行，萬民之不治，以貧富之不齊也。」所謂齊貧富，就是一種均

產主義。〈立政〉云:「地者政之本也。是故地可以正政也。地不平均調和,則政不可正也。政不正,則事不理也。」這種均地主義與井田制同其用意,亦與孫先生提倡平均地權之宗旨相符。

總之,管子的經濟思想,以富國為目的。富國必先富民,故各種措施以解決國計民生為中心,類似孫先生所提倡的民生主義。

肆、管子的宇宙哲學

㈠**人法天地(宇宙法則)** 管子尚法,以自然法則(宇宙法則)為依歸,其論政亦以宇宙現象為準則。〈宙合〉云:「天不一時,地不一利,人不一事。」人不一事,是以天地為法的。故又說:「歲有春秋冬夏,月有上下中旬,日有朝暮,夜有昏晨,半星(半隱半現之意)辰序,各有其司,故曰天不一時。山陵岑巖,淵泉閎流,泉踰瀷而不盡,(瀷,湊漏之流也)薄(草叢生曰薄)承瀷而不滿,高下肥磽,物有所宜,故曰地不一利。鄉有俗,國有法,食飲不同味,衣服異采,世用器械,規矩繩準,稱量數度,品有所成,故曰人不一事。」天地現象是複雜的,故人事亦是複雜的。管子在這樣人事複雜的現象中,要用人為法以維繫之,其人為法,乃以自然法為本。

㈡**陰陽五行論** 《易經》論陰陽,管子亦論陰陽,他把陰陽與天地合起來講。故說:「以天為父,以地為母,開示萬物,以總一統。」(〈五行〉)又說:「故通乎陽氣,所以事天也,經緯日月用於民。通乎陰氣所以事地也,經緯星曆,以視其離。」(同上)他又以陰陽配四時,如說:「是故陰陽者,天地之大理也,四時者,陰陽之大經也。」(〈四時〉)以陰陽為四時之緯,四時為陰陽之經。又以為刑德合於四時,(德合於春夏,刑合於秋冬)則可以生福,否則生禍。

講過了陰陽四時,可講到他的五行了。他由四方四時講到五行:

「春夏秋冬將何行? 東方曰星，其時曰春，其氣曰風，風生木與骨，其德喜嬴，而發出（生）節時。……南方曰日，其時曰夏，其氣曰陽，陽生人與氣，其德施舍修樂。……中央曰土，土德實輔四時出入，以風雨節土益力，土生皮肌膚，其德和平用均。……西方曰辰，其時曰秋，其氣曰陰，陰生金與甲（爪甲），其德憂哀靜正嚴順。……北方曰月，其時曰冬，其氣曰寒。寒生水與血，其德涸越溫恕周密。」（同上）四方加中央，與五行相配，並指春夏秋冬，各有應行之政令，不可顛倒，如春行冬令或秋行夏令，都會出毛病的。又說：「日至（春日至之意），睹甲子木行御（木行御時）。」（〈五行〉）於是植物蓬萌。「睹丙子火行御」，而水火相濟。「睹戊子土行御」，以養五穀。「睹庚子金行御」，以備甲厲攻。「睹壬子水行御」，（同上）則氣足發而止。這是進一步說明，春夏秋冬何月何日應開始做些什麼，以期措置適時，五穀豐登，經濟繁榮，可見其政治措施是順乎自然的。

㊂萬物生於水　五行之中以水為主。〈水地〉云：「地者萬物之本，諸生之根菀（菀城也）也，美惡賢不肖愚俊之所生也。水者地之血氣，如筋脈之流通者也。故曰：水具材也。」他以水為材美具備的東西，就萬物言，為諸生之菀城，就人言，為美惡賢愚之所本。

他又云：「人、水也，男女精氣合，而水流形（陰陽交感，流布成形）。」跟著說：「三月而咀（咀嚼）」，「五月而成」，「十月而生」。生後而目視耳聽心慮，由近而遠，由粗而精。

水不僅生人，亦生龜龍等物。故云：「是故具者何也? 水是也。萬物莫不以生。……故曰: 水者何也? 萬物之本原也，諸生之宗室也，美惡賢不肖愚俊之所產也。」他認為萬物生於水，與希臘哲學家泰來斯（Thales）的主張頗相近似。

管子既認為人生於水，便認為水與民性有關。齊國之水，躁而迴

復，其民貪麤（粗）而好勇。楚國之水，淖弱而清，其民輕果而賊。越國之水，重濁而洎（侵也），其民愚疾而垢。因此說：「聖人之治於世也，……其樞在水。」好像說認識了水性，便認識了民性，認識了民性，便可化世治民了。管子主張體水之性以治民，亦主張體水之性以行令。故「下令如流水之原，令順民心」，「與俗同好醜」，「俗之所欲，因與之；俗之所否，因去之」。

伍、管子哲學與各家學說的關係

現代人多只把管子列為法家，究其實，《管子》一書涉及的問題甚多，其理論不以法家為限，與儒家、道家、墨家學說都有相當關係，茲略舉如下：

㈠與孔孟學說的關係　〈任法〉云：「政者正也，正也者，所以正定萬物之命也。是故聖人精德立中以生正，明正以治國，故正者所以止過而逮不及也。」

孔子云：「政者正也，子率以正。孰敢不正。」管、孔都視「政為正」，都主張正名，都主張以身作則。

《國語》云：「君也者，將牧民而正其邪者也。」（〈魯語〉）《管子》一書，以〈牧民〉為首篇，可見兩家學說既都以政為正，亦都稱治民為牧民。

〈乘馬〉云：「霸王之始也，以人為本。」〈霸形〉云：「齊國百姓，公之本也。」

《書經》云：「國以民為本，民以食為天。」《孟子》云：「民為貴，社稷次之，君為輕。」可見管子與孔孟都提倡民本主義。又孟子以湯武殺桀紂為誅獨夫，非弒君；《管子》書中對此講得更詳細。（見上政治觀）。

中庸主義是孔門學說中的一個重點，但《管子》書中亦講到中庸。〈五輔〉云：「中正比義，……以行禮節。……夫民必知義然後中正，中正然後和調，和調乃能安處。」

孔子講足食、足兵與民信，講先富後教，講輕刑罰，薄稅斂。《管子》書中，多有類似見解。

孔孟講均產、均地，《管子》書中亦有均產與均地思想（見前）。

或許有人以為管子尚法治，孔孟尚德治、禮治與人治，這是相反的；其實，管子除重視法治外，亦兼重德治、禮治與人治。如〈五輔〉云：「任賢人，用有能，而民使可治。」

或許有人以為孔孟講王道，管子講霸道，這是兩家學說的極大區別；不過，《管子》書中的霸道不如《孟子》書中所指的狹隘，就存亡繼絕論，《管子》書中的霸道，包含《孟子》書中的「以大事小」，與孔門的「興滅國，繼絕世」。

著者提出上列比較，並不是說兩家學說毫無區別，只是指出不能照一般人的看法，亦不能偏聽孟子一人之言。

㈡**與荀子學說的關係** 荀子雖被列入儒家，但有些理論與孟子相反，卻與管子接近。

荀子重禮治，《管子》書中亦未輕視禮治。反之，管子尚法，荀子亦未忽視法治。故荀學傳至李斯、韓非，即形成法家。我們可以說：「李、韓一面以荀子為宗師，一面奉管子為鼻祖。」

管子論王霸，孟子論王霸，荀子亦論王霸。

《管子·幼官》云：「尊賢貴德則帝，身行仁義服忠信則王，審謀章禮，選士利械則霸。」〈兵法〉云：「明一者皇，察道者帝，通德者王，謀得兵勝者霸。」這裡較孟子論王霸，有相同處（如孟子說以德服人者王，以力假人者霸），亦有相異之處。

有那些相異之處?⑴孟子運用二分法,只講王與霸的區別,管子則用三分法或四分法,除講王與霸之外,還講到皇與帝。⑵孟子認為霸道專持武力,不能服人之心;管子相桓公行霸道,則德威並施,使天下小國諸侯「信其仁而畏其武」。而且實行「存亡繼絕」政策,以德服人。

孟子論王霸,與管子有異;荀子論王霸,則與管子略同。〈王制〉云:「王奪之人,霸奪之與,疆奪之地(人謂賢人。與謂與國也),奪之人者臣諸侯,奪之與者友諸侯,奪之地者敵諸侯。臣諸侯者王,友諸侯者霸,敵諸侯者危。」

又霸道主義者應有何種措施?荀子云:「辟田野,實倉廩,……存亡繼絕,衛弱禁暴,而無兼併之心,則諸侯親之矣。……是知霸道者也。」(〈王制〉)這裡講霸道,講到存亡繼絕,衛弱禁暴,類似管子之言論和齊桓之措施,與孟子之所謂「以力假仁者霸」大有出入。

管子認為教育要「反人性」,荀子主性惡,認為教育要「起偽化性」,也是主張「反人性」。

㈢與道家學說之關係　有人說法家立法之目的在於萬民遵法,使政治趨向於「無為而治」。故道家的無為主義,固影響到申韓;而老子的無為而治,亦與管子學說有關。〈禁藏〉云:「故主上視法,嚴於親戚。吏之舉令,敬於師長。民之承教,重於神寶。故法立而不用,刑設而不行也。」如能做「法立而不用,刑設而不行」,便達到老子「無為而治」的目的了。

〈任法〉云:「聖君任法而不任智,任教而不任說,任公而不任私,任大道而不任小物,然後身體而天下治。……聖人守道要,處快樂,……不思不慮,不憂不圖,利身體,便形軀,養壽命,垂拱而天下治。」所謂垂拱而天下治,就是道家的「無為而治」。

管子又云：「君臣之道：臣事事，而君無事。君逸樂，而臣任勞。臣盡智力以善其事，而君無與焉，仰成而已，故事無不治。」這裡所講的是君臣分工，是主張「君逸臣勞」，故說「臣盡智力以善其事，君無與焉。」所謂「仰成而已，故事無不治」，也是《道德經》所說「為無為，則無不治」。

〈水地〉云：「人皆赴高，已（指水言）獨赴下，卑也。卑也者，道之室，王者之器也。」這與《道德經》所說「江海之所以能為百谷王者，以其能下之，故能為百谷王」，同其意義。

㈣**與墨子學說之關係**　《史記》管晏同傳，晏子崇儉，屬於墨家，《管子》一書雖有反「兼愛」之言（〈立政〉），但其他主張，亦有與墨子相似者。

(1)墨子尚賢，管子亦尚賢。〈五輔〉云：「任賢人，用有能，而民可使治。」

(2)墨子尚儉，管子亦尚儉，〈牧民〉云：「省刑之要，在禁文巧。」「文巧不禁，則民乃淫。」〈八觀〉云：「國侈則用費，用費則民貧。」

(3)墨子明鬼，管子亦有同樣主張。〈牧民〉云：「順民之經，在明鬼神。」

除儒、道、墨各家外，《管子》一書與兵家、縱橫家、陰陽家亦有相當關係。

這裡標題為「管子哲學與各家學說的關係」，是一種慎重的作法，其實應標題為「管子哲學對於各家學說的影響」。有人說《管子》一書為後人所增補，故雜儒道各家之言；但何嘗不可以說，《管子》一書雖非全為管子所自撰，或則說雖為其信徒所編纂，卻給予儒、墨、道、法、陰陽、縱橫、兵各家以深刻之影響。管子生於老子、孔子之前，為什麼一定要把他自己與信徒所共編之書，列於《論語》、《道德

經》、《墨子》、《荀子》,以及《鄒衍》、《孫武子》、蘇秦、張儀之後呢?

第九節　韓非子的哲學思想

　　首先要說明的是,除《管子》一書外,中國法家多數只有政治思想和法律思想,沒有人生哲學、智識論及宇宙哲學,多不便稱為哲學家。惟韓非子除政治,法律思想外,尚有人性論。又〈喻老〉、〈解老〉等篇中,尚寓有一般哲學思想,故可將其理論,列於中國哲學史。

　　韓非,戰國韓人,為諸公子之一(貴族)。生年不詳,歿於秦始皇十四年(西元前二三三年),即秦滅韓之前三年。他在未入秦前,見韓削弱,數上書諫韓王,王不能用,故著〈孤憤〉、〈五蠹〉、〈內外儲〉、〈說林〉、〈說難〉十餘萬言。人或傳其書至秦,秦王見〈孤憤〉、〈五蠹〉之書曰:「嗟乎,寡人得見此人與之游,死不恨矣」。李斯曰:「此韓非之所著書也。」秦因急攻韓,韓王乃遣非使秦。秦王見而悅之,而未信用。李斯少與韓非同事荀子,自以為學不如非。至是嫉其才,乃與姚賈害之。「毀之曰:『韓非,韓之諸公子也。今王欲并諸侯,非終為韓不為秦,此人之情也。今王不用,久留而歸之,此自遺患也,不如以過法誅之。』秦王以為然,下吏治非。李斯使人遺非藥,使自殺,韓非欲自陳,不得見。秦王後悔之,使人赦之,非已死矣。」(《史記・韓非傳》)這真是千古的冤獄! 蜀先主嘗言《韓非子》、《申不害》之書,增人之智慧,諸葛武侯亦使後主讀《韓非子》,後有人亦將諸葛列入法家。

　　《漢志》謂韓非有書五十五篇,《隋志》謂有「韓子」三十卷。今存《韓非子》二十五卷五十五篇。

　　論者將管子、商鞅、申不害❶、慎到❶ 並列為法家,而以韓非

集法家之大成。因此，只在管、商、申、慎求其思想淵源。其實，韓非學說，固與上述四者相連，亦與老學及儒學有關。

就儒學言，韓非學說是孔、孟、荀思想的一種演進。

孔子言「仁」，孟子言「義」，荀子言「禮」，同為儒學，因時勢之變遷，而有所不同。韓非學於荀子，在荀子言「禮」之後而言「法」，可說是一種自然的演變。

再就老學言，老子以無為自然為主，法家以為如能實行法治，便可以臻於無為。《管子》書中曾有「法立而不用，刑設而不行」的主張。韓非從事老學，造詣甚深，著有〈喻老〉、〈解老〉二篇，雖不免有以己意釋老子之嫌，但內容非常精彩。《史記》認韓非刑名法術之學，出於老子，不為無因。合起來說，他是冶道（老）、儒、法於一爐，而自成一家言。今分為：(1)人性論，(2)政治觀，(3)教育思想，(4)方法論，(5)人生觀和宇宙哲學。

壹、韓非子的人性論——性惡論

韓非刑名法術之立足點，為荀子的性惡論。荀子所謂性惡，純著眼於個人的利己心——情欲或人欲。韓非亦著重人的利己心，這可說是衣缽相傳。然荀子以為人之性惡，可以用禮義師法以矯正之，故提倡禮治。韓非以為禮治不能奏效，必須繩之以法，方能獲得良好結果，故提倡法治。荀子提倡禮治，主張用倫理制裁，韓非提倡法治，主張用刑罰制裁，這是兩人不同的見解。韓非認為等待自直之矢，雖經百

---

⑱ 申不害：《史記・申不害列傳》云：「申不害者，京人也。昭侯用為相，內修政教，外應諸侯。十五年，終申子之身，國治兵強，無侵韓者。」

⑲ 慎到：周人，務刑名之學，在申韓之先，《漢・藝文志》有《慎子》四十二篇。

年亦不能有一支之矢，若待自圓之木，雖經千年亦不能有造車之輪。人亦是這樣，無天生而正直之人，必須以法術刑罰矯之使直，故提倡刑名法術之學。

西洋倫理學上有利他主義與利己主義之分，韓非是道地的利己主義者。他認為醫者以口吮人之傷，不是因有骨肉之親，而是以利為之；造車馬者，只希世人都富貴而乘其車馬；營葬具者，只希世人均死亡而購其棺槨。這都是圖己之利而有這樣的想法。不僅醫生與商人以利己心為出發點，連君臣父子之間，亦以利害為中心。〈內儲說下〉云：「君臣之利異，故人臣莫忠。故臣利立而主利滅。是以姦臣者，召敵兵以內除，舉外事以眩主，苟成其私利，不顧國患。」孟子主張君臣要講仁義，不要上下交征利，韓非認為君臣以利合，上下皆以私利為主，沒有什麼仁義好談。〈飾邪〉云：「君以計畜臣，臣以計事君。君臣之交計也，害身而利國，臣弗為也，害國而利臣，君不為也。」所謂君臣以計合，就是以私利合，談不到什麼君義臣忠。

〈備內〉云：「人臣之於其君，非有骨肉之親也，縛於勢而不得不事也。」因此，他主張君主用「勢」不用恩。

〈六反〉云：「且父母之於子也，產男則相賀，產女則殺之。此俱出於父母之懷衽，然男子受賀，女子殺之者，慮其後便，計之長利也。故父母之於子也，猶用計算之心以相待也，而況無父之澤乎。」這是說父母子女間尚要用計算之心，還要講利害，至於無父母子女之親的君臣朋友更無論矣。霍布士講性惡，重視利己心，因而提倡利己主義，韓非可稱為東方的霍布士。

貳、韓非子的政治觀

韓非子的政治思想，可分為變法、重法、重力、重勢與重術。

㈠**變法**　韓非在〈五蠹〉云：「今有構木鑽燧於夏后氏之世者，必為鯀禹笑矣；有決瀆於殷周之世者，必為湯武笑矣。然則今有美堯舜湯武禹之道於當今之世者，必為新聖笑矣。是以聖人不期古，不法常，論世之事，因為之備。宋人有耕者，田中有株，兔走觸株，折頸而死，因釋其耒（耕器）而守株，冀復得兔；兔不可復得，而身為宋國笑。今欲以先王之政，治當世之民，皆守株之類也。」以守株待兔譏反對變法者，其主張變法可謂相當激烈。又荀子法後王，可說是韓非提倡變法與反對法先王之依據。

㈡**重法**　〈姦劫弒臣〉云：「故其治國也，正明法，陳嚴刑，將以救群生之亂，去天下之禍，使強不陵弱，眾不暴寡，耆老得遂，幼孤得長，邊境不侵，君臣相親，父子相保，而無死亡係虜之患，此亦功之至厚者也。」儒墨從道德與服務的立場，反對強凌弱，眾暴寡，韓非子則易以法律的立場。

〈有度〉云：「法不阿貴，繩不撓曲。……刑過不避大臣，賞罰不避匹夫。」賞罰一律平等，為法治的真正精神，頗值得讚賞。

〈有度〉又云：「當今之世，能去私曲，就公法者，民安而國治；能去私行，行公法者，則兵強而敵弱。」這是說守法為治國強兵之本。

㈢**重力**　〈顯學〉云：「敵國之君王，雖說吾義，吾弗入貢而臣；關內之侯，雖非吾行，吾必使執禽而朝。是故力多則入朝，力寡則朝於人，故明君務力。」力的重要，由此可知。孟子重王輕霸，尚德不尚力，韓非子根據事實立言，尚力不尚德。

他又在〈八說〉云：「古人亟於德，中世逐於智，當今爭於力。」這是從進化論的立場，說明今日非重力不可。孟子講仁政，韓非則以為今日不能行仁政了。

㈣**重勢**　韓非指出「勢者，勝眾之資也」，較管子所說的「君之

所以為君者勢也」（見《管子·法法》）為具體。由此可見「勢」，是國家統治人民的一種權力，而且這種權力為統治人民必要的工具。所以他說：「夫嚴家無悍虜，而慈母有敗子，吾以此知威勢之可以禁暴，而德厚之不足以止亂也」（見〈顯學〉）。這裡所說的重勢與重力有連帶關係，重力即輕德，重勢亦是輕德（普通將韓非的重力併於重勢，而共論之，著者則加以分開）。又說：「凡明主之治國也，任其勢。」（三難）所謂任其勢，有保其勢、用其勢之意。

他又在〈難勢〉云：「抱法處勢則治，背法去勢則亂。」法固重要，勢亦重要，既要重法，亦要重勢，故說：「無威嚴之勢，賞罰之法，雖堯舜不能以為治。」

㈤**重術**　〈定法〉云：「術者，因任而授官，循名而責實，操殺生之柄，課群臣之能者也。此人君之所執也。……君無術，則弊於上；臣無法，則亂於下。此不可一無，皆帝王之具也。」這是說為君王者實不可無術，故重法重勢之外，還要重術。

〈說難三〉云：「術者，藏之於胸中，以偶眾端而潛御群臣者也。故法莫如顯，而術不欲見，……用術，則親愛近習，莫之得聞也。」法與術的區別在：法要宣傳，術要保密，故重術不免涉及權謀。

勢、術、法三者有何相互關係？韓非子在〈外儲說左下〉解釋：「恃勢而不恃信，故東郭牙議管仲。恃術而不恃信，故渾軒非文公。故有術之主，信賞以盡能，必罰以禁邪。」這裡所謂恃信，乃在信賞必罰，實際就是恃法，亦可以說，勢與術要靠法以維持之。

義大利馬基維尼 (Niccolo Machiavelli, 1469–1526) 著《君王論》(The Prince)，主張人主不必講道德，應用各種權術以維持其統治權力，韓非子也有類似的看法。

㈥**尚功利與反儒墨**　儒家講仁愛，講德治；墨家講兼愛，講「非

攻」；韓非重法輕德，尚功利輕仁義，故在〈五蠹〉對於儒、墨大肆攻擊。韓非云：「博習辯智如孔墨，孔墨不耕耨，則國何得焉？修孝寡欲如曾史，曾史不攻戰，則國何利焉？」「故仁義者非所譽，譽之則害功。」「工文學者非所用，用之則亂法。」他是崇尚功利，注重實用，反對儒墨之空講仁義，游談無功。

　　㈦**重術勢與崇老學**　韓非之重法勢權術，本是他自己的主張，但在老子《道德經》中，他卻找到了依據。

　　《道德經》云：「魚不可脫於淵，國之利器不可以示人。」這本是講自然現象與社會現象中的自然趨勢。《韓非・喻老》云：「勢重在人君之淵也，人君在勢重於人臣之間，失則不可復得也。簡公之於田成，晉公之於六卿，而邦亡身死。故曰：『魚不可脫於淵』。」韓非尚法，以法、勢、術相提並論，是以他說人君之不可脫於勢，猶魚之不可脫於淵。

　　韓非又云：「賞罰者邦之利器也，在君則制臣，在臣則勝君。君見賞，臣則損之以為德。君見罰，臣則益之以為威。人君見賞而人臣用其勢，人君見罰而臣乘其威。故曰：『國之利器不可以示人。』」韓非以「勢」為國之利器，只可操之在君，不可操之在臣。

　　《道德經》云：「將欲弱之，必固強之。將欲廢之，必固舉之。將欲奪（取）之，必固與之。」這本是說明宇宙與社會間的自然趨勢，以及循環現象而已。《韓非・喻老》解為：「越王入宦於吳，而勸之伐齊以弊楚。」「晉獻公將欲襲虞，遺之璧馬；智伯將襲仇田，遺之以鹿車。故曰：『將欲取之，必姑（固）與之。』」這樣解釋便變為一種權術了。吳澄云：「老子言反者道之動，……故借此數者相反之事為譬，而歸於柔勝剛，弱勝強之旨。孫、吳、申、韓之徒，用其權術陷人於死而不知，論者以為皆原於老子之意，遂謂天下誰敢受老子之學者

哉?」著者亦以為申、韓權術是老學的流弊,不見得是老子的原意。

參、韓非子的教育思想

韓非的教育思想比較簡單,他重視法的教育,反對愛的教育,提倡剛性教育,不用柔性教育,主張以吏為師,痛斥儒墨的聚徒講學,並注重抑制惡性的修養教育和環境的改良。

㈠去欲抑性的修養教育　孟子道性善,故主張發展善性(擴充四端);荀子道性惡,故主張以偽(人為的禮義)化性(化天生之惡性)。韓非學宗荀子,亦道性惡,亦主張以教育力量,去欲而抑性。所以他雖反仁愛的道德教育,卻提倡修養的道德教育。

《道德經》云:「禍莫大於不知足,咎莫大於欲得(一作咎莫潛於欲利)。」韓非解釋云:「故欲利甚則憂,憂則疾生,疾生而智慧衰,智慧衰則妄舉動,妄舉動則禍害生。」這是說內界欲望如不加以抑制,一定引起大患。

《道德經》又云:「五色令人目盲,五音令人耳聾。」這是說外界的引誘,如不加以抑制,會引起大患。

如何加以抑制呢? ⑴就外界言,「所以聖人不引五色,不淫於淫樂,明君賤玩好而去淫麗。」⑵就內界言,普通沒有修養的人,「引於外物,亂於玩好。」「至聖人則不然,……一於其情,雖有可欲之類,神不為動。」(〈解老〉)教育的力量,在教人修養,教人學聖人,教人去欲抑性。(惡性,利己心,情欲。)

此外,他對「知足不辱,知止不殆」,「自勝者強」,這類的修養工夫,都曾加以解說,都可看作他所提倡的去欲抑性的修養教育。

㈡以吏為師的法律教育　抑制惡性有兩種教育,一為去欲,二為知法(明法),故韓非除提倡修養教育外,又提倡法律教育。

他提倡法律教育，只主張以吏為師，反對聚徒講學，反對儒墨兩家的游談教育。如〈顯學〉說：「藏書策，習談論，聚徒役，服文學而議說，世主必從而禮之，曰：『敬賢士，先王之道也』。夫吏之所稅，耕者也；而上之所養，學士也。耕者則重稅，學士則多賞，而索（求）民之疾作而少言談，不可得也。」

他在〈五蠹〉又云：「明主之國，無書簡之文，以法為教；無先王之語，以吏為師。」法律教育發達，人人知法，人人遵法，則政府法令既可通行，社會秩序亦能安定，個人便沒有過失與罪惡了。

㈢嚴格訓練的剛性教育　教育本可分為二類：一為剛性教育，一為柔性教育。

韓非是性惡論者，故主張嚴格訓練的剛性教育。他在〈姦劫弒臣〉云：「無捶❷策之威，銜橛❷之備，雖造父❷不能以服馬，無規矩之法，繩墨之端，雖王爾❷不能以成方圓。」在政治上如此，在教育亦如此。故〈五蠹〉又云：「父母之愛，不足以教子。……民固驕於愛而聽於威矣。」他認為愛的教育沒有好結果，惟嚴的教育才有效力。換言之，他為了要使民知法守法，便提倡剛性教育，不主張柔性教育。

肆、韓非子的方法論（包括修養論）

這裡所講的方法，以〈解老〉、〈喻老〉中的修養方法與思想方法為限，不涉及其他。

老子《道德經》云：「禍兮福之所倚，福兮禍之所伏。」韓非〈解

---

❷　捶：策馬之杖也。

❷　銜橛：銜，馬勒銜也。橛在銜中，以鐵為之。

❷　造父：古之善御者。

❷　王爾：古之巧匠。

老〉云：「人有禍則心畏懼，心畏懼則行端直，行端直則思慮熟，思慮熟則得事理，……得事理則必成功，……而福本於有禍，故曰：『禍兮福之所倚。』」

又云：「人有福則富貴至，富貴至則衣食美，衣食美則驕心生，驕心生則行邪僻而動棄理（動厥棄理）。行邪僻則身死夭，動棄理則無成功。夫內有死夭之難，而外無成功之名者，大禍也。而禍本生於福，故曰：『福兮禍之所伏。』」

禍福相倚相伏，可說是一種禍福循環論，可說是一種辯證法的道理，所以這裡把他的解釋列於方法論。

老子《道德經》中有一種思想法，類似儒家的「研幾」（詳《孔門的哲學思想》）。其書上篇十四章云：「其安易持，其未兆易謀，其脆易泮（或作破），其微易散。為之於未有，治之於未亂。」就是說要洞燭機先，防之於未然，謀之於未兆（預兆尚未表現）。韓非〈喻老〉有云：「昔晉公子重耳出亡過鄭，鄭君不禮。叔瞻諫曰：『此賢公子也，君厚待之，可以積德。』鄭君不聽。叔瞻又諫曰：『不厚待之，不若殺之，無令有後患。』鄭君又不聽。及公子返晉邦，舉兵伐鄭，大破之，取八城焉。……故曰：『其安易持，其未兆易謀也。』」可見韓非對於「研幾」之理也很通曉。

《道德經》云：「見小曰明。」韓非以箕子見紂王為象箸，而預知天下之禍喻之（詳〈喻老〉）。又云：「天下大事必作於細，天下難事必作於易。」韓非以「白圭之行隄（防水）也，塞其穴，丈人之慎火（防火）也，塗其隙」喻之（同上），都是以適切的譬喻，說明凡事要見微而知著，防微而杜漸。

講到修養方法，《道德經》重視柔道，曾主張「守柔曰強」。韓非喻之曰：「勾踐入宦於吳，身執干戈，為吳王洗馬，故能殺夫差於姑

蘇。文王見詈於王門，顏色不變，而武王擒紂於牧野。故曰：「守柔曰強。」」（〈喻老〉）

《道德經》重視無欲的修養，謂「欲不欲，不貴難得之貨」。不貴難得之貨易懂，欲不欲難明。韓非設喻曰：「宋之鄙人，得璞玉而獻之子罕，子罕不受。鄙人曰：『此寶也，宜為君子器，不宜為細人用。』子罕曰：『爾以玉為寶，我以不受子玉為寶。』是鄙人欲玉，而子罕不欲玉。故曰：『欲不欲，而不貴難得之貨。』」看了這個譬喻，欲不欲的道理便容易明白。

伍、韓非子的人生觀與宇宙觀

㈠**人生觀**　《道德經》中有一種知足常樂的人生觀，即「禍莫大於不知足」。韓非〈喻老〉云：「智伯兼范中行，而攻趙不已，韓魏反之，軍敗晉陽，身死高梁於東，……故曰：『禍莫大於不知足』。」這個譬喻，可謂非常恰當，凡得隴望蜀的人，讀此宜知所警惕。

《道德經》中又有一種自然主義的人生觀，即「輔萬物之自然而不敢為」。韓非以「宋人有為其君王雕刻象牙為楮葉，三年而成，遂食祿於宋。列子聞而反對，謂違反自然。」以之釋「輔萬物之自然而不敢為也」，可見韓非在人生觀方面也是主張順其自然，安其無為。

㈡**宇宙哲學**　這裡擬就〈解老〉，探究韓非對宇宙哲學的見解。

老子《道德經》中既有本體論，亦有宇宙論。

《道德經》中的「道」，既可作宇宙的本體看（道為太極），亦可作宇宙的法則看（道即道理或理則）。上篇第一章云：「道可道（作言解），非常道；名可名，非常名。無、名天地之始，有、名萬物之母。」以今日眼光視之，這個「道」，應看作宇宙的本體，但有許多學者只把它看作宇宙的法則。韓非生在戰國時代，頗能兩面都顧到，允稱難

得。他在〈解老〉說:「凡理者方圓、短長、……堅脆之分也。故理定而後可得而道(言)也。故定理有存亡(如說有存亡之理,下類推)、有死生、有盛衰。夫物之一存一亡,乍死乍生,初盛而後衰者,不可謂常。」什麼才叫常呢?他接著說:「唯夫與天地之剖判(天地開闢之意)也俱生,至天地之消散也不死不衰者謂常。而常者……無定理,無定理非在於常所,是以不可道也。……故曰:『道可道,非常道』。」

我們引申其義,就宇宙本體言,凡物有存亡、有死生、有盛衰可言的,乃是現象而非本體,故可道可名;凡本體則無存亡、死生、盛衰之可言,故不可道不可名。就宇宙法則言,凡有存亡、死生、盛衰之理(法則)可言的,乃是現象而非本體,故可道可名。凡本體則無存亡、死生、盛衰之理之可言,故不可道不可名,曰:「道可道,非常道。」反之,凡常道,不可道。

單就宇宙論講,《道德經》主張自然主義,韓非亦提倡自然主義,《道德經》中的自然法則,可看作西洋人所謂「自然法」,韓非便本此「自然法」以提倡「人為法」——法治主義。

陸、結　論

就儒、道、法言,韓非固冶三家思想於一爐,而自成系統;單就法家言,商鞅尚法,慎到尚勢,申不害尚術,韓非則並法、勢(力)、術而自成一家言。其優點是擺脫道德羈絆,剖析世故人情,描寫社會黑暗面,鼓勵變法勇氣,樹立法律平等與重視賞罰之精神。其劣點是只看到人的獸性方面,不知道人還有理性;只看到人的利己心方面,不知道人還有利他心;只看到君臣之利害,不知君臣尚有恩義之一面;只看到親子之計算,不知親子尚有慈孝之一面。也可以說他是蔽於「獸」而不知「人」,蔽於「利」而不知「義」,蔽於「恨」而不知

「愛」，蔽於「勢」而不知「恩」，蔽於「術」而不「德」，蔽於「法」
而不知「禮」（忘其師說）。如果老子生在韓非之後，必在其「失道而
後德，失德而後仁，失仁而後義，失義而後禮」之下，加一句「失禮
而後法」，並說「夫法（原文為禮）者忠信之薄，而禍亂之首也。」

　　著者以為談政治者如德法並用，恩威兼施，賞罰分明，剛柔共濟，
只要行之有度，倒亦沒有什麼問題。如果捨恩而專言威勢（力），捨
德而專弄權術，捨禮而慣施嚴刑苛法，未有可以長治而久安的。

　　著者早年讀《史記》，讀到李斯不顧同窗情義，加害韓非，非常
憤恨，亦為韓子灑一把同情之淚。及讀完韓非著作，深知李斯所為即
韓非所言，或則當年李斯與韓非就讀荀子門下，朝夕往還，聚首談心，
韓非的一言一行，即只講利害，不講道義，為李斯所害怕，也未可知？

　　李斯自知學不如韓，既盜其學以害其身，亦盜其學以事暴秦。韓
氏講「法」、「勢」（力）、「術」，李斯則提倡嚴刑苛法，巧弄權術；韓
氏著〈五蠹〉，大罵儒墨，李斯則下禁書令，實行「焚書坑儒」。結果
秦固速亡，李斯亦被腰斬於咸陽市 ❷❹。後世欲專恃法勢權術者，可
以休矣。

　　這裡還要講到的是，韓非與老學的關係：⑴韓非本老學的自然法
（自然主義）以立人為法（法治主義），又希望由法治以臻於無為，
這是沒有什麼可懷疑的。惟韓非以己意（權術）釋老學，未必是老學
的真諦。⑵有人認為韓非對於老學的喻解，既知「道有常道」，「輔萬
物之自然而不敢為」，為什麼還主張變法？或疑〈喻老〉、〈解老〉兩
篇，非韓非所著。著者以為註釋（喻解）前人著作，與自己作為，不
一定要相符合；即就自己言行來說，亦有前後之不同，如梁啟超嘗謂
「不惜以今日之我戰昔日之我」，故不能以韓非提倡變法，即疑〈解

---

❷❹　李斯：秦二世時，趙高証李斯子李由與盜通，李斯被腰斬於咸陽市。

老〉、〈喻老〉非韓非作品。

第十節　名家的哲學思想

壹、惠施的哲學思想

惠子，宋人。（西元前三八〇～三一〇年）與莊子並時，卒於莊子之前。

莊子送葬，過惠子之墓，顧謂從者曰：「自夫子之死也，吾無以為質矣，吾無與言之矣。」惠施為學說家而兼政治家，為莊子所敬重，亦為莊子所批評。

惠施為梁相時，莊子曾往見之。惠施恐怕他取梁相，到處搜索，他見了惠施，把宰相比作腐鼠（〈秋水〉）。白圭見惠施於梁，惠施說之以疆（可說是大言不慚），白圭無以應，施出，告人曰：「新婦至，宜安矜煙視媚行，今惠子之遇我尚新，其說我有太甚者。」施聞之，曰：「不然，詩曰：愷悌君子，民之父母。父母之教子也，不待久，何乃比我於新婦乎?」（《呂氏春秋・不屈》）可見他是如何自尊自大。

匡章毀惠施於王前，曰：「螟蝗，農夫得而殺之，奚故? 為其害稼也。今惠施出，從者數百乘，步者數百人，少者數十乘，步者數十人；此無耕而食者，其害稼甚矣!」王謂施曰：「子亦言其志」。施曰：「使工女化而為絲，不能治絲。使大匠化而為水，不能治水。使聖人化而為農夫，不能治農夫。施治農夫者也，何事比於膡螟?」（《呂氏春秋・不屈》）可見他是一位聲勢不小的、能言善辯的人物。今述其哲學思想：⑴善辯與用譬，⑵辯論要點（十事與二十一辯）。

㈠善辯與用譬　惠施與人辯論時，善用譬喻。客謂梁王曰：「惠

子言事善譬，使無譬則不能言矣。」王因謂惠子曰：「願先生言事直言無譬也。」惠子曰：「今有不知彈者，告之曰：彈之狀如彈，則喻乎？」曰：「彈之狀如弓，以竹為弦（以竹張弦），則知乎？」曰：「知矣。」惠子曰：「夫說者固以所知喻其所不知，而使人知之」，王曰：「無譬，則不可矣。」王曰：「善。」（《說苑・善說》）他既善用譬，又善為用譬辯。

　　莊子與惠子遊於濠梁之上。莊子曰：「儵魚出游從容，是魚樂也。」惠子曰：「子非魚，安知魚之樂？」莊子曰：「子非我，安知我不知魚之樂？」惠子曰：「我非子，固不知子矣；子固非魚也，子之不知魚之樂全矣。」莊子曰：「請循其本。子曰：女安知魚樂云者，既已知吾知之而問我，我知之濠上也。」（《莊子・秋水》）這是莊子的紀錄，當然有利他自己。其實，如就客觀的觀點來看，惠子未必辯輸了。因為安知魚之樂，未必可釋為在何處知魚之樂。

　　莊子對惠施頗多批評。他說：「南方有畸人焉，曰黃繚，問天地所以不墜不陷，風雨雷霆之故。惠施不辭而應，不慮而對；偏為萬物說，說而不休，多而無已，猶以為寡，益之以怪。」（〈天下〉）莊子反對這種辯論，譏為「逐萬物而不反」，但惠子是在談宇宙哲學呀！荀子云：「不法先王，不是禮儀。而好治怪說，玩琦辭。甚察而不急，辯而無用；多事而寡功，不可以為治綱紀。然而其持之有故，其言之成理，足以欺惑愚眾，是惠施鄧析也。」（〈非十二子〉）惠施，鄧析❷❺

---

❷❺　鄧析：鄧析鄭國（河南鄭縣）人，與子產同時，數與子產為難（見《呂氏春秋》）。他提倡詭辯，操「兩可之說」，以非為是，以是為非。鄭國有一富人被水溺斃了，撈獲屍體的人謂贖屍必出高價，屍親請教鄧析，他說：何必急呢？別人不會買的。撈屍者看見屍親不來，急得亦去請教鄧析，他亦說：何必急呢？難道還有第二個屍體可買嗎？《荀子・不苟篇》說：「山淵

都是名家，都尚詭辯，都為荀子所反對。

（二）辯論要點　《莊子・天下》云：「惠施多方，其書五車，其道舛駁，其言也不中，歷物之意：曰至大無外，謂之大一，至小無內，謂之小一。無厚不可積也，其大千里。天與地卑，山與澤平。日方中方睨，物方生方死。大同而與小同異，此之謂小同異，萬物畢同畢異，此之謂大同異。南方無窮而有窮，今日適越而昔來，連環可解也。我知天下之中央，燕之北越之南是也。氾愛萬物，天地一體也。惠施以此為大觀於天下，而曉辯者，天下之辯者，相與樂之。卵有毛，雞三足，郢有天下，犬可以為羊，馬有卵，丁子有尾。火不熱，山出口，輪不輾地，目不見，指不至，至不絕，龜長於蛇，矩不方，規不可以為圓，鑿不圍枘，飛鳥之景（影），未嘗動也。鏃矢之疾，而有不行不止之時，狗非犬，黃馬驪牛三，白狗黑，孤駒未嘗有母，一尺之棰，日取其半，萬世不竭。辯者以此與惠施相應，終身無窮。」

惠施這些辯論，有些是和鄧析所共有，如山淵平，天地比，卵有毛等。（見《荀子・不苟篇》）有些是和公孫龍所共有，如雞三足，目不見等。（見《公孫龍子》一書）當時這些辯論如何取勝？有何論證？沒有紀錄可考。後世學者雖代有解釋，多不易用現代語講明。茲特參照各家見解，加以自己主張，分別解釋如後。

我們先要提到的是，惠施等所有辯論，都是標新立異，與眾不同。如普通人從現在立言，他們便從過去或未來立言；普通人從客觀立言，他們便從主觀立言。反過來說，亦是一樣。此外，或把握時間，

<hr />

平，天地比，齊秦襲（合），鈞（俞樾作姁，即姁。）有須（鬚），卵有毛，是說之難持者也，而惠施、鄧析能之。」由此可知他與惠施同為名家學者，《莊子・天下》所載歷物十事與二十一辯，有一部分是鄧析與惠施共同的見解。

或把握空間，或把握主動，或把握被動。或以平面為依據，或以立體
為依據，或以物質（肉體）為依據，或以精神（心靈）為依據，或異
中求同，或同中求異，或一分為二，或合二為一。都是極其「持之有
故，言之成理」之能事。這裡先釋歷物十事，後述二十一辯。

甲、歷物十事

①至大無外謂之「大一」，至小無內謂之「小一」：⑴就外言，宇
宙是無窮大的，如以甲點（或甲線）為外，則外還有外，故說
「至大無外」。⑵就內言，原子或核子是可以二分百分以至於
無限分的，如以乙點為內，則內還有內，故說「至小無內」。

②無厚不可積也，其大千里：⑴就形而上之空間言，是沒有厚薄
可說的，也是不可積的，可是其大是無限的，故說「其大千里」。
⑵就空間的面來講，面是沒有厚薄的，是不可積的，可是面的
面積也是無限的。

③天與地卑，山與澤平：⑴就動的地球言，甲時，人站在地球上，
可以說頭上之天是高的，地是卑的；乙時（過了一些時），即
地球旋轉至某角度時（如四十五度），則甲時頭上之天，與地
球平行了，故可說「天與地卑」。⑵同上理，從甲時看，山是
高的，澤是低的。如從乙時看，地球移動了，山與澤在一條平
行線上，故說「山與澤平」。

④日方中方睨，物方生方死：⑴先就不動之空間言，甲乙兩人所
佔的地位不同，甲認為日在頭頂正中，乙就認為不在頭頂，不
是正中的，乃是斜的（睨）。次就時間言，甲時是正中，乙時
便不是正中了。或則說，未言時是正中，言時便不是正中了；
開口時是正中，閉口時便不是正中了。⑵就不同之空間言，何
謂物方生方死？如人死的時候，就是鑛物（屍體）生的時候，

礦物（肥料）死的時候，就是植物生長的時候，植物死（青草
或樹葉被牛羊吃掉）的時候，就是動物（牛羊）肌肉生長的時
候，動物死（牛羊被宰殺，供人食用）的時候，就是人身生長
的時候，故曰「物方生方死」。

⑤大同而與小同異，謂之小同異，萬物畢同畢異，謂之大同異：
《莊子》云：「自其異者視之，肝膽楚越也，自其同者視之，
萬物皆一也。」故異中可求同，同中可求異。⑴如以大人（男
或女）與小孩（男或女）比，是大同而小異的，可叫「小同異」。
⑵就萬物之元素言，可說是「畢同」，就萬物之形體（形狀）
言，可說是「畢異」，這可叫「大同異」。

⑥南方無窮而有窮：就整個宇宙言，南方是無窮的；就地球本身
言，南方是有窮的（如說南極）。又就地球之動態言，南方是
無窮的；就地球之靜態言，南方是有窮的。

⑦今日適越而昔來：⑴就身體言，今日適越他日到，但就心理言，
今日適越而昔日已到（出發前早已想到）。⑵就啟程之處言，
今日動身，就達到目的地之日言，昔日動身。

⑧連環可解也：環與環相靠固為不可解，環與環不相靠，各環懸
於空中，沒有相接，不是可解嗎？

⑨我知天下之中央，燕之北，越之南也：就地球之平面言，自燕
之南與越之北各向前走，方可走到正面之中央；就地球之圓形
言，由燕之北與越之南各向前走，即可走到背面之中央。故說：
「我知天下之中央，燕之北，越之南也。」

⑩氾愛萬物，天地一體也：《莊子》云：「天地與我並生，而萬物
與我為一。」程明道云：「仁者以天地萬物為一體也。」普通人
有物我之分，惠施視天地萬物為一體，因此主張氾愛萬物。

乙、二十一辯

除上面歷物十事外，還有下面的二十一辯，或稱二十一事，試加
解釋如下：

①卵有毛：就未來言，可知卵含有長羽毛的要素，如果雞卵或馬
　　卵不具羽或毛的要素，將來的雞或馬怎會長出羽或毛呢？

②雞三足：⑴木雞兩足不能行，可知能行之活雞，其有肉體性之
　　兩足外，還具有司「行」之心靈——第三足。⑵雞有「足」之
　　共相一，雞有「足」之數目二，二加一為三，故曰：「雞三足。」

③郢有天下：郢為楚都，即為楚之指揮樞紐。楚君有楚，天子有
　　天下。如將來楚君稱天子，則楚都變成國都，即郢有天下了。

④犬可以為羊：叫犬叫羊，都是人叫出來的；當初取名，以羊為
　　犬可，以犬為羊亦可。

⑤馬有卵：古代人只知禽有卵，不知獸亦有卵。如以今日眼光來
　　說，牛有牛卵，狗有狗卵，馬自然亦有馬卵。

⑥丁子有尾：丁子即蝦蟆，蝦蟆由蝌蚪變成。蝌蚪有尾，丁子自
　　有尾，這是就過去言，或說就丁子之幼年期言。

⑦火不熱：人烤火覺得熱，火本身不覺熱，熱是人的主觀。

⑧山出口：⑴自山本身看是由地上突出來的，如自山的上空至地
　　面劃一大方塊來看，則山是這大方塊空間的出口。如下圖：⑵
　　普通說，空谷來音，山既可發音，即自有口了。

⑨輪不輾地：輾有兩種：一為中藥店的小輾子，
　　是向前向後輾的；二是中國磨坊中的大輾子，
　　是轉圓圈的。車輪只是向前走的，既不是前
　　後輾，亦不會專門打圓圈的，故說：「輪不輾
　　地。」

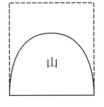

山

⑩目不見：目何以能見呢？由於眼神（神經）、光線及環境等的
相互配合，方能見物；若僅有肉體（物質）的目是看不見的，
如木眼不能見，光眼瞎子亦不能見。

⑪指不至，至不絕：就動的宇宙言，指不到一處，或說指不到一
個固定的點；又指所到之處是不絕的、前進的，不是固定的。

⑫龜長於蛇：就時間言，烏龜壽命長於蛇；就大小言，大烏龜長
於小蛇。

⑬矩不方，規不可以為圓：(1)矩尺是造方的工具，其本身不是方
的。或說先有方的概念，而後有畫方的器具（工具）；方的概
念為方，矩不為方。(2)規是造圓的工具，其本身不可以做圓，
或說規的概念為圓，規不可以為圓。或說觀念中的規是抽象
的，不可用來做圓。

⑭鑿不圍枘：枘（木塞）納於鑿（圓孔），不是以鑿圍枘，是被
動的，不是主動的。如下圖：

⑮飛鳥之景（影），未嘗動也：(1)就速度
言，異速度見動，同速度不見動。飛鳥
與飛鳥之影是同速度，自飛鳥看飛鳥之
影，是未嘗動的。(2)就點線言，線是動
的，點是不動的，即飛鳥飛過去的一剎
那或一瞬間是不動的，故照像上之飛鳥
和飛鳥之影，都是不動的。

———枘

———鑿

⑯鏃矢之疾，而有不行不止之時：箭頭飛
奔，其行止因觀點而異。(1)自人的肉眼
來看，有行有止（停下來）；(2)自箭頭本身來看，不行不止；
(3)自線動點不動的觀點來看，有不行之時；(4)自宇宙真空（除

去地心吸引力及各星球的阻擋）的觀點來看，便有不止之時。

⑰狗非犬：狗為犬之小者，大小有別，故說「狗非犬」。

⑱黃馬驪牛三：⑴黃驪是二色，牛馬是一物（動物），二加一為三。⑵黃馬驪牛合稱是一，分稱是二，二加一為三。普通說「黃馬驪牛二」，他說「黃馬驪牛三」。

⑲白狗黑：黑白之名是由人定的，如當初稱白為黑，則白狗就可叫黑狗。

⑳孤駒未嘗有母：母已死稱孤，就現在言，孤駒便無母了。

㉑一尺之棰，日取其半，萬世不竭：自理論上講，百尺之棰（杖），今日取其半，剩下之一半，永遠可以二分之，故說「日取其半，萬世不竭」。

　　或許有人認為我的解釋，有一部分是現代的、科學的，甚至是個人的見解，未必合乎惠施的初意。著者的答覆是，凡注解或評論前代人的文字，總不免有這種現象，如朱子釋四書，多是站在他自己的理氣二元論或理欲二元論的立場，但不礙於第三者閱讀，因為聰明的讀者總是能辨別得出來的。

　　王羲之云：「後之視今，亦猶今之視昔。」（〈蘭亭序〉）著者說：「今之視昔，亦猶昔之視今。」假設惠施復生於今日，亦必運用現代的科學證據，說明他的主張。

貳、公孫龍的哲學思想

　　公孫子名龍，趙人，後於惠施，與平原君同時，好學而善辯。他自稱：「龍少學先王之道，長而明仁義之行，合同異，離堅白，然不然，可不可，困百家之知，窮眾口之辯，吾自以為至達已。」（《莊子・秋水》）可見他和惠施都是詭辯者。他曾為平原君之客，與孔穿會見。

穿謂龍曰:「臣居魯,側聞下風,高先生之智,說先生之行,願受業之日久矣,乃今得見;然所不取於先生者,獨不取先生之以白馬為非馬耳。請去白馬與非馬之學,穿請為弟子。」公孫龍曰:「先生之言悖。龍之學,以白馬為非馬者也。使龍去之,則龍無以教;無以教,而乃學以龍也者,悖。且夫欲學於龍者,以知與學焉為不逮也。今教龍去白馬非馬。是先教而後師之也。先教而後師之,不可。」(〈跡府〉)

公孫龍善為堅白之辯,及鄒衍過趙,言至道,乃絀公孫龍。(《史記・平原君列傳》)可見他是敵不過鄒衍的了。

《漢書・藝文志》名家著錄《公孫龍子》十四篇,《隋書・經籍志》道家有〈守白論〉一卷,《舊唐志》載《公孫龍子》三卷。今《道藏》本三卷,凡六篇,〈內跡府〉一篇疑為後人所作。這裡談「離堅白」與「白馬非馬」。

㈠論「離堅白」——堅白之辯,為公孫龍的重要辯論,他認為堅白二者可以分離。

「堅、白、石、三,可乎?曰:不可。二,可乎?曰:可。曰:何哉?曰:無堅得白,其舉也二。無白得堅,其舉也二」。(〈堅白〉)他的論題只限於石之色與性,即堅與白。辯論之點,為堅與白相離。公孫龍不言堅白石三,若言三,則須討論堅白與石之關係,性色與物體之關係。如此則辯論之範圍擴大而問題複雜了。現問題縮小,限於堅白之相離。

堅白何由而相離?他說:「視不得其所堅而得其所白(色),無堅(性)也。拊不得其所白而得其所堅,無白也。……得其白,得其堅,見(白)與不見(堅)離。不見離,一(堅去只有色),一不相盈(不相連),故離。離也者,藏也。……石,一也;堅白,二也。而在於石,故有知焉(就堅言),有不知焉(就白言)。有見焉(就白言),

有不見焉（就堅言），故知與不知相與離，見與不見相與藏（分藏或隱藏）。藏故，孰謂之不離?」（同上）或則說堅與白皆在石，是相連的，他認為堅與白，乃由兩種感官所得之觀念。手得堅而不能得白，目得白而不能得堅。因堅與白相離，故曰「離堅白」。至於「合異同」，乃莊子、惠子等共有的見解。

㈡論「**白馬非馬**」　「白馬非馬」為公孫龍之有名論辯，著者以為要辨別此說，先要推測公孫龍之動機與主見。他所謂「白馬非馬」，是說「白馬不等於馬」。客所問者為「白馬不是馬嗎」? 這個「白馬非馬」的「非」字，可以釋為「不是」，亦可以釋為「不等於」。今日大家有數學、物理、化學常識，「等於」與「不等於」這兩個名字人人皆知，用得很普遍，那時，「非」字釋為「不是」是很普遍的，「非」字釋為「不等於」，比較不普遍，公孫龍抓住這一點，故弄虛玄，出奇制勝，使人陷於五里霧中。結果是「問非所答」，「答非所問」，問者自以為是，答者亦自以為是，造成了二千年不能定讞的懸案。

〈白馬〉載其自設答客問之辯論云：

曰：「白馬非馬，可乎?」（客問）

曰：「可。」（龍答）

曰：「何哉?」（客問）

曰：「馬者所以命形也；白者所以命色也；命色形者命非形也。故曰：白馬非馬。」（龍答）這是說，就形體言叫馬，就顏色言叫白，合形體與顏色言叫白馬，單就形體言不可叫白馬，故說：「白馬不等於馬」。

曰：「有白馬，不可謂無馬也。不可謂無馬者，非馬也? 有白馬為有馬，白馬之非馬，何也?」（客問）白馬是馬的一種，有白馬是有馬，不是無馬，既是有馬，怎能說白馬不是馬呢?

曰：「求馬，黃黑馬皆可致。求白馬，黃黑馬不可致。使白馬乃馬也，是所求一也。所求一者白馬不異馬也，所求不異，如黃黑馬有可有不可，何也？可與不可，其相非明。故黃黑馬一也，而何以應有馬，而不可以應有白馬：是白馬之非馬審矣。」（龍答）如僅說求馬，則黃馬黑馬皆可應；如說求白馬，則黃馬黑馬皆不可應，這很明白，白馬不等於馬了。

曰：「以馬之有色為非馬，天下非有無色之馬也，天下無馬可乎？」（客問）天下之馬皆有色，如果說白馬不是馬，那麼凡有色之馬都不是馬，那就是說天下無馬了，可以這樣說嗎？

曰：「馬固有色，故有白馬。使馬無色，有馬而已耳，安取白馬？故白者非馬也。白馬者，馬與白也。馬與白非馬也。故曰：白馬非馬也。」（龍答）白與馬相加才等於白馬，有馬無白，不等於白馬，故說白馬不等於馬。

曰：馬未與白為馬，白未與馬為白。合白與馬，複名白馬，是相與以不相與為名，未可。故曰：白馬非馬，未可。」（客問）馬與白未合叫馬，是單名；馬與白相合叫白馬，是複名。複名與單名混為一談，未可，故說白馬不是馬，根本不能相提並論。

曰：「以有白馬為有馬，謂有馬為有黃馬，可乎？」（龍問）公孫龍對於上面的客問，似未直接作答，他反問：如以有白馬為有馬，是不是可以有馬就是有黃馬呢？（暗示說是不是可以說有馬就是有白馬呢？）

曰：「未可。」（客答）客不肯上當，故說未可。

曰：「以有馬為異有黃馬，是異黃馬於馬也。異黃馬於馬，是以黃馬為非馬，而以白馬為有馬，此飛者入池，而棺槨異處，此天下之悖言亂辭也。」（龍答）公孫龍根據「有馬不等於有黃馬」這個前提，

便判定有馬不等於有白馬。在這個推理判斷之下，如果還有人說有白馬即等於有馬，那就是胡說了。

曰：「有白馬，不可謂有馬者，離白之謂也。是離者，有白馬，不可謂有馬也。故所以為有馬者，獨以馬為有馬耳，非有白馬為有馬。故其為有馬也，不可以謂白馬也。」有人以這一條作為客問，那就費解了。著者認為這一條與下一條都是公孫龍的重複說明。這一條仍是說明有白馬不可說等於有馬，有馬不可說等於有白馬。

曰：「白者不定所白，忘之而可也。白馬者言白，定所白也。定所白者，非白也。馬者，無去取於色，故黃黑皆可以應。白馬者，有去取於色，黃黑馬皆所以色去，故唯白馬獨可以應耳。無去者，非有去也。故曰：白馬非馬。」公孫龍又說單言白乃無所指，就白馬言白乃有所指（指馬而言）。單言馬則不問顏色，凡馬皆可應；如言白馬，則指定了顏色，惟白馬可應，黃馬黑馬不可應。前者不問顏色，後者要問顏色。不問顏色與要問顏色不同，故說馬不等於白馬，白馬不等於馬。

我們平心靜氣而論，「白馬不等於馬」，尤其是「馬不等於白馬」；換言之，部分不等於全體，全體亦不等於部分。這個道理，現代人知之，古代人亦知之，為什麼這問題鬧上兩千年呢？就是公孫龍不說「白馬不等於馬」，只說「白馬非馬」。

因為「非」字可以作「不是」解，如說「白馬不是馬」，便不足以服人，即能「勝人之口，不能服人之心」，因而引起了很多誤解，引起了長期的爭辯。

參、結論──論兩家學說

名家學說固不以惠施、公孫龍為限，尚有鄧析及墨辯中的理論，

但當以這兩家為主。

公孫龍自謂「合異同，離堅白，然不然，可不可。」但很多人說公孫龍「離堅白」，旨在「同中求異」；惠施「合異同」，旨在「異中求同」。馮友蘭先生在《中國哲學史》裡，將惠施的二十一辯，分作二組，一為「合異同」，如「卵有毛」，「馬有卵」等；二為「離堅白」，如「雞三足」，「火不熱」等。其結論說：「惠施之觀點，注重於個體。個體常變；故惠施之哲學，亦可謂為變的哲學。公孫龍之觀點，注重於共相，共相不變；故公孫龍之哲學，亦可謂為不變的哲學。」據公孫龍自言，他除主「離堅白」外，還主「合異同」。又據馮先生的分組，可知惠施除講「合異同」外，還講「離堅白」。

兩家學說同是反常識的、反感覺的、反經驗的。常識上以為是（白），他們以為非（黑）；感覺上以為熱，他們以為不熱；經驗上以為動，他們以為不動。他們的動機，是「以反人為實，以勝人為名」。「治怪說，玩琦（同奇）辭」，「困百家之知，窮眾口之辯」，不見得要求發現真理。而其結果有二：⑴在壞的方面，以是為非，以非為是；以可為不可，以不可為可。因而是非無度，而可與不可日變，以致善惡不分，影響社會秩序。⑵在好的方面，他們走向「為智識而求智識」的途徑，不為「道德」與「功利」（實用）所囿，打開了中國哲學的認識論與理則學之大門，假設有人繼起加以發揚，很可能西方的辯證法與形式邏輯以至相對論，會在中國大放異彩！可惜的是，莊子、荀子等都給予無情的打擊，秦以後學者，不崇儒、法，即尚佛、老，致斯學黯然失色，未嘗不是中國哲學界的損失。

第二章　中古哲學思想

前　言

古代哲學思想，可稱先秦哲學。中古哲學思想，可稱漢唐哲學，內中包含兩漢哲學、魏晉玄學及隋唐佛學。

㈠**兩漢哲學**　漢高祖入關，約法三章，廢秦苛法。曹參為相，政尚黃老，治績斐然。因此，道家思想風行一時。《淮南子》一書，雖雜有他家思想，而以道家思想為其宇宙論、人生論及政治觀之中心。

董仲舒向漢武帝建議罷百家，尊儒術，幸獲實現，其哲學思想，乃外儒而內陰陽，故其宇宙哲學多講陰陽五行，人生觀中以五行配五臟及五常，人性論中以陰陽配善惡，政治觀中亦以陰陽配刑德。

揚雄欲調和儒道兩家哲學，作「太玄」以擬易，多含老莊思想，為其宇宙哲學與人生哲學的基礎；作「法言」以擬論語，多含儒家思想，為其道德哲學的基礎。

王充反讖緯、災異及神仙方士之說，復歸於道家的自然主義。其宇宙論與人生觀都為無神論，並否認靈魂不滅說，其政治觀否認天人感應說，下開魏晉清談之玄風。

總之，兩漢哲學思想，起伏於道、儒、陰陽之間，惟政府王霸並用，故法家思想仍然佔有相當勢力。

㈡**魏晉玄學**　魏晉時代對於東漢名節起了反動，老莊思想又繼之而起，何晏、王弼雅好玄學，各註《老子》，又以道學釋《論語》，宇宙哲學、人生觀與政治觀，皆以道家思想為依歸。

葛洪欲調和儒道兩家思想，稱仲尼與老子同為聖人，其修養論為儒道兼顧，其政治禮刑並重，除儒家外，兼及法家思想，世人稱他為「內道」而「外儒」。

晉代以篡逆得天下，故用法家權術以鞏固政權，文人學士誠恐觸犯刑章，相與優遊林下，遂造成竹林派的作風。竹林七賢及王衍、郭象等，或崇尚清談，或註解老莊，都不外道家思想之闡揚。

㈢**隋唐佛學**　佛教東來，始於漢，經魏晉南北朝至隋唐而更盛，尤其是禪宗興起，流行大江南北，給予宋明理學家最深刻之影響，使中國哲學興起了另一高潮。

因為佛學內容豐富，本書特分三節。⑴佛教的興起與演變，⑵佛教之東來與發展，⑶佛教（大乘）的哲理探究。

佛教盛行，亦引起反對。南北朝時范縝倡神滅論，以駁靈魂不滅說，韓愈諫迎佛骨，著〈原道〉以反佛，其門人李翱由習佛而反佛，遂開宋儒傳道統、反佛老之先河。

第一節　淮南子的哲學思想

淮南子名安，是漢高帝之孫，淮南厲王的兒子。厲王為高帝子，名長，因叛，赦徙蜀道死。安嗣為淮南王，故稱淮南子。王聰明抱異志，招致天下數千人，論道著書，名為鴻烈。鴻，大也，烈，明也，意謂明大道。書分內外篇，外篇失傳，僅存內篇，凡二十一卷。這些書，當然不是劉安一人所撰。書成，於武帝建元元年或二年（西元前一四〇～一三九年）獻於武帝。當時，淮南王之名著天下，後以謀叛伏誅。或謂安服食求仙，遍禮方士，遂與八公相攜俱去，莫知所適。（崔豹《古今注》）這裡研究其本體論、宇宙論、人生觀、道德觀、

政治觀等。

壹、淮南子的本體論

〈原道訓〉中說:「夫道者,覆天載地,廓四方,柝八極,高不可際,深不可測;包裹天地,稟授無形,原流泉浡,沖而徐盈:混混汩汩,濁而徐清。故植之而塞於天地,橫之而彌於四海,施之無窮,而無所朝夕:舒之幎於六合,卷之不盈於一握,約而能張,幽而能明;弱而能強,柔而能剛。」這是說:道之為體,無所不在;道之為用,無所不包。

他在〈天文訓〉中說:「天地未形,……故曰太始。太始生虛廓,虛廓生宇宙,宇宙生元氣。元氣有涯垠,清陽者薄靡而為天,重濁者凝滯而為地。」這是單就本體言,以太始為宇宙萬物的本質。又說:「古未有天地之時,惟象無形,……有二神混生,經天營地。……於是乃別為陰陽,離為八極,剛柔相成,萬物乃形。煩氣為蟲,精氣為人。」二神可釋為天神地祇,亦可釋為陰陽(物心)兩個基本元素。

他在〈精神訓〉云:「精神者,天之有也;而骨骸者,地之有也。精神入其門,而骨骸歸其根,我獨何存?」又云:「夫精神者所受於天也,而形骸者所受於地也。」這可叫心物二元論,與後來朱子的理(性)氣(形)二元論相似。

貳、淮南子的宇宙論

他在〈原道訓〉中說:「是故能天運地滯,輪轉而無廢,水流而不止,與萬物終始,……鈞旋轂轉,周而復匝:已彫已琢,還返於樸。」這是說明萬物運轉,「還返於樸」的道理。這一「樸」字,應該解為動中之靜而不變的本體。如《道德經》云:「樸雖小,可以為天下母。」

又宇宙的現象是運轉不已的,周行不殆的,其法則是循環的。他的宇宙論,乃因襲了老、莊思想。

參、淮南子的人生觀

他在〈原道訓〉中說:「達於道者,反於清靜。究於物者,終於無為。以恬養性,以漠處神,則入於天門。所謂天者,純粹為樸,質直皓白。未始有與雜糅者也。所謂人者,偶胜智故,曲巧偽詐,所以俛仰於世人而與俗交者也。故牛岐蹏而戴角,馬披髮而全足者天也,絡馬之口,穿牛鼻者人也。循天者,與道游者也。隨人者,與俗交者也。」又說:「故達於道者,不以人易天」。這種人生觀乃與莊子所謂「絡馬首,穿牛鼻是謂人」,「無以人滅天」同義,同可稱自然主義或無為主義的人生觀,亦是以人合天的人生觀。

肆、淮南子的道德觀

他在〈本經訓〉中說:「古之人同氣於天地,與一世而優游。當此之時,無慶賀之利,刑罰之威,禮樂廉恥不設,誹譽仁鄙不立,而萬民莫相侵欺暴虐,猶在於混冥之中。逮至衰世,人眾而財寡,事力勞而養不足。於是忿爭生,是以貴仁。仁鄙不齊,比周朋黨,設詐諝(諝亦詐也),懷機械巧故之心,而性失矣,是以貴義。陰陽之情,莫不有血氣之感,男女群居處而無別,是以貴禮。性命之情欲而相脅以不得已,則不和,是以貴樂。是故仁義禮樂者,可以救敗而非通治之至也。夫仁者所以救爭也,義者所以救失也,禮者所以救憂也。」這是說仁義禮樂是衰世的道德節目,不是上古的治國之本,與《道德經》「大道廢有仁義」,同其主張。

〈俶真訓〉中說:「神明定於天下,而心返其初,心返其初而民

180

性善。民性善而天地陰陽從而包之，則財足。財足而人贍矣，貪鄙忿
爭不得生焉。由此觀之，則仁義不用矣。道德定於天下，而民純樸，
則目不營於色，耳不淫於聲。坐俳（俳優）而歌謠，被髮而浮游。雖
有毛嬙西施之色，不知悅也；倖羽武象，不知樂也，淫佚無別不得生
焉。由此觀之，禮樂不用也。」這是說如能「心返其初」，則性善，性
善則用不著仁義禮樂了，仍是老子的無為主義。

〈精神訓〉中說：「是故頭之圓也象天，足之方也象地，天有四
時五行九辭，三百六十六日，人亦有四肢五臟九竅三百六十六節。天
有風雨寒暑，人亦有取與喜怒。」並說：「夫精神者，所受於天也。形
體者，所受於地也。」由天地講到人的身心，是一種身心二元論。

他也曾說：「人性安靜，而嗜欲亂之。」又說：「日月欲明，浮雲
蓋之，河水欲清，沙石穢之，人性欲平，嗜欲害之。」這就是說，人
性本善，但有時為物欲所蔽，不免做出邪惡的事來。因此，他的修養
方法，就著重在寡欲。他說：「人生而靜，天之性也：感而後動，性
之害也。」那就是主張清靜無欲，以克治各種欲望。

管子重視小禮小義小廉小耻及微邪；《淮南子》亦重視小善與小
惡。〈繆稱〉云：「君子不謂小善不足為也，而舍之；小善積而為大善。
不謂小不善為無傷也，而為之；小不善積而為大不善。是故積羽沉舟，
群輕折軸，故君子禁於微，壹快不足以成善，積快而為德；壹恨不足
以成非，積恨而成怨。故三代之善，千歲之積譽也；桀紂之謗，千歲
之積毀也。」王雲五先生解釋說：「本段主旨在申明勿謂小善不足為，
勿謂小不善為無傷；蓋小善可累積為大善，也就是德：小不善積而為
大不善，也就是恨。因此，君子常禁於微。三代之善，實為千年之積
譽，而桀紂之謗，亦為千年之積毀。語云：「積羽可以沉舟」；「不可
不慎也。」(《先秦政治思想》)

伍、淮南子的政治觀

《淮南子》的政治思想，以道家的無為而治為主，間亦雜有法家，甚至儒家見解。因《鴻烈》為眾賓客所撰，其言論亦不免有所歧異。

他在〈主術訓〉中說：「古之置有司也，所以禁民，使不得自恣也；其立君也，所以劑（制）有司，使無專行（擅）也。法籍禮義者，所以禁君，使無擅斷也。人莫得自恣，則道勝，道勝而理道矣。故反（返）於無為；非謂其凝滯而不動也，以其言莫從己出也。」

這是說設有司，立君長，置法籍禮義，各有其為，各有其作用，順其自然的安排，便可達到無為而治之目的。

〈主術訓〉中說：「蘧伯玉為相，子貢往觀之，曰：何以治國？曰：以弗治治之。簡子欲伐衛，使史黯往覘焉，還報曰：蘧伯玉為相，未可以加兵，固塞險阻，何足以致之？故皋陶瘖而為大理，天下無虐刑，有貴於言者也。師曠瞽而為太宰，晉無亂政，有貴於見者也。故不言之令，不視之見；此伏羲神農之所以為師也，故民之化也，不從其所言，而從其所行。」

老子《道德經》所謂「處無為之事，行不言之教」，與此意相同。所謂「不視之見」與「不言之令」，是重視身教與躬行。

《道德經》三十七章云：「道常無為而無不為，侯王若能守之，萬物將自化。」六十三章又云：「為無為，事無事。」著者的解釋是，所謂「為無為」，是體天體而行，順自然而為，無所為而為，即不為私利而為，並不是高枕而臥，一點事情亦不做，乃是做得妥當，無論在人事或政策（法令）方面都安排得很好，順天行道，順水推舟，不引起任何反感，不引起任何糾紛，故看起來是無為的，實際上是無不為的。《淮南子・原道訓》云：「是故聖人內修其本而不外飾其末；保

其精神，偃其智；故漠然無為，而無不為也；澹然無治也，而無不治也。所謂無為者，不失物為也；所謂無不為者，因物之所為也。所謂無治者，不易自然也；所謂無不治者，因物之相然（宜）也。」

〈主訓〉云：「若吾所謂『無為』者，私志不得入公道，嗜欲不得枉正術，循理而舉其事，因資而立權，政（正）事而身弗有。非謂其感而不應，攻而不動者。」可見《淮南子》之所謂「無為」，乃是至公至正，循理舉事，因資立權，不是什麼事都不做。

《史記·老莊申韓同傳》，很多人有下兩種解釋：(1)申韓權術原於老莊；(2)申韓提倡法治，是以「無為而治」為目的。淮南子崇尚道家，亦崇尚法治。〈主訓〉云：「衡之於左右，無私輕重，故可以為平。繩之於內外，無私曲直，故可以為正。人主之於用法，無私好憎，故可以為命。……今夫權衡規矩，一定而不易，不為秦楚變節，不為胡越改容，常一而不邪，方行而不流，一日刑之，萬世傳之，而以無為為之。」這是說由行法以達到無私輕重，無私曲直，無私好憎，公平正直，以為萬世之本，而以「無為」為手段。

《淮南子》之崇尚法，或以「無為」為手段，或以「無為而治」為目的。故又說：「法者，天下之度量而人主之準繩也。懸法者，法不法也。設賞者，賞當賞也。……尊貴者不輕其罰，而卑賤者不重其刑。……人莫得自恣則理達矣，故返於無為。」他以為賞罰公平，人人守法，則天下太平，可臻於無為。可見他是熔道法於一爐，合管老而論政。

有人認為韓非子一面作〈解老〉、〈喻老〉，崇尚老學，主張「守常」、「守靜」，一面主張「變法」，是發生矛盾的見解，故疑〈解老〉、〈喻老〉非韓非作品。而《淮南子》亦是一面崇尚老學，一面崇尚法治而主張變法的。〈氾論〉云：「先王之制，不宜則廢之；末世之事，

善則著之,是故禮樂未始有常也。故聖人制禮樂而不制於禮樂;治國有常,而利民為本;政教有經,而令行為上。苟利於民,不必法古;苟周於事,不必循舊。夫夏商之衰也,不變法而亡;三代之起也,不相襲而王。故聖人法與時變,禮與俗化;衣服器械,各便其用;法令制度,各因其宜。故變古未可厚非,而循俗未足多也。」《史記‧老莊申韓同傳》,《淮南子》則老莊申韓並用。

陸、結 論

《淮南子》雖號稱雜家,但以道家思想為主,其本體論以《列子》書為淵源。《列子》書中分宇宙進化為太易、太初、太始、太素為四階段,《淮南子》自太始講起。至於心物二元論,則是《淮南子》的創見,在中國哲學史為不可多得之見解。

《淮南子》的人生觀、道德觀,多屬自然主義與無為主義;惟人性論雜有儒家思想,政治觀雜有法家思想而已。

第二節　董仲舒的哲學思想

董仲舒,漢廣川人,與淮南王同時,景帝時為博士(西元前一七九~九三年)。武帝時對賢良策,本於《春秋》,述天人之道,尊孔子,論禁諸子百家,為帝所接納。尋為江都相,又為膠西王相,以病辭歸。終身從事著作,今所傳者僅《文集》一卷,《春秋繁露》十七卷。

仲舒學問淵博,為漢醇儒,劉向稱之為「有王佐之才,雖伊呂亡以加,管晏之屬所弗及。」他生於秦始皇焚書坑儒之後,「六經離析,下帷發憤,潛心大業。使以後學者有所遵循,故為群儒之首。」(《前漢書‧董仲舒傳贊》)

　　董仲舒雖以儒家學說為主要淵源，但受戰國晚年的陰陽家鄒衍的影響，亦可說是「外儒而內陰陽」的。本節述其本體論和宇宙論、人生觀和道德觀、人性論與修養論、政治觀等。

壹、董仲舒的本體論和宇宙論

　　㈠**元與本體**　董氏以「元」為宇宙的本體。他說：「一元者太始也，……惟聖人能屬萬物於一而繫之元也。……元猶原也，其義以隨天地終始也。……故元者，為萬物之本，而人之元在焉。安在乎？乃在乎天地之前。」（《春秋繁露‧玉英》）元可解作元子，為萬物的基本元素，亦為人的基本元素。元在天地之前，故說「人之元乃在天地之前」。

　　㈡**陰陽五行**　董仲舒最重視陰陽五行。他說：「天有五行，一曰木、二曰火、三曰土、四曰金、五曰水。木，五行之始也。水，五行之終也。土，五行之中也。此其天次之序也。木生火，火生土，土生金，金生水，水生木：此其父子也。木居左，金居右，火居前，水居後，土居中央：此其父子之序，相受而布。木居東方而主春氣；火居南方而主夏氣；金居西方而主秋氣；水居北方而主冬氣。是故木主生而金主殺；火主暑而水主寒。……土居中央，謂之天潤。」（《春秋繁露‧五行之義》）

　　又云：「天地之氣，合而為一，分為陰陽，判為四時，列為五行。行者，行也。其行不同，故謂之五行。五行者，五官也，比相生而間相勝也。」（《春秋繁露‧五行相生》）。如以陰陽代表物心，他的陰陽合一論，則含有物心合一的意義。何謂五行比相生，與五行間相勝？他說：「金勝木，……水勝火，……木勝土，……火勝金，……土勝水。」（《春秋繁露‧五行相勝》）五行之次序，為木火土金水。木生火，

火生土，土生金，金生水。即第一生第二，第二生第三，第三生第四，第四生第五，此所謂「比相生」。金勝木，中隔水。水勝火，中隔木。木勝土，中隔火。火勝金，中隔土。土勝水，中隔金，此所謂「間相勝」。(參考馮著《中國哲學史》)可見相生是直接的，相勝是間接的。

《春秋繁露》卷十七中說：「天，地，陰，陽，木，火，土，金，水九，與人而十者，天之數畢也。」這裡第一個天字，指與地相對之物質的天；最後一個天字，當然泛指自然全體了。

《繁露》卷十二中說：「天地之常，一陰一陽。陽者天之德也，陰者天之刑也。……天亦有喜怒之氣，哀樂之心，與人相副。以類合一，天人一也。」這是天人合一的思想。

㈢變與不變　董氏認為天道有常亦有變，《繁露》卷十二中又說：「是故天之道，有倫，有經，有權。」有倫即有常，有權即有變。他認為「天地之間，有陰陽之氣」(《繁露・天地陰陽》)，但天是「任陽不任陰，好德不好刑」的(《繁露・陰陽位》)，這是他重德輕刑的政治思想基礎。

他說：「道之大原出於天，天不變，道亦不變。」(《董仲舒傳》)這是從宇宙常理方面，提出了一種不變的宇宙論。

他又認為這自然之天，是本著一定的理則在運行。那就是他所說的陰陽消長，四時流轉，五行相生相勝的道理，故從四時流行的宇宙現象方面，提出了一種變的宇宙論。總之，就常理講是不變的，就現象講是變的。

貳、董仲舒的人生觀與道德觀

㈠人生觀　董氏的人生觀之出發點，是天人合一的。他說：「天地之精，所以生物者，莫貴於人。……物疢(音疹，病也)疾莫能偶

天地，惟人獨能偶天地。……是故人之身，首，分女而員，象天容也。髮，象星辰也。耳目戾戾，象日月也。鼻口呼吸，象風氣也。胸中達知，象神明也。腹胞實虛，象百物也。內有五臟，副五行數也。外有四枝（同四肢），副四時數也。乍視乍眼，副晝夜也。乍剛乍柔，副冬夏也。乍哀乍樂，副陰陽也。」（《繁露‧人副天數》）這是說萬物不能與天地配合，惟人能與天地配合，因此，人可以合天，或說可以偶天地，這是天人合一的人生觀。

㈡**道德觀**　孟子提倡別人禽與別義利，董仲舒亦主張人能行仁義，而不是像禽獸一樣只知為生為利而已。他說：「天之為人性，命使行仁義而羞可恥，非若鳥獸然，苟為生苟為利而已。」（《繁露‧竹林》）

又說「春秋之所治，人與我也。所以治人與我者，仁與義也。以仁安人，以義正我，……是故春秋為仁義法。仁之法在愛人，不在愛我；義之法在正我，不在正人。……義與仁殊，仁謂往，義謂來，……愛在人謂之仁，義在我謂之義。……故曰仁者人也，義者我也。」別義利，孟子曾言之；別人我，則為董氏的見解。

除仁義外，董氏亦重智。他說：「莫近於仁，莫急於智。……仁而不智，則愛而不別也。智而不仁，則知而不為也。……智者見禍福遠，其知利害蚤。物動而知其化，事興而知其歸，見始而知其終。……其動中倫，其言當務，如是者謂之智。」（《繁露‧必仁且智》）《中庸‧哀公問政》，講智仁勇三達德，董氏重視仁義智。

董氏又提出三綱五常，以為倫理之準則。何謂三綱？就是君為臣綱，父為子綱，夫為婦綱。何謂五常？就是仁、義、禮、智、信五種德目。

他以五臟副五常。故說：「人生而應八卦之禮，得五氣以為常：

仁、義、禮、智、信也。……人本合六律五行之氣而生，故內有五臟六府。……五臟者何也？謂肝、心、肺、腎、脾也。」合起來說，五臟與五常的關係是：「肝仁，肺義，心禮，腎智，脾信也。」肝，木之精也，仁者好生。……肺，金之精也，義者決斷。……心，火之精也。……尊陽在上，卑陰在下，禮有尊卑。……腎，水之精，智者進止無所疑惑。……脾，土之精也，土尚仁養萬物，……無所私，信之至也。」（《繁露‧性情》）這種配合，在今天科學發達時期來看，似無甚意義，但在當時亦是一種學理上的見解。

道德觀方面，有動機論與效果論，董氏屬於動機論者，他說：「正其誼（義）不謀其利，明其道不計其功。」就是重道誼而輕功利。這種動機論，曾引起後來效果論者的批評。如顏元說：「正其誼以謀其利，明其道以計其功。」就是轉道義主義為功利主義了。

參、董仲舒的人性論與修養論

他說：「身之有性情也、若天之有陰陽也。」（《繁露‧深察名號》）「人之誠有貪有仁。仁貪之氣，兩在於身。身之名取諸天，天兩有陰陽之施，身亦兩有貪仁之性。」（同前）這像是善惡二元論。

王充《論衡‧本性》論董氏，對於性情的說明云：「仲舒覽孫（荀）、孟之書，作性情之說，曰：『天之大經，一陰一陽；人之大經，一情一性。性生於陽，情生於陰。陰氣鄙，陽氣仁。曰性善者，是見其陽也；謂惡者，是見其陰者也。』」就狹義的性（善性）來說，他認為性是善的，情是惡的；就廣義的性來說，他認為性含善質而已，不是純善的。

他在《繁露》卷十中〈實性〉說：「善如米，性如禾。禾雖出米，而禾未可謂米也。性雖出善，而性未可謂善也。……故曰：性有善質，

而未能為善也。」這和孟子的性善說是大有區別的，與告子的可善可惡說倒比較接近。

董氏的修養論，以為善去惡為中心。他說：「天之所為，止於繭麻與禾。以麻為布，以繭為絲，以米為飯（也就是以禾為米），以性為善，此皆聖人所繼天而進也，非情性質樸之能至也。」（《繁露・實性》）這是說性非純善，要以修養工夫，使性進於善的境地，故說：「性非教化不成。」

肆、董仲舒的政治觀

董氏的政治觀，一為配天，一為尊王。他說：「古之造文者，三畫而連其中，謂之王。三畫者，天地與人也。而連其中者，通其道也。取天地與人之中，以為貫而參通之，非王者孰能當是？」（《繁露・王道通三》）王者貫通天地人，所以要尊王。他又說：「天之道春暖以生，夏暑以養，秋清以殺，冬寒以藏。……聖人副天之所行以為政，故以慶副暖而當春，以賞副暑而當夏，以罰副清而當秋，以刑副寒而當冬。……慶賞罰刑，與春夏秋冬、以類相應也，如合符，故曰王者配天。」（《繁露・四時之副》）因為王者能配天，所以我們要尊王。又因為王者能配天，故能承天意以教化人民。他說：「天令之謂命，命非聖人不行。質樸之謂性，性非教化不成。人欲之謂情，情非制度不節。是故王者，上謹於承天命，以順命也。下務明教化民，以成性也。正法度之宜，別上下之序，以防欲也。修此三者，而大本舉矣。」（《前漢書・董仲舒傳》）他的人生觀是天人合一的，他的政治觀也是天人合一的。

墨子提倡兼愛，本於天志，董氏提倡仁政，亦本諸天意。他說：「天，仁也。天覆育萬物，既化而生之，有（又）養而成之。……人

之受命於天也，取仁於天而仁也。……天常以愛利為意，以養長為事，春夏秋冬，皆其用也。王者亦常以愛利天下為意，以安樂一世為事。」（《繁露‧王道通三》）這裡的天意，便等於墨子的天志。王者以愛利天下為意，就是體天行道。

墨子以為違天者有罰，董氏亦有此看法。他說：「天地之物，有不常之變者，謂之異；小者謂之災。……災者，天之譴也，異者，天之威也。譴之而不知，乃畏之以威。詩曰：『畏天之威』，殆此謂也。凡災異之本，盡生於國家之失。國家之失，乃始萌芽，而天出災害以譴告之。譴告而不知變，乃見怪異以驚駭之。驚駭之尚不知畏恐，其殃咎乃至。以此見天意之仁，而不欲陷人也。」（《繁露‧必仁且智》）災異之說，盛行於漢代，董氏更予以闡揚。董氏提倡德治，蓋欲以仁政配合天地之仁；如不行仁，則天以災異警告之。

董氏主張以德治反對法治，他說：「王者欲有所為，宜求其端於天。天道之大者在陰陽：陽為德，陰為刑。刑主殺而德主生。是故陽常居大夏而以生育養長為事，陰常居大冬而積於空虛不用之處，以此見天之任德不任刑也。……王者承天意以從事，故任德教而不任刑。……為政而任刑，不順於天，故先王莫之肯為也。」（《漢書》卷五六）他以為刑治乃逆天之政，德治才是順天行道。

附錄：五行，讖緯，象數。

㈠五行：水、火、木、金、土也。《書‧洪範》：「初一曰五行。」「一曰水、二曰火、三曰木、四曰金、五曰土。」

㈡讖緯：即讖錄、圖緯，均為占驗術數之書。讖，驗也，河洛所出書曰讖，預言王者之興亡者。緯，西漢末假託經義言符錄瑞應之書，有七緯、即易緯、書緯、詩緯、禮緯、樂緯、春秋緯、孝經緯。《四

庫提要》謂:「讖者,詭為隱語,預卜吉凶;緯者,經之支流,衍及旁義,非一類也。」

㈢**象數**:就是龜、筮。《左傳》僖公十二年:「龜、象也;筮、數也。物生而後有象,象而後有滋,滋而後有數。」注:「言龜以象示,筮以數告,象數相因而生,然後有占,占所以知吉凶。」

第三節　揚雄的哲學思想

揚雄,字子雲,漢成都人(西元前五三~西元一八年)。少好學不倦,博覽無所不見。為人簡易佚蕩,口吃不能劇談。默而好深湛之思,獨以文章名世,多仿司馬相如。後復薄詞賦而不為,於是作《太玄》以擬《易》,作《法言》以擬《論語》,仿〈蒼頡篇〉以作〈訓纂〉,故被稱為「模擬之雄」。《太玄》經當時人「觀之者難知,學之者難成」,劉歆曾謂雄曰:「空自苦,世不能明,吾恐後人用覆醬瓿也。」雄聞之笑而不答。(均見《前漢書・揚雄傳》)王莽篡漢時,雄曾為其大夫,更為士林所詬病。

揚雄學說的中心,在於調和儒道,而成一家之見。故其擬《易》所作之《太玄》,多探取老莊學說,為其本體哲學的見解。其倫理學說,則採取儒家思想,尊仁義禮樂,以孔孟學說為主。同時,反對陰陽家之言。這裡分為:⑴宇宙哲學,⑵人生觀及生死論,⑶人性論及修養論,⑷政治觀等。

壹、揚雄的宇宙哲學

宇宙萬物的本質是什麼?揚雄稱之為「玄」。老子《道德經》云:「玄之又玄,眾妙之門」。就是他的思想淵源。他說:「玄者,幽攤(張

也）萬物而不見其形者也。……仰而視之在乎上，俯而窺之在乎下，企而望之在乎前，棄而忘之在乎後。欲違則不能，嘿（同默）則得其所者，玄也。」（《太玄・太玄攡》）這是說「玄」為宇宙萬物的本質或基本元素，與董仲舒之「元」同義。

宇宙萬物演進的法則是什麼？揚雄亦以「玄」答之。他說：「夫玄者，天道也，地道也，人道也。」（《太玄・太玄圖》）這是說玄為天地人的原理，也就是宇宙萬物演進的法則。

《周易》云：「立天之道，曰陰與陽；立地之道，曰柔與剛，立人之道，曰仁與義。」他說：「立天之經，曰陰與陽；立地之緯，曰縱與橫；立人之行，曰晦與明。」（《太玄》）這是仿照《易經》的說法，而改變其詞句而已。

貳、揚雄的人生觀及生死論

揚雄的人生觀，不贊成方士所言神仙長生久視之說。「或問：『人言仙者有諸乎？』『吁！吾聞伏羲，神農，黃帝，堯，舜，殂落而死，文王畢，孔子魯城之北，獨子愛其死乎？非人之所及也！仙亦無益子之彙（類）矣』。」這是說：凡人必有死，伏羲、神農、黃帝、堯、舜、文王、孔子人也，皆有死，故不必求長生了。

他認為生死是自然的，無法避免的。故又說：「有生者必有死，有始者必有終，自然之道也。」（《法言・君子》）不必以人為的努力，去違反自然，這是一種道家的自然主義的人生觀。

參、揚雄的道德觀

揚雄首先對老子的絕仁棄義說，加以批駁。他說：「老子之言道德，吾有取焉耳。及搥（擲也）提（絕也）仁義，絕滅禮學，吾無取

焉耳。」(《法言・問道》)可見他對老子學說，贊成一部分，反對另一部分。

他又對莊、楊、墨、晏等人思想，加以批判：「莊、楊蕩而不法，墨、晏儉而廢禮，申、韓險而無化，鄒衍迂而不信。」(《法言・五百》)這裡可看出，他是站在儒家的中庸之道，去批評道、墨、法、陰陽各家的偏頗。

「或問：『人各是其所是，而非其所非、將誰使正?』曰：『萬物紛錯，則懸諸天；眾言淆亂，則折諸聖。』或曰：『惡覩乎聖而折諸?』曰：『存則人，亡則書，其統一也』。」(《法言・吾子》)這裡所謂聖人，指儒家講忠孝仁義的聖人而言。他既重儒術，故主張以儒家聖人及其言論批評各家。

肆、揚雄的人性論

揚雄對於人性的看法，是折衷孟子、荀子對於人性的見解。孟子主性善，荀子主性惡，揚雄則主性善惡混。他說：「人之性也善惡混。修其善則為善人，修其惡則為惡人。」(《法言・修身》)就人性言，他是主張有善有惡的；就修養言，他是主張可善可惡的。王充《論衡・本性》載：「周人世碩以為人性有善有惡。舉人之善性養而致之，則善長；惡性，養而致之，則惡長。如此，則性各有陰陽(惡善)，善惡在所養焉。」揚雄的人性論，與周人世碩大致相同。

伍、揚雄的政治觀

揚雄的政治主張不是保守，他認為或因或革，應合時宜。故說：「天道有因有循，有革有化。因而循之，與道神之；革而化之，與時宜之。……夫物不因不生，不革不成。」(〈太玄瑩〉)這裡含有因時制

宜的革命思想。故又曰:「可則因,否則革。」(《法言‧問道》)究竟
要有為而治或無為而治呢?他認為亦要看實際需要而定。「在昔虞夏,
襲堯之爵,行堯之道,法度彰,禮樂著,垂拱而視天下民之阜也,無
為矣。紹桀之後,綦紂之餘,法度廢,禮樂虧,安坐而視天下民之死,
無為乎?」(《法言‧問道》)因革要適時,有為無為亦要適時。故說:
「或曰:『龍必欲飛天乎?』曰:『時飛則飛,時潛則潛』。」(《法言》)
所以他是融儒道於一爐,而不是純道家。

第四節　王充的哲學思想

　　王充,字仲任,會稽上虞人,生於東漢光武帝建武三年(西元二
七年),博通眾流百家之言。才氣甚高,而不尚苟作,口辯而不好談
對,非其人終日不言。其論說,始若詭於眾,聽其終了,眾人方以為
是。所作文章,亦復如是。著《論衡》八十五篇,後蔡邕得其書,嘆
其卓越諸子。邕還北方,談論更趨宏遠,諸儒知其必得異書,自帳中
搜出,《論衡》遂傳於世。

　　《論衡》的全部思想,可以歸納為兩點:一是消極方面的,二是
積極方面的。在消極方面,王充對於當時所流行讖緯、災異、符瑞,
及天人感應、神仙方士之說,一律予以無情的攻擊。在積極方面,依
據老子學說,構成一個自己的學說系統,即組成了自然主義與無為主
義的哲學。下面分為:⑴本體論,⑵宇宙論,⑶人生觀與道德觀,⑷
人性論與修養論,⑸政治觀等。

壹、王充的本體論

　　西洋本體論以心物問題為研究中心;中國本體論則以陰陽為研

究中心，但王充論陰陽則涉及了心物。

王充認為天地間有陰陽二氣，這二氣產生萬物，亦產生人。他說：「夫人之所以生者，陰陽也；陰陽氣也，陰氣生為骨肉，陽氣生為精神。」據此，他是主張陰陽合一論的。這種陰陽合一論，與西洋的唯物論及唯心論有別，而與心物一元論（或稱心物合一論）則相通。

貳、王充的宇宙論

西洋哲學在宇宙論方面，有無神論與有神論之爭，王充乃一位無神論者。他認為天道是自然的，無為的，不是有意志的。他在《論衡》中說：「夫天道自然也，無為。如譴告人，是有為，非自然也。黃、老之家，論說天道，得其實矣。」（《論衡》卷十四）可見他的宇宙論是無神論，是以黃、老哲學為依歸的。

又西洋哲學在宇宙論方面，有機械論與目的論之爭：目的論者認為宇宙萬物是神有計畫而造成的，機械論則加以否認。王充的自然主義，偏於機械論。他說：「春觀萬物之生，秋觀其成。天地為之乎？物自然也。如天地為之，為之宜用手，天地安得萬萬千千手，並為萬萬千千物乎？」所謂萬物自生，天地無手，就是機械的，自然而然的。

又說：「天道無為，故春不為生，而夏不為長，秋不為成，冬不為藏。」即無所為而為，沒有什麼目的可言。

又說：「夫天之不故生五穀絲麻以衣食人，……物自生而人衣食之。」（《論衡·自然》）目的論者認為天生萬物以養人，王充加以否認。

機械論者多主張宇宙萬物之演化，為偶然遇合，是無目的和無計畫的。王充說：「儒者曰：『天地故生人，此妄言也。夫天地合氣，人偶自生也，猶夫婦合氣，子則自生也。……夫天地不能故生人，則其生萬物亦不能故也。』」非故生人，就是無目的的；人物偶自生，就是

一種機械論的偶合說。

他反對陰陽家的「災異」說，及「天人感應」說。故云：「天之暘（晴）雨，自有時也。一歲之中，暘雨連續。當其雨也，誰求之？當其暘也，誰止之者？……世之聖君，莫有如堯湯，堯遭洪水，湯遭大旱。如謂政治所致，堯湯惡君也。如非政治，是運氣之。運氣有時，安可請求？」(《論衡・明雩》)至此，以往的天人相感說完全被推翻了。

參、王充的人生觀與道德觀

王充的人生觀，首在破鬼神說。他以為「夫人，物也。雖貴為王侯，性不異物。物無不死，人安能仙？」(《論衡・道虛》)這是說人是動物之一，動物無不死，人亦無不死。故又說：「人，物也，物，亦物也。物死不為鬼，人死何故獨能為鬼。……人之所以生者，精氣也。死而精氣滅，……滅而形體朽，朽而成灰土，何用為鬼？」范縝以人的形體比刃，人的精神（心靈）比利。他說：「未聞刃沒而利存，豈容形亡而神在？」王充的思想，正與范縝相同。他又說：「人未生，在元氣之中，既死復歸元氣，……何能知乎？」(《論衡・論死》)元氣無知覺，人死復歸於元氣，自然亦無知覺，安有鬼神存在？

他一面反對靈魂不滅、死而有鬼說，一面提倡無為主義的人生觀和道德觀。他說：「至德純渥之人稟天氣多，故能則天自然無為。……賢之純者，黃老是也，……黃老之操，身中恬澹，其治無為，正身共己（恭己），而陰陽自和。無心於為，而物自化；無意於生，而物自成。……《易》曰：『大人與天地合其德。』黃帝堯舜大人也，其德與天地合，故知無為也。」(《論衡・自然》)他把《易經》、《道德經》合起來，講天人合一的人生觀，及無為主義的道德觀。

道德哲學方面，有動機論與效果論之分，有人以為動機善，效果

亦善，亦有人以為動機善，效果未必善，動機壞，效果未必壞。孟子說：「有不虞之譽，有求全之毀。」王充對此有一種解釋。他說：「夫性與命異，或性惡而命吉，或性善而命凶。操行善惡者，性也；禍福吉凶者，命也。或行善而得禍，是性善而命凶；或行惡而得福，是性惡而命吉也。性自有善惡，命自有吉凶。使吉命之人，雖不行善，未必無福；凶命之人，雖勉操行，未必無禍。」(《論衡・命義》)他認善惡由命不由性，可算是道德上的宿命主義。

肆、王充的人性論

王充認為性有善有惡。「稟氣有厚薄，故性有善惡也。……酒之薄厚，同一麴蘗，人之善惡，共一元氣。元氣有多少，故性有賢愚。」(〈率性〉)人性論者有的把賢愚與善惡相提並論，王充亦然。其實，賢者未必性善，愚者未必性惡。

人性既有善惡，如何使人向善呢？他主張用後天修養，來加以彌補先天的不足。故說：「逢生麻間，不扶自直，白沙入緇，不練自黑。」因此他主張一個人要努力修養，運用修養的工夫，以成就其德業。故說：「譬如穀，去糠屑，烹之為飯，乃甘可食。……人之不學，亦如穀之未成為飯。」這裡所謂學，就是指德育而言，也就是指修養而言。

伍、王充的政治觀

王充的政治觀，重視無為主義，即重視無為而自然。他說：「政之適也，君臣相忘於治，魚相忘於水，獸相忘於林，人相忘於世，故曰：天也。」這是一種自然而無為的主張。

他反對神話與傳說，反對各種迷信。如說：「儒者稱聖人之生，不因人氣，更秉精於天。……〈高祖本紀〉言：『劉媼嘗息大澤之陂，

夢與神遇，是時雷電晦冥。太公往視，見蛟龍於上，已而有生，遂生高祖。』世儒學者莫不謂然。如實論之，虛妄言也。」他不相信這種神話與傳說，就今天科學眼光來看，不足為奇，但在當時，倒是驚人的見解。

他重視命與政治關係，故說：「孔子曰：『道之將行也與，命也；道之將廢也與，命也。』由此言之，教之行廢，國之安危，皆在命時，非人力也。」(〈奇怪〉)他重視命與時，也就是重視天命主義。

又說：「世之治亂，在時不在政。國之安危，在數不在教。……夫飢寒並至而能無為非者寡，然則溫飽並至而能不為善者希。……讓生於有餘，爭起於不足。穀足食多，禮義之心生。禮豐義重，平安之基立矣。故飢歲之春，不食親戚，穰歲之秋，召及四鄰。……為善惡之行，不在人質性，在於歲之飢穰。……年歲水旱，五穀不成。非政所致，時數然也。」(〈治期〉)他重視時數，可說是政治上的宿命主義者。

第五節　何晏、王弼、葛洪的哲學思想
壹、何、王的哲學思想

何晏字平叔，三國時魏南陽人，少以才秀知名，美姿儀而面白，有敷粉何郎之稱，為魏公主所寵愛，累官至侍中尚書，爵列侯。雅好老、莊，與夏侯玄等，競尚清談，而當時權勢，天下談士多崇尚之。曾註《老子》，因自知不如王弼《老子註》，改名為「道德論」。又著《論語集解》，常以老學為依據。曹爽執政，被重用，曾勸爽黜司馬懿，爽敗，為司馬懿所殺。

　　王弼，字輔嗣，三國時山陽高平人，生於西元二二六年，歿於西元二四九年。幼而察惠，弱冠即盡攻老、莊蘊奧，與鍾會友善，受知於何晏。曾作《周易註》、《老子註》、《論語釋疑》。何晏見而驚伏曰：「聖人稱後生可畏，若斯人者可與言天人之際矣。」遂相與研究老子之虛無主義，嘗稱「天地雖廣，以無為本，聖王雖大，以虛為主。」曾官至臺郎，曹爽廢，以公事免職，其秋，遇癘而死，年僅二十四歲，可說是哲學界的一朵奇花。

　　㈠**本體論**　何晏、王弼都以「道」與「無」（無為）為宇宙的本體，完全是發揮老、莊的思想。「魏正始中，何晏，王弼等，祖述老、莊立論，以天地萬物皆以『無為』為本。無也者，開物成務，無往而不存者也，陰陽恃以化生，萬物恃以成形。」（《晉書・王衍傳》）這裡「無」與「無為」未加區分。

　　他們打破了當時流行的陰陽五行種種迷信，如天司賞罰等傳說。何謂「道」？何謂「無」？何晏解釋說：「有之為有，恃無以生；事而為事，由無而成。夫道之而無語，名之而無名，視之而無形，聽之而無聲，則道之全焉。」（《列子・天瑞》，張湛註，引何晏道論）這是說天地萬物由「無」而生，世間萬事由「無」而成。不可道，不可名，不可見，不可聞，才是道之全，才是老子之所謂「道」。

　　又何謂「道」？王弼在《論語釋疑》中，解「志於道」說：「道者無之稱也，無不通也，無不由也。況之曰道，寂然無體，不可為象。是道不可為體，故但念慕之而已。」可見他是以《道德經》釋《論語》，以老子之道（無）釋孔子之道。其實，老子所言者為天道，孔子所言者為人道，兩者全不相同。

　　王弼解釋《易・繫辭》「太極生兩儀」句說：「夫有必始於無，故太極生兩儀也。太極者，無稱之稱，不可得而名，取有之所極，況之

太極者也。」他以「無」釋「太極」，是想把易、老打通。

（二）何、王的宇宙論　西洋宇宙論中，有目的論與機械論之爭。目的論者認為宇宙萬物之生成演進是有目的的，機械論者則認為是無目的的。

何晏、王弼的宇宙論，認天道無為，是自然而然的，是莫之為而為的。何晏引夏侯玄語以釋自然：「天地以自然運，聖人以自然用。」王弼註《老子》說：「無為於萬物，而萬物各適其所用。」又說：「萬物以始以成，而不知其所以然。」「萬物皆由道而生，既生而不知其所由」。這種宇宙論是崇尚自然的，是無目的的，應列於機械論。

《道德經》云：「天地不仁，以萬物為芻狗；聖人不仁，以百姓為芻狗。」註解者本不一致，王弼則說：「天地任自然，無為，無造。萬物自相治理，故不仁也。仁者必造立施化，有恩有惠。造立施化，則物失其真；有恩有為，則物不具存。物不具存，則不足以備載矣。地不為獸生芻，而獸食芻，不為人生狗，而人食狗，無為於萬物，而萬物各適其所。」（《老子註》）王弼這種解釋，與前所述王充的見解相同，同屬於機械論。

（三）**人生觀與道德觀**　何晏、王弼在人生觀方面的主張稍有不同，何晏嘗謂「聖人無喜怒哀樂」，王弼則說：「聖人茂於人者，神明也。同於人者，五情也。神明茂，故能體沖和以通無，五情同，故不能無哀樂以應物。然則聖人之情，應物而無累於物者也。」（見何劭撰《王弼傳》）可見何晏的思想純為道家，王弼的思想涉及儒家。何晏有「太上無情」的見解，王弼謂聖人不能無情，惟不為物所累而已。

他們兩人對於「無情」與「有情」的看法，雖稍有區別，然而同持無為主義的人生觀，則無二致。他們認為「天地萬物，皆以『無為』為本。……賢者恃以成德，不肖恃以免身。故『無』之為用，無爵而

貴矣。」(《晉書·王衍傳》)「無」本是就宇宙本體言，「無為」本是就宇宙法則言，但這裡的「無」與「無為」是一個意思，包含著一種無為主義的人生觀。

何晏在注《論語》「為政以德」一節中說：「德者無為。」由此可知，他乃是以「自然」、「無為」作為道德行為之標準。他又以「虛中」釋《論語》「回也其庶乎屢空」說：「屢猶每也，空猶虛中也，……每能虛中者唯回。懷道深遠，不虛中不能知道。」可見他以老子的眼光去釋《論語》，而以「虛」、「無」為修德之本。

《道德經》云：「大道氾分，其可左右。……常無欲，可名為（或作於）小；萬物歸焉而不為主，可名為大。」(三十四章)王弼的《老子註》稱：「天下常無欲之時，萬物各得其所。」老子有「無欲主義」的人生觀，王弼亦有此種人生觀。

《道德經》云：「含德之厚，比於赤子，毒蟲不螫。」(五十五章)王弼的《老子註》稱：「赤子無求無欲，不犯眾物，故毒蟲之物無犯之。人也含德之厚者，不犯於物，故無物以損其全也。」老子以「赤子」說明人應「返乎自然」，王弼加上「無求」與「無欲」，更強調了道家無為主義與無欲主義的人生觀。

(四)**政治觀** 何晏學問文章均稱上乘，其所作〈景福殿賦〉中，包含著他的政治思想。原文稱：「體天作制，順時立政。……遠則襲陰陽之自然，近則本人物之至情。……除無用之官，省生事之故。絕流遁之繁禮，返民情於太素。」(見《昭明文選》)所謂「體天作制，順時立政」，就是一種自然主義的政治觀。所謂「省生事之故」與「絕繁禮」、「返太素」，就是反對儒、法兩家的政治作風。

《道德經》云：「天下神器，不可為也，不可執也。為者敗之，執者失之。」(二十九章)這是就取天下與守天下的政治原理而言。王

弼加以註解：「萬物以自然為性，故可因而不可為也，可通而不可執也。物有常性，而造為之（反常性之意），故必敗也；物有往來，而執之（不讓往來之意），故必敗也。」這是政治上的無為主義與自然主義，發揮了《道德經》的最高原理。

《道德經》云：「為無為，事無事，味無味。」（六十三章）王弼註解稱：「以無為為居，以不言為教，以恬淡為味，治之極也。」這又是王弼在政治上，對於無為主義的精闢發揮。

貳、葛洪的哲學思想

葛洪，號稚川，丹陽句容人（西元二五三～三三三年）。官至州主簿，累奉遷選，固辭不就。後於廣州羅浮山鍊丹，在山積年，優遊閒養，著述不輟。無疾卒，年八十一。著有《抱朴子》內外篇及《喪服變除》、《神仙傳》及《神仙服藥方》、《肘後方》等共九十卷。其內篇，言神仙、方藥、鬼怪、變化、養生、延年、禳邪、卻禍之事，屬道家，其外篇多崇儒治世之談。史家稱他是「內道」而「外儒」，其實，他不僅儒、道並用，並且儒法並顧，就是要融貫三家思想，而分別加以應用。

他先把聖人分做兩類：一是得道的聖人；一是治世的聖人。故說：「仲尼，儒之聖者也；老子，得道之聖也。儒教近而易見，故宗之者眾焉；道意遠而難識，故達之者寡焉。道者，萬殊之原也。儒者，大淳之流也。三皇以往，道治也；帝王以來，儒教也。」（〈內篇塞難〉）這裡述其修養論與政治觀。

㈠**修養論** 他對於個人修養，主張儒道兼修，故說：「長才者，兼而修之，何難之有？內寶養生之道，外則和光於世。治身而身長修，治國而國太平。以六經訓俗士，以方術授知音。欲少留則且止而佐時，

欲昇騰則凌霄而輕舉者，上士也。自持才力不能並成，則棄智人間，專修道德者，亦其次也。」（〈內篇釋滯〉）這裡似乎是儒道兼顧而重道。

㈡**政治觀**　他在政治上，主張建立君臣關係：他說：「貴賤有章，則慕賞畏罰。勢齊力均，則爭奪靡憚（不怕）。是以有聖人作，受命自天。⋯⋯百姓欣戴，奉而尊之。君臣之道，於是乎生。」（〈詰鮑〉）這是說國家的起源，由於有君臣，由於天生聖人而作之君。

他又主張禮刑並重，如說：「蓋人之有禮，猶魚之有水矣。魚之無水，雖暫假息，然枯糜可必待也。人之棄禮，雖猶覥然，而禍敗之階也。」（〈外篇譏惑〉）這是重視儒家之禮的主張。

又說：「莫不貴仁，而無能純仁以致治也。莫不賤刑，而無能廢刑以整民也。⋯⋯加仁無悛，非刑不止；刑為仁佐，於是可知也。」（〈用刑〉）他主張以刑佐禮，含有法家思想。

「愛待敬而不敗，故制禮以崇之。德須威而久立，故作刑而肅之。」重敬則重禮，重威則重刑，仍是一種德刑並顧的主張。

「世人薄申韓之實事，嘉老莊之誕談。然而為政，莫能錯刑。⋯⋯道家之言，高則高矣，用之則弊。⋯⋯可得而論，難得而行也。」可見他的政治主張，乃是屬儒法並顧，而反對專用道家理論的。

參、結　論

何晏、王弼上接王充之自然主義，下開清談與竹林派之玄風，史家以「清談誤國」責之（連王衍在內）。實則，他們崇尚老莊，乃為興之所好與才之所長，初無政治上之動機，亦難負政治上之責任。何況何晏因與魏有姻親關係，身遭殺身之禍，亦實在值得同情。又王弼以二十歲左右的青年，精通老莊，其天姿之高妙，令人佩服不已！他死時僅二十四歲，怎能負誤國之責？

何、王都釋《論語》，大致是以道釋儒，欲融會兩家思想；葛洪「內道」、「外儒」，亦欲融會兩家思想。不過，他們都是以道家為主，與後來周濂溪等之「援道入儒」，以儒家為主正相反。

第六節　竹林派的哲學思想

所謂竹林派，普通是指竹林七賢而言。何謂竹林七賢？按譙郡嵇康，雅好老莊之學，與陳留阮籍，籍兄子阮咸，河內山濤、向秀，沛國劉伶，瑯琊王戎，共為竹林之遊，世稱竹林七賢。茲分述如下：

㈠嵇康　字叔夜，本姓奚氏，三國時魏之譙郡銍人。幼而孤，有奇才，長好老莊。著有〈養生論〉，好作導氣養性等修煉工作。美姿貌，醒若孤松獨立，醉若玉山將頹，因與魏之宗室結婚，官至中散大夫。後受讒為司馬昭所殺，遺著有《嵇康集》七卷。

㈡阮籍　字嗣宗，晉代陳留尉氏人，曾任步兵校尉，後人亦稱之為阮步兵。才藻艷逸，倜儻不羈，嗜酒放蕩，不顧一切世事，而恣意於高談闊論。時或閉戶著書，累月不出，時或登山玩水，數日不歸。每至途窮，輒慟哭而返。好老莊之學，玩世而不拘於禮，感時而無視乎俗。著作有《詠懷詩》八十餘篇，及〈通易論〉、〈達莊論〉、〈大人先生傳〉等。

㈢阮咸　字仲容，阮籍之姪，與阮籍齊名。曾任官為散騎侍郎，轉始平太守而卒。好老莊之學，嗜酒，以清談高論為事，放達不拘，嘗於七夕用竹竿扯大褌，以嘲富者之豪奢。

㈣山濤　字巨源，晉代河內懷人，少有器量，介然不群，性好莊老，每隱身自晦。晉武帝時為大鴻臚，後轉吏部尚書，至右僕射加侍中。濤與其他清談者稍異，常專政務，諷諫君主，對於兵制尤有見解，

而風度瀟灑，人謂山濤如渾金璞玉，人皆欽其實，莫知名其器。

㈤**向秀**　字子期，亦河內懷人。清悟有遠識，少為山濤所知。又與嵇康最莫逆，嵇康被誅，作〈思舊賦〉以哀之。後入洛，文帝引進問曰：「聞君有箕山之志，何以在此？」對曰：「巢、許狷介之士，不足多慕。」後為散騎侍郎，轉黃門侍郎，散騎常侍，在朝不任職，容跡而已。曾註《莊子》〈秋水〉、〈至樂〉二篇未竟而卒。

㈥**劉伶**　字伯倫，晉代沛國人。放情肆志，常以細宇宙齊萬物為心，性又嗜酒，與阮籍、嵇康相善。常乘鹿車，攜一壺酒，使人荷鍤隨之，謂「死便埋我」。玩世輕俗，未嘗厝意文翰，惟著〈酒德頌〉一篇。曾仕為建威參軍，在政治對策中，極言無為之化，蓋其慕老莊之學耳。

㈦**王戎**　晉臨沂人。初仕魏，晉惠帝時為賈后所用，官至司徒，司機要，立朝無所匡救。性貪吝、園田遍諸州。家有好李，賣時，恐人得其種，鑽其核。從弟王澄、王衍，皆以清談名。

魏晉尚清談好老莊者，除以上七人外，還有王衍、郭象等，今並論之。

㈠**王衍**　字夷甫，孝子王祥之孫。時人稱其豐姿高徹，如瑤林瓊樹。為元城令，終日清談，惟不懈於縣務。累遷至司徒，護東海王越喪回，為石勒所害。

㈡**郭象**　字子玄，晉代河南人。少有才理，好老莊之學，能清言，以文論自娛。晚年曾仕為司徒掾，遷黃門侍郎，轉東海王越之太傅主簿。王衍每云：「聽象語如懸河瀉水，注而不竭。」曾作《莊子註》，極闡莊氏學說之真髓，當時有「郭象註《莊子》，高出莊子一等」之言。但亦有人稱郭註係取向秀之註而成者，故兩人見解，不易分辨。

這裡講竹林派的本體論與宇宙論、人生觀與道德觀、政治觀，包

括郭象思想在內。

壹、竹林派的本體論與宇宙論

向秀、郭象均註《莊子》，對於宇宙本體有相同的看法，即認為天就是自然。所以說：「天者，自然之謂也。」（〈大宗師〉註文）否認以天為神的見解。「無既無矣，則不能生有。有之未生，又不能為生。然則生生者誰哉？塊然而自生耳。」（〈齊物論〉註文）這是說沒有什麼神的安排，天地萬物只是自生自化而已。又說：「天地者，萬物之總名也。天地以萬物為體，而萬物必以自然為正。自然者，不為而自然者也。」（〈逍遙遊〉註文）他們以「無為」「自然」釋天地演化，就是一種自然的宇宙論或生化的宇宙論。

有神論者以為宇宙是由神來主宰，萬物由神安排而生，他們則認為宇宙沒什麼主宰的。「夫天地萬物，變化日新，與時俱往，何物萌之哉？自然而然耳。」（〈齊物論〉註文）所謂「何物萌之哉」，即否認有神的主宰。「萬物萬情，趣舍不同，若有真宰使之然也。起索真宰之朕迹而亦終不得，則明物皆自然，無物使然也。」所謂「真宰之朕迹終不可得」，大有神在何處之意。

又說：「故造物者無主，而物各自造。物各自造而無所待焉，此天地之正也。」他們的宇宙論重視「自生」、「自造」，重視無為而自然，屬自然主義，無為主義，也屬機械論，無神論。

貳、竹林派的人生觀與道德觀

嵇康有詩云：「澤雉窮野草，靈龜樂泥蟠，榮名穢人身，高位多災患，未若捐外累，肆志養浩然。」他在未被司馬懿陷害以前，對於人生，已由悲觀而進於達觀。

他在〈養生論〉中又說：「善養生者，清虛靜泰，少私寡欲。……無為自得，體妙心玄，忘歡而後樂足，遺生而後身存。」《道德經》云：「吾所以有大患者，為吾有身；及吾無身，吾有何患?」（十三章）又云：「聖人後其身而身先，外其身而身存。」（七章）《莊子》云：「至樂無樂。」嵇康體悟老、莊，故有此「忘歡而後樂足，遺生而後身存」境界崇高的論調，這是達觀主義的人生觀，亦是無為主義的人生觀。

向秀和郭象的人生觀，是自然主義、自由主義與放任主義的人生觀。所以他們說：「自然生我，我自然生，故自然者，即我之自然，豈遠之哉?」（〈齊物論〉註文）「物任其性，事稱其能，名當其分，其逍遙一也，豈容勝負於其間哉?」（〈逍遙遊〉註文）莊子認為「大鵬逍遙，斥鷃（小鳥）亦逍遙。」向、郭的人生觀是任性的，逍遙的，自由自在的，自然而然的。

目的論者以為萬物相互之間，各有目的，如蜂採花，花賴蜂作媒介。他們說：「凡物芸芸，皆自爾耳，非相使也，故任之而理自至矣。」（〈齊物論〉註文）所謂「皆自爾耳」，是說各物相互之間，沒有什麼目的可言，這可以看出他們的放任主義的人生觀，乃來自自然主義的宇宙論。

莊子著〈齊物論〉，有齊大小，齊時間，齊空間，齊生死之意。郭象註〈齊物論〉云：「夫時不暫停，而今不遂存，故昨日之夢，於今化矣。死生之變，豈異於此，而勞心於其間哉?」看破了古今，看破了生死，則不必勞心於生死之間，因此產生了達觀主義的人生觀。

郭象又云：「夫哀樂生於得失者也。今玄通合變之士，無時而不安，無順而不處，冥然與造化為一，則無往而非我矣，將何得何失，孰生孰死哉? 故任其所受，而哀樂無所錯其間矣。」（〈養生主〉註文）這種看破生死得失的達觀主義，已臻天人合一的境界。

阮籍在人生觀方面，亦持達觀主義。他說：「人生天地之中，體自然之形。……以生言之，則物莫不壽；推之以死，則物莫不夭。自小視之，則萬物莫不小；由大觀之，則萬物莫不大。殤子為壽，彭祖為夭，秋毫為大，泰山為小。故以死生為一貫，是非為一條也。」（〈達莊論〉）這是相對論，也是齊物論。齊壽夭，齊大小，齊生死，故能遇事達觀。

莊子重視至人，阮籍對至人的人生觀非常崇敬。他說：「至人者，恬於生而靜於死，生恬則情不惑，死靜則神不離；故能與陰陽化而不易，從天地變而不移。生完其壽，死循其宜，心氣平治，不消不虧。」這是自然主義的人生觀，也是達觀主義的人生觀。

阮籍作〈大人先生傳〉，罵當時謹守儒學之君子為褲襠中蝨子，「逃於深縫，匿於壞絮，自以為吉宅也。」「行不敢離縫際，動不敢出褲襠，自以為得繩墨也。」惟大人先生「飄飄於天地之外，與造化為友」，（附一）這是何等高尚！何等逍遙！他以大人先生為理想人物，其人生觀已達天人合一的境界。

劉伶作〈酒德頌〉，亦以「枕麴藉糟」的大人先生為理想人物，這種人生觀，亦是達觀的，天人合一的。（附二）

參、竹林派的政治觀

向秀與郭象的政治觀，是上下有序的，是分層負責的，以無為而治為目的。

「夫時之所賢者為君，才不應世者為臣。若天之自高，地之自卑，首自在上，足自居下。」（〈齊物論〉註文）這裡講上下有序，是為分層負責的張本。

「夫無為之體大矣，天下何所不為哉？故主上不為冢宰之任，則

伊呂靜而司尹❶矣。冢宰不為百官之所執，則百官靜而御事矣。百官不為萬民之所務，則萬民靜而安其業矣。萬民不易彼我之所能，則天下之彼我靜而自得矣。故自天子以下至於庶人，下及昆蟲，孰能有為而成哉？是故彌無為而彌尊也。」（〈天道篇〉註文）上下分層負責，各管各業，安排妥當，布置完善，無所為而為，便可達無為而治的目的。

他們又認為政治要應時革新，不可一成不變，所以又說：「夫先王典禮，所以適時用也。時過而不棄，即為民妖，所以生矯效之端也。」（〈天運篇〉註文）好老莊者，在人生觀方面固有清靜無為的人生觀，在政治方面，固以無為而治為目的，但體會「周行而不殆」的宇宙論，所以產生動的、與時並進的政治觀。

阮籍在〈大人先生〉中，指出儒家、法家的政治是：「竭天地萬物之至，以群聲色無窮之欲，非是以養百姓也。」這些政治家「懼民之知其然，故重賞以喜之，嚴刑以威之；財匱而賞不供，刑盡而罰不行，乃始有亡國戮君潰散之禍」。他視君子之禮法，為殘賊亂危之術，而以「恬其性」、「靜其形」、無貴無賤、無富無貧之理想，以達到無為而治的政治目的。由此可知向、郭的政治觀，是自然主義，是無為主義，是老莊政治哲學的發揮，並不是呆板的保守主義。

附錄一：阮籍〈大人先生傳〉

或遺大人先生書曰：「天下之貴，莫貴於君子。服有常色，貌有常則，言有常度，行有常式。……」於是大人先生乃逌然而歎，假雲霓而應之曰：「若之云尚何通哉？夫大人者，乃與造物同體，天地並生。消遙浮世，與道俱成。變化散聚，不常其形。天地制域於內，而

---

❶　尹，治也，又眾官之長也。天子之相稱師尹，縣令稱縣尹。

浮明開達於外。天地之永固，非世俗之所及也。……且汝獨不見夫蝨之處於褌中？逃乎深縫，匿乎壞絮，自以為吉宅也。行不敢離縫際，動不敢出褌襠，自以為得繩墨也。飢則齧人，自以為無窮食也。然炎斤火流，焦邑滅都，群蝨死於褌中而不能出。汝君子之處區內，亦何異夫蝨之處褌中乎？……昔者天地開闢，萬物並生，大者恬其性，細者靜其形。……夫無貴則賤者不怨，無富則貧者不爭，各足於身而無所求也。……今汝尊賢以相高，競能以相尚，爭勢以相君，寵貴以相加，驅天下以趣之，此所以上下相殘也。竭天地萬物之至，以奉聲色無窮之欲，此非所以養百姓也。於是懼民之知其然，故重賞以喜之，嚴刑以威之。財匱而賞不供，刑盡而罰不行，乃始有亡國戮君潰散之禍。此非汝君子之為乎？汝君子之禮法，誠天下殘賊亂危死亡之術耳，而乃自以為美行不易之道，不亦過乎！今吾乃飄颻於天地之外，與造化為友。朝餐湯谷，夕飲西海。將變化遷易，與道周始。此之於萬物，豈不厚哉？故不通於自然者，不足以言道；闇於昭昭者，不足與達明，子之謂也。」（《阮步兵集》）

附錄二：劉伶〈酒德頌〉

有大人先生，以天地為一朝，萬期為須臾，日月為扃牖，八荒為庭衢，行無轍跡，居無室廬，幕天席地，縱意所如。止則操卮執觚，動則挈榼提壺。惟酒是務，焉知其餘。有貴介公子，搢紳處士，聞吾風聲，議其所以。乃奮袂攘襟，怒目切齒，陳說禮法，是非鋒起。先生於是方捧罌承槽，銜盃漱醪，奮髯箕踞，枕麴藉糟。無思無慮，其樂陶陶。兀然而醉，豁爾而醒。靜聽不聞雷霆之聲，熟視不見泰山之形。不覺寒暑之切肌，利欲之感情。俯觀萬物，擾擾焉若江海之載浮萍；二豪侍側焉，如螺蠃之與蟪蛉。（《晉書》）

210

第七節　佛教的興起與演變

　　佛教傳入中國，使中國思想界以至於政治社會生活，都受了重大影響。究竟佛教思想在印度，是如何產生和演變的？為說明佛教在中國發展的情況，有敘述之必要。這裡分為：(1)佛教以前的印度思想，(2)佛陀的身世與成道，(3)佛陀的傳道與寂滅，(4)佛陀的根本教義，(5)佛陀的說教要旨，(6)大乘教的興起，(7)佛教的沒落。

壹、佛教以前的印度思想

　　印度文化發達甚早，約於五千年前即由中亞細亞遷入之阿利安民族所創設 ❷。他們最初創作的文獻，是「犁俱吠陀」(古代詩歌、宗教讚詩等集)，時在西元前一五〇〇～一〇〇〇年，是婆羅門文化的第一期 ❸，也就是神話時代。這一期的思想，是從多神的崇拜，進至唯一絕對(非有非無的本體觀)的思想，是婆羅門文化的第二期，史稱「梵書」時代，時在西元前一〇〇〇～八〇〇年。這時，阿利安民族逐漸東進，征服原住民族，建立四階級的制度，在恆河畔大平原，建設祭事萬能、婆羅門至上及天啟思想。第三期則為「奧義書」時代，時在西元前八〇〇～六〇〇年，這時，原住民族被征服，王族得勢，

---

❷　日本中村元著，《印度思想史》，謂印度古來為許多民族之活動舞臺，各民族都有各自之文化，但占印度文化之主動地位者，實為阿利安 (Anya) 人。印度人所用之主要文化語，多從阿利安語言中傳來。

❸　婆羅門係梵語，意譯為淨行、淨志等，亦為印度四姓之一，地位最高貴，故有以婆羅門為印度之別稱者，其宗教為婆羅門教，奉梵王為教主，派別甚多，佛教興時大衰，佛滅度後復盛。

思想亦漸發達，竟能建立「梵我一如」相當高深的哲學思想。「梵」是神，同時也是萬象的原理。第四期是「經書」時代，時在西元前六〇〇～二〇〇年。此時，正統婆羅門的勢力衰弱，反動的新興勢力自由主義思想抬頭，例如六師（外道中之六位大師）外道等學說，相繼傳播，一時思想界陷於紛亂，佛陀即出現在這第四期。故佛陀的思想，是與當時正統的婆羅門思想，以及反動派自由思想（當時一般思想界）對立，站在第三系統。

貳、佛陀的身世與成道

創立佛教之佛陀，即釋迦牟尼，釋迦是其種族之名，義為強勇，牟尼意謂寂默，含稱讚意，即釋迦族之聖者，是北印度之一小國，名迦毘羅衛國，國王淨飯王晚年所生之子，其出生日，依世界佛教大會所定為西元前五四五年，我國周靈王二十七年的四月八日。幼穎悟，八歲入學，受算數、文藝、射御諸科。十二歲時，父王攜遊郊外，他看到農夫辛苦，及禽獸相互吞食光景，心中頗感不樂，獨自趺坐閻浮樹下，深思苦慮，求得解決。又曾微服出遊四城，發覺生、老、病、死，為人生最基本而無可逃避的四大苦，欲求有以解脫之道。二十九歲時，決心拋棄富貴的地位，妻子（新生小兒）的情愛，世間的生活一切，出家苦行六年。後又坐於菩提樹下，深思四十八日，最後豁然大悟，成「阿（無）耨多羅（上）三（正）藐（等）三（正）菩提（覺）」，時係佛陀三十五歲之十二月八日。

著者嘗謂儒墨道法各家哲學，皆起源於為了要解決民生問題，今又謂佛教的起源，也是為了要解決民生問題，即生老病死苦的問題。

參、佛陀的傳道與寂滅

佛成道後，一方面雲遊各地，說法傳教，信眾大增，皈依弟子達一千二百五十人。佛更就信徒組織僧團，四出宣傳，許多國王信奉之餘，為築精舍，為僧徒休止修行傳教之所。最著者，有竹林精舍，是佛教最初之伽藍（寺院）。又祇園精舍，據經傳所載，有十六大院，每院六十房。也有記為有十二佛圖，七十二講堂，三千六百間屋，五百樓閣，其廣大可知，亦可想見當時佛教風行之盛。

佛陀四方傳道，渡涉恆河流域的南北東西達四十五年。當其出毘舍離城，向西北進行，在竹林村過最後雨期。時佛壽正八十歲，西元前四六五年，健康已有異狀，乃宣言入滅不遠，但仍繼續緩步行走。到波婆城外，住鐵工之子淳陀的園地，受其最後供養。後病益加劇，乃命侍者阿難，往拘尸城外的沙羅雙樹之間，舖床坐，頭北面西而臥，為信眾說八正道、四諦、四沙門果、一切種智，並慰阿難及信眾勿過悲切，勉勵他們唯精進，將可成道。至此，佛覺應說的已說完，應做的已做完，乃安祥地禪定入滅。

肆、佛陀的根本教義

佛陀就現實事象，觀察宇宙人生的真理，認為一切事象都是因緣和合的；而此因緣和合的狀態，可綜合為四個要義，即：㈠諸行無常，㈡諸法無我，㈢一切皆苦，㈣寂靜涅槃。這叫做四法印，是整個佛教思想的基本意義，約略分析如下：

㈠**諸行無常**　諸行是精神的、物質的一切現象，由各種因與緣和合出現。此種現象，剎那生滅，剎那變化，是時間性的存在而已。

㈡**諸法無我**　一切事象，都只是剎那變遷的現象，絕無固定不變

的實體。實體觀念只是一種我見或常見,而此我見或常見,也只是一種求常住或恆久的自我意識。此種自我意識是同樣沒有實體的,也就是說產生我見常見的心理或思維,也是因緣體系發展而已,絕無本體可以捉取,故佛陀終於認萬法(一切存在)無我。

㈢一切皆苦 諸行既是無常,諸法既是無我,但實際上我們卻常在求著貪著這常和我,就是愛欲。結果是理想與現實不符,一切皆歸於苦惱。

㈣寂靜涅槃 苦的原因,既為愛欲,愛欲皆由於我們的心,因此,心的改造或轉向,乃為實踐修行的大本。佛陀特別提出八聖道的方法,來征服愛欲,消滅愛欲,造成自由自在的心境,不為物欲所牽,而毫無罣礙,而得解脫,就入於寂靜涅槃的境界了。

佛最後提出他的中道觀,以為一切事象,既是無常無我的緣起狀態,而這緣起狀態,也不是客觀上的實有。不但緣起非實有,連無常無我的空,也不可捉摸。說有說空,只是認識性(心理性)的現象,那就是一切事象,都是主觀的心和客觀的外物關係。所以說,一心能內在於萬象,同時也能超越萬象,就是中道境界。中是無立場的立場,是全體的立場。此種原始佛教的中道說,終於發展為「有無中道」、「斷常中道」、「八不中道」、「唯識中道」、「三諦中道」等,成為大乘佛教根本原理。❹

---

❹ 中者不二之義,法相以唯識為中道,三論以八不為中道,天台以實相為中道,華嚴以法界為中道。三論玄義分四種中道:一、對偏中,對大小學人斷常之偏病而說中道,謂之對偏中;二、盡偏中,大小學人為斷常之偏病,則不成中,偏病若盡,即中顯為之盡偏中;三、絕待中,對於素來偏病故有中,偏病既除,則中亦不立,非中非偏,為度眾生,而強名為中,是曰絕待中;四、成假中,以有無為假,非有非無為中,曰非有非無,故說有

　　此外，佛又把緣起說，演為十二緣起，即①老死②生③有④取⑤愛⑥受⑦觸⑧六根⑨名色⑩識⑪行⑫無明。又將十二緣起中的⑩識與⑨名色（精神肉體）的關係，分析成五蘊——色蘊（物質體，即眾生的肉體）、受蘊（感受外界的印象）、想蘊（由受的結果所起的思維作用）、行蘊（意志決定的心的作用）、識蘊（統一精神作用的根本意識）和合說，顯得佛陀的眾生觀，並不是靈魂的有我論，亦非唯物的無我論，而是一種合理的無我論。

伍、佛陀的說教要旨

　　上面十二緣起與五蘊和合說，是佛陀內證的境界。但佛陀最初對五比丘（二十歲以上的出家男子，女的稱比丘尼）說法，則用四諦八正道說，這是佛陀說教的大綱，也就是教法的基本形式，略釋如下：

　　㈠四諦

　　苦諦（所知）——說明「凡夫生存是苦」的真理。苦有八種，即生、老、病、死、苦、愛別離苦、怨憎會苦、求不得苦和五陰之苦。

　　集諦（所斷）——凡夫的苦惱，是集起種種煩惱而成立。集的中心，是渴愛。渴愛由無明引導，故生各種迷執，發生錯誤的欲心，但事實上一切不能滿足，所以變成一切苦惱。

　　滅諦（所證）——滅了苦，即成涅槃，猶如熱火被消滅，極感清涼安穩，原始佛教叫做漏盡，漏是煩惱。煩惱盡的境界，即心志自由的境界。

　　道諦（所修）——是導致於苦滅的修道法，也就是原始佛教的修道法，那就是八正道。

　　㈡八正道

　　無，如是之中，為成有無之假，故謂之成假中。

①正見（正當的見解）②正思（正當的思維內的精神作用）③正語（正當的口業外的講話發表）④正當的身業（身體的起居動作）⑤正命（正當的生活或生活規律，或正當的職業）⑥正精進（依照佛法的準則，向好的方向努力）⑦正念（站在正見的立場，專念而不忘）⑧正定（正當的三昧，即禪定，是修道的最後階段，特殊的宗教生活，由此定力，能生出正當的智慧，達到正見的目的；又能統一精神，調養身體）。❺

總之，佛陀的教義，是以「心空一如」、「主客一體」、「有無不離」、「斷常不分」的中道，為宇宙的本體觀，而以諸行無常，諸法無我的宇宙現象觀，找出凡夫因無明愛欲，而自造成一切皆苦的因緣，最後乃針對此種迷惑，而具體指示修養方法，以期達成寂靜涅槃的中道的人生目的。這些哲理，可以說是精微廣大，高明中庸，無怪其能傳至二千餘年而不衰，且有歷久彌光之勢！

陸、大乘佛教的興起

㈠**大乘佛教的由來**　佛陀為使教徒修道及傳道發生功效起見，乃組織教團，從五比丘起，逐漸發展，成為有統制的龐大宗教團體。訂定嚴密法規，叫做《律藏》。《律藏》有兩種：一種是規定僧伽裡面出家和在家的生活，一種是團體法規。佛滅後，這些教團，由教團長老們嚴格管理，更訂定許多戒律，計比丘戒本二二七條，比丘尼戒本三一一條。

佛滅後數旬，長老們為要傳持佛法起見，舉行第一結集，編輯佛教聖典，參加者五百長老比丘。

❺　定為禪宗術語，定止心於一境，不使散動曰定，心性之作用也。有二類：一為生得之散定，二為修得之禪定。

　　自佛陀成道至阿育王登位，由於阿育王統一全印，努力建設理想的佛教國家，一時佛教大盛。佛教史上，稱為原始佛教時代。尤其是自佛陀成道至佛滅後三十年間，特稱為根本佛教時代，這時代，佛陀人格的感化特別有力。

　　佛滅後一百年，由於教團長老們太過保守傳統佛教，故一方面發生教義拘執瑣碎，而教規也日趨複雜，在實修上，難免固定化與形式化，甚至有違背佛陀精神之處，於是教團內新進而愛好自由的分子，逐漸抬頭。到了第二次集結，終於表面化，而形成教團的根本分裂，保守、傳統的一派稱為上座部；進步、自由的一派稱為大眾部。又後一百年至二百年，大眾、上座兩部，又各分裂為若干部派。從上座、大眾兩部分裂起，即佛滅後一百年至四百年間，稱部派佛教時代。

　　大乘佛教思想的興起，完全由於一部分進步的自由的佛教徒，不滿意上座部保守派作風，違背了根本佛教的精神，他們想把這種精神加以恢復，於是產生了大乘教。足見佛陀的根本教義，也是大乘思想。

　　㈡**大小乘佛教的意義**　何謂大乘？梵語摩訶衍，譯言大乘，大者對小之稱，乘以運載為義，使人乘之，得至悟岸以名教法，即為大教。比較言之，凡求灰身滅智空寂涅槃之教，謂之小乘，凡求開一切種智求佛果之教，謂之大乘。《法華經‧譬喻品》曰：「若有眾生從佛世尊聞法信受，勤修精進，求一切智、佛智、自然智、無師智、如來知見，力無所畏，愍念安樂無量眾生，利益天人，度脫一切，是名大乘。」❻

---

❻　日本木村泰賢著，《大乘佛教思想論》，對大小乘教義，有詳細的區別，約言之，小乘佛教是消極的，以個人解脫為目標，隱遁、專門出家，其口號雖說回歸佛陀，實際仍是繼承原始佛教精神；大乘佛教則是積極的，以救濟社會為目標。故對社會運動非常活躍，而且是通俗普遍的，倒是更近於佛陀真意。

又大乘教本佛說眾生皆可成佛之根本義，故不問根性利鈍，皆可求一切智而得度。

再從教理上看，小乘是說「我空法有」（人我都無，但法為有）；大乘則說「我法二空」（人我與法都空）。又從實踐（實修）上看，小乘以自利為主，而大乘以利他為主。更從得果的理想看，小乘以成「阿羅漢果」、「辟支佛果」（自己永不墮落輪迴的果位，自己人格的完成）為目的，而大乘則以廣大「佛果」（宇宙大的人格）為目標。

㈢**大乘佛教的發展**　從整個佛教發展的形式看，到部派佛教時代，已是陣容整齊，經典固定，教義解釋也大致確定，教團的規律也日漸精密，但也因此漸趨於形式化，失去原始佛教活潑的精神，且與一般民心不能保持密切的接觸，乃為傾向自由立場的大眾部所不滿，而欲於傳統佛教注入新血輪，又被部派佛教所限制。大眾部乃圖以躍進方式，打破部派佛教的形式化，應於時代要求，復活佛陀精神，而掀起大乘運動。茲分項說明如下：

甲、大乘佛教發展的時、地、人　所謂大乘，本從原始佛教發達起來的，則其思想起源可以追溯到原始佛教，然其成為顯著的運動，不能不說是西曆紀元前後的事，因為徵之於印度的文獻，在西曆紀元前後的著書中，還沒有明顯的大乘思想。至於初期大乘中心地點問題，雖然學者間種種意見不同，但大致可認為起自南印度，特別案達羅地方，為初期大乘，尤其是般若大乘的發生地。案達羅地方，是大眾部自由派最隆盛的地域。在現存《小品般若經》中，有說：「此般若波羅密多經，佛滅後起於南方，從南方進於西方，從西方進於北方。」這是有力的證明。再就發起提倡的人說，大體上可分兩類，第一是進步的比丘們，第二是抱自由主義的在俗信男信女們。尤其由於第二類人的提倡，大乘思想的內容，乃益臻於活潑。

　　乙、大乘佛教運動所採取的方式　大乘佛教運動所採取的方式，可以說非常正確。首先著力於新經典的集結，即在從來傳統的聖典（小乘的經律論）以外，把確可信為佛陀真意的思想，假托佛陀所說而結集起來，又主張代表佛陀真意的經典，其地位應在從來的聖典以上。其次，他們把阿含聖典❼上教訓的、記述的資料，一概用文學的、戲曲的體裁，自由將其思想表現出來，這些實為大乘經典的特色，比起傳統的佛典來，無論在形式上、內容上，都富於變化，容易令人接受，故信徒大增。還有一點，就是他們以佛為自己最高的理想而規定自己的行為。小乘是主張佛陀非通常人所能及的，大乘則主張應依佛陀所言，不管什麼人，只要立大志，都可成佛陀，大乘之所以能代替部派佛教而大盛，這些實為最重大的因素。

　　㈣大乘佛教的重要宗派　龍樹、彌勒等創立下重要宗派。

　　甲、龍樹等所建立的空觀佛教　龍樹是西元一五〇～二五〇年間的人，生於南印度毘達婆國。初學外道❽，並通醫術及隱身術。後學小乘，又轉大乘。精通經典，奠定大乘佛學。他以大憍薩羅國等地為活動中心，而受沙達婆訶那王朝的皈依。他大成了大乘佛學，故被稱為第二釋迦。他的學說，影響後來各宗派教義，故被稱為「八宗之祖」。❾著作豐富，尤以根據《般若經》所闡明中道實相的道理，

---

❼　阿含，無漏之義，見《長阿含經・序》。又譯曰無比法，謂無類之妙法也，見《名義集・四》。或譯曰趣無，所說之旨畢竟無歸趣義，見《四阿含暮抄・序》。

❽　外道為佛法外之道，《大日經疏・二》曰：「此宗中說，有兩種外道，外外道與內外道」。

❾　八宗即一俱舍宗，二成實宗，三律宗，四法相宗，五三論宗，六華嚴宗，七天台宗，八真言宗。

為最有價值。他的方法，係由破邪而顯正。他所破的有兩方面：一是常識上的實有觀，二是觀念上的固執。常識上一般人概以萬象為實有；又觀念上的固執，也是一般人所常有的現象，就是各種學說研討，也難免有此缺點。龍樹所破的範圍，包括數論、勝論 ❿ 等六派哲學及有部 ⓫ 小乘乃至大乘的異執。他的破邪代表作，是其《中論頌》。此論內容，由五百頌二十七品而成，這是他的初期作品。他在此論中，先揭八不（不生不滅，不常不斷，不一不異，不來不去），隨即說及緣起道理， ⓬ 否定所有固定之執，以示空的實相。他不像有部認生滅均有其自性，而論證無自性及「不可得」之道理。他主張應捨棄「戲論」（空論），而還原於生動的生命體驗（直觀的經驗）。由破棄「實體」和「觀念的固執」可得出緣起的世界，這叫做中道。此論在說明中道，故名中論，他以為宇宙真理狀態，可由空門與有門兩方面來觀察，由空的方面看，叫做真諦，由有的方面看，叫做俗諦，而真俗二諦，均是中道的妙用，只是說法的不同。所謂中，並不是中間性的折衷說，而是非有、非空、即有、即空的中道，表示這個意思的，有著名的龍樹三諦偈：

因緣所生法　　我說即是空

---

❿ 數論為部派佛教中薩婆多部之諸論。該部宗為論佛教法數之根本，故謂之數論。勝論為印度六派哲學之一，為迦那陀所始稱，分析宇宙萬有為空間的唯物論的多元論也，較數論稍後。

⓫ 有部為小乘宗派之一，梵名薩婆多，斯宗將有為無為之一切法盡立為實有，故稱一切有部，佛滅度後，三百年之初，於上座部中分立而成。

⓬ 緣起，事物待緣而起也。一切有為法，皆自緣而起者。《中論疏・十》末曰：「緣起者體性可起，待緣而起，故名緣起」。又有十二緣起，舊名十二因緣，謂有情流轉於過去現在未來三世之緣起。

亦為是假名　　亦是中道義

中國的智者大師，由此三諦偈而組織他的「三諦圓融的哲學」。龍樹的中，是否定實體觀念，而欲獲得「物我一如」（萬象與我：客觀與主觀一如）的狀態。而此狀態，是宇宙的真理（實相），由此真理再來回顧人生時，即可獲得更高更偉大的人生觀，即可獲得自利利他的解脫境界。龍樹即以此立場，統一當時的佛教教學。

　　乙、彌勒、無著、世親等所建立的唯識佛教　龍樹以後，到無著、世親出現為止，約一○○年，稱為「中期大乘經典」時期。在這時期裡，出現不少重要的經典，如《涅槃經》、《勝鬘經》、《深密經》、《楞伽經》等，都給予後來大乘佛教思想深密的影響。

　　彌勒，據傳說，是住在兜率天的當來佛，而是無著之師。彌勒主要著作有《金剛般若經論頌》、《瑜伽師地論》、《大乘莊嚴經論頌》、《辯中邊論頌》、《究竟一乘寶性論》等。彌勒的年代，約在西元二七○～三五○年前後。而其學說中心，則在《瑜伽師地論》、《大乘莊嚴經論》和《中邊分別論》。其重點，則為阿賴耶識、自性清淨心、佛陀觀三點。尤以阿賴耶識，為唯識佛教的基點。彌勒的阿賴耶說，雖同樣是一種妄識，但其根柢，存有一種無漏種子（本有的），即清淨的原因，亦即自性清淨心，即是如來藏。彌勒在所著《大乘莊嚴經論》、《中邊分別論》中，對阿賴耶識都有詳明的解釋。此阿賴耶識，為一切意識的最根本識，也就是第八識。第七識為末那識，即思量識。此識一方面辨別了別所緣境的眼、耳、鼻、舌、身、意六識諸相，一方面薰染第八阿賴耶識。❸

---

❸　阿賴耶為八識中之第八識，義譯謂無沒，有情根本之心識，執持其人可受用之一切事物而不沒失之義。新譯曰藏，含藏一切事物種子之義。又曰室，

彌勒又在他所著《大乘莊嚴論》等書中，說明自性清淨心，即如來藏的性質如下：

①非無非有（無：分別依他性，有：真實性故）。

②非如非異（分別依他二相與真實性非一體非異體故）。

③不生不滅（法界無為故）。

④不滅不增（染淨二分雖有生滅，但法界安住故）。

⑤不淨非不淨（本性無染，客塵煩惱去故）。

他以為無漏法界（真理世界）是真實性，是轉依，所以無漏法界，即是佛陀，這是他的佛陀觀。

總之，彌勒是第二期大乘佛教最初組織者，學說廣泛，對於大乘佛教之傳承與闡揚，功德匪淺。

無著，是彌勒的學徒，他的年代，約在西元三一○～三九○年，生於北印度健馱羅國丈夫城憍尸迦姓的婆羅門之家。他最初學小乘佛教，後來在中印度阿踰闍國得到彌勒的教示，悟入大乘空觀，再加其他學說的研究，終於建立瑜伽唯識系統的大乘佛教。他的思想，可分前期與後期，前期是研究般若及中論，而綜合彌勒學說，後期是造「攝大乘論」而組織自己的學說。其重要著作，有《順中論》、《金剛般若經論》、《大乘莊嚴經論》、《大乘阿毘達磨集論》、《辯中邊論》、《攝大乘論》、《顯揚聖教論頌》等。

世親，是可與龍樹並肩的印度佛教史上的大菩薩，是無著之弟。他的年代，約在西元三二○～四○○年間，出生與無著同。他先出家有部，又赴迦濕彌羅國，研究《大毘婆娑論》，然後回國造《俱舍論》。後受兄之勸解，乃入大乘。精通因明，釋諸大乘經典，最後發表其獨立之學說，年八十而命終於阿踰闍國。著作甚多，關於唯識思想的作

謂此識是一身之巢宅。

品，有《大乘百法明門論》、《大乘五蘊論》、《十地經論》、《法性分別論釋》、《攝大乘論釋》、《淨土論》、《唯識二十論》、《唯識三十頌》等。

柒、印度佛教的沒落

印度佛教，到了西元七○○～一二○○年間，稱為密教時代。

密教最初是根源於原始經典中的《大會經》及《阿達那抵耶經》所說的諸神崇拜，或律部中所載守護咒的使用等。後來又加上其他要素，竟成立了「孔雀王經」之類的初期密教經典，但尚無大小乘之別，而諸神崇拜，也無完整系統。不久受了婆羅門教的影響，開始整理前期資料，充實教理，出現很多密教經典，其代表作為《大日經》（約在西元第七世紀），有七卷三十六品。經中要旨，是「即事而真」（現實事象即是真理）。這原是引用《華嚴經》的思想系統，重視菩提心，行大悲行，特設方便法，欲使人於現實事象而能直觀宇宙的真理，這又可以說是反對後期大乘的觀念教理，而起的一個潮流。因此，他們以《大日經》為中心，而形成真言乘 **⑭**，為右道密教。

在《大日經》以後，又出現《金剛頂經》，其思想引瑜伽行派的思想系統，由心識說以組織其教理，裡面包含大樂思想。後來，這一思想系統，稱為金剛乘或左道密教。

經過上述兩個階段——真言乘、金剛乘，真言乘以理論為主，故在實修方面不太進步。金剛乘則以實修為主，又與印度教結合，竟大發展。到西元第十世紀以後，此一系統風靡整個佛教，可以說是密教的爛熟時期。這一時期的密教特質：㈠一一諸尊發達而發揮其一一特色；㈡與印度教性力派結合，設立種種醜穢的行法。尤其是左道密教，

---

⑭　真言乘，又曰神通乘，乘真言之教法，而到佛地，故曰真言乘。喻其迅速，故云神通乘。

行女性崇拜或魔鬼崇拜，而且極端的肉欲主義與至真的妙理結合，將不淨物使用於神聖的行事等等，終於失去了佛教的本來面目，而墮落於邪道。一部分斯教學匠，則流入西藏，從事翻譯，像蓮華生，被聘入西藏，創設喇嘛教，他是大樂思想❶❺的實修家。

　　佛教墮落於左道密教的邪道以後，印度教便大興起來，同時又從西方侵入了波斯教徒。至西元一二〇三年，由東印度巴羅王朝的法護王，在恆河畔所建立的比丘羅摩尸羅寺，是密教的中心道場，被波斯教徒燒毀，僧尼多被殺害，印度佛教已臨滅亡境地。近年來，由大菩提協會及其他團體的努力，展開佛教復興運動，信徒也日漸增多，或有希望。

第八節　佛教的東來與發展

看過了佛教在印度的興起及演變，現在可以看到佛教之東來，及在漢、魏、晉、南北朝、隋、唐、宋、元、明的發展情形。

壹、佛教之東來

佛教之東來，可自傳教與譯經兩方面來加以說明：

　㈠**傳教**　佛教之傳入我國，傳說紛紜，莫衷一是。比較近於史實而可資信任者，當為東漢明帝永平八年（西元六五年），遣蔡愔等使印度求佛法。❶❻

---

❶❺　大樂思想，即大樂不空之思想。大樂不空，為金剛薩埵之異名。不空者梵曰阿目佉，云無門。

❶❻　梁任公在其〈佛教之初輸入〉一文中，認為「漢永明求法事全屬子虛」。而商務版佛學叢書《漢魏兩晉南北朝佛教史》上冊十八頁，則從譯經、立寺、

北齊太原王琰《冥祥記》載其事謂：漢明皇帝夢見神人，形垂二丈，身黃金色，項佩日光，以問群臣。或對曰：「西方有神，其號曰佛，形如陛下所夢，得無是乎？」於是發使天竺，寫致經佛，表之中夏。永平十年（西元六七年），蔡愔偕僧迦葉摩騰、竺法蘭兩師，應詔齎佛像經典至。《冥祥記》又載：帝重之，如夢中所見也，乃遣畫工圖之數本於南宮清涼臺，及高陽門「顯節壽」陵上供養，此為後世公認為求法之史實。

其後約逾百年，桓帝亦自信佛，民間信者漸眾。三國時，支讖、支亮、支謙，皆自西域來華傳教，時號三支。晉懷帝永和中（約西元三一〇年），佛圖澄自天竺來洛陽，深得北朝後趙帝石勒信敬，雲遊所至，廣建佛寺數十，門徒達數萬人之眾。其弟子道安，及安弟子慧遠，宏揚教義於士林。同時，在北方有鳩摩羅什，於西元四〇一年入長安，秦王姚興以國師事之，使高僧八百餘人，助其譯經，其弟子僧肇、道生，俱為一代高僧，在弘法傳道上，成績卓著。而印籍名僧，更絡繹來華，極一時之盛。

在佛教東來中，最初固藉西域各地及印度僧迦，來華弘法，逐漸傳播，然有一事，不可不說及者，即中國亦有不少有志求得正道之士，親赴印度留學。因印度來僧，多係二三流人才，而我立志求得佛道之究竟義者，自感不能滿足，乃冒交通上之險，親赴印度，叩見彼中大德，親求高僧指點，歸而傳習弘揚，使中國佛學別有建樹。據梁任公所搜集資料，數乃逾百，其最著者，當然為東晉之法顯，及唐之玄奘，是輩歸後對於佛法之闡揚，使佛法在華夏產生劃時代之展拓，功不可沒。**⓱**

與西域交通諸方面推證，認為「求法故事，雖有可疑，而是否斷定即全無其事，則更當慎重。」

　　至於當時赴印度學佛之交通路線，則以天山南路為主，即從甘肅出發，經新疆的哈密、吐魯番，沿天山南麓與塔克剌麻干大沙漠的北面，經哈喇沙爾、庫車、溫宿，出喀什喀爾，再越蔥嶺，以達中亞細亞，南達印度。此外還有一條路線，也是當時我國與西方諸國往來的要道，即從塔克剌麻干大沙漠南面走的一條路，那就是從甘肅敦煌出發，沿阿爾騰塔克山脈北麓，經和闐西上而達葉爾羌、喀什喀爾，越蔥嶺，達中亞細亞而達印度，這是當時學佛之要道。後來唐玄奘，也只有玄奘，走天山北路，由拜城，出特穆爾圖泊經撒馬罕以入阿富汗，而入印度。

　　㈡譯經　佛教思想傳入中國，當初完全為接受階段，故一印度僧迦或西域諸地之佛徒，負經來華，大家無不信其言，尤寶貴其經典。因當時中國與西域諸國，通商交往頻繁，而西域地區廣大，大小國家林立，其最著者，計有大月氏、安息、康居、罽賓（即印度西北部）、天竺（即印度）等，且常有強弱互併的情事，如漢時大月氏曾西挫安息，南佔印度西北部（即罽賓等）。此時的月氏，即佛經裡的犍陀羅王國。最早在中國譯經弘教之安世高即為安息人，還有支婁迦讖即為月氏人。因其時佛教思想，由於印度阿育王之大力宣傳，早已廣被西域各地了。又佛教先有小乘，後有大乘，從罽賓傳入中國者，多偏於小乘，從中天竺及月氏、西域諸國傳入之佛教，則多為大乘教。

　　安世高與支婁迦讖，可以說是我國佛教歷史之開端人物。因為在此以前八十年，雖有明帝使臣蔡愔奉遣印度，帶回迦葉摩騰與竺法蘭

---

❶　梁任公《佛學研究》十八篇〈千五百年前之中國留學生〉一文中估計為學成歸國者四十二人，已到西域，曾否到印度無可考者十六人，已到印度隨即折回者二人，中途死亡者三十一人，留學中病死者六人，歸國後第二次出遊者六人，留而不歸者七人，歸留生死無考者多人。

到洛陽建寺譯經之記載，甚謂所譯經，即《四十二章經》，學者多疑是時有譯經事。❸

　　因為佛教初來中國，原帶有經典，惟很少翻譯，又受玄學者之牽強附會，難識真面目。到桓、靈時，安清（世高）支讖，相繼來華，從事翻譯，佛經之全譯本，始陸續問世。

　　安清字世高，安息王嫡后之子，讓國於叔，馳避本土，於漢桓帝建和二年（西元一四八年）來住京師（洛陽），垂二十年，譯三十餘部經，數百萬言，或謂百餘萬言。晉謝敷《安般守意經·序》云：「高博綜殊俗，善眾國音」，當非虛語。又嚴浮調云：凡厥所出，或以口解，或以文傳，其所出經，有《阿含口解四諦經》、《十四意經》、《九十八結經》等，但大都為小乘經典。

　　其次，當推支婁迦讖，簡稱支讖，月氏國人。漢桓帝末，遊洛陽，精勤法戒，志存宣法。於靈帝光和、中平之十餘年間，譯出《般若道行品》、《首楞嚴》、《般舟三昧》、《無量清淨平等覺經》等大乘經典。又有阿闍世王寶積等十部經，歲久失錄。支讖實為以大乘教傳華之第一人。

　　此外，傳密教始祖有帛尸黎密多羅，西域人，於西晉懷帝永嘉年間（西元三〇七～三一二年）來華。又如鳩摩羅什，西域龜茲人，信奉空宗，後秦姚興弘始三年（西元四〇一年）來華，姚事以國師，譯

❸　梁任公亦在〈佛教之初輸入〉一文中，斷謂「兩晉間人偽作」。「漢魏兩晉南北朝佛教史」則對比群經及多種註釋，認係撮取群經而成，漢晉間有不同譯本。非兩晉間人偽作，惟後來多有自撰及摘錄或偽託者，〈梁高僧傳引記〉一載：騰（攝摩騰）譯《四十二章經》一卷，又謂竺法蘭譯經五部，惟四十二章尚行江左。啟明本《佛學大辭典》謂：「相傳為摩騰竺法蘭共譯」，蓋本此。

《金剛經》、《法華經》、《維摩經》、《中觀論》、《十二門論》、《百論》等三百餘卷，也是大乘教之有力傳譯者，於大乘教之傳譯大有貢獻。還有一人，即曇摩羅剎，後改名竺法護（約西元二三○～三○八年），把佛教普及於智識階層，世稱敦煌菩薩，其祖先為月氏人，後遷敦煌。竺法護出生於敦煌，長遊學四方，得佛教真傳，通多種外國語，從事譯經凡四十餘年，有一五四部三○九卷，大部分係大乘教，其量罕與倫比。

魏之康僧鎧，譯淨土教之經典《無量壽經》，南方吳地，以支謙、康僧會為中心，努力譯出《維摩經》、《大阿彌陀經》等，從此，佛教之傳播，普及於南方。

在譯經盛行中，中國沙門之協助，與自己翻譯，功不可沒。有的從口譯寫成文字，有的代為潤飾，有的助西僧整理已譯成之經典，並詳為編目，佛教之學問基礎，得以奠定。其中最著名者，為佛圖澄之弟子，為當時中國沙門第一人之道安，及道安入門弟子，中國淨土教之元祖慧遠，均大有助於譯事。東晉之法顯，唐之玄奘，更是親冒萬險，親歷梵地，巡拜佛蹟，齎經歸國，著手翻譯，其最著者。法顯所譯，有《大般泥洹經》、《摩訶僧祇律》、《雜阿毘曇心論》等。玄奘入印求法，以十七年時間，遍歷印境大小百三十餘國，攜歸梵本六百五十七部。歸國後，得朝廷保護資助，從事大規模譯經聖業，垂二十年，譯成經典為《大般若經》、《大毘婆娑論》、《瑜珈師地論》、《攝大乘論》、《阿毘達磨俱舍論》等，七十餘部一千三百四十卷。而且譯風一變，由鳩摩羅什以來之但求達意，改為逐字信譯，改正多年來譯事上許多缺點，更由於所譯經量之多，且都直接取自梵地，於是佛教真義乃大弘揚。又因玄奘特精於瑜伽唯識之法門，所譯關於唯識經典特多，乃自立宗派，為唯識宗，使法相宗進入一新境界。

貳、佛教初來之玄學化

漢興，黃老盛行，間雖一度獨尊儒道，但黃老思想早已深植人心，迄未稍戢。漢末，世衰道微，社會混亂，降及魏晉六朝，更是篡奪殺戮，文人生命朝不保夕，於是玄學清談風行一時。佛教思想博大精深，尤擅宇宙、人生的根本大道，適合玄學機理，故大為玄學者所歡迎，相率以玄學解佛理，漸成佛理的玄學。其結果，佛理因玄學的解釋，易為社會上層人士，所謂士大夫階級以至於帝王所接受，而益廣擴其傳播，玄學亦因佛理之參證，而益深擴其義理。特別是當時通玄僧祇，如支遁 **⑲** 善談莊子。別立新解，見重於王羲之、謝安諸名流。彼復以玄理解釋佛道，把萬物自然的原則應用到佛教思想系統中，簡直把佛理玄學化了。餘如晉時一代佛教領袖道安大師，一反其師佛圖澄適應當時民間迷信方術的心理以傳佛教，而以老、莊思想名辭宣揚佛教於士族之間，使佛教受士大夫的了解而益臻興盛。他又以老莊玄談方法暢解佛經，躬率外國沙門，譯出眾經百餘萬言。其大弟子慧遠，創白蓮社於廬山，以淨土宗的創始者著稱於世。《高僧傳》謂遠：「講實相義，往復移時，聽者彌增疑昧，遠乃引莊子義為連鎖，於是惑者曉然。」譯經大師鳩摩羅什之大弟子僧肇與道生，同為以老莊說佛之巨子，一倡念佛，一倡頓悟，對於後來中國佛教之影響，都很重大。

中國在先秦時代，儒、墨、法各家思想，多偏於政治、倫理之研討，對於宇宙（天）、人生（人）之根本義理，僅為原則性之尊重或傳述，很少能如老莊思想之對宇宙、人生，為哲理的、根本的精深探

---

⑲　支遁，晉林慮人，字道林，本姓關氏，家世奉法，嘗於餘杭山沈思道行，年二十五，始釋形入道，後終洛陽，世稱支公，亦曰林公，別稱支硎。支硎山在江蘇吳縣西南，支遁曾隱居此山故名。

討者。佛教思想正與老莊相同，無怪其一旦相遇，乃如水乳交融，且能益加發揮，產生不少新義，經過不少時間之蘊釀演進，乃能卓然自立，誕生中國自己的佛教。

參、後漢三國時代的佛教

佛教之正式傳入中國，見於正史者，為漢明帝永平十年（西元前二年）帝所派遣至印度求佛法之蔡愔偕僧迦葉摩騰 [20]、竺法蘭 [21] 兩師，用白馬載佛像與多數經典回朝始。明帝於洛陽西門外，建立白馬寺，為兩僧住宿，從事於佛法的弘通及梵本的漢譯。

自明帝永平年代至獻帝建安末年，約一百五十餘年間，諸師所譯經典，計達三百五十餘部四百六十四卷之多，惟對民間影響尚不甚大。

後漢滅亡，群雄奮起，遂成魏、蜀、吳三國時代。吳孫權嘉禾三年（西元二三四年），康居國僧康僧會，來吳都建業，受孫權重視，特建「建初寺」居之。康僧除從事譯經外，開始佈教傳道，江南一帶，佛教漸趨興盛。魏齊王嘉平二年（西元二五〇年），印度僧曇摩迦羅來朝，始行十人受戒法。又有潁川朱士行受戒出家，為中國沙門之始。以後三國，特別是魏吳間，各有名僧譯出不少重要經典，但對一般人的生活利益，毫未顧及。受戒出家之朱士行有鑑於此，乃於首都洛陽集大眾，講解《道行般若經》，為中國佛教講經之始。朱僧復鑑於當

---

[20] 迦葉摩騰，又作攝摩騰、竺攝摩騰。中天竺人，漢明帝遣蔡愔等於天竺求法，遇之。永平十年與竺法蘭等共至洛陽，譯《四十二章經》等，漢地之有佛法，自此始。見《歷代三寶記·四》，《梁高僧傳·一》，《開元釋教錄·一》。

[21] 竺法蘭，姓竺，名法蘭，中印度人，漢明帝永平中，與迦葉摩騰共來我國，譯《四十二章經》等，見《高僧傳·二》。

時諸譯經，多文旨隱塞，不易通曉，慨然於魏甘露五年（西元二六○
年）渡流沙，往于闐國，得梵書正本九十章，遣弟子如檀持回洛陽再
譯，此即《放光般若經》。他自己則在歸途病死，雖至可惜，但他實
為中國僧迦求法西域之第一人。

肆、兩晉時代的佛教

三國鼎立不久，終被司馬炎即西晉武帝所統一，號稱西晉。

西晉至二世惠帝，國政廢弛，社會思想混亂，而出現五胡十六國
之混亂時代。至四世愍帝，被匈奴所滅。這時鎮守建康（南京）的司
馬睿即帝位，號稱東晉。自此以後，晉室南遷，漢民族大移動，江南
文化因之而大有發展。可是佛教的盛況，仍在以五胡為中心的北方。

西晉懷帝永嘉四年（西元三一○年），印度沙門佛圖澄❷來洛陽，
現出種種神變而博得眾人信仰，後趙帝石勒、其子石虎相繼皈依。其
弟子達萬計，主要者有道安、僧郎、法和等。以下分述釋道安，慧遠
等弘法經過。

第一，釋道安是佛圖澄一萬多弟子中最優秀的高才，聰穎過人，
西晉愍帝建興二年（西元三一四年），出生於常山扶柳（河北省正定
府西南）。幼習儒學，十二歲出家，誦經甚多，而記憶力極強，為師
器重。佛圖澄歿後，天下大亂，他與弟子流寓各地。東晉孝武帝寧康
元年（西元三七三年），於襄陽建立檀溪寺，信徒數千，每歲講《放
光般若經》一項。東晉孝武帝太元四年（西元三七九年），前秦符堅
為欲得道安一人，以百萬軍攻略襄陽，迎道安入長安五重寺弘法。他
進言符堅，出兵六十萬往龜茲國，迎鳩摩羅什。❷

---

❷　佛圖澄，天竺人，故云竺佛圖澄，晉懷帝永嘉四年來洛陽，現種種神異，
　　以弘大法，見《梁高僧傳・九》。

　　道安對於佛教最大的功績，在揮巨腕於佛典，永為後世權證。他窮覽群經，鉤深致遠，尋文比句，析疑甄解，從此舊譯經典深義，隱沒未通者，莫不文理會通，條分縷晰。

　　當時流行老莊佛教或風流佛教，一般流於清談格義，過著清談方外問答的風流三昧生活。他提倡應以佛教解釋佛教，始得顯現佛教真面目。他又著《淨土論》、《往生兜率密記》，鼓吹往生思想，以七十二歲示寂。

　　第二、廬山慧遠，俗姓賈，雁門郡樓頂（山西省靜樂縣）人，生於東晉成帝咸和九年（西元三三四年）。年十三，遊學河南許洛，博通六經，最善老莊。廿一歲與弟慧持入太行恆山，聽釋道安講《般若經》而有悟。拜道安為師，廿四歲代師講說，而後與師同行。東晉孝武帝太元六年（西元三八一年），率徒入廬山，駐足西林寺，江州刺史桓伊為建東林寺，六年落成，遂移駐於此。一面率弟子精通梵語者，從事譯經；一面率同志一二三人，在般若臺阿彌陀佛尊像前念佛立誓，共期往生西方，而修念佛三昧。此即所謂廬山白蓮社，是結社念佛的始創（西元四○二年）。他持戒甚嚴，以修禪息心，由息心觀照事物，由三學鍛成人格，是一種「參禪念佛」，不是「口稱念佛」，所以是實驗的、創造的佛教，後人尊為淨土宗的開祖。白蓮社結社之次年，桓玄於江東稱王，令沙門跪拜，而他答復桓玄書後，更撰〈沙門不拜王者論〉駁之。後桓玄沙汰僧徒時，廬山置於例外。他入廬山至示寂，年八十三歲，一步不出廬山，而有感動天下的力量。當時名學人都與往還，謝靈運對他頗謙讓，陶淵明結為心交。

---

❷❸　鳩摩羅什，譯曰童壽。其父名鳩羅炎，天竺人，七歲隨母出家，遍遊西域，總貫群籍，最善於大乘。譯出眾經，凡三百八十餘卷，秦弘始十一年寂於長安。時晉熙寧五年。見《出三藏記‧十四》，《梁高僧傳‧二》。

　　第三、鳩摩羅什是西域的大乘名師，前秦符堅聽道安推薦，派呂光率師攻破龜茲迎歸。至涼州，聞符堅被姚萇所害，呂即據涼州稱王（西元三八六年），什隨居十六年，熟習中國語言文字，後秦王姚興遣使迎入長安（西元四〇一年），遇以國師。他於西明閣及逍遙園從事譯經，弟子僧肇、道生等八百餘人受教。篤信之士，請駐長安大寺譯出眾經，沙門雲集，受業者三千多人。其所譯出之重要經典，有《摩訶般若波羅密經》四十卷，《小品般若波羅密經》十卷，《金剛般若波羅密經》一卷，《妙法蓮華經》八卷，《維摩詰所說經》三卷，《梵網經》二卷，《大智度論》一百卷；《禪經》三卷等等，共計九十八部，四百二十五卷。他的譯語平明流暢，意思與原文無異，使難解的佛教哲理令人易解，是中國佛教史上值得大書特書的人物，後之三論宗以他為開祖，他以七十歲示寂於長安大寺。

　　第四、法顯三藏，平陽武陽人，於東晉隆安四年（後秦弘始二年、西元四〇〇年），為求法，從陸路渡兩流沙入印度，歷盡難苦，巡三十餘國，訪釋尊遺跡，學戒律梵語，得到未傳中國的許多經律，歸到青州已逾十五年。他於建康道場寺親自譯出《大般泥洹經》等，又將拜訪佛蹟記錄，寫成《佛國記》即《法顯傳》一卷，為今日研究印度的歷史地理不可缺的貴重文獻，壽八十六，示寂於荊州辛寺。

　　總之，兩晉時代的佛教，可以說中國佛教開始壯碩的時期。

伍、南北朝的佛教

　　南北朝的佛教，經過前面廣泛而深入的翻譯時代，乃進入獨自研究，而創造成中國佛教獨特光彩的基礎時期，也就是中國佛教已奠定了不拔的根基。所有淨土宗、俱舍宗、成實宗、三論宗、天台宗、禪宗等，都發源於這一時代。這時佛教之盛大，固為前所未有，也是後

日光華燦爛的隋唐佛教的淵源。

所謂南北朝，即南之宋、齊、梁、陳，北之東西兩魏，繼為東齊、西周（五胡之一的拓拔氏，從長城以北興起的匈奴，占據北方全部），後來齊又分北南二者。在這時代，一方面是南北兩民族也就是漢民族與拓拔氏民族的衝突，一方面是道教興起而與佛教的衝突，因而產生所謂「廢佛運動」。但當時北魏與南梁，各有相當的文明。南梁的佛教特盛，梁武帝皈依佛教，自稱三寶奴，建築寺塔四百八十餘，宮中設內道場，帝親自講說佛經；另一方面，對儒及老莊之學，亦留意振興，造成南朝的黃金時代。北魏亦頗信佛，今觀雲崗石窟的石佛，足見當時佛教美術之興盛。同時，在龍門石窟中，尚留有魏武帝伐蕭逆的銘文，更可知當時南北兩民族鬥爭之激烈。

至於道教與佛教之爭，則因當時道教出了幾個偉大人物，如魏有寇謙之、宋有陸修靜、梁有陶弘景、周有張賓等，逐漸將道教整理改革，使成為一有規模的宗教，而且產生有系統的「道書」。以其「不死昇仙」的教義，攻擊佛教的「不生」思想。所謂「不死」，是使肉體成仙而長生，自是不合情理，終於陷入迷信。而當時的佛教界，繼釋道安、僧朗、慧遠、羅什之後，已進入研究時代，教義教行，深得社會信仰，原非道教所能敵，但道教運用帝王勢力以摧殘佛教。第一次魏武的廢佛，發生於北魏太平真君七年（西元四四六年），運動繼續達六年之久。僧尼被強迫還俗，佛像佛典在其國境內全部消失。第二次是周武的廢佛。發生於後周建德三年（西元五七四年），而且於宣政元年（西元五七八年）滅北齊後，廢佛延及北齊境內。這次廢佛更為徹底，以其有思想上的根據，即周武帝借用佛教的諸法實相說，而倡「一切皆道說」，號召天下學者，以道教統一佛教。可是第一次廢佛，僅僅六年而結束，至武帝之子孝文帝即位，即復興佛教。第二

次廢佛，不但當時佛教大師如慧遠等都曾據理反駁外，而被選為「通道觀」（周武帝用以豢養「以道統佛」的學士館）的學士中，有絕食而死，或割腹而亡者，且有學人三百餘逃避南京。廢佛運動的成果，由此可以想見。

這時期佛教運動，因對抗廢佛，產生不少高僧反抗廢佛的理論，更足堅人信仰；而廢佛運動利用政治權勢以欺壓佛教，顯得蠻橫無理，益發引起一般人對佛教同情與信仰。尤為廢佛運動者始料所不及。因為各地信眾，為愛護佛教，惟恐佛經佛像淹滅不彰，而大舉刻石經石佛，留傳後世，反使佛教宣化悠久廣大，深入人心。

當時有菩提流支者，北天竺人，魏宣武帝永平初（梁武帝天監七年，西元五〇八年）來洛陽，敕住永寧寺，譯出《十地論》、《入楞伽經》、《金剛般若經》等三十九部一百二十七卷。其中《十地論》，就是世親菩薩的「有」觀佛教，即是「唯心佛教」。由於印度佛教的空大乘與有大乘相結合，而產生南北朝的佛教，也就是由龍樹的空大乘開拓人心之後，更加上世親的有大乘，而使中國佛教得到中心點，而躍進為有力的發展。這時代有曇鸞大師的淨土教，菩提達摩的禪宗，慧思禪師的天台宗，雖在天下紛亂之中，而佛教的興盛，真如繁花滿天，各呈奇妙，煞是好看！

陸、隋唐的佛教

楊堅接受周靜帝讓位而建立隋朝（西元五八一年），頗注意國民思想信仰問題。故他在政治上統一了南北朝，也想在國民思想信仰上收統一之效。當時佛教，南北雙方均有空前人物，各發揮其獨到才識。如北方的淨影、慧遠、信行禪師；南方的天台智顗、嘉祥吉藏，在中國佛教史上，各佔重要一頁。信行禪師主倡新的佛教，所謂「三階教」，

其教義是說從來的佛教是三乘或一乘教，均是以聖者為對象的佛教，然而今是末法時代，眾人都是凡夫，根本都是惡人，所以需要在其惡人狀態中被救度的宗教。此種三階級教，也叫做「普教」，是一種物質、精神兼顧的宗教，也就是宗教運動兼社會事業運動的一種宗教，不偏於佛教任何宗派，皆為所容納。在這運動非常有力的時期，受著佛教全體的壓迫及隋朝的禁止，到了唐代，亦同受當道取締，但據文獻所載，此教直到宋初，仍然存在。

隋朝統一天下，只有短短三十七年（西元五八一～六一八年），但在中國文明史上，頗佔有力的一頁。當時山東曲阜，是儒道的開創地，泰山是道教的中心地。本來這一帶地方（隋建都於隨，今湖北隨縣南。其版圖東至海，西至甘肅四川各省，南至安南，北至綏遠熱河之南部），佛教並不興盛，但濟南附近玉函山的許多石佛，仙峪的石佛，均刻著隋開皇（楊堅開國的年號）年號，千佛山與開元寺也是隋代創建的，足見隋代在學術上、宗教上均有輝煌成績。

隋傳至三世而禪讓於唐（西元六一八年）。唐初，佛教各方輩出許多大師，諸宗相繼成立，以杜順禪師、賢首大師、道綽大師、善導大師、玄奘大師、道宣律師、慧能禪師等，最為著名。

杜順禪師是隋唐兩代的人，乃華嚴宗的第一祖。著有《法界觀門》一卷，奠定了事事無礙的世界觀，而對佛教思想界產生一種新的影響。他的「法界觀」，經其弟子智儼加上五教、十玄、六相等的教理基礎，再由法藏（賢首大師）而大成華嚴哲學，與天台學並為中國佛教之雙美，依次加以敘述。

第一、賢首大師，名法藏，其祖康居國人，徙居長安，生於唐太宗十七年（西元六四三年）。十六歲時，參詣四明山阿育王塔，煉其一指作誓學習華嚴。又曾參與玄奘大師的譯場，因所見不同而退出。

武后朝為譯場首，與實義難陀、義淨、復禮等共同譯出《新華嚴經》。玄宗先天元年（西元七一二年）卒，享年七十，示寂於大薦福寺。著述甚多，其中《華嚴探玄記》、《華嚴五教章》、《起信論義記》等，對於佛教中最深遠微妙的「華嚴哲學」，解析頗詳，為華嚴宗第三祖，被稱為華嚴宗的高祖。

　　第二、道綽大師，北周保定二年（西元五六二年）生於并州晉陽（今山西太原縣）。十四歲出家，特精涅槃。年四十八（西元六〇九年），擱置涅槃廣業而歸向淨土，後專念阿彌陀，穿木槵子成數珠，為念佛珠之創始。他以為現處末世，諸種行法中，懺悔滅罪無如念佛。觀經說，若稱彌陀名號，則於一念之中，除八十億劫生死罪，一念既如是，況多念乎！并州一帶，浴化者甚眾。八十四歲示寂，其門人有善導、道生、道撫等，皆佛門重要人物。

　　第三、善導大師，安徽泗州人，隋大業九年（西元六一三年）生，自幼出家，見西方變相，大受感動，一心期望往生淨土。貞觀中，往山西并州，謁道綽，詳受念佛往生法。後入長安，廣化民眾，寫《彌陀經》數萬卷，畫極樂淨土變相達三百幅。嘗遊化湖北襄州，後以長安為中心，僧俗士女皆受感化。他以乞化為事，粗衣食，持己極嚴峻，對人則洋溢慈愛之情。高宗開耀元年（西元六八二年），以六十九歲示寂。

　　隋代以來，所傳彌陀淨土說，均不承認凡夫得往生報土，即淨土。善導則敢然提倡「凡入報土論」，發揮淨土立教宗旨。他的論據，是以如來的本願力在增上緣 ❷❹ 以啟諸家之蒙，同時亦使一般民眾在光輝的希望中而得更生。他確信末法的眾生，非依這一法門不得解脫。

---

❷❹　增上緣為四緣之一。四緣為因緣、次第緣、緣緣、增上緣。所謂增上緣，謂六根能照境發識，有增上力量，諸法生時，不生障礙，故名。

他有關往生淨土的著述甚豐，但均不限於註釋原經，而是以真摯的情感，檢討自己的出離解脫問題，溢滿熱烈的信仰與真實的體驗，故感化力特強。

第四、玄奘大師，河南偃師人，俗姓陳，生於隋末（西元六〇〇～六六四年），年少出家，潛心性相之學，因對攝論有疑問，決意往西天求法。幾次向朝廷奏請未准，乃於太宗貞觀三年（西元六二九年）私自由原州啟程，經西番諸國。於貞觀七年（西元六三三年）至中印度，逢大乘的玄鑑居士受瑜伽論 ❷ 。至王舍城，宿那爛陀寺，從戒賢論師受瑜伽唯識的宗旨。他居印度期間，參研佛旨，與當地名師法家辯難論道，企獲甚多。於貞觀十九年經西域回國返京。此行巡歷大小百卅餘國，攜歸梵本六五七部。太宗令於弘福寺傳譯。後得高宗支助，獻玉華宮為寺，以薦先帝，令玄奘居住，計譯出經論七十餘部，一千三百四十卷，凡二十年，與鳩摩羅什並稱二大譯聖。特別將唯識經典，詳細介紹於中國佛學界。於高宗麟德元年（西元六六四年）示寂，享年六十五歲。他著有《西域記》，為研究印度歷史、地理風俗、教學等，具有無比價值之文獻。

第五、道宣律師，俗姓錢，江蘇丹徒人，十六歲落髮。隋大業中，從智首法師受具足戒。唐高祖武德中，為西明寺上座，奉敕列玄奘譯經道場。撰《行事鈔》、《業疏》、《高僧傳》、《廣弘明集》等二百卷。久居洛南，故號南山律宗。高宗乾封二年（西元六六七年）示寂，享年七十二。

第六、自隋至中唐，佛教研究成熟，各宗派亦皆完成。適於此時，

---

❷ 瑜伽論為瑜伽師地論之略名。瑜伽師地論，彌勒菩薩說，唐玄奘譯，計百卷。佛去世後一千年中，無著菩薩自阿踰陀國講堂昇夜摩天受於彌勒菩薩，晝日為大眾宣說者。

印度又傳來「密教」。本來在三國時代，即已有密教傳入，可是具有深廣宗教哲學組織的密教，於唐代中葉始行傳來。善無畏三藏由北方陸路傳來「胎藏界曼荼羅」，而金剛智三藏則由南方海路傳來「金剛界曼荼羅」。又有不空三藏（廣智），青年時代東遊，從學金剛智三藏，又回歸印度傳密教奧義，合金胎藏曼荼羅而大成密宗，文帝為之建大興善寺安住之。一時中國的密教，頗有宣揚。

第七、慧能大師，新州（今廣東省新興縣）人，盧姓，三歲喪父，母子二人，家極貧，採薪販賣為生。一日於市聞人誦「金剛經」，有所感。得母准許，出外尋師。至韶州（廣東省），暫居曹溪山寶林寺，又於廣東省樂昌縣遇智遠，勸其往謁湖北省黃梅山五祖弘忍禪師。時年已三十二。弘忍說：「嶺南人無佛性。」他答說：「人有南北，佛性豈然」。弘忍異之，特令居碓房，人稱盧行者。五祖門徒七百，欲想取一傳法的人，令眾徒各呈一偈。上座神秀，於廊壁書一偈：「身為菩提樹，心如明鏡臺；時時勤拂拭，莫使惹塵埃。」慧能在碓房聞此偈，以為未至，夜密伴一童出廊書一偈：「菩提本無樹，明鏡亦非臺，本來無一物，何處惹塵埃。」五祖見之，潛入碓房，問曰：「米白否?」答曰：「白，未經篩。」五祖以杖三打碓臼而去。是夜三更，慧能入師室，五祖即授衣法。後回南方隱藏於漁村數年。高宗儀鳳元年（西元六七六年）正月於廣州法性寺遇印宗，印宗聞其禪要，即取弟子禮，為之會諸名德剃髮，並就智光師受具足戒。後歸韶州寶林寺，大弘禪法。中宗神龍元年（西元七〇五年），遣使召之，不應召，中宗特下優詔，改寶林寺為中興寺，後又重新規模，改稱法泉寺，其新州故居，亦改為國恩寺。玄宗先天二年（西元七一三年）示寂於國恩寺，年七十六。遺骨塔於曹溪濱，即後之南華寺。後世禪宗，皆為曹溪派下。

中國佛教，迄唐中葉，已由翻譯研究，而進於完成建設，卓然自

立，且有凌駕印度佛教之勢。這時佛教各宗，無論理論與修行，都有嶄新的表現，且已構成完整的系統，要在實踐實修耳。因此，唐中葉以後至五代，中國佛教可以說已進入於實行的時期。

在這時期，雖有唐武宗的廢佛事件——唐武宗會昌五年（西元八四五年）八月，毀寺四萬餘，令二十六萬餘的僧尼還俗。至宣帝大中元年（西元八四七年）四月，廢寺即恢復——但中國佛教乃進入所謂實行時期。更由於禪宗的興起，特別壯大而神速，開出了燦爛的花朵。

這時候的禪宗，南有六祖慧能，北有神秀，均極一時領導發展之能事。雖北宗禪傳至二百餘年，法統即告斷絕，而南宗禪則法系繁盛，綿延不絕。慧能大師的法嗣有四十三人之多。其主要者為南嶽懷讓、青原行思、荷澤神會、司空本淨、南陽慧忠、永嘉玄覺等，予後世影響最大者為南嶽、青原二大系，且為南宗禪的主幹，因其下展開五家，都是從這二系統分出來的。這五家，是因祖師人格及態度、教導方法不同，而各成一家，即所謂祖師禪。計南嶽系統下有臨濟宗、溈仰宗；青原系統下有曹洞宗、雲門宗及法眼宗。

禪宗以外，律宗、念佛宗、天台宗也極發展，但都不過是禪宗的附庸而已。

終唐之世，尚有道儒闢佛思想的傳播，如道士李仲卿，道家傅奕，儒家王通、韓愈、李翱等，李翱曾學禪，故倡滅情復性論以抗佛，開宋明理學之漸。

柒、宋代以後的佛教

中國的佛教，在唐中葉以至於五代，可以說已由萌發——譯經時代，經過成長——研究發展時代，而到了結實的時代。這所結之果實，是什麼呢？就是中國自己的佛教——中國禪。

　　所謂中國禪，乃對印度禪而言。一、是說印度的禪教，只重修煉，故達摩菰華，面壁九年，而無所演傳；然而中國的著名禪師如淨影、慧遠、信行、慧能等，無不著書立說，辯才無礙。二、是說中國的諸大禪師，多於玄學有精深研究，常用玄學思想解釋禪思，不但易於透達，且無形中把玄學思想，滲和到禪思裡面去了。何況禪的本身原無定法，到了中國，自然會受地理歷史的影響而中國化。這「中國化」的意思，不只是染上中國的色彩，而且是在對於禪的理解上、修為上，都加上中國歷代諸大禪師的獨創的意義與作風。

　　尤其是到了宋朝，佛教的其他宗派，只傳承前人，無多大展拓，惟獨禪宗特別興盛。當時，不但無一個學者不學禪，甚至女流之輩，下及娼妓，也以學禪為時髦。而且倡新儒學──理學諸巨子，如周濂溪、張橫渠、程明道、程伊川、陸象山、朱晦庵等，無論屬於「一心一元論」或「理氣二元論」任何一派，都無不與禪發生密切的關係，大多且親得禪證，故能創立新儒哲學──理學。因周濂溪居廬山北方的蓮花峰下，當時的廬山，較慧遠時代更為隆盛，居訥禪師與歐陽修有深交，而常總禪師佛印和尚則為周濂溪道友，俱見各受影響之深。而且，此種影響當然是相互的，那就是說，古來難解的儒道，由禪的媒介而得到完全的解釋。例如儒道最根本的原理是「太極」，「太極」在佛教為有相，有相則墮於有。今突破有相而說「太極本無極」，於是完成了「太極不墮於有」的思想體系。程明道出入老釋者幾十年，程伊川與黃龍派靈源性清禪師亦曾互通書信。程門弟子游、揚等皆從禪學入門。朱子早年博涉內典，自謂「向蒙妙喜（大慧）開示」。陸象山自謂「於《楞嚴》、《圓覺》、《維摩》等經，則嘗見之」。陽明先究佛理，後歸儒門。因此，程朱、陸王兩派，都有禪宗思想，故有人指他們是「披著架裟反佛」。

此外，在北方，與朱子同時代，有新道教即全真教的興起。由王重陽倡導，經馬丹陽至元初的邱長春，風靡於北方。新道教的主要意義，以精神上的不死，來解釋肉體上不死的迷信，完成健全的道教組織，再以元代成吉思汗的保護為背景，一時頗為興盛。但此種不老不死精神的解釋，仍是受了禪宗思想的影響。

終宋之世，佛教惟禪門各宗之互為消長，後因禪宗主旨，有「不立文字」之語，後世禪門，只重心傳與「頓悟」，以致很多有關禪思的寶貴文字，悉被認為邪魔而摒棄不惜，也就等於全面的退出思想界，而漸次為文化界所輕視。等到新儒學、新道教的勃興，其勢更形衰落了。

元以後的佛教，表面還是禪宗，但混合有天台、華嚴、律宗的思想。還有深入民間的淨土思想，也附在禪宗之中，也就是禪與念佛之融合，而以蓮社的形式行於世。明初的蓮池大師❷ 等，是在禪淨同歸的主張下，盛弘往生思想，今日江南，特別是浙江、福建等地，蓮社念佛之盛，都以廬山慧遠等為祖師，而多由居士來維持。清末民初，普陀山的印光大師，是念佛的中心人物。又由於歐風東漸，西方哲理同樣影響到佛教界，於是而有太虛大師一派，以現代哲理思想與方法，解釋佛理，使佛理現代化，一般有新思想的青年們，頗多信受者。

第九節　佛教的十大宗派

本節所述十大宗派為：⑴俱舍宗⑵成實宗⑶律宗⑷法相宗⑸三

---

❷ 蓮池大師，明杭州雲棲寺僧，名袾宏，亦稱雲棲大師，俗姓沈，初業儒，後為僧。居雲棲塢，融合禪淨二宗，定十約，僧徒奉為科律。清雍正中賜號淨妙真修禪師。現施放之瑜伽煙口經卷，即為師所撰著。

論宗(6)天台宗(7)華嚴宗(8)真言宗(9)淨土宗(10)禪宗。以上(1)(2)屬小乘教，(3)(4)(5)屬權大乘教，(6)(7)(8)(9)(10)屬大乘教。

壹、俱舍宗

俱舍宗以《俱舍論》為依據，而以著者印度世親❷為宗祖。但不如他宗有寺院及布教與傳道，只以《俱舍論》的傳來譯出的歷史為本宗的成立。俱舍論是於陳文帝天嘉四年（西元五六三年）由印僧真諦三藏❷傳來，費五年譯成漢語，名《阿毘達摩俱舍論》，學者稱為「舊俱舍」，惜已失傳。但在當時頗為流行，研究者亦眾，最著者為陳的知愷、唐的淨業，各有著譯傳世。

唐玄奘三藏親赴印度，與此論權威論師研習，而究其奧義。歸朝後，再度譯出，稱「新俱舍」，研究者愈眾，註釋書亦愈多。

「阿毘達摩俱舍」是梵語，「阿毘」譯為對，對是對向，「達摩」譯為法，法是涅槃，涅槃即滅度，滅除煩惱，度脫生死。對法是到悟的方法，是以真智慧走向理想涅槃境界。「俱舍」為藏，「藏」是收含這對法，「論」是論述含這義理或教法的意思。俱舍宗，雖未脫出小乘佛教，然從研究上看，可說是佛學的入門書，欲達高遠的大乘佛教教理的堂奧，須先學習這俱舍論，故此論在印度稱為聰明論，內外之人共學之。

---

❷ 世親，梵名婆藪槃豆，譯為天親。新譯伐蘇畔度，譯為世親。佛滅後九百年，於印度阿踰陀國出世，造俱舍與唯識等大小論千部。

❷ 真諦三藏，西印度優禪尼國人，梵稱波羅末陀，又曰拘那羅陀。梁大同十二年三十餘歲來中國，受武帝優遇，會逢國難，往北齊，赴東魏。流離間，述《金光明經》、《攝大乘論》、《唯識論》等，又著《世親傳》，共二百七十八卷，大建元年正月十一日圓寂，年七十一。

俱舍宗，一名「有部宗」，又名「毘曇宗」，其主要經典為《四阿含經》，發源於二十部派佛教中的「薩婆多部」（一切有部）的「三世實有論」。其人生觀以為人生完全是苦的集團，因為這世界本來就充滿著苦。這苦的世界有：欲界（我們所住的世界）、色界（物質世界）、無色界（非物質世界），及地獄、餓鬼、畜生等界。這就是俱舍論的出發點。由此出發點，一方面生起知覺、運動、喜怒哀樂等諸作用；一方面因無明（迷）而生起「惑」，遂造出種種「業」❷❾，而在因果報應中輪轉不息。至其世界觀，則以空間言，宇宙全體的種種相非常雜多；以時間言，這世界有「成、住、壞、空」四時期，循環不息，無少變化，互過去、現在、未來三世，常住不變，即「三世實有」、「法體恆有」。

貳、成實宗

成實宗的經典為《成實論》，佛滅後九百年，有部學者訶梨跋摩❸❿所著姚秦時由鳩摩羅什譯出弘布。此宗與俱舍宗，同以《成實論》的譯出歷史為成立時期，亦無寺院布教傳道。

成實宗經天台宗的智者大師，三論宗的嘉祥大師，涅槃及十地論學者淨影寺的慧遠大師，均判釋為小乘教，而是小乘教中最優，且頗

---

❷❾ 業、梵語羯磨，身口意善惡無記之所作也。其善性惡性，必感苦樂之果，故謂之業因。其在過去者，謂為宿業，現在者謂為現業。《俱舍光記・十三》曰「造作名業」。業為造作之義，是有二種：一如身之取捨屈伸等造作，名為身業。音聲之屈曲造作，名為語業。二為與第六識即意識相應而起，名為意業。身、語、意是謂三業。一切善惡造作，皆起於業，而得報果。

❸❿ 訶梨跋摩，三藏名，譯曰獅子鎧，獅子鉀，成實宗之祖。生於中印度婆羅門家，初學數論外道，後就薩婆多部鳩摩羅陀聞發智論，更轉赴大眾部，又研究大乘，作《成實論》。見《出三藏記・十一》，及《三論玄義》。

接近於大乘者。

　　成實宗採取諸部派的最長處，而立二空觀，即人空觀與法空觀。所謂人空觀，即人我是五蘊假和合上的假設名稱，非有實在的存在。所謂法空觀，則是說不但人我是假成，造成人我的五蘊本身，亦非有其實體。人空觀俱舍宗亦有說及；惟法空觀乃此宗之特色。由人空而至法空，始得稱為真的無我觀。

　　不過成實宗雖說人法二空，而其所斷除的，僅是見思的迷惑，而未斷除「所知障」，即其所說的法空，只是一種理論，而無實修方法，故事實上不能去除「法執」而斷除知障。

參、律　宗

　　律宗是以律為所依。律本是佛陀在世時，隨機應時所說，並無組織系統。佛滅後，集結遺教時，成立一部《八十誦律》(《大毘尼藏》) ❸ 。其傳譯於中國的僅有四律。而迦葉遺律只傳戒本。又解釋律的主要傳譯有四律五論。

　　四律：《十誦律》、《四分律》、《摩訶僧祇律》、《五分律》均有印華諸大師譯本。

　　五論：《毘尼母論》、《摩得勒伽論》、《善見論》、《薩婆多論》、《明了論》。亦均有譯本。

　　諸律中以《四分律》(六十卷) 與中國緣分最深。智首律師著有《四分律疏》二十卷，又著《五部區分鈔》，闡明《五分律》的相異，而為《四分律》吐氣。南山道宣 ❸ 律師承其教系，以大乘意思解釋

---

❸　八十誦律，根本之律藏也。如來滅後結集三藏之時，優婆離比丘，於一夏九旬之間，八十番誦出之故名。其後《四分律》、《五分律》等均由此分立。見〈戒疏上〉及〈行宗記‧一上〉。

小乘。

《四分律》起源於佛滅後一百年，由曇無德羅漢隨自己所見演述而成一部，因他的誦出，經四次才完結，故稱四分律，概括《八十誦律》的要點纂輯而成。三國曹魏時，有天竺人曇摩迦羅（法時尊者），依《四分律》舉行實際的受戒作法，為中國受戒的嚆矢。南北朝姚秦時，佛陀耶舍（覺明三藏）始傳譯《四分律》。

律宗至唐末，異議相爭，分成三派，所謂律宗三家：

一、相州日光寺法礪律師，作《四分律疏》十卷號舊疏，依成實宗。嵩山定賓律師作《飾宗義記》十卷，解釋之，稱相部宗。

二、南山道宣律師作《四分行事鈔》三卷，依大乘唯識宗，稱為南山宗。

三、西太原寺東塔懷素律師作《四分開宗記》十卷，號新疏，盛斥相部、南山二宗，依「說一切有部」，稱為東塔宗。

後來相部、東塔兩部廢絕，只有南山宗獨盛。其宗義為：內心與外相能相一致，大乘小乘調和得宜，理論實行又不相違。南山律師認為《四分律》當分小乘，而義通大乘。就是《四分律》當分地位是小乘，而機根漸進，迴小向大，則有悟大乘，所以分通大乘，這是南山律宗的特色。

戒分二種：作持戒與止持戒。前者為「應作」修善門，後者為「不可作」止善門。戒又分四位：五戒、八戒、十戒、具足戒。比丘的具

---

❷ 道宣姓錢，唐丹徒人。十六歲落髮，隋大業時代，從智首法師受具戒。唐武德中，充西明寺上座。及玄奘三藏自西域還，奉敕從於譯場，宣撰《行事鈔》、《戒疏》、《業疏》、《高僧傳》、《廣弘明集》等二百卷。貞觀中嘗隱沁州雲室山，乾封二年十月三日示寂，壽七十二。以久居南山，號南山律宗。（《高僧傳·十四》）

足戒為二百五十，比丘尼的具足戒為三百四十八。其實具足戒的條目
應該是無量數，因吾人所遭逢境遇千變萬化，所應戒數自不得不無
量。又戒之分位，亦不過在誘導機根淺劣者，使逐漸進步至具足戒耳。

肆、法相宗

　　法相宗即相識宗，是世親系統的瑜伽派，古來稱喻伽唯識，或法
相唯識。因為專以研究萬物現象為宗旨，所以稱為法相宗。本來佛教
的思想有兩大系統：一為龍樹系統，是以研究本體論為中心，也就是
中觀派；一為世親系統，以研究現象論為中心，即瑜伽派。這派的立
場，帶有唯心論的傾向，所以名為唯識宗，其根本聖典，是《瑜伽師
地論》。

　　北魏菩提流支與勒那摩提共同譯出世親的《十地經論》，為瑜伽
佛教傳入中國的開始。唐玄奘 ❸ 大師歸國，傳回法相宗，纔真正完
成了法相宗的基礎；玄奘大師的高弟窺基，世稱慈恩大師，他研究玄
奘由印度攜歸的經論，遂成立法相宗。

　　窺基大師長安人，唐貞觀六年（西元六三二年）生，十七歲師事

---

❸ 唐大慈恩寺玄奘三藏，姓陳，偃師人，俗名禕。兄長捷，先出家，在洛陽
　淨土寺。師十三歲亦入淨土寺出家，就諸名師受諸經典，令名夙著。然以
　諸師各異宗途，聖典亦有隱晦，不知適從，乃欲西遊以明之。表請不許，
　師不為屈，貞觀三年八月，上萬里旅遊之途，具嘗艱苦，經西蕃諸國，貞
　觀七年至印度，於是週遊各名寺古剎，謁見諸名師高僧，收羅重要經典，
　於貞觀十九年回到京師，以所獲梵本六百五十七部獻於朝，太宗使於弘福
　寺傳譯之。嗣高宗以玉華宮為寺，薦先帝，使師居之，次年譯《大般若經》。
　麟德元年二月命弟子普光抄錄所譯經論，凡七十五部，一千三百三十五卷。
　其月五日寂，壽六十五。事蹟詳見《大唐西域記》、《廣弘明集》、《續高僧
　傳·四》、《大慈恩寺三藏法師傳》、《佛祖通載·十二》等。

玄奘，學天竺語，傳唯識因明，作疏百本，世稱百本疏主，是法相宗的開祖，遺著甚多，是中國佛教史上超群的學者。於唐高宗永淳元年（西元六八二年）以五十一歲示寂於大慈恩寺。法相宗經慈恩及其高弟慧沼，慧沼高弟智周三代而大成。這宗以其教義深遠，無甚發展，但似有綜合統一佛教諸學派，包括唯心論系統者全部教義之概，中國佛教到此面目一新。

法相宗所引用的經論，計有六經十一論。六經即《華嚴經》、《解深密經》、《如來出現功德莊嚴經》、《阿毘達摩經》、《楞伽經》、《厚嚴經》。十一論則為《瑜伽師地論》、《顯揚聖教論》、《大乘莊嚴論》、《集量論》、《攝大乘論》、《十地經論》、《分別瑜伽論》、《觀所緣論》、《二十唯識論》、《辨中邊論》、《阿毘達摩集論》。

法相宗的教理，是佛教中最深遠者，所以在佛教中有最根本的地位。《阿賴耶識緣起論》，是教理中最重要的部分。佛教認一切萬有的成立或生起，為都是依緣起法，就是說，什麼事物都是因緣相依而生結果。而《阿賴耶識緣起論》，是在說明萬物緣起的原因，是阿賴耶識。阿賴耶識是宇宙萬物的大原因，是生起一切的種子。

法相宗認萬法唯識，故亦是唯心論，但與西洋哲學上的唯心論不同。佛教的所謂物與心，同是律物、律心的原理或法則，因為佛教根本不承認有固定的物與心，這一點，任何宗的佛教都是一樣。這是我們在想要了解佛教教義之前，應該首先了解的。

伍、三論宗

三論宗是依據龍樹菩薩的《中論》四卷，與其《十二門論》一卷，及其弟子提婆菩薩的《百論》二卷，共三部論集為根本理論者，都是姚秦的鳩摩羅什所譯出，所以他被稱為中國三論宗的高祖。

又這三論宗，由羅什三藏傳於八個弟子，而由諸弟子中的道生❸❹
法師，傳至嘉祥吉藏❸❺。嘉祥大師於隋代以此盛傳於江南。因其教
義受一乘家的反應，與昔時三論宗稍有出入。故稱嘉祥以前的為古三
論宗，或北地三論宗，嘉祥以後的為新三論宗，或南地三論宗。

這三部論集，《中論》在說明中道觀，《百論》是由百偈而成，《十
二門論》是分為十二門的論說，所以各得其名。其主要意義，一方面
在闡明真諦與俗諦❸❻，另一方面在破邪顯正，在說明真諦與俗諦二
者相互不可分的關係。所謂自利利他，所以具足，是三論宗的基本精
神。嘉祥大師的《三論玄義》中說：「中論是以二諦為宗，百論是以
二智❸❼為宗，十二門是以境智❸❽為宗。」其實，三論都在說明真俗二
諦，可知二諦之重要性。三論宗的成佛論，是說一切眾生，本來是佛。
六道的群類，皆本來契合於寂滅之道，既然無迷無悟，當然不應有成

---

❸❹ 晉道生，本姓魏，鉅鹿人，遇竺法汰而出家遂姓竺，入盧山，幽棲七年，
鑽研群經，後從羅什受學，旋還都，止青園寺，著《二諦論》、《佛性常有
論》、《法身無色論》、《佛無淨土論》等。宋元嘉十一年十一月寂，見《高
僧傳·七》。

❸❺ 隋會稽嘉祥寺吉藏，以寺號，稱為嘉祥。三論宗之祖也。《唐高僧傳·十三》、
《佛祖統紀·十》，有傳。又《梁高僧傳》著者慧皎，住梁會稽嘉祥寺，故
亦呼為嘉祥，見《唐高僧傳·六》。

❸❻ 真俗為事理之異名。因緣所生之事理曰俗，不生不滅之理性曰真。真諦為
二諦之一。真謂真實無妄。諦猶言義也。世間法為俗諦，出世間法為真諦。

❸❼ 二智，為如理智與如量智。所謂如理智，如佛菩薩真諦之理之實智也。或
名根本智、無分別智、正體智、真智、實智。所謂如量智，如佛菩薩俗諦
之事量之智也。或名後得智、有分別智、俗智、遍智。見《十八空論》、《佛
性論·三》、《行宗記·上》。

❸❽ 境智，所觀之理謂之境，能觀之心謂之智。

佛不成佛之分。

陸、天台宗

天台宗起於浙江台州天台山，以此宗開祖所住之山而得名。其所依據之經典，為《妙法蓮華經》，簡稱《法華經》。益以其他如《大智度論》、《涅槃經》、《大品般若經》等諸經典為扶助，成一整然的規模。

天台宗始於北齊的慧文禪師 **❸**，他由《大智度論》設立「一心三觀」的觀法，後授南岳慧思禪師 **❹**。慧思修法華三昧，登六根淨位，深深領得《大智度論》的三智一心中得的文義，及《中論》的三諦偈意，並發定慧而成就法華三昧，觀心與學解，均到極圓滿了解。其弟子天台智顗禪師，後世稱天台大師或智者大師，也修法華三昧至五品之位，而組織大成一家之宗義。因為慧文、慧思二禪師，雖開一宗之端，但僅提示大綱而已。網羅一代教義，盛興天台宗者，乃是天台大師 **❹**。

---

❸ 北齊慧文尊者，姓高氏。閱《大智度論》一心三智之文，即依此以修心觀。證一心三智，雙亡雙照，即入初住無生忍位。又閱《中論》因緣所生法句，恍然大悟，頓了諸法無非因緣所生。而此因緣，有不定有，空不定空，空有不二，名為中道。以心觀授南嶽，實為天台宗之始祖。

❹ 天台二祖南嶽慧思尊者，姓李氏，武津人，心愛法華，借本入塚，對經涕泣。夢普賢菩薩摩頂而去，所摩頂上，隱起肉髻，年十五，出家。慧文師授以心觀之訣，豁然大悟，得法華三昧。乃結庵大蘇山。旋卓錫南嶽。太建九年將順世，大集門人說法，苦切訶責。曰若有十人，不惜身命修法華懺者，吾當供給。若無，吾當遠去。竟無答者，即端坐言佛來迎而化。見《指月錄・二》。

❹ 天台大師，名智顗，字德安，姓陳氏，七歲，往伽藍，僧口授〈普門品〉，一遍成誦。十八歲就湘州果願寺法緒出家，二十歲受具，初從慧曠學律，

　　《妙法蓮華經》之所謂妙法，表示優秀的教法，是一部如蓮花清淨而美麗的經，共二十八卷，古來很被尊重。其思想極高遠，述佛陀的慈愛與寶貴的教訓，為餘經所不及。經中有種種譬喻或因緣談，其敘述巧妙，文章亦華麗，為佛教文學之冠。

　　《法華經》的一貫思想是「諸法實相」，這也就成為天台宗的主要教義。諸法實相是宇宙萬物的真相，天台宗的諸法實相論，就在說明宇宙萬物的本體，對萬物緣生的本源及其開發狀況的緣起論言之，是在說明這世界萬物如實現象的體用。

　　天台宗的教義中，最重要而最根本的是三諦圓融說與一念三千說。所謂三諦圓融，即假、空、中三諦，或稱三觀。假諦即俗諦，是指世界萬物的如實相，如花紅、葉青等，都是宇宙萬物之假的形態，而非本體。空諦即真諦，即世界萬物的形相，其本身都不是三世常如此，只不過受因緣支配，常是如此。究其真實，並不如此，事實上什麼都無，故叫真諦，亦叫空諦。中諦，是說前面兩諦，都只看到事物的半面，可說是假，亦可說是空，其實未必是假，又未必是空，才是

　　兼通方等諸經。隋文帝元嘉元年時，思禪師止光州大蘇山，師往頂拜。思曰，昔日靈山，同聽法華，宿緣所逐，今復來也。即示以普賢道場法，說法華四安樂行。師日夜自勵，經二十七日誦經，至是真精進，是名真法供養如來，身心豁然而入定，照了法華。思歡曰，非汝不證，非我不識，所入定者，法華三昧前方便，所發功德者初旋陀羅尼也。縱令文字師千群萬眾亦不能窮汝辯，當於說法人中最為第一。陳大建七年秋九月，始入天台，安居佛隴。其後轉輾受陳主、晉王、隋帝奉迎，講經說法，聲譽日隆，信眾日增，於隋開皇十一年受晉王奉迎入金陵。十四年夏四月，辭歸天台。十七年冬十月，晉王歸藩復遣使入山奉迎，師隨使出山，至石城，有疾，十一月二十四日未時入寂，壽六十。見《智者大師別傳》，《唐高僧傳‧十七》。謚法空寶覺靈慧尊長，世稱天台大師，稱其宗為天台宗。

中諦。這一道理,天台宗稱為非有非空。有而亦無,才是真理,這是萬物的真實相,所以叫做「中道的實相」。簡稱「中道」。又這三諦,並不是各別的真理。假諦同時是空諦,亦是中諦;不是離去一個,另來一個諦。三諦是立在一個相即不二的密切關係上,這就叫做三諦圓融。

由三諦圓融的道理,發展而為一念三千的教義:一念是我們的心,即一心。我們的一念中,具有三千世界。這三千世界,各具備三千真理,支配上自天上,下至地獄,這都是我們的心的作用。這心的作用,不外乎起於一心或一念中。譬如映於鏡中的千差萬別的形相,一念之心就是鏡,三千真理如影像,這就是天台宗的一念三千說。

柒、華嚴宗

華嚴宗以《華嚴經》為所依經典。《華嚴經》的詳名為《大方廣佛華嚴經》。華嚴宗不是以信仰為中心,而是研究《華嚴經》的一學派。在中國始將《華嚴經》組織為一種學問的人,是隋末終南山的杜順禪師❷。他著有《華嚴法界觀門》一卷,《五教止觀》一卷,《一乘十玄門》一卷。其弟子智儼禪師❸,著《華嚴搜玄記》五卷,《華

---

❷ 唐法順,姓杜氏,萬年人,十八出家,依聖僧道珍受學定法,現神驗,唐太宗詔問朕苦勞熱,師之神力,何以蠲除?師曰:聖德御宇,微恙何憂。但願大赦,聖躬自安。上從之,病遂癒。因賜號,曰帝心。貞觀十四年坐寂。師著《法界觀門》一卷,《妄盡還源觀》一卷,專弘華嚴,以授雲華智儼,儼授賢首法藏,以師為本宗之鼻祖,見《佛祖統紀·二十九》。

❸ 智儼禪師為華嚴二祖,又號至相尊者,俗姓趙氏,生開皇二十年。初剃染時,禱於大藏前,抽得《華嚴》首卷,終日遍閱,遂往杜順和尚所,侍聽未久,盡得玄旨。尚以所集觀法傳與祖智,令其講授。偶遇異僧,謂曰:欲解華嚴一乘之宗者,十地中六相之義是也。靜攝思之,當自知耳。因即

嚴孔目章》四卷等。智儼傳於賢首大師❹，是此宗的集大成者。

　　華嚴宗最特色者，是其世界觀。八十卷《華嚴》的第一章〈世主妙嚴品〉，是世主大日如來的說法。這世界，是太古大日如來修行時，受教於無量數佛，發起大願而成就的世界。有美麗的蔓華所莊嚴裝飾的美觀世界，故叫做華藏世界。華藏世界，莊嚴清淨，有無數佛，與無數國土。皆由不思議力，而在不斷變化轉變。這生滅變化，皆是由於「業力」。我們造成善惡等事時，其結果顯現於後世，叫做「業」。故「一切唯心所造」，是《華嚴經》最後眼目，唯待我們善美的心，來淨化而成為理想的世界。

　　華嚴宗在一心上觀察宇宙全體，而將全宇宙分為四類：第一為事法界，是我們日常所見的山川草木等的外界。第二為理法界，是這世界中的各個事物，雖千差萬別，但犬、貓、人等同是動物或生物界。第三為理事無礙法界，是說事是宇宙的如是相，而理是宇宙本體，如水與波，並非各別，事的差別世界與理的平等世界是一如平等，無礙自在。第四為事事無礙法界，宇宙萬物既由同一理顯現，則所生成的現世界，事事物物皆是同一，應互相融通無礙。

　　華嚴宗將佛教分為五教：一、小乘教，即部派二十部；二、大乘始教，即法相、三論二宗；三、大乘終教，即說如來藏之楞嚴經、勝

____

淘研，豁然貫通。從此數講《華嚴》，宗風大振，名遍寰中。總章元年入寂。世壽七十二。

❹　賢首大師為華嚴宗第三祖。其祖康居國人，來居長安。師年十六，詣四明山阿育王塔鍊一指，誓學華嚴。嘗預玄奘譯場，以所見不同而離去。至則天武后朝，為譯場之首。聖曆二年，奉詔講大經於佛授記寺，感天瑞。先天元年，寂於大薦福寺。贈鴻臚卿，見《宋高僧傳‧五》，《佛祖統紀‧二十九》。

鬘經、起信論、寶性論者，又合大乘始教、大乘終教為漸教；四、頓
教，即禪宗；五、圓教，即華嚴宗。

捌、真言宗

真言宗亦稱密教，是大日如來的秘密教。因傳大日如來 ❹ 的真
實言說，故稱真言。密教起源於印度，於唐初，由龍樹菩薩的弟子龍
智，龍智的弟子金剛智、善無畏、不空三人傳入中國，唐宋間頗盛行。
至元代，因喇嘛教 ❹ 由西藏進入中國，密教始衰。

密教所依據的經典，為《大日經》、《蘇悉地經》、《金剛頂經》。
《大日經》是大日如來所說法，非佛陀所說。大日梵語「毘盧遮那」，
是光輝的意思，恰如太陽遍照全世界，大日如來是以此為本體的佛。

真言宗的教理不似他宗，先否定事物之後，再從所現的真如或本
性而求本體。而是從日常生活所經驗的個個事物，作為本體真相。這
自然的真實相貌，是在我們日常生活的周圍，一切如實顯現。唯因我
們在迷惑之中，所以不能分明體驗出真實正確的相貌。這一切都是大
日如來的相貌，大日如來是宇宙一切現象的大本。我們生活於無明的

---

❹ 大日如來密教之本尊，梵名謂之摩訶毘盧遮那，摩訶者大之義也，毘盧遮
那為日之別名，故譯大日。又毘盧遮那者，光明遍照之義，謂之遍照如來，
又云最高顯廣眼藏如來。《大日經疏・一》曰「世間之日，則別方分，若照
其外，不能及內，明在一邊，不至一邊。又唯白晝，光不燭夜。如來智慧
日光，則不如是，遍一切處，作大照明矣。」

❹ 喇嘛教，佛教之一派，唐時自印度入西藏，至今以西藏為此教之中樞，並
行於滿州蒙古。有新舊兩派，舊教衣紅稱紅教，新教衣黃亦稱黃教。末流
漸入妖妄。黃教明永樂間，宗喀巴所創，清時認為正教而保護之。其開宗
之二大弟子，曰達賴喇嘛，曰班禪額爾德尼，相傳達摩化身轉世，輪迴不
已。

迷惑中，我們的心未悟正道，故難看到大日如來佛貌。如何修悟？該宗立有許多煩瑣教條，多係沿用小乘義理，故不易發展。

玖、淨土宗

淨土宗是以持念佛號，為往生淨土的方便法門。諸大乘經論中，雖有明說十方無數諸佛各住其淨土，而各教化其眾生，可是獨立的經論者，只有彌陀佛、藥師佛，阿閦佛等，而以有關阿彌陀佛的經典為多，並且曾詳敘阿彌陀佛在因位（修行佛因之位，自發心至成佛之過程）時的誓願、修行，及其淨土「西方極樂國土」的莊嚴構造。因此，自古以來，彌陀的淨土，成為諸佛國土的代表，而彌陀成為往生淨土信徒的對象。淨土教傳入中國後，僧俗歸向者不知其幾千萬人，與禪宗同為實踐的信仰，而且後世附在禪宗而成為禪淨雙修。

淨土教的主要經典為《無量壽經》、《觀無量壽經》、《阿彌陀經》，一般稱為「淨土三部經」。特別是《阿彌陀經》的內容，先說明念佛之方法與功德，後描寫淨土之莊嚴快樂，引人入勝，文句更美妙動人，為信徒所普遍傳誦。

淨土教的傳入，始自後漢靈帝光和二年（西元一七九年）十月，支婁迦讖與竺佛朔共譯《般若三昧經》。此經專說明念佛三昧得見西方阿彌陀佛。所謂念佛，即念「南無阿彌陀佛」，全句都是梵語，分句華譯，則為「南無」（皈依），「阿彌陀」（無量），「佛」（覺），連起來，則為（皈依無量覺），即（信仰無量覺悟）。覺悟什麼呢？分為「光」和「壽」二方面。光是空間，壽是時間，即現代哲學之所謂時空，也就是整個宇宙。現代哲學的研究目的，在究明宇宙觀與人生觀。所謂淨土，就是集居著許多對於宇宙觀與人生觀認識清楚的覺悟人士，也就是有高深修養的諸大菩薩的理想世界 —— 西方極樂世界。而這極

樂世界，也不過是一個抽象的、哲理的、觀念上的最高願望對象。事實上，所謂西方極樂世界，遠在千萬里，近在方寸之間。所謂「心、佛、眾生，三無差別」，「放下屠刀，立地成佛」，「一句彌陀無量功德」，只要社會人人都能一心念佛，則在個人即心成佛，在社會則地獄立成淨土，這就叫做莊嚴佛國。所以念佛是最簡單易行之修事，而往生淨土，乃極有把握之佛果，所以叫做方便不二法門。

淨土思想，隋唐以來，如天台、吉祥、及攝論諸師，法相諸家，禪門等都有。唐以後，不但盛行於諸宗的高僧碩德，又深入於一般民間，多為公卿貴紳所參加。宋代三百年，結社念佛特盛於南方江浙之間。各淨土社每年舉行念佛會，參與者常達數萬，以至十萬人。明初的蓮池大師，明末的藕益大師 ❹，前者主張「禪淨同歸論」，後者主唱「念佛三昧論」，作「求生淨土偈」，主張「禪教律三學一源論」，說禪是佛心，教是佛語，律是佛行。同時又說三學 ❹ 不外乎是念佛

---

❹ 藕益大師，名智旭，自號八不道人，從所居而曰靈峰。初學儒，以聖學自任，作闢佛論數十篇。十七歲閱蓮池大師自知錄，敎及竹窗隨筆，取論焚之。二十歲喪父，讀《地藏本願經》，發出世之心。嘗訪三藏憨山，時憨山在曹溪，乃從憨山之徒，雪嶺剃度。尋往雲棲，聽古德講唯識論，疑與首楞嚴之宗旨不合，請問。古德云，性相二宗，不許和會。心怪之曰：佛法豈有二耶，遂入徑山參禪，性相二宗，一時透徹。旭見律學退廢，以興律為己任，既述毘尼集要，尋欲註梵網經，於佛前拈鬮以決所宗，得天台宗，於是究心台部，而不肯為台宗子孫，以近世之台宗禪宗賢首慈恩，各執門庭不能和合也。晚住靈峰，生平著述，合有四十餘種。順治十一年正月二十一日寂，壽五十七。

❹ 學佛人可通學者有三：㈠戒學，戒者禁戒也，能防禁身口意所作之惡業者。㈡定學，定者禪定也，能使靜慮澄心者。㈢慧學，慧者智慧也，觀達真理而斷妄惑者。戒學者律藏之所詮，定學者經藏之所詮，慧學者論藏之所詮。

一門，而以念佛為佛教的歸結，以執持名號為「至簡易，至奇特」的方法，是普被上中下三根，而又是攝事理的巧方便。

淨土宗，的確是中國人最普遍之信受奉行者。

拾、禪　宗

禪，為梵語「禪那」的略稱，譯為「靜慮」，是靜止念慮散亂的意味。修禪亦叫參禪，不像其他宗教，是訴諸理性而得理解的，又不是僅依信仰而可得到真解的。它是超過理性與信仰，單只向著自己心靈的大覺，與體驗的邁進，而豁然有所得的。它是最直截簡明，嫡嫡相承（傳燈）釋尊的真精神——自覺的大法。故雖到現在，尚能耿耿地大放光明。所謂釋尊的真精神，就是釋尊的正覺。這正覺，唯得到正覺的人方能體味到它的神秘境，想用客觀的知識是得不到的。所以《法華經》說：「唯佛與佛，乃能究盡。」這正覺，是佛教各派的起發點，同時，也是終局的目的。試依佛陀的傳記，觀察他的成道過程，既不依於哲理的研究，也不仰求禪的攝受，寧視這些為戲論，為愚迷；唯向著自己內心，與本能的欲望戰，與盲目的自我戰，終得制伏之，遂成為「一切勝者」，為「法王」。簡單地說：求禪方式，要不外於發揮般若智與禪定而已。那麼，所謂釋尊的正覺，亦不外自內在禪定圓熟的境上，發動了自覺的光明罷了。

禪道首自菩提達摩大師傳入 [49]，後經中國諸大禪師之傳承發揚，

依戒而資定，依定而發慧，依慧而證理斷惡。

[49] 菩提達摩，東土禪宗之初祖，常略名達摩。譯曰法，軌則之義，軌持之義也。達摩南天竺之剎帝利種也。梁普通元年泛海至廣州，武帝迎至建業，與語不契，遂渡江至魏，止嵩山少林，終日面壁而坐，時號壁觀。後得慧可，付法傳衣，付法偈曰：「吾本來茲土，傳法救迷情。一華開五葉，結果

而成為中國的禪，但仍不失其為佛教根本——釋尊直傳的真義，至今仍為禪的中心生命。又禪雖不立文字，但仍有其為成立支柱的經論，為修禪者所必讀。第一、《楞伽經》四卷，內容記述多種思想，而達摩大師即採取其中的唯心觀（三界唯心），與自覺聖智的境界。第二、《金剛經》一卷，要旨是說佛所得的正覺本質是空，即「應無所住而生其心」，心空處就是正覺，但也不是有空的心存在，若存有空的心，則不是真空。因此，經中說：「過去心不可得，現在心不可得，未來心不可得。」佛無自覺自己已得正覺，從而正覺中亦無佛，故此經的結尾：「一切有為法，如夢幻泡影，如露亦如電，應作如是觀」。第三、《維摩經》三卷，此經所說的究竟處是「不二法門」，超越「有無」、「自他」、「生死」、「涅槃」等。這經用種種戲劇的敘述，而其語句屢為禪門所引用。上述三經中，《楞伽經》為達摩至五祖弘忍所依用，六祖慧能以後則用《金剛經》，此外尚有《法華經》、《楞嚴經》、《圓覺經》、《般若心經》等，也都是禪門所用的經典。禪宗雖基於上述諸經而興盛，可是其悟道的境地，是以實際體得為目的，所以對於修行，仍置重於坐禪的實踐，而輕視經論的學習。當時達摩祖師面壁九年，而立心要：「教外別傳，不立文字，直指人心，見性成佛。」意思是說，佛是覺者，覺即悟道，悟道即禪所謂見性，得悟道則稱為佛，所以見性即是成佛。

禪既不立文字，其傳承惟賴師徒間一心相照。相傳世尊一旦於靈山會上，拈一枝金婆羅華示眾，時大眾皆默然不得要領，唯獨迦葉尊者，破顏微笑。世尊曰：「我有正法眼藏，涅槃妙心，實相無相，微

自然成。」又曰：「此有伽經四卷，為如來極談法要，今並付汝。」成二祖，梁大通二年寂。葬熊耳山，梁武帝製碑讚德，唐代宗謚曰圓覺大師。見《傳法正宗記‧五》。

妙法門，付諸摩訶迦葉。」即禪宗首次傳燈的妙用，自此二十八傳至菩提達摩，於梁武帝普通七年（西元五二六年）九月二十一日到達廣州番禺，為中國禪宗初祖。二祖為慧可，三祖鑑智，四祖道信，五祖弘忍。這時，另有牛頭山法融禪師一派，別系傳承。而弘忍傳六祖慧能，同時，神秀禪師 ❺⓿ 另開北宗，傳承頗久。而南宗慧能以下分曹洞與臨濟兩大派，再下分派益多，有五家七宗，自此禪風愈盛。

　　中國佛教，南北互異其趣，北主理論研究，南主實踐教法。實踐又分主觀客觀，客觀是念佛，主觀是修禪。一到唐代，這兩大宗門特別發達，再與中國的哲學思想相結合，而禪宗益發興盛。北禪主漸悟，南禪主頓悟。主頓悟則排斥理論的精研，而努力於真修，結果如現在的禪宗，成為非理論、非哲學的，這便是禪的一大特徵。可是這樣不講哲學，不講理論，如何來傳習法門，如何來表現法門呢？全賴祖師的傳記，主要是《祖師語錄》，顯現著禪的內在經驗及法門。細讀玩味，即能頓然恍悟。如《臨濟錄》中的：「道流佛法無功用處，只是平常事，屙屎送尿，著衣吃飯，困來即臥；愚人笑我，智者乃知焉。」這不就是法門記錄嗎？後來這種記錄，漸變成公案，也就是祖師的實際生活，拿來做後學者活生生的功課，豈不妙哉！

　　禪宗還有特殊之處，就是革命精神，在中國佛教史上起了一種大改革運動，主張頓悟成佛，反對煩瑣理論，建立僧眾平等制度，推翻身分等級制度，反抗當時 —— 中唐以後的貴族僧侶；力主無相無為即是佛，呵斥經論與佛祖；用平民語言，宣傳佛教，代替艱深難解文字，使佛法大眾化；不談高深玄妙哲理，在實際生活上，運用直覺、直觀、

---

❺⓿　唐荊州當陽山度門寺神秀，受心印於東山弘忍，忍寂後往江陵當陽山，道譽響四海。則天武后聞之，召使趨都，肩輿上殿，親加跪禮。師為北宗之祖，猶南宗之有慧能，神龍二年入寂，敕諡大通禪師。見《宋高僧傳・八》。

內省等方法，求悟宇宙人生之明白道理；主張人人都能頓悟成佛，既深合大乘佛教無階級性之原旨，亦使佛教與社會大眾結不解因緣，而尤表現了「中國禪」之特色。

第十節　佛教（大乘教）的哲學思想

　　一般宗教多有崇拜之對象，非物則神。佛教所崇拜者，非物非神，而是大自然界基本之原理原則。其所最尊敬者為佛，佛係梵音，義即覺也，覺悟宇宙人生之根本意義，而誠篤修為，發大慈大悲，以超度眾生之謂。故此佛非在天上，亦非天授，而在每一眾生，有為者亦若是，也就是眾生皆可成佛。故全部佛教，尤其是大乘佛教之基本教義，純為一種哲理。茲就一般哲學所研究的幾個基本問題 —— 宇宙本體問題、宇宙現象問題、人生論、認識論等，以研析大乘佛教的哲理內容。

　　㈠真如的本體論　真如 (tathta) 是佛教的信仰中心，修行目標，也是最不容易捉摸的一件事，故佛教經典中，往往以「不可說，不可說」來傳達心聲，來作會心的瞭解。以佛教哲學的研究解釋，則真如雖包含種種意義，從大體說來，不外為宇宙的真實相。佛教經典認宇宙現象，如電光石火，變幻無常，但又認變幻中有不變者在，無常中仍有其常。此不變、有常的存在或法則，名為真如。但又恐凡夫之人，誤認真如為實有，或誤認變幻無常為真空，故幾經研究斟酌，而先名之曰「真」，繼加含有限定意義的「如」，以名這一「真」仍非實有。可是即使如此瞭解，仍有許多異議，例如婆羅門哲學與佛教哲學，至少在出發點上，已顯示出根本的差異，可知這一不可捉摸的奇怪名詞，真是大可尋味了。就在佛教，由於種種教理的分別，其解釋也不

能歸於一致。

其實真如思想，從原始佛教即已具備，但充分發達是後代的事，當在佛滅度後五六百年。我們可以先下一個假定的看法，就是這真如思想的本身意義，也是在發展著的，並不完全固定。

在這裡，我們擬以現代哲學的見解，作一初步的解釋，即：真如就是宇宙的本體。一切宇宙現象，好像電光石火，變幻無常，惟本體則是宇宙現象的根本大法，是宇宙現象的不變實質或實體。對於這一實質或實體的認識，無論在西洋或中國，自來哲學思想界見仁見智，各不相同，因為同樣是在發展，甚至於將永遠發展下去的關係，無不在「有」「無」、「動」「靜」、「空」「實」、「心」「物」之間，各發揮其妙諦，很難有最後的定論，但我們在這裡不妨作一如下的結論：

甲、佛教所衷心追求的唯一目標為真如，這真如可說是宇宙的本體。

乙、古今中外哲學家所研求的根本問題，就是宇宙的本體問題，以故佛教實在是一種哲學信仰的教理。

現在我們再列舉佛教對於真如研究的重要內容，以見約二千年前，佛教哲學精進程度之一斑，令人不由得不對古代印度文化之進步肅然起敬！

依照經文解釋，真者真實之義，如者如常之義，諸法之體性，離虛妄而真實，故云真，常住而不變不改，故曰如。《唯識論‧二》曰：「真謂真實，顯非虛妄；如謂如常，表無變易。謂此真實於一切法，常如其性，故曰真如。」或云自性清淨心、佛性、法身、如來藏、實相、法界、法性、圓成實性，都是同體而異名者。

再就真如的認識而言，顯見於唯識三性，即：①偏計所執性，就是主觀的計度，分別事物；②依他起性，即依附於時間空間關係而成

立動的觀念；③圓成實性，即主觀客觀之統一的認識。從這樣的過程中所認識的宇宙本體，即為佛學上的所謂真如。又如天台宗的一性三觀，即空觀、假觀、中觀，所謂「一念心中，三觀具足」，但須不落空假兩邊，方顯得真如。《金剛經》：「所謂佛法（空觀），即非佛法（假觀），是名佛法（中觀）」，即成為萬法互攝圓融境界。大乘一法，即便是「真如實相」，也叫做「妙真如性」，就是不受煩惱所染污（不受錯雜思想所擾亂）的清淨、永恆、快樂、實在、自由。這種境地，也可以叫真空，或畢竟空，又可以叫做「妙有」或「勝義有」，「真空妙有」實即達到中道，因為它不偏於妄有，又不偏於虛無。

總之，佛家以真如為本體，此真如乃非心非物，即心即物；非有非無，即無即有者。《心經》：「色不異空，空不異色；色即是空，空即是色。」可以說解釋得夠透徹了，而詞句間所最注重者，唯恐凡夫之人，易落一邊耳。

而且此真如，自來有一真如，二真如……之辯詰，而大乘思想則主張一真如而不分，此種「一如」也就是一元思想，在印度由來已久。《梨俱吠陀詩篇》，是世界最古的詩篇，其對於宇宙的哲學思想，計可分成三個階段：①宇宙之大原唯一；②由此而生起萬有；③生起萬有後，大原依然不動其自體。也就是說，儘管萬有多變，本體依然不變不分。此思想影響後來印度哲學思想甚大。奧義書（西元前八〇〇年）中有「唯一不二」之格語，大乘佛教中有「唯有一乘法，無二亦無三」之各大思想，均出發於此根本思想。

於此，我們可以想見佛教對於真如本體研究之精深，惟因當時詞句之不夠透達其所見，且又恐引起學者之誤解，故不惜巧譬善喻，或反覆指示，反使後人愈覺高深莫測，曲解更多。益以梵文重譯，難免有失真之處，而後人註解叢興，如《心經》有百家註，《金剛經》註

解本更多，又各有主觀意見之羼入，自不免錯雜叢生了。

㈡**空幻的現象論**　一切現象，自其整個體系言，即自其大者言之，就是整個宇宙觀；自其個別狀態言之，就是一般所說的現象論。佛教對於整個宇宙的假想（當時科學未發達，只憑假想），是很美妙、悠遠、闊大，在古代民族思想中不可多得。就空間言，佛家常說三千大千世界。所謂三千世界，據佛家解釋，是指世界之一個單位，合三千個小世界，為一中千，合三千中世界，為一大千，合三千大世界為一個三千大千世界。佛家還構想繪成一小千世界的地圖，在哥倫布抵達美洲，證明地圓說之前，這樣的地圖，恐怕在全世界古代民族中不易多覯了。他們的地圖是這樣的：先以須彌山為中心（佛經中凡是形容高者為須彌山，形容多者為恆河沙數。須彌梵音，義譯為妙高，計三百三十六萬里），四圍皆鹹水大海，大海中有四大洲，一、東勝神州，二、南瞻部洲，三、西牛貨洲，四、北拘盧洲，人類即居在南瞻部洲中，餘三大洲，亦各居有形相生活不同之主要動物。大海四周的盡頭，則圍以鐵圍山。

就時間言，佛家常言三世，所謂三世，即過去、現在、未來。佛家常言「三世果報」，足見其果報時代的遙遠，也可以說是果報之可必，而無可逃避了。

但佛教對於此一博大悠久之宇宙現象世界，以哲理眼光，斷非實有。《金剛經》云：「世尊！如來所說三千大千世界，即非世界，是名世界，何以故？若世界實有者，即是一合相。如來說：一合相，即非一合相，是名一合相。」「須菩提，一合相者，即是不可說，但凡夫之人貪著其事。」足見佛家對於宇宙的看法，亦非止於實有世界，而是指那形而上的、不可說的、至玄至妙的最終理念世界了。

不過，佛學包容廣闊，教義深淺不同，不免有錯綜互異的思想派

別：有就現象事物的因果連續，說明萬有由多元生起的緣起論學派；有主張物質現象為精神原素所開展的唯心一元論學派；有肯定超越現象的實在本體論的實相派；有不辨本體與現象，以現象歸於本體活動，提倡現象即本體論的學派。實則各方面理論，都有互相包容、含攝、互為表裡的關係，最後無不可以到達現象即本體的理想境地。所謂「諸法即實相」，「事事無礙」，「介爾一念，圓具法界三千之法」；「三千十方國土，普現一微塵中而不迫迮」；此乃萬法一如的妙相，是一乘究竟的極則。

又佛教對於現象界的看法，一切都是動的、幻滅的、不實在的，如《金剛經》最後的偈語：「一切有為法，如夢幻泡影，如露亦如電，應作如是觀。」但在這種動變狀態中，有什麼一定法則可尋嗎？在《俱舍論》中謂世界以成、住、壞、空四劫進行。成劫為由初天至地獄界次第成立之期；住劫為此世界安穩成住之期；壞劫為世間起火、水、風三大災禍，蕩盡色界初禪天、二禪天、三禪天以下之期；空劫為壞後空無一物之期。經此四期為一大劫。如此周而復始，無有盡期。又佛教對於因果輪迴之說 ❺ 頗為肯定，都足以證明佛教對於現象界的動變，認為必有一定的因果法則可尋，當然是近於機械論的觀點了。

⑶悲憫的人生觀　佛教對於人生問題的看法，完全本於佛陀：諸行無常，諸法無我，一切皆苦，寂靜涅槃四法印而確立起來的。同時，也是各種宗教悲天憫人的基本看法，不過多不及佛教的哲理化而已。

---

❺ 因者能生，果者所生，有因則必有果，有果則必有因，是謂因果之理，佛教通之三世（過去、現在、未來），說善惡應報之義。《涅槃經‧憍陳品》曰：「善惡之報，如影隨形，三世因果，循環不失，此生空過，後悔無追。」佛教又說六道輪迴之義，六道者天道、人道、阿修羅道、畜生道、餓鬼道、地獄道。《心地觀經‧三》曰：「有情輪迴生六道，猶如車輪無始終。」

264

尤其是大乘佛教，認為人生原是苦多樂少的，由於種種業的造因，更由於很難解脫的迷惑欲望的執著，猶如飛鳥自投羅網，還要在羅網中亂飛亂跳，結果是苦上加苦，愈難解脫。於是認這世界是娑婆（義為能忍）世界，能忍受眾苦而不思自拔，可憫孰甚！所以發七十二大願，以大慈大悲心腸，誓必超度眾生而成佛。大乘思想認眾生皆可成佛，只要能發菩提心（覺心），求般若知（妙智慧），一樣可以得度，雖是罪孽深重之輩，如能放下屠刀，立地成佛。所謂成佛，就是能夠解脫現世之苦，而入於真如的清淨常樂境地。同時，佛教以為生於這人世，恰如盲龜得浮木，實為難得的殊勝因緣，所謂「人身難得，佛法難逢」，切不可虛度此難得的一生。尤其是佛教以為，我們與其生於快樂多的世界，毋寧生於苦痛多的世界——現世界，也就是多苦痛的南贍部洲，比較生於多快樂的北拘盧洲，為有價值與有意義。總而言之，凡人常滿足於現世一時的快樂，佛教則發現人生根本是苦，應該即以苦為良好機緣，而更促進自己人格的向上，不為苦所征服，仍能以大丈夫氣概，愉快地生活下去，勇往直前，為救苦救難而充實自己，以至於全人類的生活意義，而使全人類以至於眾生，都入於超凡入聖的境地，也就是整個現實的娑婆世界 ❷，莊嚴成理想的極樂世界，即人間淨土。

佛教的人生方法，極重自己的修行，以至於苦行，要修戒修慧，纔能證得菩提。其用意所在，以為必先自覺方能覺他；必先自度，方能度人。所謂「我不入地獄，誰入地獄」，這一宏偉的、超度眾生的平等思想，纔是大乘佛教思想之極致。此種濟世度眾之虔誠熱烈，正

---

❷　娑婆又作娑訶，堪忍之義，故譯曰忍土，以與淨土相對。《法華文句·二》曰：「其土眾生，安於十惡，不肯出離。」《悲華經》曰：「云何名娑婆，是諸眾生，忍受三毒及諸煩惱，故名忍土，亦名雜會，九道共居故。」

是高度積極的、淑世的人生觀了。

至於大乘佛教所欲建立的理想的極樂世界——淨土的具體內容——文化的、倫理的、宗教的、社會的、政治的、經濟的，散見於佛陀及歷代諸菩薩所發的無數本願思想中，有描述當時實有狀況者，有發揮各誓願建設之理想希望者。

㈣**唯識的智識論**　唯識思想雖淵源於龍樹的研究般若思想，實完成於彌勒與無著，特別是世親；尤其是彌勒所闡述的阿賴耶識，奠定唯識思想的基本。《華嚴經》就「集起」之義而曰唯心，《唯識論》就「了別」之義而云唯識。前者是說識即心，唯識即唯心；後者是就認識論觀點而言，是說萬有一切，唯識所生，故云萬法（形相）唯識。而阿賴耶識，為諸識之種子，此近乎西洋之觀念論。

但唯識之真義所在，並不以識為滿足，而是在於說明萬法固由識所生，但不可以執著此識。因為一切由識所生之萬法，只是宇宙的現象，固轉變無常，不可執著，我人由識所生之萬法，只是一種法執，而此種法執所由生之我識，根本也是一種執著而不可靠，故佛家主張破除一切執著，方可得見萬法之真相，也就是真如。故所謂萬法唯識者，非只在說明萬法唯識之現象而已，是要我們徹底明瞭萬法都由識所生，應該設法破除這種「我執」與「法執」，纔是研究唯識論之真正意義之所在。

唯識論者為了追究「識」之所由起，故把「識」分析到非常精細，由五識、六根❸，以至於第七末那識、第八阿賴耶識，然後一一加以破捨。修道者初步捨前六識，次捨第七識，最後達阿羅漢（小乘極悟之位名）位，始捨第八識。如是修持步驟，無非想證明我空與法空

---

❸　六根為：⑴眼為視根，⑵耳為聽根，⑶鼻為嗅根，⑷舌為味根，⑸身為觸根，⑹意為念慮之根。

的正理，以斷「我執」與「法執」，期於得真解脫。在這裡也可以證說佛教對於認識的起源，是採取後天經驗（前五識眼、耳、鼻、舌、身，純與外物接觸而起識）與先天理性（後三識意識、末那識、阿賴耶識，純憑先天理覺，會通前五識而構成整個的認識）合一，也就是主客觀合一的理論根據了。

附　錄

　　佛學對於認識（智識）哲學三問題的看法西洋智識哲學，曾講到：⑴智識起源問題，⑵認識對象問題，⑶認識範圍問題，佛學亦涉及這三問題。

　　㈠西洋人講智識起源問題，分先天之知（理性論），與後天之知（經驗論），又有先天後天並顧者。佛學上則有把知識構成分為「現量之知」、「比量之知」與「聖言量」者。「現量之知」，是指現成現見而現存之知，亦可稱為一種如其所知之直接經驗之知。「比量之知」，乃指比類已知之知，以量知未知之知，則為推理之知。前者為一種對客觀感知之知，後者則為主觀認知之知，也可以說是前者是後天的，後者是先天的，同為知識的來源。所謂「聖言量」，即為聖者所述其現量所親證之境界，如諸法之實相，亦為人所當信，可以說是一種聞知。惟佛學上主張此種現量、比量、及聖言量之知之獲得，均有待於人之一種道德的實踐修養，為其特色耳。

　　㈡西洋人講認識範圍問題，有有限論（相對論）與無限論（絕對論）之分，又有實證主義。佛教對於認識範圍問題，有「實相般若」、「觀照般若」、「文字般若」之分。般若是智慧，三者是說明各種智慧之所得。「實相般若」又名「修慧」，是說道行修為到了高度，所得智慧乃能了悟實相，其境地非言語文字所能傳達，其意義可約分為三：

①實相無相；②實相無不相；③實相無相無不相，蓋已了悟妙有真空之極致了。「觀照般若」又名「思慧」。依理進修，所行與所解相應，心內凝光，照了諸法，凡所有相皆是虛妄，當體即空，由空忘相，而見實相。以實相由觀照而證得，故名「觀照般若」。「文字般若」是指由聖教啟發的清淨智而言。「觀照般若」與「文字般若」是相似義，屬「方便般若」；「實相般若」是真實義，屬「究竟般若」。

㈢西洋人講認識對象問題，有觀念論（唯心論）與實在論（唯物論）之分，又有心物並顧或並存的中立一元論。佛教哲學對於認識對象問題，可以禪學為代表。禪學主張認識的對象與認識的我同時發生，不像觀念論者之重視思維與意識，亦不像實在論者之重視物質與存在。以為我與外物，都是同時存在的，故我們之所以有感覺，是在於半自動（我在之伸展），及半被動（外物之伸展）之間。我們只能以理智及邏輯的推理明白真理之半，其他外物伸展之一段，必須應用頓悟（滅），也就是用非邏輯的直覺方式去突破。佛學上的滅（入神）是對真理的「假期旅行」，是對外在世界消極的退隱。但假期以後，再回到塵世，自然會產生一種山重水複疑無路，柳暗花明又一村的境地，能以寬大的眼光，給諸物以新的估價，也就是破壞自我之後，建立新的自我。

第十一節　范縝、王通、韓愈、李翱的哲學思想

壹、范縝的哲學思想

范縝字子真，南北朝時齊梁間南陽人，為中國之無神論者。少孤

貧，事母謹孝，及長博通經術，尤精三禮，性質直，好危言高論。仕齊為尚書殿中郎，齊武帝永明中使和於北魏，著名鄰國。梁時為晉安太守，遷尚書左丞，後為國子博士。他因反對佛教神不滅說，特著《神滅論》以破之，激起了佛教徒的群起攻擊。梁武帝時曾敕群僚曹思文等六十三人非難之，范氏竟不為屈。著作以《神滅論》為主，由問答三十條而成。

㈠神滅論　六朝齊梁之際，佛學盛行，信徒及凡民多信靈魂不滅說，范氏獨排眾議，著《神滅論》以破之。他說：「神即形也，形即神也。是以形存則神存，形謝則神滅。」這種思想，類似謝克林的心物同一論，因為神可視為心，形可視為物。

他又說：「形者神之質也，神者形之用也。是則形稱其質，神言其用。形之與神，不得相異。……神之於質，猶利之於刃，利之名非刃也，刃之名非利也，然而捨利無刃，捨刃無利，未聞刃沒而利存，豈容形亡而神在？」形存則神存，形滅則神滅，沒有形亡而靈魂不滅之理。這種主張，我們現在可稱為神形合一論，或心物合一論。

㈡反神滅論　鄭道子著《神不滅論》，以駁范縝云：「形與氣息俱盡，神與妙覺同流。雖動靜相質，而精粗異源。……神為聖本，其源至妙，豈得與七尺同枯，戶牖俱盡者哉。」如果站在宗教立場，這固言之成理，但比不上范氏理論之通俗易明。

貳、王通的哲學思想

王通，即文中子，生於隋文開皇四年，卒於大業十三年（西元五八四～六一七年），自幼通六經，慨然有救世之志。至長安見隋文帝，奏〈太平策十二條〉，見其太子有異志，乃歸鄉里。翌年太子弒父文帝而自立，即為煬帝。文中子說：「千載而下，有申周公之業者，吾

不得而見也。千載而下，有紹宣尼之業者，吾不得而讓也。」(《中說‧二》)

唐皮日休《皮子文藪》稱：「文中子，生於陳隋之間，以亂世不仕，退於汾晉，序敘『六經』，敷為『中說』，以行教於門人。夫仲尼刪詩書，訂禮樂，贊易經，修春秋，先生則有禮論二十五篇，續詩三百六十篇，元經三十一篇，易贊七十篇。孟子之門人有高第者，公孫丑、萬章焉。先生則有薛收、李靖、魏徵、李勣、杜如晦、房玄齡。」(〈文中子碑〉) 今述其倫理觀，政治觀與反佛理論。

㈠**倫理觀**　他提倡三才五常。何謂三才？即是「氣」、「識」、「形」。「氣」指天理言，「識」指人倫言，「形」指軀體言。謂我們的軀體能夠生長，具有能窮理的心，又具有能盡性的識，則三才備矣。何謂五常？即仁、義、禮、智、信，這是前人說過的。他以為為學的目的在造成高尚人格，達到聖人與至人的境界。這裡所謂至人，是齊生死、忘得失的，含有老莊思想在內。

㈡**政治觀**　他以傳周公之道，紹宣尼之業自命，亦以制作禮樂為己任。他自謙說：「吾於禮樂，正史而已，如其制作，以俟明哲。」

《中說》云：「不以三代之法統天下，終危邦也。如不得已，其兩漢之制乎？不以漢制輔天下者，終亂也已。」他的復古思想，以漢代為目標。他又提倡民本主義，故謂「議盡天下之心」。又說：「議，天下所以兼乎而博聽也，唯至公之主，為能擇焉。」他又贊成霍光廢帝，以為大臣可以廢昏舉明。蕭公權先生說：「王氏論證大旨，以無為而治為最高之理想，以仁又為主要之道術，而以愛民厚生為政治之根本。」(蕭著《中國政治思想史》) 可見他亦重民生主義。

㈢**反佛**　他反對佛教而尊重其教主。《中說》云：「子(文中子自稱)曰：詩書重而秦世滅，非仲尼之罪也。虛玄長而晉室亂，非老莊

之罪也。齋戒修而梁國亡，非釋迦之罪也。」易不云乎？「苟非其人，道不虛行。」這裡有「人存政舉，人亡政息」之意。

「或問佛。子曰：聖人也。曰：其教如何？曰：西方之教也，中國則泥。軒車不可適越，冠冕不可以之胡，古之道也。」可見他仍是從別夷夏的立場，反對佛教行於中國。

參、韓愈的哲學思想

韓愈字退之，昌黎人也。生於代宗大歷三年（西元七六八年），精通諸子百家，尤精六經。進士及第後，從裴度平定淮西有功，任刑部侍郎。唐憲宗迎佛骨，韓愈進表諫阻，貶為潮州刺史。後復為兵部侍郎，進為吏部侍郎，卒於穆宗長慶四年（西元八二四年），年五十七，贈吏部尚書，諡曰文，故稱韓文公。著有《論語集解》及詩文甚多，編為文集，以〈原道〉等文為最。現述其道統論、政治觀、人性論及反佛理論。

㈠道統論　他在所著〈原道〉一文中，反對佛老，提倡道統。他說：「斯道也，何道也？非向所謂老與佛之道也。堯以是傳之舜，舜以是傳之禹，禹以是傳之湯，湯以是傳之文武、周公，文武、周公傳之孔子，孔子傳之孟軻。軻之死不得其傳焉。荀與楊也，擇焉而不精，語焉而不詳。」他自己無形中以傳道統自命。堯、舜、禹、湯、文武、周公、孔子之道的內容是什麼呢？他說「博愛之謂仁，行而誼之謂義，由是而之焉之謂道，足乎已無待於外之謂德。其文詩書易春秋，其法禮樂刑政，其民士農工賈，其位君臣、父子、師友、賓主、昆弟、夫婦，其服麻絲，其居宮室，其食粟米果蔬魚肉。其為道易明而其教易行也。」這裡所講詩書禮樂，就是儒家之道，不是佛老之道。

㈡政治觀　韓愈的政治思想重視民生問題，他說：「民之初生，

固若禽獸然。」(《文集·送浮屠之楊師序》)「有聖人者立，然後教之以相生相養之道。為之君，為之師，驅其蟲蛇禽獸而處之中土。寒然後為之衣，飢然後為之食。木處而顛土處而病也，然後為之宮室。為之工以贍其器用，為之賈以通其有無，為之醫藥以濟其夭死，為之葬埋祭祀以長其恩愛。為之禮以次其先後，為之樂以宣其抑鬱，為之政以率其怠倦，為之刑以鋤其強硬。相欺也，為之符璽斗斛權衡以信之。相奪也，為之城郭甲兵以守之。害至而為之備，患生而為之防。」「如古之無聖人，人之類滅久矣。」(〈原道〉)他提倡分工合作與分層負責的政治制度，以反對佛老學說。「是故君者出令者也，臣者行君之令致之民者也，民者出粟米麻絲，作器皿，通貨財以事其上也。」反之，便是君不君，臣不臣，民不民了。

韓愈曾為大禹家天下而辯護。他說：「堯舜之傳賢也，欲天下之得其所也。禹之子也，憂後世之爭也。」「傳之人則爭，未前定也。傳之子則不爭，前定也。前定雖不當賢，猶可以守法。不前定而不遇賢，則爭且亂。天之生大聖也不數，其生大惡亦不數。傳諸人，得大聖然後人莫敢爭。傳諸子，得大惡然後人受其亂。」(《文集·對禹問》)可見他是贊成家天下的。

㈢**人性論**　他認為：「性之品有三，上焉者善焉而已矣，中焉者可導而上下者也，下焉者惡焉而已矣。……上之性就學而愈明，下之性威畏而寡罪。是故上之品可教而下者可制也，其中品則孔子謂可移也。」由此可知，他調和了孟荀揚的人性論。

㈣**反佛**　韓愈闢佛的理論，主要有三：

甲、以夷亂夏　〈諫佛骨表〉說：「佛者夷狄之一法耳，自後漢時流入中國，上古未嘗有也。」又云：「且佛夷狄之人，與中國言語不通，衣服殊製，不知君臣父子為何物；假如其身至今尚在，奉其國命，

來朝京師，陛下客而接之，不過宣政一見，禮賓一設，賜衣一襲，衛而出之於境，不令惑眾也。況其身死已久，枯朽之骨，兇穢之餘，豈宜令入宮禁！乞以此骨投諸水火，永絕根本，以斷後代之疑惑。」這是大膽的議論，故遭至排斥。〈原道〉中說：「孔子之作春秋也，諸侯用夷禮則夷之，進於中國則中國之。經曰：『夷狄之有君，不如諸夏之亡。』《詩》曰：『戎狄是膺，荊舒是懲。』今也舉夷狄之法而加之先王之教之上，幾何其不胥而為夷也！」他反對以夷亂夏，何等激烈！

乙、破壞倫常　〈原道〉篇說：「傳曰：古之欲明明德於天下者，先治其國。欲治其國者，先齊其家。欲齊其家者，先修其身。欲修其身者，先正其心。欲正其心者，先誠其意。然則古之所謂正心而誠意者，將以有為也。今也欲治其心而外天下國家，毀其天常，子焉而不父其父，臣焉而不君其君，民焉而不事其事。」他自倫常方面反佛，可以博得他人同情。

丙、求福得禍　〈諫佛骨表〉說：「昔者黃帝在位百年，年百一十歲。少昊在位八十年，年百歲，顓頊在位七十九年，年九十八歲。帝嚳在位七十年，年百五歲。此時天下太平，百姓安樂壽考，然而中國未有佛也。………漢明帝時始有佛法，明帝在位才十八年耳。此後亂亡相繼，運祚不長。宋、齊、梁、陳、北魏以下事佛漸謹，年代尤促。惟梁武帝在位十八年。前後三度拾身施佛，宗廟之祭，不用牲牛，晝日一食，止於菜果。其後竟為侯景所逼，餓死臺城，國亦尋滅。事佛求福，乃更得禍。由此觀之，佛不足事亦可知矣。」敬佛的目的在求福求壽，結果適得其反，所以他反對迎佛骨。

肆、李翶的哲學思想

李翶，字習之，趙郡人，曾從退之遊，善為文章，辭致渾厚。德

宗貞元十四年（西元七九八年）進士，以性峭鯁，論議不屈，仕不得顯。官至山東道南節度使，著有《論語筆解》、《李文公集》、《復性書》等，唐武宗會昌元年（西元八四一年）卒，亦諡曰文。今述其人性論、修養論及反佛理論。

㈠**人性論**　他說：「人之所以為聖人者，性也。人之所以惑其性者，情也。喜、怒、哀、樂、愛、惡、欲七者，皆情之所為也。情既昏，性斯匿矣。……情不作，性斯充矣。」（《復性書》）他這裡的主張，是一種性善情惡論，入宋為邵康節所贊同，為王安石所反對。

「百姓豈其無性耶？百姓之性與聖人之性弗也。雖然情之所昏，交互攻伐，未始有窮，故雖終生而不目睹其性焉。」又說：「桀紂之性，堯舜之性也。其所以不睹其性者，嗜欲好惡之昏也，非性之罪也。」這是說，性本善，惟為情欲所蔽，則終身無以明其性，無以知其性。

㈡**修養論（復性）**　或問曰：「人之性，猶聖人之性，嗜欲愛憎之心何由而生也？」他答曰：「情者，妄也邪也，邪與妄則無所因矣。亡情滅習，本性清明，周流六虛，所以謂之能復性也。」（〈答或人問〉）因為性是善的，情是惡的，要做修養工夫，就是要亡情復性。

或人又問曰：「人之昏久矣，復其性者，必有漸也，敢問其方？」曰：「弗思弗慮，情則不生。情既不生，乃為正思。正思者，無慮無思也。」他的無思無慮思想，固與《易經》之「天下何思何慮」有關，亦與禪宗之「寂而常照」有關。所以他釋《中庸》「誠則明」亦用一個「照」字，如說：「道者誠也。誠而不息則明，明而不息則『照』天地而無遺。」（參考韓逋仙著《中國中古哲學史要》）。

㈢**反佛**　李翱曾任朗州刺史，當時醉心佛學，曾謁僧人藥山問道，藥山示以「雲在青天水在瓶」之偈，他有所悟，後乃以易禮釋佛學，最後又以儒道闢佛，或許受其師韓愈的影響。

甲、反用夷禮　韓愈以別夷夏反佛，反對中國人用夷禮，李翱亦說：「佛法之行於中國六百餘年矣，受於漢，浸淫於魏晉之間，而瀰漫於梁蕭氏，遵奉之以及於茲。蓋後漢無辨而正之者，遂使夷狄之術行乎中國，致吉兇之禮謬亂，其不盡為戎禮也無幾矣。」自佛教東來，社會上之婚喪都用佛禮。孟子曰：「諸侯用夷禮則夷之。」韓愈與李翱皆本孟子之言，反對用夷禮。

乙、反不事生產　著者曾至福建龍溪，查其縣誌，知陳北溪等反佛，乃由於佛教不事生產，徒然消費，李氏亦有相同的看法。他說：「故其徒也不蠶而衣裳具，不耨而飲食充，安息不作，役物以養己，至於幾千百萬人，推是而凍餒者幾何人可知矣。於是築樓殿宮閣以事之，飾土木銅鐵以形之，髡良人男女以居之，雖璇室象廊，傾宮鹿臺，章華阿房弗加也。是豈不出乎百姓之財力歟？」良以佛殿輝煌，佛供夥多，加以經常「拜拜」，經常捐納，誠如韓愈所云：「奈之何，民不窮且困也。」

丙、反滅倫常　佛教主張出家，打破父子兄弟夫婦等倫常關係，李氏特加以反對說：「君臣、父子、夫婦、兄弟、朋友，存有所養，死有所歸，生物有道，費之有節；自伏羲至於仲尼，雖有聖人不能革也，故可使天下舉而行之無弊者。此聖人之道所謂君臣、父子、夫婦、兄弟、朋友，而養之以道德仁義也。」他認為佛教滅倫常，有違先王之道，不應信奉。

伍、結　論

當佛學盛行之際，范縝、王通、韓愈、李翱等能起而反佛，算是特立獨行。

范縝從哲學見解反佛，以心物合一論（神形合一論）反靈魂不滅

說，很多人受了他的影響，而主無神論，胡適便是一位。

韓愈諫迎佛骨，被貶潮州，政治上遭致嚴重的打擊，而反佛的精神始終如一，故能獲得蘇東坡「文起八代之衰，而道濟天下之溺」的讚譽。

他以堯、舜、禹、湯、文、武、周公、孔子為儒家一貫的道統，這不僅上接董仲舒、孟子，下啟宋明理學家之傳道精神，亦對孫中山先生之思想與今日之中華文化復興運動，有其直接影響。

李翱由習佛而反佛，予宋明理學家莫大之啟示。周濂溪曾與佛教徒來往，程明道出入老釋者幾十年，朱熹與禪師研討，陸象山曾唸佛典，王陽明亦習禪。這些理學家一面「援佛入儒」，一面「披著袈裟反佛」，儼然以李氏為榜樣。

第三章　近代哲學思想

前　言

本章自北宋起以至元明，所有重要哲學思想都在研究之列，其主流為理學，亦講到反理學之功利主義，計分為兩宋哲學與元明哲學。

㈠**兩宋哲學**　我們研究兩宋哲學，以理學為主，旁及王安石、呂東萊等。

北宋理學以五子為中心，周濂溪、邵康節、張載、程明道、程伊川皆分節研究。南宋理學，則分論朱熹、陸象山的哲學思想，而且比較異同，因為朱學材料太多，故多敘述一些。

寫中國哲學史者，在北宋多不列王安石、司馬光及蘇東坡，在南宋亦少談呂東萊、葉水心等，我們為了保存經世之學的系統，故特地研究他們的哲學思想。

㈡**元明哲學**　元祚甚短，哲學僅為南宋之續，奉朱學的有許衡（魯齋）等，傳陸學的有陳苑（立大）、趙偕（寶峰）等，調和朱陸的有吳澄（草廬）等。入明，奉朱學的有薛敬軒、吳康齋等，奉陸學而且自有發明的為王陽明。

陽明學說主要分為心理合一（心即理）、知行合一、致良知等，大半以反朱學為目標，故朱派之湛甘泉（若水）等又反王學。但王學傳授甚廣，計有錢德洪、王龍溪、王泰洲、鄒東廓等，至李卓吾則趨於狂禪，故為明末及清初學者所攻擊。

第一節　周濂溪的哲學思想

　　周敦頤，字茂叔，湖南道縣人，原名敦實，因避英宗舊諱，改名敦頤。生於宋真宗天禧元年，卒於神宗熙寧六年（西元一〇一七～一〇七三年），享年五十七。生而清明，汲汲於學問，一時宿儒名碩，靡不咨敬，又時時從高人逸士遊，故聞道甚早。著有《通書》、《太極圖說》等。

　　周子幼孤，養於舅氏鄭珦家，曾任分甯主簿，調南康軍司理參軍，後歷任郴州縣令、南昌縣令、永州通判。調南康後，因家廬山蓮花峰下，前有溪合於溢江，乃取道縣所居濂溪以名之，後人稱濂溪先生。

　　在南安時，年少不為守所知，程珦通判軍事，視其氣貌非常人，與之交談，知其為學知道，因與為友，使二子顥、頤往受業焉。敦嘗令尋孔顏樂處，所樂何事？二程之學，源流於此矣。（張南軒謂周子曾以太極授二程）程顥曰：「自再見周茂叔後，吟風弄月以歸，有吾與點也之意。」又伊川撰〈明道行狀〉，謂明道十五六歲時，聞汝南周茂叔論道，遂厭科舉之業，慨然有求道之志，可知宋明理學實肇端於周濂溪。這裡研究其：(1)本體論與人生觀，(2)道德觀與修養論，(3)政治觀與教育觀等。

壹、周子的本體論與人生觀

　　周濂溪的人生觀與本體論不易分開，特合併論之。

　　西洋哲學中的本體論 (ontology)，以研究宇宙之本體及其性質或元素為對象，換言之，即在研究宇宙萬物之根源。儒家的《論語》、《大學》及《孟子》七篇，很少有這種探論，惟《易經》天人並論，

老、莊、列及陰陽家均注意及此，周濂溪融會各家，著《太極圖說》，明天理之根源，究萬物之終始，遂為儒家創造了一種具體的本體論。

《太極圖說》：「無極而太極，太極動而生陽，動極而靜，靜而生陰，靜極復動，一動一靜，互為其根，分陰分陽，兩儀立焉。陽變陰合，而生水火木金土，五氣順布，四時行焉。五行一陰陽也，陰陽一太極也，太極本無極也。五行之生也，各一其性，無極之真，二五（兩儀五行）之精，妙合而凝，乾道成男，坤道成女，二氣交感，化生萬物，萬物生生，而變化無窮焉。惟人也得其秀而最靈，形既生矣，神發知矣，五性感動而善惡分，萬事出矣。聖人定之以中正仁義，而主靜（自註云無欲故靜）立人極焉。故聖人『與天地合其德，日月合其明，四時合其序，鬼神合其吉凶。』君子修之吉，小人悖之凶。故曰：『立天之道，曰陰與陽；立地之道，曰柔與剛；立人之道，曰仁與義。』又曰：『原始反終，故知死生之說。』❶大哉易也，斯其至矣！」

西洋哲學中有天地開闢論，以上自「無極而太極」，至「萬物生生，而變化無窮焉」，屬於本體論的範圍，亦屬於天地開闢論的範圍。「惟人也得其秀而最靈」以下，涉及人生觀以

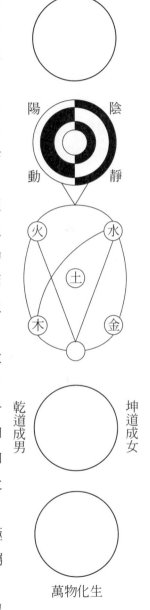

至道德觀的範圍。

考周濂溪太極圖，乃得之於道教❷，原為方士煉丹之用，其作用是由下而上的，周子顛倒其次序，由上而下，以說明宇宙萬物發生及演變之歷程，言他人所未言，這算是「援道入儒」，並且是返道教於道家的新學問。

道教本身沒有哲學，以道家哲學為哲學，並奉老子為教祖，稱太上老君，又稱莊子為南華真人，莊子一書為《南華經》。

周子依道教煉丹之圖，作《太極圖說》，以《周易》的太極、陰陽為本，雜以道家的「無極」、「無欲」與「主靜」，遂開理學之基業，化漢唐經學、子學而為有系統之哲學了。以下分別加以敘明：

第一、何以說「無極」來自道家呢？《周易》只講「太極」，未講「無極」，惟老、莊講到。《道德經》二十八章云：「知其白，守其黑，為天下式；為天下式，復歸於『無極』。」《莊子‧在宥》云：「入旡窮之門，以遊『旡極』之野，吾與日月參光，吾與天地為常。」老、莊的「無極」（旡極）不見得與周子心目中的「無極」同義，但無極這個名詞來自老、莊，則無疑義。

有人說周子的「無極」與「太極」，是平行的，亦有人說是有先後關係的。著者贊成後說，即釋「無極而太極」為「由無極而產生太極」，或說「由無極而形成太極」。如果這樣說明天地開闢的經過，似乎容易使人了解。

---

❶ 上列《太極圖說》文字中有『』者都引自《周易》，故謂「太極」圖說以《周易》為本。

❷ 《宋史‧儒林傳‧朱震傳》載：「震經學傑醇，有漢上《易》解云：『陳搏以先天圖傳種放，放傳穆修，穆修傳李之才，之才傳邵雍。放以河圖洛書傳李溉，溉傳詳堅，詳堅傳范諤昌，諤昌傳劉牧。穆修以太極傳周敦頤。』」

　　第二、何以說「無欲」與主靜來自道家呢?《道德經》第三十七章云:「道常無為而無不為,……無名之樸,夫亦將無欲;不欲以靜,天下將自定。」五十七章云:「我好靜而民自正,……我無欲而民自樸。」周子主張「聖人定之以中正仁義,而主靜立人極(人類道德的標準或極則)焉。」並自註「無欲故靜」,可以知道他是「援道入儒」,融和兩家思想而自成一家之言。著者以為宋代之有周濂溪,亦猶德國之有康德。康德之後,產生了菲希特、謝林克、黑格爾;濂溪之後,亦產生了二程(明道、伊川)、楊龜山、李延平、朱熹,以至於陸象山、王陽明。人說:「濂溪是宋代的孔子」,著者還要補充一句:「濂溪是中國的康德」。

　　第三、五行之說,見於《書經‧洪範》,亦見於《管子》一書,盛行於陰陽家,董仲舒曾加以發揮,談神仙者更採用之,道教符籙則陰陽與五行並用,周子置「五行」於「陰陽」之下,只可稱為傳道教之餘緒,不一定是崇尚古代之陰陽家。

　　除以上三項外,《太極圖說》的重要詞句多來自《周易》,內中參加他自己的創見,而組成一個有系統的天地開闢論,與主靜立人極的人生觀與道德觀。

　　中山先生在《孫文學說》第四章云:「太極動而生電子,電子凝而成元素,元素合而成物質,物質聚而成地球。」地球產生之後而有物種(植物動物),物種之後而有人類,人類生而長成人性,由是以互助為原則,不以競爭為原則,「道德仁義者,互助之用也」,本此互助之原則,以進人類於世界大同。又在〈國民要以人格救國〉講詞中指出,人為萬物之靈,已由獸性進於人性,將更由人性以進於神性,而走向天人一體(神人一體)的境界。

　　周子的《太極圖說》,與中山先生的進化論小異而大同。如周子

指出，無極而太極，太極動而生陰陽，由陰陽變合而生五行（水火木金土），五行合凝而生男女（廣義的男女包括雌雄和牝牡），而生萬物，而生人（人得其秀而為萬物之靈）。人有五性（由獸性而人性）而能辨別善惡，始能講中正仁義（互助的道德），講人類道德的標準（立人極），由是而發生神性，產生天人一體的人生觀（與天地合其德，日月合其明等）。

中山先生以為「物種進化以競爭為原則，人類進化以互助為原則」，有人代加一句：「宇宙進化以運動為原則」。果如所言，則以運動為原則，可以與「立天之道曰陰與陽」相配；以競爭為原則，可以與「立地之道曰柔與剛」相配；以互助為原則，可以與「立人之道曰仁與義」相配。周子雖生於北宋，其《太極圖說》竟與中山先生引科學為例證的進化論相似，真是難能而可貴。

貳、周子的道德觀與修養論

周子論道德包括修養方法，兩者不易分開，故合併討論之。

他的《太極圖說》，已論及中正仁義諸德及主靜無欲等修養，而《通書》則更談及道德，這裡可以講周子的道德與修養項目。

㈠**慎動與持正** 《通書·慎動》曰：「動而正曰道，用而和曰德。匪仁，匪義，匪禮，匪知，匪信，悉邪也。邪動辱也，甚焉害也，故君子慎動」。慎動與主靜有關，能主靜則能慎動，使其動入於正（合乎道）而不陷於邪（違反五常），這予後來理學家的主敬、慎獨、致良知等有莫大影響。倫理學上有動機說與效果說，就慎動言，他是重視動機的。

㈡**無欲尚公** 《通書·聖學》曰：「聖可學乎？曰，可。有要乎？曰，有。請問焉，曰，一為要。一者無欲也。無欲則靜虛動直。靜虛

則明，明則通；動直則公，公則溥。明通公溥庶幾乎！」孟子講寡欲，老子講無欲及虛靜，周子以為學聖人必須無欲，其用意似在融道於儒。《通書·公》曰：「聖人之道，至公而已矣。或曰：何謂也？曰：天地至公而已矣」。這是以人合天的修養論。

㈢**易惡與擇中**　人性善惡論，為中國哲學史上一大爭論問題。周子認為「性者剛柔善惡，中而已矣。惟中也者，和也，中節也，天下之達道也，聖人之事也。故聖人立教，俾人自易其惡，自至其中而已。」著者嘗謂就道德教育言，教人修養謂之教育，自我教育謂之修養。所謂「自易其惡，自至其中」，乃是要使學者自己有此修養（自我教育），不必強教。

參、周子的政治觀與教育觀

周子的政治觀，以修己治人為歸。今舉其數端如下：

㈠**開誠心**　周子曰：「治天下有本，身之謂也；治天下有則，家之謂也。本必端，端本誠心而已矣；則必善，善和親而已矣。家難而天下易，家親而天下疏也。……是治天下觀於家，治家觀於身而已矣。身端，心誠之謂也。誠心，復其不善之動而已矣。不善之動妄；妄復，則无妄矣；无妄則誠矣。」（《通書·家人暌復无妄》）這段由復妄、誠心、端身以治家、治天下，與《大學》「誠正修齊治平」之主張大略相同，當然這是儒家政治哲學的發揮。

他又說：「十室之邑，人人提耳而教不及，況天下之廣，兆民之眾哉？曰，純其心而已矣。仁義禮智四者，動靜言貌視聽無違之謂純。心純則賢才輔，賢才輔則天下治，純心要矣，用賢急焉。」（《通書·治》）純心與誠心互用，其義並無二致，概指主政者如能端本誠心，斯可以治天下國家矣。所謂「純心要矣，用賢急焉」，與《中庸》九

經以「修身，尊賢」為首，同其意義。

㈡立師道　政治之本在道德，修德之本在教育，教育之本在立師道。他說：「故聖人立教，俾人自易其惡，自至其中而止矣。故先覺覺後覺，闇者求於明，而師道立矣。師道立則善人多，善人多則朝廷正而天下治矣。」（〈師〉）

運用教育以立師道，使人自易其惡以歸於中正，由是化惡而為善，善人多則天下易治了。

㈢明禮樂　立師道與明禮樂都屬於儒家哲學的固有主張。他說：「禮，理也；樂，和也。陰陽理而後和，君君臣臣，父父子子，兄兄弟弟，夫夫婦婦，萬物各得其理然後和，故禮先而樂後。」（〈禮樂〉）由「陰陽理」而談到「人倫理」，這是本宇宙觀以推論到道德觀的。

周子論禮樂，主張復古。「古者聖王制禮法，修教化，三綱正，九疇敘，百姓大和，萬物咸若，乃作禮樂以宣八風之氣，以平天下之情；故樂聲淡而不傷，和而不淫。……嗚呼！古以平心，今以所欲，古以宣化，今以長怨，不復古禮，不變今樂，而欲至治者遠矣。」（〈樂上〉）他是主張「文以載道」的，故主張復古樂，反對滿足欲望與引起怨恨的「今樂」。

㈣肅政刑　他不僅主張「明禮樂」，而且主張「肅政刑」。故說：「天以春生萬物，止之以秋。物之生也，既成矣，不止則過焉，故得秋以成。聖人之法天，以政養萬民，肅之以刑。民之盛也，欲動情盛，利害相攻，不止，賊滅無倫焉，故得刑以治。」（〈刑〉）聖人法天下而重刑政，亦是由宇宙觀推到政治觀的（普通謂《春政秋刑》）。刑政與禮樂並提，原出《樂記》，仍屬儒家思想，為後來經世學者所重視。

㈤大順大化　開誠心（立純心），立師道，明禮樂，肅政刑，為周子的政治哲學要點，其目標則在大順大化。故說：「天以陽生萬物，

以陰成萬物。生，仁也；成，義也。故聖人在上，以仁育萬物，以義正萬民。天道行而萬物順，聖德修而萬民化；大順大化，不見其迹，莫知其然之謂神。故天下之眾，本在一人，道豈遠乎哉?德豈遠乎哉?」（〈順化〉）由天道講到聖德，由大順大化講到政治的神化境界，這是天人一貫的政治哲學，也是以人合天的神人政治。《道德經》云：「善行無轍跡。」前面所講各種政治理論都以儒學為基礎，惟這裡所謂「不見其跡」，稍涉道學範圍了。

肆、結　論

周子哲學思想的特質有四：

1.天人一貫　其人生觀、道德觀、政治觀莫不以宇宙哲學為本源，亦莫不以「以人合天」為依歸。

2.援道入儒　宇宙哲學講「無極」，人生哲學講「無欲故靜」，政治哲學雖道家成分較少，但亦講到「大順大化，不見其迹莫知其然之謂神」。

3.返道教於道家　即顛倒道教的煉丹圖為自己的太極圖。

4.提倡一元論　如合陰陽於太極（陰陽合一論），合動靜於一元（動靜合一論）。合形神於一身（所謂「形既生矣，神發作矣」，是形神合一論，即物心合一論）。

第二節　邵康節的哲學思想

邵雍，字堯夫，（西元一〇一一～一〇七七年）其先范陽人。雍年三十，游河南，葬其親伊水上，遂為河南人。北海李之才，攝共城令，聞雍好學，嘗造其廬，謂曰：「子亦聞物理性命之學乎?」雍對曰：

「幸賜教!」乃事之才，受河圖洛書宓羲八卦六十四卦圖象。遂衍宓羲先天之旨，著書十餘萬言行於世，然世之知其道者鮮矣。初至洛，蓬蓽環堵，不蔽風雨，富弼、司馬光、呂公著諸賢，退居洛中，雅敬雍，恆相從游，為市園宅。雍歲時耕稼，僅給衣食，名其居曰安樂窩，因自號安樂先生。熙寧十年卒，年六十七，贈秘書省著作郎，元祐中，賜諡康節，所著書，曰《皇極經世》觀物內外篇，《漁樵問對》，詩曰《伊川擊壤集》。這裡分述其哲學思想為：(1)本體論與宇宙論，(2)人生觀與道德修養論，(3)政治觀等。

壹、邵康節的本體論與宇宙論

〈觀物內篇〉以四分法，說明宇宙萬物發生演變之次序：

天之大，陰陽盡之矣；地之大，剛柔盡之矣。陰陽盡而四時成焉，剛柔盡而四維成焉。

天生於動者也，地生於靜者也，一動一靜交，而天地之道盡之矣。動之始則陽生焉，動之極則陰生焉，一陰一陽交，而天地之用盡之矣。靜之始則柔生焉，靜之極則剛生焉，一剛一柔交，而地之用盡之矣。動之大者謂之太陽，動之小者謂之少陽；靜之大者謂之太陰，靜之小者謂之少陰。太陽為日，太陰為月，少陽為星，少陰為辰，日月星辰交，而天之體盡之矣。太柔為水，太剛為火，少柔為土，少剛為石，水火土石交，而地之體盡之矣。日為暑，月為寒，星為晝，辰為夜，寒暑晝夜交，而天之變盡之矣。水為雨，火為風，土為露，石為雷，風雨雷露交，而地之化盡之矣。暑變物之法，寒變物之情，晝變物之形，夜變物之體，性情形體交，而動植之感盡之矣。雨化物之走，風化物之飛，露化物之草，雷化物之木，走飛草木交，而動植之應盡之矣。」

　　他認為自宇宙發生以至萬物形成，皆為此四基數所構成。只因受「四」的約束，不免與向來「成說」相牴觸，如陰陽家講五行（水、火、木、金、土），到了邵子手上則只能講四行（水、火、土、石）。故以四分法概括宇宙一切，實在不無勉強之處。又所謂「火為風，土為露，石為雷」，似皆是主觀的「演繹」，沒有什麼可靠的依據。

　　《周易》云：「易有太極，是生兩儀，兩儀生四象，四象生八卦」。邵子〈觀物外篇〉云：「太極既分，兩儀立矣，陽下交於陰，陰上交於陽，四象生矣。陽交於陰，陰交於陽，而生天之四象，剛交於柔，柔交於剛，而生地之四象，於是八卦成矣。八卦相錯，然後萬物生焉。」又曰：「陰陽生而分二儀，二儀交而生四象，四象交而成八卦，八卦交而生萬物。」《周易》未指出四象之形式，邵子則特別指出四象之形式，這是一種進步。此外由八卦演出六十四卦，創見甚多。

　　邵子由太極、兩儀、八卦而講到萬物化生，乃是從空間方面說明宇宙萬物的演變情形；另外他又從時間方面說明宇宙萬物與人類進化的經過。即以「元會運世」貫串之。

　　一元有多少時間呢？他規定一元有十二會，一會有三十運，一運有十二世，一世有三十年。（再往下推，則一年有十二月，一月有三十日，一日有十二時。）即一元合為一十二萬九千六百年。邵伯溫曰：「一元在大化之中，猶一年也。」即天地由開始至毀滅，為時一十二萬九千六百年。天地毀滅了之後，又開始重生，經過一元，則又毀滅，如此循環，以至於無窮。宗教方面有世紀末之說，某些天文學家亦有星球毀滅之說，與邵子所想像者略同。

貳、邵康節的人生觀與道德修養論

　　西洋哲學常講「神物我」，邵子則講「聖物人」。

　　人與物有什麼關係，及應如何比較呢？邵康節曰：「人之所以靈於萬物者，謂其目能收萬物之色，耳能收萬物之聲，鼻能收萬物之氣，口能吸萬物之味。聲色氣味者，萬物之體也，耳目鼻口者，萬人之用也。體無定用，惟變是用，用無定體，惟化是體。體用交而人物之道於是乎備矣。」（〈觀物內篇〉）中國人普通講五官，這裡因為受四分法的限制，只能講四官了。《書經》云：「天生萬物，惟物之靈。」周濂溪云：「人得其秀而最靈。」邵子本此以作人與物的比較。

　　人與物的關係既知，更要知道人與聖及物的關係。邵子接著說：「然則人亦物也，聖亦人也。有一物之物，有十物之物，有百物之物，有千物之物，有萬物之物，有億物之物，有兆物之物。生一物之物，當兆物之物者，豈非人乎？有一人之人，有十人之人，有百人之人，有萬人之人，有億人之人，有兆人之人。生一人之人，當兆人之人者，豈非聖乎？是知人也者物之至者也，聖人者人之至者也。人之至者謂其能以一心觀萬心，一身觀萬身，一物觀萬物，一世觀萬世者焉。又謂其能以心代天意，口代天言，手代天工，身代天事者焉。又謂其能以上順天時，下應地理，中徇物情，通照人事者焉。又謂其能以彌綸天地，出入造化，進退今古，表裡人物者焉。」（〈觀物內篇〉）人為萬物之靈，故能「以一物當兆物」，聖為人之至，故能「以一人當兆人」。聖人代天行道，故能領導群倫。

　　講過人與聖人及萬物的比較之後，可以談到邵子天人合一的人生觀了。

　　《易》曰：「窮理盡性以至於命。」這句話不知傷了理學家多少腦筋。邵康節解釋曰：「所以謂之理者，物之理也，所以謂之性者，天之性也，所以謂之命者，處理性者也，所以能處理性者，非道而何？是知道為天地之本，天地為萬物之本，以天地觀萬物，則萬物為萬物，

以道觀天地，則天地亦為萬物。道之道盡之於天矣，天地之道盡之於萬物矣，天地萬物之道盡之於人矣；人能知其天地萬物之道所以盡於人者，然後能盡民也。天之能盡物，則謂之昊天；人之能盡民，則謂之聖人。」(〈觀物內篇〉)這裡可分為三點：(1)他釋理為物理，釋性為天性，釋命為依道而處理「理與性」的能力，是一種新見。(2)他以道為天地之本，天地為萬物之本，與《道德經》的「道生萬物」之說相通。(3)他以昊天與聖人比，就是主張以盡人道（盡民）之聖人與盡物道（盡物）之昊天相配，亦就是期望達到一種以人合天的最高境界，這就是天人合一的人生觀。

至於邵子的道德修養論，可分下列數點：

㈠**存誠慎獨**　〈觀物外篇〉云：「凡人之善惡，形於言，發於行，人始得而知之。但萌諸心，發乎慮，鬼神已得而知之矣。此君子所以慎獨也。」慎獨必存誠，存誠即不欺。又曰：「人之神，即天地之神，人之自欺，所以欺天地，可不慎哉？」〈觀物內篇〉云：「無愧於口，不若無愧於身，無愧於身，不若無愧於心。」存誠的工夫，邵子本人已經做到，即遇人無貴賤不肖，一接以誠。

㈡**復性忘情**　〈觀物外篇〉云：「以物觀物性也，以我觀物情也，性公而明，情偏而暗。」「任我則情，情則蔽，蔽則昏矣；因物則性，性則神，神則明矣。」可見他是主張性善情惡與復性忘情的，承繼了李翱的人性論。

㈢**無為自然**　〈觀物外篇〉云：「自然而然者天也，惟聖人能索之。」〈觀物內篇〉云：「是故知仲尼之所以能盡三才之道者，謂其行無轍跡也。故有曰：『予欲無言。』又曰：『天何言哉？四時行焉，百物生焉。』其斯之謂與！《道德經》云：「善行無轍跡。」又云：「行不言之教。」孔子之所謂「天何言哉」，亦欲行不言之教，這段雖指孔子，

實含有老學的無為主義與自然主義在內。

㈣**寬大為懷** 〈觀物外篇〉云:「所行之路,不可不寬,寬則少礙。」邵子臨終語伊川曰:「面前路徑須令寬,窄則自己無著身處,況能使人行也?」他自修與教人,都以寬大為本。

㈤**物我一體** 《漁樵問答》云:「以我徇物,則我亦物也;以物徇我,則物亦我也。……由是明天亦萬物也,萬物亦我也,我亦萬物也。何物不我?何我不物?如是,則可以宰天地,可以司鬼神,而況於人乎?況於物乎?」這是說一個人具有「物我一體」的道德修養,便可作天地的主宰了。

參、邵康節的政治觀

邵子以四分法為根據,分政治為皇、帝、王、霸四類。〈觀物外篇〉云:「用無為,則皇也。用恩信,則帝也。用公正,則王也。用智力,則霸也。霸以下則夷狄,夷狄而下,是禽獸也。」由此可知:⑴他是受了管子的影響,將皇、帝、王、霸分為四類;⑵他分明是用一種「退化論」的眼光去看歷史政治的,故說霸以下為夷狄,夷狄以下為禽獸,這與他的「元會運世」宇宙論有關,而與一般進化者的見解相反。

〈觀物內篇〉云:「三皇,春也。五帝,夏也。三王,秋也。五伯,冬也。七國,冬之餘冽也。漢王而不足,晉伯而有餘。三國,伯之雄者也。十六國,伯之叢者也。南五代,伯之借乘也。北五朝,伯之傳舍也(驛站之舍)。隋,晉之子也。唐,漢之弟也。隋季諸郡之伯,江漢之餘波也。唐季諸鎮之伯,日月之餘光也。後五代之伯,日未出之星也。自帝堯以下,上下三千餘年,前後百有餘世,……未始有兼世而能一其風俗者。」自然,這是說政治江河日下,無法上進的了。

上面的退化論和四分法，不見得能說明三千年中國史，其所形容各時代者，幾乎是一種名詞遊戲而已。

肆、結　論

邵子學說的特色有三：㈠專談八卦，不講五行：邵子學說雖與周子同其淵源，周子的宇宙論，以五行代八卦，邵子則只談八卦，不雜五行，單就這一點講，則比較更合乎《易經》的主張（太極、兩儀、四象、八卦）。㈡學問廣博，天人一貫：他以四分法貫徹宇宙哲學、人生哲學及政治哲學，可謂天人一貫，條理分明。故程明道譽其學為內聖外王之學。㈢雖有因襲，卻多創獲——他的學問雖以道教八卦圖、儒家的《易》、《中庸》以及道家的無為、佛教的無我為其思想淵源，但探賾索隱，妙悟神會，創獲甚多，異於常人。如對於八卦及六十四卦之發揮，多言人所未言，繪人所未繪。又如四分法及天地始終（元會運世），在中國哲學史上更屬創見。毋怪乎程明道曰：「堯夫欲傳某兄弟數學（即象數之學），某兄弟那得工夫，要學須二十年工夫。」可見他在象數學方面下工夫之深，連二程兄弟亦不敢望其項背。

附　錄

一、八卦取象歌

巽　兌　坎　離　艮　震　坤　乾
下　上　中　中　覆　仰　六　三
斷　缺　滿　虛　盌　盂　斷　連

二、太極形成八卦圖

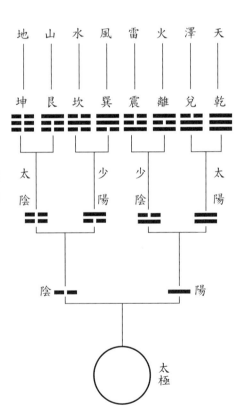

《易》云：「太極生兩儀，兩
儀生四象，四象生八卦。」邵康節
釋四象為太陽、太陰、少陽、少陰，
茲附圖以明其演進情形：

三、伏羲八卦次序圖

《周易‧繫辭》曰：「易有太極，是生兩儀；兩儀生四象；四象生八卦。」邵子曰：「一分為二，二分為四，四分為八也。」〈說卦〉曰：「易，逆數也。」邵子曰：「乾一，兌二，離三，震四，巽五，坎六，艮七，坤八。」

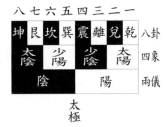

四、伏羲八卦方位圖

《周易‧說卦》曰：「天地定位，山澤通氣，雷風相薄，水火不相射，八卦相錯，數往者順，知來者逆。」邵子曰：「乾南，坤北，離東，坎西，震東北，兌東南，巽西南，艮西北。自震至乾為順，自巽至坤為逆。」

五、文王八卦次序圖

〈說卦〉云：「乾、天也，故稱乎父。坤、地也，故稱乎母。震一索而得男，故謂之長男。巽一索而得女，故謂之長女。坎再索而得男，謂之中男。離再索而得女，謂之長女。艮三索而得男，謂之少男。兌三索而得女，謂之少女。」

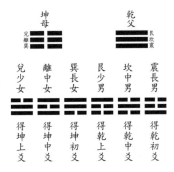

六、文王八卦方位圖

邵子以此文王八卦，為後天八卦。前面伏羲
八卦，為先天八卦。

七、河圖圖

《周易·繫辭》曰：「河出圖，洛出書，聖
人則之。」又曰：「天一，地二，天三，地四，天
五，地六，天七，地八，天九，地十，天數五（指
一三五七九言），地數五（指二四六八十言），五
位相得而各有合，天數二十有五（一三五七九相
加為二十五），地三十（二四六八十相加為三
十）。凡天地之數五十有五，此所以成變化而行
鬼神也。」邵子謂「此河圖之數也。」

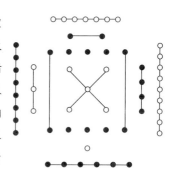

八、洛書圖

洛書蓋取龜象，故其數戴九履一，左三右
七，二四為肩，六八為足。蔡元定曰：「圖書
（河圖洛書）之象，自漢孔安國，劉歆，……，
有宋康節先生邵雍堯夫，皆謂如此。」（以上除
二圖外，皆摘自朱子《周易本義》）

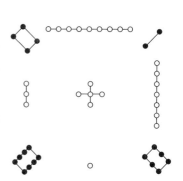

第三節　張載的哲學思想

　　張載，字子厚，（西元一○二○～一○七七年）世居大梁，父迪
仕宋仁宗朝殿中丞，知四川涪州，卒於官，諸孤皆幼，不能歸大梁，
即僑寓鳳翔郿縣橫渠鎮，世稱橫渠先生。載少喜談兵，甚至欲結客取
洮西之地。年二十一，以書謁范仲淹，仲淹一見，知其遠器，乃警之
曰：「儒者自有名教可樂，何事於兵？」給予《中庸》一編。載讀其書，
猶以為未足，又訪諸釋老，累年究極其說，知無所得，反而求之六經。

　　他日見王安石，安石行新政，欲邀載為助，載曰：「公與人為善，
則人以善歸公，公如教玉人琢玉，則宜有不受命者矣。」安石不悅。
會明州苗振獄起，使往治之，獄成，還朝。即移疾西歸於橫渠，敝衣
疏食，與諸生講學，每告以知禮成性，變化氣質之道，學必如聖人而
後已。

　　呂大防薦於朝曰：「載之始終，善發明聖人之遺旨，其論政治略
可復古，宜還其舊職，以備諮訪。」乃詔知太常禮院，與有司議禮不
合，復以疾歸，中道疾甚，沐浴更衣而寢，旦而卒，時為熙寧十年十
二月，年五十八。貧無以殮，門人共買棺奉其喪還。

　　載學古力行，為關中士人宗師，其學稱關學。著書號《正蒙》，
又作〈西銘〉，〈東銘〉，《易說》，《經學理窟》，程頤嘗言，〈西銘〉明
理一而分殊，擴前聖所未發，與孟子性善養氣之論同功，自孟子後蓋
未之見。載嘗云：「為天地立心，為生民立命，為往聖繼絕學，為萬
世開太平。」其自任之重如此。這裡研究其：⑴本體論與宇宙論，⑵
人性論與人生觀，⑶道德觀與修養論，⑷政治觀等。

壹、張載的本體論與宇宙論

周子與邵子談本體，沿用太極舊名，張載除用「太極」外，另立太和、太虛等新名，這裡談太虛與太極。

㈠**太虛**　他說：「太虛無形，氣之本體，其聚其散，變化之客形爾。至靜無感，性之淵源，有識有知，物交之客形爾。客感客形，與無感無形，惟盡性者能一之。」（《正蒙‧太和》）

無感無形，就太虛之體言；客感客形，就太虛之用言。盡性者能一主客，合體用，故曰：「惟盡性者能一之。」

「太虛不能無氣，氣不能不聚而為萬物，萬物不能不散而為太虛。」「氣之聚散於太虛，猶冰之釋於水，知太虛即氣，則無無。」（同上）由是可知太虛不是「純無」，乃是「氣」之本體，由「氣」聚而為萬物，萬物消滅（散）又歸於太虛，簡言之，太虛即氣的元始，不能視為一無所有。

㈡**一物兩體論**　張載的本體論，很多人稱之為二元論，其實可稱為一元論或合一論，即一物兩體論。他說：「兩不立則一不可見，一不可見則兩之用息。兩體者虛實也，動靜也，聚散也，清濁也，其究一也。」（〈太和〉）又說：「一物兩體，氣也，一故神，兩故化，此天所以參也。」（〈參兩〉）西洋哲學中有一體兩面論，他的本體論可以稱為一物兩體論，與西洋的一體兩面論相通。

一物兩體的氣，又是什麼呢？他說：「有兩則有一，是太極也。……一物而兩體，其太極之謂與！」（《易說》）這又由「太虛」的新名，回歸到「太極」這個舊名了。推其意以太極為氣，太虛為氣之本體（元始），氣聚為太極，氣散（萬物）為太虛，所以他的本體論又可稱之為唯氣一元論。

㈢**氣與理**　〈太和〉云：「天地之氣，雖聚散百塗，然其為理也，順而不妄。」〈動物〉云：「生有先後，所以為天序。小大高下，所以為天秩。天之生物也有序，物之既形也有秩。」所謂理，就是規律，就是法則，也就是秩序。氣之「聚散」，物之「生形」，都有一種「秩序」，一種「理」，一種「法則」。

按本體論以研究宇宙萬物生成變化的本質或基本元素為範圍，宇宙論以研究宇宙萬物生成變化的法則或原理為範圍。張載講「太虛」、「太極」、「氣」，是就本體論立言；講「天序」、「天秩」、「理」，是就宇宙論立言。

張載談「理」「氣」，二程也談「理」「氣」，朱熹更講得詳細，陸象山，王陽明對此問題亦有各種不同的意見，清儒無論反理學或捧理學，都談到這個問題。直至民國時期還有馮友蘭先生著《新理學》，理氣真是自北宋迄今中國哲學上的重要問題。

㈣**自然哲學**　張子對於天地日月之運行，寒暑潮汐之由來，風雨雷霆之起因，都有解釋，有的且合乎西洋科學思想。

〈參兩〉云：「地純陰，凝聚於中。天浮陽，運旋於外，此天地之常體也。恆星不動，純繫於天，與浮陽運旋而不窮者也。日月五星逆天而行，並包乎地者也。地在氣中，雖順天左旋，是所繫星辰，隨之稍遲，則反爾移徙而右爾。」「凡圜轉之物，動必有機，則動非自外也。」所謂動非自外，乃指自動而言。當時，景教已經東來，張子的天旋於外、地在氣中、恆星不動、圜物自動等理論，可能是受了西洋科學思想的影響。

貳、張載的人性論與人生觀

㈠**人性論**　張子對於人性論，提出了「天地之性」與「氣質之性」

這個二元論的主張,來解決人性善惡問題。〈誠明〉云:「形而後有氣質之性,善反之,則天地之性存焉。故氣質之性,君子有弗性焉。」又云:「『湛一』氣之本;『攻取』氣之欲。口腹於飲食,鼻舌於臭味,皆『攻取』之性也。」「湛一」氣之本,相當於天地之性,「攻取」氣之欲,相當於氣質之性。本來人性善惡問題,為中國哲學史上一大訟案:孟子主性善,荀子主性惡,揚雄主善惡混,聚訟紛紛,久未定讞。張子提出「天地之性」有善無惡,「氣質之性」有善有惡之說,一以維護孟子之見,一以平息各家之爭。

張子論性,謂「理無不善,氣有善惡。」因此,他說:「天地之性,則專指理而言;氣質之性,則以理與氣雜而言之。」張子持理氣二元論,亦持理欲二元論,以為天地之性,專指天理而言;氣質之性,合天理人欲而言,故天地之性,有善無惡,氣質之性,才有善惡。

(二)人生觀 張子的人生觀,詳於〈西銘〉一文,其前段如下:

「乾稱父,坤稱母,予茲藐焉,乃混然中處。故天地之塞吾其體,天地之帥吾其性,民吾同胞,物吾與也。大君者,吾父母宗子,其大臣,宗子之家相也。尊高年,所以長其長,慈孤弱,所以幼其幼,聖其合德,賢其秀也,凡天下疲癃殘疾惸獨鰥寡,皆吾兄弟之顛連而無告者也。於時保之,子之翼也。」(詳附錄)

這裡以乾為父,以坤為母,以天地之體為吾體,以天地之性為吾性,這種民胞物與的人生觀,就是偉大崇高的人我一體和天人合一的人生觀。

參、張載的道德觀與修養論

(一)重視良知 良知一詞為孟子所提出,為陽明所闡揚,張載予以重視。

〈誠明〉云：「誠明所知，乃天德良知，非聞見小知而已。」〈大心〉云：「見聞之知，乃物交而知，非德性所知；德性之知，不萌於見聞。」西洋哲學道德觀中有理性論與經驗論之爭，理性論者承認先天道德，經驗論者否認先天道德，張子的「天德良知」，應屬於理性論。

㈡**成性盡心**　告子曰：「生之謂性」。張子反對其說，本《易經》「成之者性也」而講成性。所謂「善反之，則天地之性存焉」，就是一種後天成性的工夫。他又云：「性未成則善惡混，故亹亹（音尾，勉強也）。而絕惡者斯為善矣，惡盡去斯為善矣。」去惡從善就是後天成性，這種工夫與養氣有關，他又說：「養其氣，反之本，則盡性而天矣。」這是用孟子「養氣」與「盡性」的工夫，以求達到性善的境地，亦是由氣質之性返乎天地之性。

㈢**變化氣質**　張子重視成性，故重視變化氣質。《語錄》云：「為學大益，在自求變化氣質。不爾，皆為人之弊，卒無所發明，不得見聖人之奧。」即說要學聖人，先要變化氣質。氣質不好能否改進呢？《理窟・氣質》云：「氣質惡者，能即移。」「天資美不足為功，惟矯惡為善，矯惰為勤，方是為功。」孟子云：「居移氣，養移體。」張子又謂但拂去舊日所為，則氣質自然全好。

㈣**慎獨存誠**　〈誠明〉云：「性與天道合一存乎誠。」反過來說，惟誠者能盡性知天道。故要盡性、成性，便要貴誠。

孟子曰：「萬物皆備於我，反身而誠，樂莫大焉。」張子解釋說：「反身而誠，無『慊』（意不滿也）於心，則樂莫大焉。」〈西銘〉云：「不愧『屋漏』（猶言神主）而無忝」。無慊於心與不愧屋漏，是慎獨存誠的重要修養工夫。

㈤**止中求大**　張子自范仲淹授《中庸》一書以來，熟讀二十年，

故具有「中」的修養。他在〈中正〉云:「中正然後貫通天下之道,此君子之所以大居正也。蓋得正則得所止,得所止,則可以宏而致大。」這是說由止於中正而可以致「大」,而且中與大有些連帶關係。又云:「極其大而後中可求,止其中而後大可有。」故止中求大,為張子道德修養論中重要的一環。

　　㈥以人合天(無我)　《易》云:「大人者與天地合其德,與日月合其明,與四時合其序,與鬼神合其吉凶。」張子補充曰:「浩然無害,則天地合德;照無偏繫,則日月合明,天地同流,則四時合序;酬酢不倚,則鬼神合吉凶。天地合德,日月合明,然後能方無體,能方無體,然後能『無我』。」(〈至當〉)修養的境界,可分為「小我」、「大我」與「無我」,「無我」的境界,就是神聖的境界,天人合一的境界。

肆、張載的政治觀

　　㈠重宗法　古代立宗子法之家族制度,名叫宗法,此本為維繫古代社會秩序之極重要制度,張子非常重視,故曰:「管攝天下人心,收宗族,厚風俗,使人不忘本,須是明譜系世族與立宗子法。宗法不立,則人不知統系來處,古人亦鮮有不知來處者。宗子法廢,後世尚譜牒,猶有遺風,譜牒又廢,人家不知來處,無百年之家,骨肉無統,雖至親恩亦薄。」(《理窟‧宗法》)這種宗子法,在日本行之已久,迄今尚有餘存。但在中國則眾子共分財產之習慣流傳甚久,恢復較難。退而言之,縱然恢復宗子法,於政治有無補益,亦未可料也。

　　㈡尚井田　張子對於三代封建古制之井田,亦想加以恢復。他說:「井田至易行,但朝廷出一令可以不笞一人而定,蓋人無敢據土者。……治天下之術,必自此始。今以天下之土,棋畫分布,人受一

方，養民之本也。」「治天下不由井地，終無由得平。」「井田亦無他術，
但先以天下之地，棋布畫定，使人受一方，則自是均。」(《理窟・周
禮》) 這裡有均地主義之意。他自己想與學生買田一方，畫為數井，
以推明先王之法，可惜未就而卒。

按井田制度，可行之於古代，未必可行於後代，惲子居在〈三代
因革論〉中已經談到。良以古代人口少，平地多，容易劃井字。後代
人口多，平地少，山坡地即不易劃井字，而且土地授受之間，難免發
生瀆職舞弊事件，又「公田」亦難免因八家不努力耕而荒蕪。因此，
孫中山先生只主張師井田之遺意，而提倡「平均地權」，不主張恢復
原有之井田制度。

㈢重民生　張子要恢復井田制度，本想解決農民的民生問題。他
又云：「為政者在乎足民。」(〈有司〉) 這既有孔子「足食」之意，亦
有管子「治國之道，必先富民」之心。所以他自己「居恆以天下為念，
道見飢殍，輒咨嗟對案不食者終日。」他關心民瘼，就是重視人民的
生活問題。

就三民主義言，以上㈠項與民族主義有關，㈡㈢兩項則與民生主
義有關。

伍、結　論

張子哲學思想的特點計有：

⑴天人一貫：他的本體論，雖有太虛、太極等不同的名稱，大致
說起來，仍可稱為唯氣一元論。氣聚為萬物，包括人類在內，是天地
萬物和人都由氣化而生，這是天人一貫的本體論。他說：「天性在人，
猶水性之在冰，凝釋雖異，為物一也。」又說：「性者萬物之一原。」
又說：「萬物皆有理。」自性與理講，也是天人一貫的哲學，這給朱子

以莫大的影響。

(2)以人合天：上面所謂「天人一貫」，是由天講到人言；這裡所謂「以人合天」，是由人講到天。他的〈西銘〉，他的「成性」「盡心」與「大而無我」的修養論，都表明了「以人合天」人生觀之偉大。

(3)比較純一：程子謂張子的〈西銘〉為「極純無雜」，這當然是就比較而言。周子援道入儒，邵子更充滿道家與道教的思想，張子則比較純一。雖然有人懷疑他的〈西銘〉雜了墨家思想，程朱則認為仍是儒家的正統。

(4)反佛老：他雖然引用「無我」「太虛」等名詞，不免與佛老所用名詞有關，但他的基本立場的確反佛老。佛教講無生，他認為「語寂滅者，往而不反」；道教求長生，他評為「徇生執有者，物而不化」。他從「氣」與「性」的觀點看，體認到氣有聚散，性無死亡；生無所得，死無所喪。故說：「存吾順事，歿吾寧也。」儒家有此看法，允稱難得。

(5)思想新穎：他的自然哲學，含有西洋自然科學的智識，非常新穎，惜無人繼續研究。

附　錄

一、〈西銘〉原文

張載講學關中，書於學堂雙牖，左曰「砭愚」，右曰「訂頑」。程子改為東銘西銘，此即訂頑也。箴銘者，古之聖賢相與為儆戒之義，其文與碑誌類之銘不同，如湯之盤銘是也。

乾稱父，坤稱母，予茲藐焉，乃混然中處。故天地之塞吾其體，天地之帥吾其性，民吾同胞，物吾與也。大君者，吾父母宗子，其大

臣，宗子之家相也。尊高年，所以長其長；慈孤弱，所以幼其幼；聖
其合德，賢其秀也。凡天下疲癃殘疾惸（瓊）獨鰥寡，皆吾兄弟之顛
連而無告者也。於時保之，子之翼也；樂且不憂，純乎孝者也。違德
曰悖，害仁曰賊，濟惡者不才，其踐形惟肖者也。知化則善述其事，
窮神則善繼其志，不愧屋漏而無忝，存心養性為匪懈。惡旨酒，崇伯
子之顧養；育英才，潁封人之錫類。不弛勞而底豫，舜其功也；無所
逃而待烹，申生其恭也。體其受而歸全者參乎，勇於從而順令者伯奇
也。富貴福澤，將厚吾之生也；貧賤憂戚，庸玉女於成也。存吾順事，
沒吾寧也。

　　林西仲曰：〈西銘〉舊名訂頑，以頑者不能通萬物為一體，故以
是說訂而正之也。通篇以父天母地立意：前半段言天下之人，皆受命
於天，有不容歧視者；後半段言以事親之道事天，即能與天合德，為
天之孝子，克得去便是聖人。朱子嘗以《大學》〈西銘〉並稱，乃作
聖之梯航，不但文章高妙而已。

二、〈西銘〉註解

【乾父坤母】（《易經·說卦》）乾、天也，故稱乎父；坤、地也，故稱乎母。

【予茲藐焉】藐、小也。言以予藐身處於乾坤之中也。

【天地之塞吾其體】體、謂氣也。謂浩然之氣，塞乎天地之間也。

【天地之帥吾其性】謂充吾之性，足為天地之帥也。

【與】類也。

【大君】《易》大君有命，開國相家。

【宗子】謂嫡長子也。古人以大宗長嫡為宗子。見《儀禮》注。

【家相】家臣之長，主管家務者也。

【聖其合德二句】《易》「夫大人者，與天地合其德。」謂聖人合德於天地，而

賢人則人中之秀出者也。

【疲癃】罷病也。

【惸獨】《詩》云：苛矣富人，哀此惸獨。

【顛連】困頓也。

【於時保之二句】（《詩》）「於時保之。」翼、助也。謂及時以保全疲癃殘疾之人，亦他日子之一助也。

【樂且不憂二句】（《易‧繫辭》）「樂天知命故不憂。」言順天以行，則為天地之孝子也。

【其踐形惟肖者也】（《孟子》）形色，天性也，惟聖人然後可以踐形。（註）人之有色，無不各有自然之理，所謂天性也。踐、如踐言之踐，蓋眾人有是形，而不能盡其理，故無以踐其形。此句起下文，以下知化云云，皆從踐形二字生出。

【知化】能知變化之理也。

【窮神】能窮神明之德也。

【不愧屋漏】（《禮記‧中庸》）《詩》云：相在爾室，尚不愧於屋漏，故君子不動而敬，不言而信。

【惡旨酒】（《孟子》）禹惡旨酒。

【崇伯子】禹父鯀為崇伯，大禹薄衣食惡旨酒，而致孝乎鬼神。

【顧養】（《孟子》）好飲酒，不顧父母之養，二不孝也。

【育英才】（《孟子》）得天下英才而教育之。

【潁封人】鄭莊公克段於鄢，置姜氏於城潁而誓之。曰：不及黃泉，無相見也。潁考叔為潁谷封人。聞之，有獻於公。公賜之食，食舍肉。問之。曰：「請以遺母。」公悔，掘地及泉，隧而見姜氏，遂為母子如初。君子曰：「潁考叔，純孝也；愛其母，施及莊公。《詩》曰：『孝子不匱，永錫爾類，』其是之謂乎！」

【不弛勞而底豫】舜耕歷山，漁雷澤，陶河濱，作什器於壽丘。底豫，由不樂而至於樂也。（《孟子》）舜盡事親之道，而瞽瞍底豫。

【無所逃而待烹】（《禮記‧檀弓》）晉獻公將殺其世子申生，公子重耳謂之曰：「子盍言子之志於公乎？」世子曰：「君安驪姬，是我傷公之心也。」「然則盍行

乎?」曰:「君謂我欲殺君也。天下豈有無父之國哉?吾如何行之。」再拜稽首乃卒,是以為恭世子也。

【參】(《說苑》)曾子芸瓜,誤斬其根。曾晳怒,援大杖擊之,曾子仆地。有頃蘇,蹶然而起,進曰:「曩者參得罪於大人,大人用力教參,得無疾乎!」退屏鼓琴而歌,欲令曾晳聽其歌聲,知其平也。

【伯奇】(韓愈〈琴操序〉)伯奇,尹吉甫子,無罪為後母譖而見逐,自傷,作履霜操。

【玉女】(《詩‧大雅》)「王欲玉女。」謂愛而欲成全汝也。

【存吾順事二句】即生順死安之意。寧,安也。仰不愧於天,俯不怍於人,則雖沒而心安也。

第四節　程明道的哲學思想

程顥,字伯淳,世居中山博野,後徙河南洛陽,生於宋仁宗明道元年,卒於神宗元豐八年(西元一〇三二～一〇八五年),享年五十四。他十歲能詩,曾舉進士,歷任鄠縣、上元縣主簿,澤州晉城令,所至有善政。神宗初年,為太子中允,監察御史裡行。神宗素知其名,每召見,從容咨訪,將退,則曰:「卿可頻來求對,欲常相見耳。」

王安石執政,議更法令,中外皆不以為便,言者攻之甚力。顥被旨赴中堂議事,安石方怒言者,屬色待之。顥徐曰:「天下事非一家私議,願平氣以聽!」安石為之愧屈。自安石用事顥,未嘗一語及於功利。居職八九月數論時政,言「智者若禹之行水,行其所無事也,舍而之險阻,不足以言智。自古興治立事,未有中外人情交謂不可,而能有成者。況於排斥忠良,沮廢公議,用賤陵貴,以邪干正者乎?就使徼倖有小成,而興利之臣日進,尚德之風浸衰,尤非朝廷之福」。

遂乞去言職，出提點京西刑獄。安石本與之善，及是雖不合，猶敬其忠言，不深怒。

顥資性過人，充養有道，和粹之氣，盎於面背，門人交友從之數十年，未嘗見其忿厲之容。遇事優為，雖當倉卒，不動聲色。自十五六時，與弟頤、聞汝南周敦頤論學，遂厭科舉之習，慨然有求道之志，氾濫於諸家，出入於老釋者幾十年，返求諸六經而得其道。哲宗嗣位，召為宗正丞，未行而卒。文彥博依眾議，題其墓曰明道先生。其哲學思想見於《定性書》、〈識仁篇〉、《語錄》、《二程遺書》。這裡分為：(1)宇宙論，(2)人性論，(3)人生觀與道德修養論，(4)政治觀等。

壹、程明道的宇宙論

㈠生的宇宙論　《易》云：「生生之謂易。」又云：「天地之大德曰生。」「天地絪縕，萬物化醇。」這本是就「太極生陰陽，陰陽生萬物」之歷程和法則而言，程明道據之以言天道。他說：「『生生之謂易』，是天之所以為道也，天只是以生為道。」（《遺書‧二上》）又說：「萬物皆有春意。」「萬物之生意最可觀。」他窗前有茂草覆砌，或勸之芟，曰：「不可，欲常見造物生意。」所謂「天只是以生為道」，是就宇宙法則言，可稱之為生的宇宙論。這種生的宇宙論，在中國古代頗為盛行，《易經》固然講得多，老子《道德經》亦已講得，如說道生一，一生二等，《管子》亦說天地萬物生於水。

㈡道器合一論　《易‧繫辭》云：「形而上者謂之道，形而下者謂之器。」又曰：「立天之道，曰陰與陽。」何謂「形而上」？何謂「形而下」？本不易解答。清儒以成形質以前為形而上，成形質以後為形而下，較為易懂。朱子則把道器劃分為二，而以理氣釋之，即所謂「理也者形而上之道也；氣也者形而下之器也」，形成了他自己的理氣二

元論。如以柏拉圖的眼光來比較，則道為本體界，器為現象界，也有二元論之意。《周易》云：「一陰一陽之謂道。」如以道為形而上的，則陰陽亦為形而上的。但程明道既說：「陰陽亦形而下者也。」又說：「道亦器，器亦道。」可見他是主張「道與器合一」的，這樣，便把本體界與現象界的隔閡打通了，形上形下的界限貫串了。

㈢**神氣合一論**　張載認為「殊散而可象為氣，清通而不象為神。」有人視此為神氣二元論。大程子曰：「氣外無神，神外無氣。」可見他是主張神氣合一的，神可代表「心」，氣可代表「物」，所謂「神氣合一」，以今日眼光來看，頗有物心合一的傾向。

㈣**天理自然論**　程明道自稱：「吾學雖有所授受，然天理二字乃自家體貼出來（或稱拈出來）。」張載只談到「理」，程明道則談到「天理」。

何謂天理？程明道解釋曰：「天地萬物之理，無獨必有對，皆自然而然，非有安排也。」（《遺書·十一》）又曰：「詩曰：『天生烝民，有物有則。』……萬物皆有理，順之則易，逆之則難，各循其理，何勞於己力哉？」所謂萬物皆有理，就是說「有物則有理」，理皆相對的，理皆自然的，「何勞己力」？安用私智？著者以為這種天理自然論，多少含有道家思想。

謝良佐對於天理亦有解釋，他說：「所謂天理者，自然底道理。無毫髮杜撰。今人乍見孺子將入於井，皆有怵惕惻隱之心；方乍見時，其心怵惕，即所謂天理也。」著者以為程明道自己的解釋，兼天人而言，比較是廣義的；謝良佐的解釋，只就人生舉例，比較是狹義的。明道說「天下善惡皆天理」，是兼善惡而言，是廣義的；良佐以良心講天理，僅就性善立論，是狹義的。後來講天理者多與良心並列，未涉及惡性了。

貳、程明道的人性論

中國學者論性，意見不一。有性善說，有性惡說，有善惡混說，有可善可不善說，有無善無惡說，有性善惡由於習染說等。程顥曰：「人之氣稟，理有善惡，然不是性中原有此兩物相對而生也。有自幼而善，有自幼而惡，是氣稟自然也。性固善也，然惡亦不可不謂之性也。」如就「性中原無兩物相對而生」看，他似乎是主張無善無惡的，如就「氣稟自然自幼為善或為惡」看，他似乎又是主張有性善有性不善說。但細按下文，則不是這樣簡單。

他說：「蓋生之謂性，『人生而靜』以上不容說，才說性時，便已不是性也。凡人說性，只是說『繼之者善也』，孟子言『人性善』是也。」這段話是什麼意思呢？《禮記》中的〈樂記〉云：「人生而靜，天之性也，感於物而動，性之欲也。」《易·繫辭》云：「一陰一陽之謂道，繼之者善也，成之者性也。」合起來看，「人生而靜」以上的天之性（本體）是不容說的，普通說性，不是就「一陰一陽之謂道」的形而上的本體而言，乃是就形而下的「繼之者善也」的現象而言。單就「繼之者善也」而言，誠如孟子所說人性是善的，但明道不是完全性善論者，因為他說過「惡亦不可不謂之性」，「天下善惡皆天理」。

然則明道到底作什麼主張呢？推其意，乃謂「善惡原非在性中相對而生」，乃在發而為言語行為的過程中表現，在這種表現中固是善的，但亦是可以為惡的（有的自幼為惡，有的中年為惡，有的老年為惡）。換句話說，就性的「源頭」（源頭二字出自陽明的人性論）看，好像泉水初出一樣，必定清澄，故贊同孟子所講的「人性善」，即承認性善說。就性的發展（陽明稱性的發展為性的發用）看，好像水已流出源頭，有的未遠即濁，有的甚遠方濁，有的流至於海，終無所污。

又就濁者言，有的濁多，有的濁少。這就如公都子所說：「性可以為善可以為不善。」又說：「有（有些人）性善，有性不善。」明道這種人性論本應稱「性善可惡說」，但這名詞不易為人所一目了然，如為求通俗起見，他的人性論列於「可善可不善說」，亦無不可。

程明道的人性善惡論，語句曲折，不易明白，如拿王陽明的人性論加以比較，或易令人了解。王陽明認為性無定體（無一定範圍），有自本體說的，有自源頭說的，有自發用說的，有自流弊說的。自本體方面說，性是無善無惡的，類似明道之「人生而靜天之性也」（不容說的）；自源頭方面說，性是善的，類似明道所謂「性固善也」；自發用方面說，性是可善可不善的，類似明道所謂「自幼而善，或自幼而惡」。

善性既可能惡，清水既可能濁，便要做澄清的工作。明道說：「如此，則人不可以不加澄治之功。故用力敏勇則疾清，用力怠緩則遲清。及其清也，則卻只是元初水也。」所謂「元初水」，就是源頭上之清水，即化惡而為善了。

參、程明道的人生觀與道德修養論

㊀**人生觀**　《易》曰：「天地之大德曰生，聖人之大寶曰位，何以守位曰仁。」簡言之，就是「聖人之大德曰仁」。程明道在宇宙觀方面重視「天地之大德曰生」，在人生觀方面便重視「仁」。其〈識仁篇〉曰：「學者須先識仁，仁者渾然與物同體。」又曰：「仁者以天地萬物為一體，莫非己也。認得為己，何所不至。」（《遺書·二》）張子要「大其心」以體天下之物，以達到天人合一的境界。程明道要「識仁」，要「體是心」，以達到物我一體與天人一體的境界。

稱他人的最高境界人生觀，或者可以稱為「天人合一」；稱程明

道的最高境界人生觀，只可以稱為「天人一體」。因為他自己說過：
「天人本無二，不必言合。」（《遺書・二》先生語，似為明道所說）

　　㈡**道德修養論**　程明道所重視的道德修養，計有誠敬與存仁、和樂與不怒等。

㈎**誠敬與存仁**　〈識仁篇〉云：「仁者渾然與物同體。義、禮、智、信皆仁也。識得此理，以『誠敬』存之而已，不須防檢，不須窮索。」他的天人一體的人生觀，要靠誠與敬的道德修養，促其實現。

　　他又說：「誠者天之道，敬者人事之本，敬則誠。」（《遺書・明道語一》）他把敬與誠貫通天與人，故常言「誠敬」。所謂「敬則誠」，是說由敬的人道，可以修養到誠的天道。自人生觀方面言，固只可講天人一體，但自道德修養方面言，還是要講以人合天，即天人合一。

　　除講「誠敬」外，程明道單獨講「敬」的地方亦不少。他說：「毋不敬，可以對越上帝。」「顏子之不憎者，敬也。」（《遺書・明道語》）「敬勝百邪。」「敬以直內，是涵養意。言不莊不敬，則鄙詐之心生矣；貌不莊不敬，則怠慢之心生矣。」「居處恭，執事敬，與人忠，是徹上徹下語，聖人原無二語。」（《宋元學案・明道語錄》）。他這裡發揮了《周禮》「毋不敬」、《論語》論恭敬、《周易》論「敬以直內」各方面的理論了。

　　他又在單講「誠」時說：「學始於不欺闇室。」他自己生平與人交，無隱情，雖童僕必托以忠信，故人亦不忍欺之。（劉立之語）可見他或言或行，皆具有「誠」的修養。

㈏**忠恕**　孔子曰：「吾道一以貫之！」曾子曰：「唯！」子出，門人問曰：「何謂也？」曾子曰：「夫子之道，忠恕而已矣。」程明道曰：「忠恕一以貫之，忠者天理，恕者人道，忠者無妄，恕者所以行乎其忠也；忠者體，恕者用，大本達道也。」（《遺書・明道語一》）這是從天人一體、

體用合一的道理，來說明一貫之道的。

㈢中庸　《中庸》一書前半段講「中」，後半段講「誠」，明道既重視「誠」，亦重視「中」。《中庸》云：「極高明而道中庸。」他說：「理則極高明，行之只是中庸也。」（《宋元學案・明道語錄》）所以他的教學方法是自近處著手，也是由中庸的行以求達高明的理。

㈣收放心　孟子主張收放心，程明道曰：「聖人千言萬語，只在欲人將已放之心約之。」（同上）

㈤主靜　他雖主張動靜合一，但仍重靜的工夫，故說：「惟靜者可以為學。」又說：「靜後見萬物皆有春意。」他有詩云：「萬物靜觀皆自得，四時佳興與人同，道通天地有形外，閒來無事不從容。」他的修養，實在受到道家的影響。

㈥變化氣質　張載主張變化氣質，程明道亦說：「學至氣質變，方是有功。」（《語錄》）這或許是受了張載的影響。

㈦盡人事　我們對於事業，盡人事乎？聽天命乎？大程子曰：「儒者只在合人事，不得言有數，直到不得已處，然後歸之天命可也。（《語錄》）張載亦說過：「以義斷命，而不委之於命，以理合天，而不委之於天。」如就「盡人事聽天命」言，明道是偏於盡人事的。

㈧和樂與不怒　〈識仁篇〉云：「反身而誠，則為大樂。」《定性書》末段云：「夫人之情，易發而難制者，惟怒為甚。第能於怒時遽忘其怒，而解理之是非，亦可外誘之不足惡，而於道亦思過半矣。」能存誠則可以大樂，能明理則可以忘怒。他自己能誠，能明理，故能做到「接物渾是一團和氣」（《明道學案・附錄》），及「和粹之氣，盎於背面，門人交友從之數十年，未嘗見其忿怒之容」。游定夫自明道處來見龜山，曰：「某在春風和氣中坐三月而歸。」和樂與不怒，真是程明道的高深修養。

肆、程明道的政治觀

程明道對於政治的主張，主要計有下列數項：(1)均田務農，(2)興學明倫，(3)寓兵於農，(4)重視民生等。

㈠**均田務農** 他說：「今天下耕之者少，食之者眾，地力不盡，人功不勤，一遇年歲之凶，即盜賊縱橫，飢贏滿路。宜漸從古制，均田務農，俾公私交務於儲餘，以豫為之備。」(〈上神宗陳治法十事之七〉)單就土地問題而言，他又認為「經界必正，井地必均。今富者連阡陌而莫之止，貧者日流離而莫之卹，制之之道，所當漸圖。」(〈十事之三〉)張載認為恢復井田並非難事，他亦說：「井田今取民田使貧富均，則願者眾，不願者寡。」可見他亦是主張恢復井田制度，以增加農業生產，儲糧備荒，而充民食。

㈡**興學明倫** 〈上神宗陳治法十事之五〉云：「庠序學校之教，先王所以明人倫，化成天下者也。今師學廢而道德不一，鄉尊亡而禮義不興；貢舉不本於鄉里而行實不修；秀士不養於學校而人材多廢。」他在理論上主張興學校以明人倫，在事實上亦這樣做。任晉城令時，「民以事至邑者，必告之以孝弟忠信，入以事父兄，出以事長上。……諸鄉皆有校，暇時親至。……教者不善，則為易置。」這都是重視教育，尤其是道德教育之明徵。

㈢**農兵制度** 宋行募兵制，所養者皆職業兵，國家不勝其負擔。〈上神宗十事之六〉云：「古者，……兵農未判，今驕兵耗國力，匱國財。禁衛之外，不漸歸之於農，將大貽深患。」他主張恢復農兵制度，並且自己作過實驗。「河東義勇，農隙則教以武事，然應文備數而已。顥至，晉城之民遂為精兵。」可見他認真恢復寓兵於農的實驗工作。

㈣**重視民生**　除均田務農外，他還重視其他民生問題。〈上神宗十事之三〉云：「天生烝民，立之君使司牧之，必制之常產以厚其生。」這是說人主要負責置常產，以解決人民的生活問題。〈十事之八〉云：「今京師浮民數愈百萬，游手游食，不可賞度。宜……漸為之業，以振救其患。」這是主張救濟失業，根絕游民。〈十事之九〉主張整得山林川澤之利，並設官管理之，類於古代之「官山海」，近代之公營事業。他所至之縣，重視平物價，賑災民，防水旱，救傷患，卹孤寡，都是重視民生問題之表現。

此外，他亦主張復宗法，修禮制（見〈十事之十〉），求賢才等。

伍、結　論

胡敬齋云：「明道天資高，本領純粹，其學自大本上流出，於細微處又極精。」這正說出了他的特點，也可以說，他的學問是從大處著眼，從小處著手。

就崇高偉大的方面看，他有生的宇宙論、道器合一論、神氣合一論、天理自然論、性善可惡論、天人一體論等深閣的理論。他雖然亦高舉反二氏（佛老）之旗幟，但「出入老釋者幾十年」，故其深閣理論，當然受了老釋的影響。有人以「雜以老釋」非明道，著者以為明道的高明處，在於具有老釋的識見與修養。

自細微精密處看，他的著手方法是「君子之學，自微而顯，自小而彰」，「灑掃應對無非形而上者」。（《語錄》）他平日教人，「自致知至於知止，誠意至於平天下，灑掃應對至於窮理盡性，循循有序。」並「病學者厭卑近而鶩高遠」，（《宋史·程顥傳》）所以他不是一位清談家或空想者。

他的政治主張，雖然復古色彩甚濃，但重視民生問題乃其特色，

此項主張任何時代皆可行，沒有時間上的限制。

　　程明道上接孟子，下開陸王，傳濂溪之衣缽，擷老釋之精華，在中國哲學史上自有其獨特的地位。倘若天假以年，與乃弟同壽，必有更多的創獲。

第五節　程伊川的哲學思想

　　程頤，字正叔，程顥之弟。生於宋仁宗明道二年，卒於徽宗大觀元年（西元一〇三三～一一〇七年）十六七歲時與兄同學於濂溪，濂溪每令尋孔顏樂處，所樂何事？十八歲上書闕下，勸仁宗黜世俗之論，以王道為心。繼游大學，見胡瑗，瑗試諸生以顏子所好何學？得頤論，大驚（附一），即延見，處以學職，同學呂希哲，即以師禮事之。仁宗嘉祐二年，與張橫渠同舉進士，哲宗初，司馬光、呂公著共疏上其行義，詔以為西京國子監教授，力辭，尋召赴闕，擢崇政殿說書，名聞天下。方是時，蘇軾在翰林，有重名，一時文士多歸之。文士不樂拘檢，迕頤所為，兩家門下，迭起標榜，遂分黨為洛、蜀。紹聖間，頤以黨論削籍竄涪州。徽宗即位，移峽州，復其官。崇寧二年，范致虛言頤以邪說詖行，惑亂眾聽，而尹焞張繹為之羽翼。事下河南府體究，盡逐學徒，復隸黨籍。四方學者，猶相從不舍，頤曰：「傳所聞，行所知可矣，不必及吾門也。」五年，復宣義郎致仕，卒時年七十五。涪人祀頤於北巖，世稱伊川先生。著作有《易傳》、《春秋傳》、《語錄》、《二程遺書》、《二程外書》等。今分其哲學思想為宇宙觀、人生觀、修養論、人性論、知行論等。

壹、程伊川的本體論與宇宙論

㈠**理氣二元論**　《易》:「形而上者謂之道,形而下者謂之器。」程明道主道器合一論,程伊川則主理氣二元論。他說:「離了陰陽更無道,所以陰陽者是道也,陰陽氣也。氣是形而下者,道是形而上者。」(《遺書‧伊川語錄一》)又說:「書言天敘天秩,天有是理,聖人循而行之,所謂道者也。」(〈伊川語錄七〉)就宇宙法則言,理就是秩序,就是道。所謂「道是形而上者」就是說「理是形而上者」。又就宇宙本體言,「氣是形而下者」這就是程伊川的理氣二元論。柏拉圖分宇宙為理念界與現象界,與程伊川分理(形而上)氣(形而下)兩界相似。

程伊川的理氣二元論,到了南宋,朱熹加以發揮:「理也者形而上之道也,生物之本也;氣也者形而下之器也,生物之具也。是以人物之生,必稟此理,然後有性,必稟此氣,然後有形。」這裡以性形二元論說明理氣二元論,更容易使人明白了。如就今日眼光來看,性形二元論含有心物二元論之意義。

㈡**物各有理理各有對說**　程伊川說:「萬物皆是一理,至如一事一物雖小,皆有是理。」(《遺書‧伊川語一》)又說:「天下物皆可以理照,有物必有則,一物須有一理。」(《遺書‧伊川語四》)這種物各有理說,程明道亦有類似的見解。合起來說,兩人所講的理,包括天理、物理、事理、義理、倫理等。這個理自是通物我、一天人的。故說:「物我一理,……語其大至天地之高厚,語其小至一物之所以然。……一草一木皆有理,須是察。」(同上)如就「所以然」來解釋,則草木之所以為草木,有其物理,人之所以為人,則有其倫理。

此外,程明道認為理是自然而然的,理各有對,程伊川亦有同樣的見解。如說:「理出於自然,故曰天理。所謂莫之為而為,莫之至

而至者也。」(《遺書‧伊川語四》) 又說:「往來屈伸,只是理也。盛則便有衰,晝則便有夜,往則便有來。」有往則有來,有屈則有伸,這就理各有對或理無不對了。

貳、程伊川的人性論

㈠**命、理、性、心** 程伊川對於心、性、理、命等,有一種比較的說明。

命、理、性、心、情,有何區別呢? 他說:「在天為命,在義為理,在人為性,主於身為心,其實一也。」(《遺書‧伊川語四》)邵伯溫又問,孟子言心性天,只是一理否? 曰:「然。自理言之謂之天(按指天理),自稟受言之謂之性,自存諸人言之謂之心。」(《遺書‧伊川語八》) 又說:「性之本謂之命,性之自然者謂之天,自性之有形者謂之心,自性之有動者謂之情。凡此數者一也。」(〈伊川語十一〉) 自天言,有天命、天理、天性。自人言,有人理(倫理)、人性、人心、人情。自修養言,要修心養性、抑情明理,以配合天性天理,並順應天命,做到以人合天(天人合一)的境界。

㈡**道性合一** 道與性有何關係呢? 程伊川曰:「稱性之善,謂之道,道與性一也。以性之善如此,故謂之性善。」(〈伊川語十一〉)

《中庸》云:「天命之謂性,率性之謂道。」程伊川以「性之善謂之道」,反過來說,即道者就性之善而言,順性之善而行即達於道。故說「道與性一也」,這就是他的道性合一論。

㈢**理性合一** 理與性有何關係呢? 他既說「在天為理,在人為性」,又說:「性即是理,自堯舜至于塗人,一也。」(〈伊川語四〉)「性即理也,所謂理性是矣。」(〈伊川語八〉) 這就是他的理性合一論。後來朱熹說:「得天之理以為性。」則理性合一論,更有進一步的發揮。

㈣**性無不善才有善惡說**　中國的人性善惡論，是一件久懸不結的案子。程伊川的看法與程明道稍有不同，他說：「性即理也，所謂理性是也。天下之理，原其所自（按即從源頭看），未有不善；喜怒哀樂未發，何嘗不善？發而中節則無往而不善。」（〈伊川語八〉）又說：「性出於天，才出於氣，氣清則才清，氣濁則才濁。……才則有善與不善，性則無不善。」（〈伊川語五〉）可見他的人性善惡論，是出自理氣二元論的，故又說：「氣有善有不善，性則無不善也。」（〈伊川語七〉）他以性（理）無不善說，維護孟子的性善論；以氣（才）有善有不善說，指出惡的來源何在，並以應眾說（善惡混說，可善可不善說）。

㈤**心無不善情有不善說**　與性無不善、才有善惡說相類的話，又有心無不善、情有不善說。

何謂心？何謂情？他說：「稟於天謂性，感為情。」（《遺書・伊川語十》）又說：「自性之有形者謂之心，自性之有動者謂之情。」前面的心，是就心之本體言，後面的心，是就心的功用言。

又說：「心本善，發於思慮則有善有不善，若既發則可謂之情，不可謂之心。」（〈伊川語四〉）推程伊川之意，第一、就心的本體講，是無不善的，後來陽明曾說「無善無惡心之體」。第二、就感於事物發於思慮的情講，是有善有不善的，後來陽明說「有善有惡意之動」，這與發而中節與不中節有關。《中庸》云：「發而皆中節謂之和。」著者可補充一句：「發而不中節謂之不和。」和是善，不和是不善，故有所感而動之情，是有善有不善的。

參、程伊川的人生觀與道德觀

㈠**學為聖人**　《宋史・程頤傳》稱：「頤於書無所不讀。其學本於誠，以大學、論語、孟子、中庸為標指，而達於六經。動止語默，

一以聖人為師，其不至乎聖人者不止也。」學聖人是程伊川的理想，也是他的人生目標。故說：「言學便以道為志，言人便以聖為志。」（《伊川學案・語錄》）

㈡**大而化之**　孟子說：「大而化之之謂聖。」程伊川說：「大而化則己與理一，一則無己。」（《伊川學案・語錄》）「己與理一」即我與天地萬物之理合一，「無己」即「無我」，「無我」即「物我一體」。可見「物我一體」與「理我一體」，是他的人生觀的最高境界。

㈢**不遷怒**　或問「不遷怒，不貳過，何也?」曰：「諸公便道最易，此算是最難。須是理會得因何不遷怒。如舜之誅四凶怒在四凶，舜何與焉。蓋因是人有可怒之事而怒之，聖人之心本無怒也。譬如明鏡：好物來時便見是好，惡物來時便見是惡，鏡何嘗有好惡也?……聖人心如止水。」（同上）怒在外，不在內，心中不存怒，故無怒可遷。

㈣**克己復禮**　顏淵問仁，孔子答以克己復體。程伊川既研究過顏子所學，亦體認到顏子所樂，故作〈四箴〉以自勉。〈四箴序〉云：「顏淵問克己復禮之目，孔子曰：『非禮勿視，非禮勿聽，非禮勿言，非禮勿動。』四者身之用也，由乎中而應乎外，制乎外所以養其中也。顏淵事斯語，所以進於聖人，後之學聖人者，宜服膺而勿失也。」這真是他自勉勉人的話呵!

㈤**仁與愛**　程伊川推性與情，即體與用之關係以言仁，謂仁是性，愛是情，即仁是體，愛是用。（參考吳康著《宋明理學》）把仁與愛這樣區分，是程伊川的特見。

㈥**仁與公**　仁之道是普遍無外的，普遍無外即是大公。他說：「仁之道要之只消道一公字，公即是仁之理，不可將公喚做仁，公而以仁體之，故為仁，只為公則物兼照。」（《伊川學案・語錄》）又說：「仁者天下之公，善之本也。」（《易傳・復六二傳》）。以仁為天下之公，

公則無物不照，故謂兼照。

㈦**明理去欲**　明（存）天理去人欲，為理學家一大修養工夫。程伊川曰：「人之為不善，欲誘之也。誘之而弗知，則至天理絕而不知反。故目則欲色，耳則欲聲，以至鼻則欲香，口則欲味，體則欲安，皆有以使之也。」（《遺書・伊川語》）理與性合一，欲與情相連，〈伊川、顏子所好何學〉一文，雖未談到明理去欲，卻談到了復性忘情（或稱明性約情）、正心養性，亦含有明理去欲的意味。

然則何以窒其欲？曰：「思而已矣。學莫貴於思，惟思為能窒欲。曾子之三省，窒欲之道也。」（同上）後來，朱熹對於明天理去人欲，發揮得更為詳細。

肆、程伊川的方法論——
修養方法與求知方法

一般中國哲學家對於方法問題，大致講修養方法者多，講進學（求知）方法者少，程伊川則兩者並顧，故「涵養須用敬，進學在致知」兩語，成了程門的口訣。

這裡先談其修養方法——涵養須用敬。

㈠**何謂敬**　程伊川說：「所謂敬者，主一之謂敬。所謂一者，無適之謂一，且欲涵泳主一之義，一則無二三矣。言敬無如聖人之言，易所謂『敬以直內，義以方外』，須是直內，乃是主一之義。」（《遺書・伊川語》）主一無二，就是心中有主，心中有主則不為外物所遷了。

㈡**主敬與虛靜**　道家主虛與靜，釋氏主無與靜，濂溪講主靜以立人極，程伊川則易主靜為主敬，講「主敬立極」。這裡的敬與虛靜有何關係呢？他說：「敬則自虛靜，不可把虛靜喚作敬。」（《遺書・伊川

語》）靜是消極的，欲有所忘；敬是積極的，乃有所主。

（三）**主敬與去紛擾**　心有所主，則思慮不紛擾了。故曰：「呂與叔嘗問為思慮紛擾，某答以但為心無主。若主於敬，則自然不紛擾。譬如一壺水，投於水中，壺中既實（按指心有所主），雖江湖之水不能入矣（指他事不能擾之而言）。」（《遺書・伊川語》）

（四）**主敬與存誠**　理學家大多重視慎獨存誠。伊川說：「不敢欺，不敢慢，尚不愧於屋漏，皆是敬之事也。」（《遺書・伊川語》）所謂「敬之事」，就是慎獨存誠的工夫。

程伊川貶涪州，渡江中流，船幾覆，舟中人皆號哭，他獨正襟安坐如常。已而及岸，同舟有父老問曰：「當船危時，君獨無怖色，何也?」曰：「心存誠敬爾。」程明道重視「誠敬」，他這裡亦「誠敬」並論。

（五）**主敬與明天理**　「敬只是主一也。主一則不之東，不之西，如是則只是中；既不之此，亦不之彼，如是則只是內。存此則天理明。」（同上）普通以去人欲而明天理，蓋主敬則思無邪，無邪即去欲，欲去則天理明了。

講過了修養方法——「涵養須用敬」，再講求知方法——「進學在致知」。

如將《大學》八條目（格致誠正修齊治平）分為政治觀，倫理觀，智識論三項：則格物致知應屬於智識論。西洋智識來源論，可分為兩派：一派重視先天理性，另一派重視後天經驗。

何謂致知？伊川曰：「知者吾之所固有，然不致則不能得之。而致知必有道，故曰致知在格物。」（《遺書・廿五》）這裡的「吾所固有」之知是就理性之知、先天之知而言，是重視先天理性的；但所謂「然不致則不能得之」，可見他亦不輕視後天的經驗。

何謂格物？他說：「格，至也。如祖考來格之格。凡一物上有一理，須是窮至其理。」（《遺書・十八》）按「格」可釋為「至」，亦可釋為「正」（如說「格君心之非」）。王陽明釋「格」為「正」，程伊川釋「格」為「至」，程明道亦釋「格」為「至」。（《遺書・明道語》）

伊川又說：「格猶窮也，物猶理也。猶曰：窮其理而已矣。」（《遺書・十八》）「物猶事也，凡事上窮極其理則無不通。」（《遺書・十六》）

這個「窮」字可釋為「窮究」或「研析」，所謂「窮其理」，含「至」字言，可釋為「窮至其理」或「研析其理」。又所謂「其理」本指「物理」而言，擴充其意，乃指萬事萬物之理而言。由此得了一個小結論：所謂「格物」，就是窮至萬事萬物所以然之理。

何謂理？著者就下列兩種分類說明。第一種可分為道理、原理、公理、真理、法則、秩序、情理、法理、義理、性理、太極等。第二種可分為天理、物理、事理、倫理（人理）等。

理有無內外之分呢？伊川曰：「物皆有理：如火之所以熱，水之所以寒。至於君臣，父子間，皆是理。」（《遺書・十九》）前兩句講物理，後兩句講倫理。物理就外界言，倫理就內界言，故「理」是合內外的，亦稱內外合一論。

他說：「窮理亦多端，或讀書講明義理，或論古今人物別其是非，或應接事物而處其當然，皆窮理也。」（同上）這裡的「窮理」，是就義理、事理、物理、為人處世之理而言。

或問何以致知？曰：「在明理，或多識前言往行，識之多則理自明。」（《遺書・伊川語》）致知的目的在窮理，故說「致知在格物」。

或問：「格物須物物格之，還是格一物則萬物皆知？」程伊川答曰：「怎生便會該通。若只格一物（按指窮一物之理），便通眾理（按指眾物或萬物之理），雖顏子亦不能知此道。須是今日格一件，明日格

一件，積習既多，然後脫然有貫通處。」（同上）這是說「格物」是漸進的，不是一步登天的。

所謂「進學在致知」，是用致知格物的思想方法去求知；所謂「涵養須用敬」，是用主敬存誠的修養方法進德。

伍、程伊川的知行論

程伊川對於知行問題，計有下列各種見解：

(一)**知的類別**　張子區分知為「聞見之知與德性之知」，程伊川亦說：「聞見之知，非德性之知。物交物，則知之非內也；今之所謂博學多能者是也。德性之知，不假見聞。」（《伊川學案·語錄》）西洋智識論中講知識起源時分為兩派：理性論者認為智識起源於先天，經驗論者認為智識起源於後天。伊川則認為道德之知起源於先天，聞見之知起源於後天。

(二)**知行先後問題**　知在先還是行在先呢？程伊川曰：「須是識在所行之先，譬如行路，須是光照。」（同上）光照在先，開步在後，這是說知在先，行在後。

他又說：「到底須是知了，方能行得。若不知，只是覷卻堯，學他行事；無堯聰明睿知，怎生得如他動容周旋中禮？」有堯之知，方有堯之行，這也是知先行後之證明。

(三)**知行難易問題**　知難呢？還是行難呢？程伊川曰：「如眼前諸人，要特立獨行，煞不難得，只是要一個知見難。……人既能知見，豈有不能行？」（同上）他是自知先行，講到知難而行易，與能知必能行。

他又說：「故人力行，先須要知，非特行難，知亦難也。書曰：『知之非艱，行之維艱。』此固是也，然知之亦自艱。譬如人欲往京

師，必知是出那門，行那路，然後可往。如不知，雖有欲往之心，其
將何之? 自古非無美材能力行者，然鮮能明道，以此，見知亦難矣。」
(《遺書・伊川語》)孫中山先生以知難行易說，破傳說的知易行難說，
他是以行難知亦難說，破傳說的知易行難說，所謂「鮮能明道」，與
中山先生見解略同。

㈣**能知必能行**　在二程眼光中，知既可分為真知與假知，亦可分
為深知與淺知。究竟知了能不能行呢? 二程有同樣的答案。

程明道說:「真知與常知異，……人知不善而猶為不善，是亦未
嘗真知，若真知則決不為矣。」他是說就真知言，能知必能行; 反之，
常知則不一定。

程伊川說:「知之深則行之必至，無有知之而不能行者。知而不
能行，只是知得淺; 飢而不食烏喙，人不蹈水火，只是知; 人為不善，
只是不知。」(《遺書・十五》)他是說就深知言，能知必能行，知善必
為善，知惡必不為惡; 反之，淺知則不一定。

中山先生著《孫文學說》，以十證證知難行易，並說「能知必能
行」。與二程的知行論，大有相似之處。

陸、二程反佛老的理論

程明道雖「出入老釋者幾十年」，擷取了老釋的學問，只因他「反
求諸六經而得之（指得道言），故仍然高舉反佛之旗幟。

程伊川則於被貶涪州後，才與釋氏有來往，受佛學影響較乃兄為
少，故反佛老更為激烈。

㈠**闢釋氏**　程明道云「釋子出家獨善」(《遺書・明道語三》)，程
伊川云「釋氏之學，……言免生死，齊煩惱，卒歸乎自私」(《遺書・
伊川語一》)。「獨善」與「自私」，均指釋氏缺乏「天下為公」與「治

國平天下」的思想，但釋氏亦有「普濟眾生」之主張，不僅自私而已。

(二)闢老莊　程明道謂「老子之言，竊弄闔闢」（《遺書‧明道語一》）。程伊川謂「老學挾權詐」（《遺書‧伊川語一》）。又斥莊子齊物論謂「物理本齊，不必待莊而後齊；物形從來不齊，如何能齊？」（《伊川語八》）韓非以權術解老，至是二程以權術斥老。著者以為以權術解老，是韓非的主觀見解，不見得是老子的本意；至於莊子齊物，本是齊其理，不是齊其形。

程伊川分當日之學問為三：一為文章之學（按即詞章），二為訓詁之學，三為儒者之學。又分當日學者之弊為三：一為溺於文章，二為溺於訓詁，三為惑於異端。他以傳聖學自命，故主張袪三弊，即主張救文章與訓詁之溺，解異端之惑，以顯儒者之學，而明先聖之道。其學能傳道而解惑，其法能進德而修業，卒能宏理學之奧義，為學派（程朱）之鼻祖。

柒、結論——二程異同

明道曾言：「異日能使人尊嚴師道者，吾弟也。若接引後學，隨人才而成就之，則予不敢讓焉。」蓋明道和易，人皆就之；伊川嚴肅，人不敢近。

劉宗周謂：「叔子篤信謹守，規模自與伯子差別。」

朱熹謂：「明道宏大，伊川親切。」

黃宗羲謂：「明道伊川大旨雖同，而其所接人，伊川已大變其說，……自周元公（濂溪）以主靜立人極開宗，明道以靜字稍偏，不若專主於敬，然亦惟恐以把持為敬，有傷於靜，故時時提起。伊川則以敬字未盡，益之以窮理之說。而曰：『涵養須用敬，進學則在致知。』二程之同異可知矣。」

陳鐘凡在《兩宋思想述評》中說：「蓋顥之為人也，恭而安，綽然而有餘裕；頤循序漸進，密證精察，而後豁然貫通。故一重自得，一尚窮理；一貴兩忘，一求寡欲，其造就各殊也。」

著者再就天理、人性、修養各項，以明二子之異同：

㈠**單就理或天理來講**　兩人的見解，有同亦有異。

就其同者言，兩人同認為：甲、萬物皆有理（這裡的萬物當然包括萬事），這裡的所謂「理」，包含著天理、物理、倫理、義理、事理等。乙、天理是自然而然的，不雜人為。丙、理必有對，如有長有短，有大有小，有生有死，有樂有哀等。丁、共同批評佛老不明理。戊、理是天人一貫，內外合一，體用一源的。

就其異者言，亦可分為下列數項：甲、天理二字為明道所體貼出來的，伊川則跟著研究。乙、明道主一元論（合一論），他所講的理是不能離物而獨存的，後來的陸王學派有此傾向；伊川偏於二元論，他所講的理是可以離物而獨存的，後來朱子提倡理氣二元論，便是這種主張的發揮。丙、再從道與器來說，明道主張道器合一論，伊川主張道器二元論。

㈡**就人性論講**　甲、明道認為善是性，惡亦未嘗不屬於性，主「可善不可善說」，或稱「性善可惡說」；伊川則肯定說「性無不善才有善惡」。乙、明道主張「氣即性，性即氣」，伊川則主張「性即理」。

㈢**就修養論講**　明道主張內外兩忘，其境界甚高；伊川主張「用敬」與「致知」，內外兼顧。

總之，「顥說簡易，頤說縝密；顥說圓融，頤說篤實」。明道上接孟軻，下開陸、王；伊川上紹顏淵，下傳朱熹。兄弟二人同師濂溪，開理學之先河，而為兩大派之宗師，這真是古今所稀聞，中外所罕見的。

附錄一:〈顏子所好何學〉

二程奉父命受教於周濂溪,濂溪令尋孔顏樂處,所樂何事?程伊川對此頗有領悟,故於胡安定試以「顏子所好何學」時,即本濂溪所示所教及其個人心得以答,茲錄其原文如下:

聖人之門,其徒三千,獨稱顏子為好學。夫詩書六藝,三千子非不習而通也。然則顏子所獨好者何學也?學以至聖人之道也。聖人可學而至歟?曰:然。學之道何如?曰,天地儲精,得五行之秀者為人,其本也真而靜,其未發也,五性具焉,曰仁義禮智信。形既生矣,外物觸其形而動於中矣,其中動而七情出焉,曰,喜怒哀樂愛惡欲。情既熾而益蕩,其性鑿矣。是故覺者約其情,使合於中,正其心,養其性,故曰性其情。愚者則不知制之,縱其情而至於邪僻,梏其性而亡之,故曰,情其性。凡學之道,正其心,養其性而已,中正而誠則聖矣。君子所學,必先明諸心,知所養,然後力行以求至,所謂自明而誠也。故學必盡其心,盡其心則知其性,知其性反而誠之,聖人也。……顏子……所異於聖人者,聖人則不思而得,不勉而中,從容中道;顏子則必思而後得,必勉而後中。故曰顏子之與聖人,相去一息。孟子曰:「充實而有光輝之謂大,大而化之之謂聖,聖而不可知之之謂神。」顏子之德,可謂充實而有光輝矣,所未至者守之也,非化之也。以其好學之心,假之以年,則不日而化矣。故仲尼曰:「不幸短命死矣。」蓋傷其不得至聖人也。所謂化之者入於神而自然不思而得,不勉而中之謂也。孔子曰:「七十而從心所欲,不踰矩」是也。或曰:聖人生而知之也,今謂可學而至,其有稽乎?曰:然。孟子曰:「堯舜性之也,湯武反之也。」性之者生而知之也;反之者學而知之也。

又曰：孔子生而知者也，孟子則學而知之者也。後人不達，以謂聖人生知非學可至，而為學之道，遂不求諸己，而求諸外，以博文強記，巧文麗辭為工，榮華其言，鮮有至於道者，則今之學與顏子所好異矣。

著者讀此文後，啟發下列兩種意見：

甲、過去有人說程明道於十五六歲時，奉父親程珦之命，與弟頤求學於周濂溪，那時，伊川不過十四五歲，能學到什麼呢？因此，懷疑二程之學（理學），未必淵源於濂溪。但就伊川所作「顏子所好何學」來看，可以看出下列兩點；(1)胡安定為什麼見此文而驚異呢？當然是因為其他學生做不出這樣好文章；為什麼其他學生做不出這樣好文章呢？因為其他學生未從濂溪遊，未獲得「尋孔顏樂處，所樂何事」之啟示。(2)伊川此文所稱「得五行之秀者為人」及「形既生矣」，完全引自濂溪的《太極圖說》。由此，可知二程之理學實在受到濂溪學說的影響。

乙、以上所作「顏子所好何學」，也可說是程伊川的自況。顏子學為聖人，他自己亦學為聖人；顏子邁向「大而化之」的途徑，他自己亦重視「大而化之」；顏子要自明而誠，他自己亦要自明而誠；顏子所事為克己復禮，他自己所事亦為克己復禮（見〈四箴〉）；顏子不遷怒，他自己亦講究治怒。

附錄二：四箴并序

顏淵問克己復禮之目，夫子曰：「非禮勿視，非禮勿聽，非禮勿言，非禮勿動。」四者身之用，由乎中所以應乎外，制乎外所以養於中也。顏子事斯語，所以進於聖人，後之學聖人者，宜服膺而弗失也，因箴以自警。

視箴

　　心兮本虛，應物無迹，操之有要，視為之則。蔽交於前，
　　其中則遷，制之於外，以安其內，克己復禮，久而誠矣。

聽箴

　　人有秉彝，本乎天性，知誘物化，遂亡其正。卓彼先覺，
　　知止有定，閑邪存誠，非禮勿聽。

言箴

　　人心之動，因言以宣，發禁躁妄，內斯靜專，矧是樞機，
　　興戎出好，吉凶榮辱，惟其所召。傷易則誕，傷煩則支，
　　己肆物忤，出悖來違，非法不道，欽哉訓辭。

動箴

　　哲人知幾，誠之於思，志士勵行，守之於為，順理則裕，
　　從欲惟危，造次克念，戰兢自持，習與性成，聖賢同歸。

第六節　王安石的哲學思想

　　王安石，字介甫，江西撫州臨川人，生於宋真宗天禧五年，卒於
哲宗元祐元年（西元一〇二一～一〇八六年），年六十六。少好讀書，
善屬文，有盛名，舉進士高第。初知鄞縣，起堤堰，決陂塘，興水陸
之利。貸穀與民，立息以償，俾新陳相易，邑人便之，頗有政聲。後
通判舒州，以文彥博薦，再召試，為群牧判官，出知常州，提點江東
刑獄，入為度支判官，慨然有矯世變俗之志，於是上萬言書論政。神
宗即位，召為翰林學士兼侍講。旋又參知政事，乃設制，置三司條例
司，而農田、水利、青苗、均輸、保甲、免役、市易、保馬、方田諸

法，相繼而興，號稱「新法」。但自變法以後，御史中丞呂誨等力請罷條例司並青苗法等，諫官孫覺及御史張戩、程顥等皆論安石變法非是，以次罷去。七年，神宗以久旱疑「新法」不便，遂令知江寧府，明年復參知政事。嗣罷為鎮南節度使，後改集禧觀使，封舒國公。元豐三年，改封荊，退居金陵。哲宗立，加司空，元祐元年卒。初，安石詮釋詩、書、周官既成，頒之學官，天下號「三經新義」。茲述其宇宙論與人生觀、人性論、政治觀等。

壹、安石的宇宙論與人生觀——別天人

　　道儒兩家的宇宙論與人生觀，多在「合天人」；安石的宇宙論與人生觀，則在「別天人」。

　　道家主張：「人法地，地法天，天法道，道法自然。」由自然的宇宙法則，推出一種自然的人生法則，即在人生論方面提倡無為、無欲、剖斗折衡、絕智棄聖、絕仁棄義、毀棄法令。漢初崇尚黃老，曹參以無為主義施之於政治，成績斐然，頗為後人所贊賞。

　　儒家主張「天行健君子以自強不息」及「至誠無息」，從行為的宇宙論，推出一種行的人生論，即在人生論方面提倡力行、苦幹、講道德、說仁義、訂禮樂、重政刑。自董仲舒號召尊儒術，罷百家以來，儒家思想在政治方面已佔有極重要的地位。

　　安石既具商鞅作風，又以儒術為本，且對道家哲學亦有研究。他本「道以致用」的精神，把「自然主義」歸之於宇宙，把「人為主義」歸之於人生。其論《老子》有云：「道有本末，本者出之自然，不假乎人之力而萬物以生也；末者涉乎形器，故待人力而後萬物以成也。夫其不假人之力而萬物以生，則是聖人可以無言也，無為也；至乎有待於人力而萬物以成，則是聖人之所以不能無言也，無為也。故昔聖

人之在上而以萬物為己任者，必制四術焉。四術者禮樂政刑是也，所以成萬物者也。」西洋哲學有機械論與目的論之爭，康德調和兩說，以機械論解釋宇宙，以目的論解釋人生，安石則以無為釋宇宙，以有為釋人生，其義略同。

貳、安石的人性論

人性善惡之說，在宋代理學家為一重要研究的問題。安石對此有三種見解：一為性情合一的人性論，二為對四家人性論之批評，三為對德、智之分辨。

㈠**性情合一的人性論** 董仲舒、邵康節、李翱都有性善情惡之說。安石反對這種說法，故有性情合一之言。他說：「性情一也。世有論者曰：『性善情惡』，是徒識性情之名，而不知性情之實也。喜怒哀樂好惡欲，未發於外，而存於心，性也；喜怒哀樂好惡欲，發於外而見於行，情也。性者情之本，情者性之用，故吾曰：性情一也。」講到這裡，他認為情發於外可以為惡，亦可以為善。「故君子養性之善，故情亦善；小人養性之惡，故情亦惡。故君子之所以為君子，莫非情也；小人之所以為小人，亦莫非情也。」並舉例加以說明：「舜之聖也，象喜亦喜，使舜當喜而不喜，則豈足以為舜乎？文王之聖也，王赫斯怒，使文王當怒而不怒，則豈足以為文王乎？舉此二者而明之，則其餘可知矣。……是以知性情之相須，猶弓矢之相待而用。若夫善惡，則猶中與不中也。曰：然則性有惡乎？曰：孟子曰：『養其大體為大人，養其小體為小人。』揚子曰：『人之性，善惡混。』是知性可以為惡也。」（〈性情論〉）本來，漢代荀悅早有性情合一之說，但不如安石之精詳耳。

㈡**對四家人性論之批評** 孔子主張「性近習遠」，安石持此說以

堅定其主張，並以之批評孟、荀、揚、韓四家的人性論。或問：「孟、荀、揚、韓四子者，皆古之有道仁人，而性者有生之本也，以古之有道仁人，而言有生之本，其為言也，宜無惑，何其說之戾也，吾願聞子之所安。」安石曰：「吾所安者，孔子之言而已。夫太極者，五行之所由生，而五行非太極也。性者，五常（仁義禮智信）之太極也，而五常不可以謂之性，此吾所以異於韓子。且韓子以仁義禮智信五者謂之性，而曰：『天下之性惡而已矣。』五者之謂性，而惡焉者，豈五者之謂哉？孟子言人之性善，荀子言人之性惡。夫太極生五行，然後利害生焉，而太極不可以利害言也。情生乎性，有情然後善惡形焉，而性不可以善惡言也。此吾所以異乎二子。」他認為人既具有惻隱之心，也具有怨毒忿戾之心，孟荀只知其一不知其二，故有性善性惡之偏。

他有一個根本主張，就是善惡形諸情，不形諸性。故說：「且諸子之所言，皆吾所謂情也，習也，非性也。揚子之言為似矣，猶未出乎以習而言性也。古者有不謂喜怒愛惡欲情者乎？喜怒愛惡欲而善，然後從而命之曰仁也義也，喜怒愛惡欲而不善，然後從而命之曰不仁也不義也。故曰：有情然善惡形焉，然則善惡者情之成名而已。孔子曰：『性相近也，習相遠也。』吾之言如此。」（以上見〈原性論〉）

他對四子的個別批評是：一、韓子以五常為性，又說到性惡，然則惡就是五常嗎？這種說法豈不是自相矛盾？二、孟子講性善，只把握了惻隱之心（善端），而不知人還具有怨毒忿戾之心（惡端）。三、荀子講性惡，只把握了怨毒忿戾之心（惡端），而不知人還具有惻隱之心（善端）。四、揚子講善惡混，折中孟荀二說，較為合理。著者亦以為孟子言性善，只把握人的理性，荀子言性惡，只把握人的獸性，揚子主意惡混，倒能雙方並顧。

總括來說，他認為孟荀所講的善惡，只是就情與習（用）而言，

未把握性之本體（體）。如就其「性不可以善惡言」一語來看，則「人生而靜」之性，本無善惡可言。「感於物而動」之情，才有善惡可言。這與王陽明所謂「無善無惡心之體（性），有善有惡意（情）之動」的說法，又有些相近似了。

　　㈢**對德性與智慧之分辨**　孔子說：「中人以上，可以語上矣，中人以下，不可以語上矣。」「惟上知與下愚不移。」這裡的上知、中人、下愚，本是就先天的聰明而言，與天生的德性有別。王充混合兩者以提倡性三品說：「夫中人之性，在所習焉，習善而為善，習惡而為惡也；至於極善極惡，非復所習。」頗含有上知與極善、下愚與極惡不可移之意。

　　安石卻能把先天德性與先天智慧加以分別。他於據「性近習遠」說以評四家的人性論之後，又提出一個問題說：「然則上知與下愚不移，有說乎？」並加以解答說：「此之謂知愚，吾所云者性與善惡也。惡者之於善也，為之則是；愚者之於知也，或不可強而有也。」（〈原性論〉）他能將德性上的善惡，與智慧上的知愚加以劃分，認為就德性上的善惡說，惡者可以改過遷善；就智慧上的知愚說，下愚無法改變為上智，這算是他對人性論的特見。

　　不僅生於安石之先的王充混德性與智慧為一，就是生於安石同時的程伊川，及生於他後的朱熹都亦有此見解。因為照現代心理學講，知愚是屬於心理學上的智慧差別問題，善惡是屬於倫理學上的德性差別問題，兩者雖同屬於天性，但智者不一定天性善良，愚者不一定天性惡劣。反過來說：愚者中有好人，智者中有壞人，這說明了智愚與善惡是有區分的，不可混為一談。安石雖亦將知愚與善惡比較過（詳〈原性論〉及〈性說〉），但他認為知愚不可移，善惡可移。

參、安石的道德觀

安石對於道德問題見解甚多，這裡述其要。

㈠**論仁與智**　關於倫理思想方面，他談到知與仁的關係和區別。如說：「仁者，聖之次也，知者，仁之次也，未有仁而不知者也，未有知而不仁者也。（言仁與知之的關係）然則何仁、知之別哉？以其所以得仁者異也。仁、吾所有也，臨行而不思，臨言而不擇，發之於事而無不當於仁也，此仁者之事也。仁、吾未有也，吾能知其為仁也，臨行而思，臨言而擇，發之於事而無不當於仁也，此知者之事也。其所以得仁則異矣。（言仁與知之區別）及其為仁則一也。」孔子曰：「知者樂水，仁者樂山，知者動，仁者靜，知者樂，仁者壽。」安石曾就此三者以說明仁與知的關係與區別，頗有獨到之見解。

㈡**論惠與勇**　安石對於惠與勇的看法，與人不同。他說：「世之論者曰：『惠者輕與，勇者輕死，臨財而不苟，臨難而不避者，聖人之所取，而君子之行也。』吾曰：不然。惠者重與，勇者重死，臨財而不苟，臨難而不避者，聖人之所疾，而小人之行也，故所謂君子之行者有二焉：其未發也，慎而已矣；其既發也，義而已矣。慎則待義而後決，義則待宜而後動，蓋不苟而已也。……是故尚難而賤易者小人之行也，無難無易而惟義之是者君子之行也。傳曰：『義者，天下之制也。』制行而不以義，雖出聖人所不能，亦歸於小人而已矣。」（〈勇惠論〉）普通以「輕與輕死」為人之所難能，故以難易斷惠勇。他主張以義制行，以義斷惠勇，不以難易斷惠勇。其所以提倡變法，不顧一切批評和反對，大概自認為是「惟義所在」，不問難易。

㈢**論中**　如以今人眼光來看，安石思想在當時應列為「左派」，甚至說他犯有「左傾幼稚病」，亦未嘗不可。其實他亦重視中庸之道。

其在論人性時，曾講到「夫善惡，則猶中不中也」。他以中為善，以過與不及為惡。故在〈中述〉一文說：「君子所求於人者薄，而辨是與非也無所苟。」如以現代語來說，是輕於責人，重於論事，這是一種中庸之道。他在文中舉出孔子對事對人之態度為例，並在最後段說：「故薄於責人，而非匿其過；不苟於論人，所以求其全，聖人之道本乎中而已。」可見他「中」字的精義，亦有研究與發揚。

肆、安石的政治觀

或許有人以為安石變法，一定是重法治而輕人治，尚霸道而黜王道，講革新而忽古制，其實不然。茲分人治與法治、王道與霸道、師古與革新以及國防與民生，加以研述。

㈠師古與革新　歷代儒家學者，多守經而不從權，安常而不知變。安石則不然，他要溫故而知新，師古而變法，故認為「一部周禮，理財居其半，周公豈為利哉？」他的財經改革，都自命為師法古代。自謂其青苗法出於《周官》的「泉府」，取息二分是根據「國服為之息」的鄭註。免役法出於《周官》的「府史胥徒」，王制所謂「庶人在官」。保甲法自謂「起於三代丘甲、管仲用之齊，子產用之鄭，商君用之秦。」市易法則是根據「周之司市，漢之平準」。因此，他的變法與革新，可說是「知古之道」與「為古之法」。

他讀古書，很能加以活用。如《易·繫辭上》第五章有云：「一陰一陽之謂道，……知道者鮮矣。顯諸仁，藏諸用，鼓萬物而不與聖人同憂，盛德大業至矣哉！」他把這段話運用到保甲法方面，並加以解釋說：「察奸而顯諸仁，宿兵而藏諸用。」這真是活用古書呵！

司馬光責其變法為「生事」，為「征利」。他的答覆是：「舉先王之政，以興利除弊，不為生事；為天下理財，不為征利。」說明其變

法的動機，乃是師古而維新，並非「生事」或「征利」。

　　㈡**王道與霸道**　普通以儒家尚王道，法家尚霸道，如把安石列為法家，則亦是一位尚霸道者。可是他自己對王、霸，卻另有一種看法。〈王霸論〉有云：「仁義禮信，天下之達道，而王霸之所同也。夫王之與霸，其所以用者則同，而其所以名者則異，何也？蓋其心異而已矣。……王者之心，非有求於天下也，所以為仁義禮信者，以為吾所當為而已矣，以仁義禮信修其身而移之政，則天下莫不化之也，是故王者之治，知為之於此，而不知求之於彼，而彼固已化矣。霸者之道則不然，其心未嘗仁也，而患天下惡其不仁，於是示之以仁；其心未嘗義也，而患天下惡其不義，於是示之以義；其於禮信亦如是而已矣。是故霸者之心為利，而假王者之道以示其所欲，其有為也，惟恐民之不見，而天下之不聞也。」這與孟子所謂「五霸假之也」用意略同。如就此而立論，至少安石的從政，以王道自居，而不以霸道自期。

　　㈢**人治（德治）與法治**　他在〈上仁宗言事書〉有云：「臣故知當今在位多非其人，稍假借之權而不一一以法束縛之，則放恣而無不為；雖然，在位非其人，而恃法以為治，自古及今，未有能者也。」可見他雖重視法治，但亦並不輕視人治。

　　儒家講人治，即重德治，重德治即重禮樂，安石對於禮樂之重要性，亦有其獨到的看法。〈禮樂論〉有云：「體天下之性而為之禮，和天下之性而為之樂。禮者天下之中經，樂者天下之中和，禮樂者先王所以養人之理，正人之氣而歸正性也。」這種以禮樂教化人民的主張，可說就是一種重德治的主張。

　　他既然主張變法，自然亦重法治。如說：「昔論者曰：『君任德則下不思欺，君任察則下不能欺，君任刑則下不敢欺，而遂以德、察、刑為次，蓋未之盡也。』……聖人之道，有出此三者乎？亦兼用之而

已。……蓋聖人之政，仁足以使民不忍欺，智足以使民不能欺，政足以使民不敢欺，然後天下或無欺之者矣。」(三不欺) 這明明是主張德治與法治並重，可惜行之非易，他自己亦無法兼而用之。

安石變法，非常重視人才。他既說：「制而用之存乎法，推而行之存乎人。」又說：「得其人緩而謀之則為大利，非其人急而成之則為大害。」(〈上五事箚子〉) 所可引為遺憾者，當時的人才，如司馬光、程顥、張載及三蘇等，或反對其所為，或不與之合作，以致自陷於「非其人急而成之則為大害」，而無法自拔。

㈣**理財與整軍**　大致儒家論政，多主張「省刑罰」、「薄稅斂」、「節用而愛民」，攻擊「聚斂之臣」，反對「上下交征利」。安石獨排異議，主張應運用各種方法，以增加國家財富，而且自命對此很有把握。〈上仁宗言事書〉中有云：「吏祿豈足計哉？臣於財利固未嘗學，然竊觀前世治財之大略矣。蓋因天下之力，以生天下之財，取天下之財，以供天下之費，自古治世，未嘗以不足為天下之公患也，患在治財無其道耳。……誠能理財以其道而通其變，臣雖愚，固知增吏祿不足以傷經費也。」他人當經濟拮据之時，必主張節流，即必主張裁員減薪，他則主張開源，即主張發展民力，增進國用。國用既足，則區區薪俸，豈足計較？這是他的氣魄，也是他的本領。

理財之道為何？他說：「理天下之財，不可以無義。夫以義理天下之財，則轉輸之勞逸不可以不均，用度之多寡不可以不通，貨賄之有無不可以不制，而輕重斂散之權不可以無術。」他根據這四大原則，大刀闊斧實施新法如下：⑴青苗法，⑵均輸法，⑶市易法，⑷免役法，⑸方田均稅，以及興修農田水利。他這些新法，有的在打擊地主豪商，有的在增進生產，有的在便利運輸，大致都以增加國家收入為主。以今日眼光來看，無一不與國計民生有關，可說是民生主義的經濟政

策。可惜因人事不濟，未獲實效罷了。

講過理財，再講整軍。

宋用募兵制，募一兵即需長期養一兵，當時固有人主張改為農兵制者，但未實現。安石提倡保甲法，即有寓兵於農的意思；又倡保馬法、將兵法以及設軍器監，其目的都為了整軍。大致說起來，他用保甲法以養兵源，以加強民防；他用將兵法，主張循環交替，淘汰衰老，以達到精兵政策。

比較言之，他的理財方案頗驚動一時，而整軍則未見多大效果。良以他的施政重點在理財，但當時外患瀕臨，國家的急務在禦侮，即須在國防上要有一良好的辦法，才為朝野所重視。他之所以不能取得君主長期信任，而敵不住反對者之打擊，諒亦在此。

伍、結　論

有些人寫中國哲學史，不引王安石，或以為王乃政治家，並非哲學家，其實，安石既有命世之才，而能通古今之變，亦有可傳之學，而欲究天人之際。

按理學家之所以稱為哲學家，是由於對經書有著述，亦由於對哲理多闡揚。

就經書著述講，安石曾撰三經（《詩》、《書》、《周官》）新義，頒之學官，又對《周易》、《左傳》、《禮記》、《孝經》、《論語》、《孟子》、《老子》等書，都有著作，與一般理學家相似，而且多有傳者。伊川嘗令學生讀安石《易傳》，朱子於《尚書》推四家，安石與焉。

就哲學思想（哲理闡揚）講，他不僅有豐富的政治哲學，而且有獨特的人性論，道德觀以至於宇宙論。這和當時理學家所研究的哲學範圍幾無區別，所不同者，一般理學家專談心性道德修養，只重視以

人合天的希賢希聖工夫，鄙視功名利祿，以致日與實際政治疏遠。安石則主張「道以致用」，「經以濟世」，除能究天人之際，言性命之道而外，還能通古今之變，理天下之財，這是他的特色，為他人所不可及之處。

安石學通今古，才邁群倫，以銳利的政治眼光，提出了切中時弊的政治改革方案（教政、財政、軍政的改革新方案），遇有志維新之君，獲大展鴻圖之機，卒不能得竟全功，反而集眾怨於一身，遭唾罵於當世，即後代亦有「商鞅變法以強秦，王安石變法以弱宋」之說，這是什麼道理呢？第一，由於個性太強，操之過激。他所謂「天命不足畏，祖宗不足法，人言不足恤」，這三不足之說，在當時實駭人聽聞。第二，由於反對者多，合作者少。當時理學家有張載、邵雍、程顥、程頤等，政治家有司馬光、黃公弼、文彥博等，文學家有蘇老泉、蘇東坡、蘇子由等，都反對新法，都不與他合作，司馬光且一再用書面予以無情的打擊。加以他的新法多與地主豪商爭利，故社會阻力亦甚強。第三，用人失當，擾民滋甚。當時有地位的學者、政治家既不和他合作，他不得不提拔後進，引用新人，這些新人或係經驗學力不足，或為投機取巧而來，以致小人日邇，君子日遠，政治弊病與日俱增。有此諸因，怎能不走向失敗的途徑呢？

著者之所以列安石於哲學史，原欲重視經世之學，由安石經浙江學派到清儒，敘明其一貫的學風。有些中國哲學史曾提到浙江學派，更大談清代經世之學，而獨缺安石，未免太不公平了。

我們之所以為安石惜者，不僅在新法之失敗，尤在因他之失敗，而哲學家更不敢談經世之學，更不敢談變法，這實在是歷史上的悲劇。

第七節　司馬光、蘇東坡的哲學思想

一般中國哲學史，多不列司馬光和蘇東坡，多認為他們不是哲學家。司馬光編《資治通鑑》，史才史識俱優，為有名的史學家；蘇東坡詩文詞賦，流傳千古，為有名的文學家，但他們的哲學思想亦值得研究，今分述其要。

壹、司馬光的哲學思想

司馬光，字君實（西元一〇一九～一〇八六年），陝州夏縣人。仁宗寶元元年成進士，歷同知諫院，神宗時任御史中丞。時王安石議行新法，司馬光領舊派保守者，極力加以反對，失敗去職。此後居於洛，絕口不談時事十五年。西元一〇八五年（神宗元豐末年）哲宗嗣位，高太后秉政，舊派復得勢，召光為門下侍郎，拜尚書左僕射，盡罷新法，為相八月而卒。諡文正，封溫國公。除《資治通鑑》外，其他著作，合編為《司馬文正集》八十卷。下面述其：⑴本體論（論氣虛）、⑵人性論、⑶政治思想等。

⑴**本體論（論氣虛）**　司馬光與張載同論氣與虛的關係。他說：「萬物皆祖於虛，生於氣。氣以成體，體以受性，性以辨名，名以立行，行以俟命。故虛者，物之府也；氣者，生之戶也；體者，廣之具也；性者，神之賦也；名者，事之分也；行者，人之務也；命者，時之遇也。」（〈潛虛篇〉）所謂祖於虛，生於氣，所謂「虛為物之府」，頗似張子所謂「太虛不能無氣，氣不能不散為太虛」之意。又佛教講「空」，老子《道德經》講「致虛極」，亦與司馬光的本體論有關。又「氣以成體」，可釋為「氣以成形」。「體以受性」，可釋為「形以受性」。

他又說：「今生本於虛，虛然後形，形然後性，性然後動，動然後情，情然後事，事然後德，德然後家，家然後國，國然後政，政然後功，功然後業，業終則通性虛矣。」（性圖）由虛、形、性、動、情相連看，這是天地人物一體的本體論；由事、德、家、國、功、業相連看，這是道德功業一致的政治觀，而要皆以「虛」為本。

㈡**人性論**　司馬光對於人性論，主張善惡兼有說，善至多而惡至少者為聖人，惡至多而善至少者為愚人，善惡參半者為中人。同時他亦稱上智與下愚不移，惟中人可變，對荀、孟、告子之性說均指為偏於一面，頗有融和統一之意。

㈢**政治思想**　司馬光在政治上主張守舊，不尚變革，反對新法。他本儒家之尚仁重義，不贊成王安石之重稅與重利。其致王安石書有云：「自古聖賢所以治國者，不過使百姓各稱其職，委任而責成功也。其所以養民者不過輕租稅，薄賦斂，……而已」。王氏主張興利以裕國，司馬光譏其不知「天地所生貨財百物，止有此數，不在民間，則在公家。」（《宋史‧本傳》）他認為王氏的變法，名為理財，實則不免奪民財以入官，官家未富而民已先貧，遠不如節用以積餘財，「養其本源而徐取之」。（見〈論財利疏〉）這是富民裕民之至計，可以常行。王安石謂「天命不足畏，祖宗不足法，人言不足恤」。司馬光說：「使三代之君常守禹湯文武之法，雖至今存可也。」他認為武帝變高帝之法，盜賊群起。元帝改孝宣之政，漢業遂衰。「由此言之，祖宗之法，不可變也。」（〈邇英奏對〉）如果說王安石要求新，他就是要守舊。

他的宇宙哲學與釋老有關，他的政治思想亦與釋老有關。他在〈釋老〉言：「釋取其空，老取其無為自然。」「空取其無利欲之心。」「無為取其因任。」有此無欲主義、無為主義，與自由放任的釋道精神，故更反對變法。他在〈致王安石書〉中，曾引《道德經》「我無

為而民自化」，責王氏盡變祖宗法之不當。

　　㈣**結論**　王安石雖以儒家自任，但其變法主張，被人目為法家。王安石認為天可無言，聖人不可無言，天可無為，聖人不可無為，因而反對老子將自然主義用之於人事。司馬光在宇宙哲學方面尚虛空，在政治哲學方面尚無欲無為，因而趨向於釋老。故王氏提倡變法，司馬氏反對變法。著者嘗謂「思想為行動之母，理論為實踐之源」。兩人的思想和理論不同，故政治立場與作法大相逕庭。王氏變法，遭到二程三蘇的反對，影響尚小，而遭到司馬光的攻擊，影響實大。後司馬光為相八月，所有王安石、呂惠卿的新法，全遭革除。這是宋之幸或不幸，留待史家批評。

貳、蘇東坡的哲學思想

　　蘇軾，字子瞻，號東坡，宋代眉州人（西元一〇三六～一一〇一年），為著名文學家，仁宗嘉祐年間進士，初授鳳翔府通判，召直史館。神宗時因論王安石新法不便，貶黃州，築室東坡，號東坡居士。又任杭州通判，再徙知湖州，嗣以讒下獄。哲宗初立，罷黜新法，又官翰林學士兼侍讀，歷知杭州及惠州，後因王黨復得勢，被貶為瓊州別駕，赦歸後復還朝，卒於常州。其著作有《東坡全集》一百一十卷、《東坡樂府》、《東坡志林》、《易書傳》、《論語說》等。

　　東坡以文學盛，故中國哲學史多不列其名，其實，他的人生觀和政治觀，尤其是反理學與崇釋道，與宋代哲學有密切關係，茲分述之如後。

　　㈠**人生觀**　東坡的遭遇，實在不幸之至，他一再被貶，苦不堪言。謫居湖北黃岡縣時，生活亦成問題，流傳千古的〈赤壁賦〉，即作於此時。按〈前赤壁賦〉，即包含著三種人生觀：

甲、樂觀的人生觀　賦中前段描寫泛舟赤壁，舉酒屬客，對月誦詩，「於是飲酒樂甚，扣舷而歌之。歌曰：桂棹兮蘭槳，擊空明兮泝流光，渺渺兮余懷，望美人兮天一方。」這裡敘述了與友人憑虛御風，縱酒高歌，充滿樂觀氣氛的情懷。

乙、悲觀的人生觀　此賦中段云：「客有吹洞簫者，倚歌而和之，其聲嗚嗚然，如怨如慕，如泣如訴，餘音嫋嫋，不絕如縷。舞幽壑之潛蛟，泣孤舟之嫠婦。」東坡於此悲觀氣氛中，愀然正襟危坐而問曰：「怎能造成這樣的悲觀氣氛呢？」客的答覆是：「西望夏口，東望武昌，山川相繆，鬱乎蒼蒼，此非曹孟德之困於周郎者乎？方其破荊州，下江陵，順流而東也，舳艫千里，旌旗蔽空，釃酒臨江，橫槊賦詩，固一世之雄也，而今安在哉？」這是他吹簫時想到「赤壁鏖兵」，周郎縱火，號稱「一世之雄」的曹操，今天到那裡去了呢？又聯想到他們比不上曹操，只是與魚蝦為侶，麋鹿為友，「寄蜉蝣於天地，渺滄海之一粟。」因為哀人生之須臾（既渺小，又短促）。是以「託遺響於悲風」，造成了極其悲觀的氣氛。

丙、達觀的人生觀　賦中後段云：「且夫天地之間，物各有主，苟非吾之所有，雖一毫而莫取。惟江上之清風，與山間之明月，耳得之而為聲，目遇之而成色，取之不盡，用之不竭，是造物者之無盡藏也，而吾與子之所共適。」客人聽了這番大道理，喜而發笑，洗了杯子再飲，「相與枕藉乎舟中，不知東方之既白。」這種清風明月的人生觀，便是達觀主義，近接竹林，遠紹老莊，所以東坡的詩文，已臻道家的高超境域了。

(二)反理學與崇釋道　東坡排斥程伊川學說，為反理學的中堅人物。他說：「仕者莫不談王道，述禮樂，皆欲復三代，追堯舜，終於不可行，而世務因以不舉。學者莫不論天人，推性命，終於不可究，

而世教因以不明。自許太高而措意太廣，太高則無用，太廣則無功。」（〈應制舉上兩制書〉）他認為理學者高談性理，不切實用，於世務與世教，都有害而無益，故力予排斥。

東坡官翰林學士時，文名大噪，歸之者眾，惟性好解放，不事檢束。程伊川則持身謹嚴，從之者亦多。兩家門下，迭起標榜，各不相讓，遂形成洛、蜀兩黨，互攻不已。伊川門人朱光庭、賈易合攻東坡；胡宗愈、顧臨則攻伊川，諫議孔文仲復奏詆為「五鬼之魁」，結果，伊川被貶，兩家更成水火。

理學家雖多少融合了釋道思想，但總是以反佛老為號召。東坡的人生觀既臻道家境界，而平日又好與和尚道士往來，〈後赤壁賦〉曾假「夢一道士」來謁，以抒其情懷。至於他與佛印和尚相契，民間還流傳著許多故事和笑話，所以他崇釋道而不反佛老。

㈢**論性命與反思、孟**　理學家捧顏、曾、思、孟，故重視《孟子》與《中庸》兩書，《論語》不談性與天道，此兩書則談性與天道。蘇東坡反理學，亦反《中庸》與《孟子》。他說：「古之君子患性之難見也，故以可見者言性；以可見者言性，皆性之似也。」（《蘇氏易解》）他以古人言性，不是性的本身，這與孟子的說法相違，因為孟子講性善，是就性的本身立言。

《孟子》曰：「夭壽不貳，修身以俟之，所以立命也。」東坡以不自知覺為命，故說：「死生壽夭非命也，未嘗去我也，而我未嘗不知覺焉。」（同上）這是不贊成孟子的修身立命說。他反對孟子，亦反對《中庸》。故又說：「命之與性，非有天人之辨也，於其不自覺知，則謂之命。」他既反對理學家「在天為命，在人為性」之主張，亦不贊成《中庸》「天命之謂性」的理論。

《易》云：「一陰一陽之謂道，繼之者善也，成之者性也。」他據

此以評孟子云:「孟子以為性善至矣,讀『易』而後知其未至也。孟子之於性,蓋見其繼者(繼之者善也)而已矣。夫善、性之效也,孟子未見其性而見其性之效,因以所見者為性。猶火之能熟物也,吾未見火而指天下之熟物以為火,夫熟物則火之效也。」(同上)善之不能稱性,猶「熟物」之不能叫「火」,孟子的性善說,可謂遭到了蘇氏的無情打擊。

㈣**政治觀** 東坡的政治思想較近保守,故反對變法,主行舊制。

甲、論制度起源 他在論制度之起源說:「昔者生民之初,不知所以養生之具。搏擊挽裂,與禽獸爭一旦之命。惴惴然朝不謀夕,憂死之不給。是故巧詐不生,而民無知。然聖人惡其無別而憂其無以生也,是以作為器用,耒耜弓矢舟車網罟之類,民始有以極其口腹耳目之欲。器利用便而巧詐生,求得欲從而心志廣。聖人又憂其桀猾變詐而難治也。是故制禮以反其初,禮者所以反本復始也。」(《應詔集卷六・秦始皇帝論》)他論制度之起源,指出聖人先作「器」以解決人民的生活,次制「禮」以安定社會的秩序。因此,對於制度,不主張輕易變更。

乙、反變法 東坡的論政觀點。本於儒家的傳統思想,故對王安石的變法加以駁斥。他於熙寧四年上神宗皇帝書,極言新法之失。其言曰:「今欲嚴刑以去盜,不若捐利以予民,衣食足而盜自止。夫興利以聚者,人臣之利也,非社稷之福。省費以養財者,社稷之福也,非人臣之利。何以言之,民者國之本,而利者民之財。興利以聚財,必先煩刑以賊民,國本搖矣。而言利之臣,先受其賞。」又說:「古之聖人非不知深刻之法可以齊眾,勇悍之夫可以謀事。忠厚近於迂闊,老成初若遲鈍。然不肯以彼易此者,顧其所得小而所喪大也。」並認為商鞅以苛法治秦,桑弘羊以理財佐漢,都是「破國亡宗」之術,甚

至謂「言之則汙口舌，書之則汙簡牘」，其反對變法的激烈，於此可見一斑。

㈤結論　東坡一面反變法，一面反理學，既可說左右開攻，亦可說前後遭到夾攻。

他因為崇釋道，不事檢束，故與反佛老、守禮法之程伊川相左，兩家門人更相水火，程伊川一再被貶，固與反王安石有關，亦與東坡師生打擊有關。

他因為墨守儒家政治，反對法家主張，故與外儒內法之王安石相左。因為王氏當權，所以他一再被貶。

語云：「詩窮而後工」，亦可說：「文窮而後工」，東坡在政治上一再受到無情的打擊，就是他在文學上（以及人生哲學上）一再趨於神化的機會。像流傳千古的前後〈赤壁賦〉，便是謫貶在黃州無錢沽酒（原文為顧安所得酒乎）時的傑作。

第八節　朱熹的哲學思想

朱熹，字元晦，後改字仲晦，亦稱晦翁，卒後謚文，紹聖時追封徽國公，世稱朱子，或朱文公。原為徽州婺源人。父松仕閩，為尤溪縣尉，南宋高宗建炎四年，生熹於尤溪，卒於寧宗慶元六年（西元一一三〇～一二〇〇年）享年七十有一。年十八，貢於鄉（舉人），明年，中進士第，為泉州同安主簿。孝宗即位，詔求真言，熹上封事略言：「今日之計，不過修政事，攘夷狄，然計不時定者，講和之說誤之也，願罷和議為修攘之計。」帝得疏，大動。召對，除武學博士，充樞密院編修官。淳熙五年，以薦，召知南康軍，四辭不得命，乃赴郡，興利除害，汲汲如不及；尤以厚人倫，美教化為首務。數詣郡學，

引進士子，與之講論。奏復白鹿洞書院遺址，與諸生質疑問難不倦，風教大行。十四年，除提點江西刑獄。十五年，入奏對，除兵部郎官。光宗即位，歷知漳州、潭州。寧宗即位，再召之。時韓侂胄浸用事，上疏力斥左右竊柄之失，侂胄大憾，排斥之，立朝四十五日而罷。

幼尊父遺命，師事胡憲、劉勉之、劉子翬三人，二十四歲見李延平，遂為門人。延平學於羅豫章，豫章學於楊龜山，龜山為二程及門弟子，自洛返閩時，程明道曰：「吾道南矣。」果由洛學而開閩學。朱子為閩學殿軍，集理學之大成。

始居崇安，牓其廳曰紫陽書堂，故稱「紫陽」。又構草堂於建陽之雲谷，自稱雲谷老人。晚卜築於建陽之考亭，作滄州精舍，自稱滄州病叟。人稱其學為考亭學派。因與陸象山見解不同，宋淳熙二年（一一七五）相會於鵝湖 ❸，辯論無結果，後主白鹿洞書院，曾邀象山講《論語》。韓侂胄當權時，反對者指朱學為偽學，上書加害，慶元初年，受偽學禁制之禍。他處之泰然，認為「禍福命也」。葬時，四方來集者甚眾，皆不畏法網。

他調和周濂溪的《太極圖說》，張載、程伊川的理氣說，對於古今哲學，融合貫通，組成了一個大系統。其為學，大抵「窮理以致其知，反躬以踐其實，而以居敬為之本」。所著書，有《周易本義》、《啟蒙》、《蓍卦考誤》、《詩集傳》、《大學》、《中庸章句》、《論語》、《孟子集註》、《太極圖》、《通書》、《西銘解》、《楚辭集註及辨證》、《通鑑綱目》、《近思錄》、《伊洛淵源錄》、《韓文考異》等。現分為：⑴宇宙哲學，⑵人生觀，⑶人性論，⑷道德觀與修養論，⑸智識論與知行論，⑹政治觀，⑺教育思想等。

---

❸　鵝湖在江西鉛山縣北，其地有鵝湖寺，為朱陸辯論之處。

壹、朱熹的宇宙哲學

㈠**理氣二元論**　《易》云:「形而上者謂之道,形而下者謂之器。」程伊川提倡道(理)氣二元論,朱子更加以補充說:「凡有形有象者,即器也,所以為是器之理者則道也。」(〈答陸子靜〉)又說:「天地之間,有氣有理。理也者形而上之道也,生物之本也;氣也者形而下之器也,生物之具也。是以人物之生,必稟此理然後有性,必稟此氣然後有形。」(《朱子全書·答黃道夫書》)這種理氣二元論,可稱為性形二元論,亦可稱為心物二元論。

㈡**理在氣先說**　普通只認朱子為理氣二元論者,但實際上他所說的話並不如是簡單。他曾說過:「未有天地之先,畢竟也只是『理』。有此『理』便有此天地,無此『理』便亦無此天地,無人無物。有理便有氣,流行發育萬物。」(《朱子語類·一》)這樣看來,他是把理擺在氣之先,成為理先氣後說了。他又舉人事問題作證說:「未有這事,先有這理。如未有君臣,先有君臣之理,未有父子,先有父子之理。」(《語類·九十五》)或問:先有理抑先有氣?他的答覆是:「理形而上者,氣形而下者,自形而上下言,豈無先後?」所謂形而上可釋為成形質以前,所謂形而下可釋為成形質以後。理在成形質以前,氣在成形質以後,當然理在氣先了。故說:「太極生陰陽,理生氣也。」(《太極圖釋》)理有多種解釋,可釋為原理及法則,亦可釋為理性或性理。如把理釋為原理,則原理在事物之先,可稱唯理論;如把理釋為理性,則理性在事物之先,幾近乎唯心論了。

㈢**理氣合一論**　就本體說朱子固主張理先氣後,但就現象說則主張理氣合一。他說:「及此氣之聚,則理亦在焉。蓋氣則能凝結造作;理卻……無造作。只此氣凝聚處,理便在其中。」講到這裡,又

舉實例說：「且如天地間人物草木鳥獸，其生也莫不有種，定不會無種子白地生出一個事物。這都是氣，若理只是個淨潔空洞的世界，無形跡，他卻不會造作。氣則能醞釀凝聚生物也。但有此氣，則理便在其中。」（《語類・一》）如把理釋為原理，所謂理氣合一，即原理與事物不分；如把理釋為理性，所謂理氣合一，即含有心物合一之意。

朱子的見解是否有矛盾呢？這可從三方面加以解釋：(1)自本體方面論，他認為理在宇宙萬物萬事產生之先，故說「理在氣先」；(2)自現象方面論，他認為有物必有理，有事必有理，故說「理氣合一」；(3)把本體與現象分開來說，他認為理產生人物之性，氣產生人物之形，故主張「理氣二元」。他以傳伊川學說為主，其重點則在理氣二元論。

㈣**萬物有性論**　《詩》云：「有物有則。」程伊川云：「有物必有則，一物須有一理。」（《遺書・伊川語四》）朱子既認為人物稟天地之理以為性，又認為有物必有性。他說：「天下無無性之物，蓋有此物，則有此性。」（《語類・四》）並認為枯槁之物亦有性（理），如大黃不可為附子，附子不可為大黃。舟車亦有性，舟不行於陸，車不行於水。此外竹椅有竹椅之性，磚階有磚階之性。我們如果代他加以推論，則牛有牛性，犬有犬性，植物有植物性，礦物有礦物性，不僅人有人性而已，這就是朱子的萬物有性論。

㈤**天地有心論**　天地有心無心這個問題，在中國曾引起爭辯。

朱子既主張萬物有性論，亦主張萬物有心論（天地有心論）。不過，萬物有性論比較易知，天地有心論則比較難懂。

西洋機械論者認為，宇宙萬物的生成演變是循機械的因果法則前進，是無目的的；而目的論者認為，宇宙萬物的生成演變是有目的的，或為神的有計劃的創作，或為造物主的巧妙安排。前者可與天地

無心論相比，後者可與天地有心論相比。

　　道夫問朱子曰：「向者先生教思量天地有心無心，近思之切，謂天地無心，……若使有心，必有思慮，有形為。天地曷嘗有思慮來？然其所以四時行，百物生者，蓋其合當如此便如此，不待思維，此所以為天地之道。」這種問法，與王充的「天地自然而生物」的機械論相似。

　　但朱子的看法與道夫不同。他是主張目的論的，與機械論者的看法相反。故說：「如此，則易所謂『復，見天地之心』，……又如何？如公所說，只說他無心處爾。若果無心，則須牛生出馬，桃樹上發李花。……某謂天地別無勾當，只是以生物為心。一元之氣，運轉流通，略無停間，只是生出許多萬物而已。」這是說天地有心，而且是以生物為心，在生死往復中，可以看出天地之心，故《易》云：「復，見天地之心。」

　　道夫再問：「心普萬物，莫是以心周遍無私否？」他答：「天地以此心普及萬物，人得之遂為人之心，物得之遂為物之心，草木禽獸得著遂為草木禽獸之心，只是一個天地之心爾。」

　　如就狹義的「心」來說，天地無意識，無思慮，當然沒有和人的意識一樣的「心」；但就廣義的「心」來說，「則天地之大德曰生」這個生的動力，生的化育，生的目的，可視為無意識之「心」。朱子是從這廣義的「心」，說明天地「以生物為心」的，這天地之心，聖人得之即是愛人利物之仁，萬物得之遂為萬物的生動力。故天地有心論，亦可視為萬物有心論。

　　這種天地有心論，就西洋宇宙論講，乃屬於目的論，而非機械論；就西洋本體論講，乃屬於萬物有靈論，而非唯物論。

貳、朱熹的人生觀

(一)**人種由來（進化的人生觀）**　講到人種由來，西洋有神造說與進化說兩種：基督教以為人由神造（見〈創世記〉），進化論者以為人由動物進化而來。

究竟人是由神造的呢？還是由進化而來的呢？朱子儼然贊成後者。他說：「天地之初，如何討個人種，自是氣蒸結成兩個人。」（《語類・九十四》）周子《太極圖說》稱：「二氣交感，化生萬物，萬物生生，而變化無窮焉。惟人也得其秀而最靈。」程伊川亦謂「人氣之生，生於真元」，「得五行之秀者為人」。二子均認人是由「氣化」而來，朱子採此「氣化」說。故云：「氣化是當初一個人無種，後自生出來底，形生卻有此個人，後乃生生不窮。」（《語類・九十四》）這不是有神論，而乃近似達爾文主義的進化論。

(二)**性形合一的人生觀**　西洋講人生問題，有重靈主義（唯心），有重肉主義（唯物）。朱子在宇宙論方面，曾把理與氣合起來講，在人生論方面亦然。他既說：「是以人物之生，必稟此理，而後有性，必稟此氣，而後有形。」（〈答黃道夫書〉）提倡理氣二元論；又他認為有氣則有理，即主張理氣合一論。若就性形合一於人看，他所主張的理氣合一論，可稱為性形合一的人生觀。故他又說：「人之所以生，理與氣合而已。」（《語類・卷四》）如說「理即性」，「氣即形」，那麼，這種理氣合一論（性形合一論），又與范縝所講的「神形合一論」相通。范縝的神形合一論既非重靈主義（唯心），亦非重肉主義（唯物），朱子的性形合一論亦然。

(三)**人為物靈的人生觀**　《書經》云：「人為萬物，惟物之靈。」朱子亦持此見解。自人與物的相異點來看，則人得氣之正，物得氣之偏。

他說：「自一氣而言之，則人物皆受是氣而生；自精粗而言，則人得氣之正且通者，物得氣之偏且塞者。惟人得其正，故是理通而無所塞；物得其偏，故是理塞而無所知。」(《語類‧四》) 這是從意識或理性方面來看人與萬物的區別，即是說惟人是有理性的動物，一般動物則未具這種理性。這固是發揚濂溪與伊川的主張，亦與亞里斯多德的主張相近。

(四)**以人合天的人生觀**　《易》云：「天地之大德曰生，聖人之大寶曰位，何以守位曰仁。」朱子把仁與生講得更透徹。他說：「天地以生物為心者也，而人物之生。又各得天地之心以為心者也，故語心之德，……曰仁而已矣。」他接著說：「此心，何心也？在天則泱然生物之心，在人則溫然愛人利物之心，包四德而貫四端者也。」朱子以聖人之「仁」，合天地之「生」，含有一種以人合天 (即天人合一) 的人生觀。

參、朱熹的心性論

朱子對於心、性、情、才等問題，具有特別見解，故這裡以「心性論」標題，包括人性論在內。

(一)**人性善惡問題**　人與物較，稟氣既有正偏之分，人與人較，稟氣亦有清濁之別。他說：「稟氣之清者為聖為賢，如寶珠在清冷水中。稟氣之濁者為愚為不肖，如寶珠在濁水中。」(《語類‧四》) 孔子分人為上智與下愚，本就知識講的，但中國的人性論者常有把智愚與善惡並論，程朱即如此。

程伊川主張「理無不善，氣有清濁之殊」，張載主張「天地之性與氣質之性」有別，朱子依之便主張「天地之性，有善無惡，氣質之性才有善惡」，「性即理也」，這等於說「理無不善，氣有善惡」。

他說:「論天地之性,則專指理而言;論氣質之性,則以理與氣雜而言之。」道夫問:「氣質之說,始於何人?他說:「此起於張程。某以為極有功於聖門,有補於後學,前此未曾有人說到。如韓退之原性中說三品,說得也是,但不曾分明說是氣質之性耳,性那裡有三品來?孟子說得本原處,下面都不曾說的氣質之性,所以亦費分疏。諸子說性惡與善惡混。使張程之說早出,則這許多話,自不用紛爭。故張程之說立,則諸子之說泯矣。」(《語類・四》)推而言之,他認為自本原處看,天地之性是善的,即孟子亦說得對;但孟子未說出惡自何而來,即未提到氣質之性。荀子講性惡只觸及氣質之性,未看到天地之性。揚子講善惡混,是把天地之性與氣質之性混為一談,未加區別。假設張程之說早出,則可以息諸子性善性惡之爭了。

普通以朱子的天地之性與氣質之性,列為理氣二元論,其實,他認為「氣質之性便只是天地之性」。意思是說,氣質之性含有天地之性。不過這「天地之性」,入於「氣質之性」,便有清濁昏明之分。如寶珠之沉於清水中,固然是寶珠,寶珠沉於濁水中仍然是寶珠,不過有明昏之別而已。

講到這裡,便涉及道德修養了,因為他認為所謂「明明德者,是就濁水中揩拭此珠也」。(《語類・四》)從濁水中拭珠,就是去人欲以明天理,就是從氣質之性反乎天地之性。

㈡心、性、情、才等的比較 朱子以水作例說:「心、譬水也,性、水之理也。性所以立乎水之靜,情所行乎水之動,欲則水之流而至濫者也。才者水之氣力,所以能流者,然其流有急有緩,則是才之不同。」(《語類・五》)張耀翔先生著《情緒心理學》,從西洋心理學眼光證明,朱子這種心理分析頗為合理。

他就性與情比較,謂性是未發(靜)之中,情是已發(動)之喜

怒哀樂。就情與才比較，謂情遇物而發，乃是走曲線的；才是心之力，乃是走直線的。

朱子又從道德觀點，比較心和性情說：「性、情、心，惟孟子說得好。仁是性，惻隱是情，須從心上發出來。心、統性情者也。」(《語類·五》) 如說性靜情動，則心統動靜者也。

㈢**性即理說**　性即理與心即理，普通視為程朱派與陸王派的重要分野，即認為伊川提倡「性即理」，象山提倡「心即理」，朱熹與陽明分別發揮之。

朱熹說：「性只是理」，「性是心所有之理，心是理所會之地。」(《語類·五》) 又說「得天地之理以為性」，這都是「性即理」的說明。

㈣**心具理說**　陸象山所講「心即理」，可能釋為「心具理」。如說：「人皆有是心，心皆具是理。」陽明加以發揮，大倡其心與理合一之說，以反對朱子之「析心與理為二」。其實，朱子亦講「心與理合一」，亦講「心具理」，未為學者注意而已。

朱熹說：「盡心云者，則格物窮理廓然貫通，而有以極夫心所具之理也。」(〈觀心說〉) 若加上「心是理所會之地」及「心具眾理而應萬事」(這裡的眾理，可包括天理、倫理、事理和物理等) 來看，可知他亦是主張心與理不可分的。故說：「夫理之在吾心，不以未知則無，不以既知為有。」(《朱子全書·七》) 又說：「不是心外別有個理，理外別有個心。」普通只認為陽明與象山主張「心與理合一」，其實朱子亦有「心與理合一」的見解。

肆、朱熹的道德觀與修養論

㈠道德觀

甲、道與德　道與德有何關係和區別呢？他說：「道者人之所共

由，德者己之所獨得。」(《語類‧六》)「德則行道而有得於心者也。」
(《論語‧述而》據於德註解) 可知德是個人的合理行為，道是公共
行走的大路，這與《管子》、《老子》各書中所說相似。

乙、仁義禮智　孟子所講的四端，朱子就性與理的關係加以詮釋
說：「性是理之總名，仁義禮智皆性中一理之名。」(《語類‧五》)「理
者有條理，仁義禮智皆有之。」「性是統 (四端) 言。性如人身，仁是
左手，禮是右手，義是左腳，智是右腳。」(《語類‧六》) 這是說仁義
禮智只是性之一體，不能統括整個性，與孟子所說無違。

丙、誠與敬　他說：「敬是不放肆，誠是不欺妄；誠是一個實，
敬是一個畏；妄誕欺詐為不誠，怠惰放肆為不敬。」(《語類‧六》) 程
明道講誠敬，不免較為深奧，朱子所說則較為淺顯。

丁、中和　他在《中庸章句》中釋中和說：「喜怒哀樂，情也，
其未發，則性也，無所偏倚，故謂之中。發而中節，情之正也，無所
乖戾，故謂之和。」以未發已發釋性情，頗為切實而合理。

戊、忠與恕　孔子曰：「吾道一以貫之」。曾子曰：「夫子之道，
忠恕而已矣。」對於這一貫之道 (忠恕)，朱子曾解釋：「盡己謂之忠，
推己 (及人) 之謂恕。」(《論語經解》) 後人雖有他種解釋，以朱子所
釋為多數人所贊同。

己、仁與愛　朱子以「理」(性) 情釋仁愛，既說仁是性，惻隱
(愛) 是情，又說：「愛雖是情，愛之理仁也。」「生之性，乃仁也。」
「仁是根，惻隱 (情) 是萌芽。」仁者愛之體，愛者仁之用。

㈡修養論

甲、存天理與去人欲　孟子主寡欲，周子主無欲，程明道體貼出
「天理」二字來，程伊川已論及理欲之分，並主張思以窒欲，敬以明
理。朱子繼之，更重視天理人欲的修養問題。他說：「有個天理，便

有個人欲。」「蓋緣這個天理有個安頓處，才安頓得不恰好，便有人欲出來。」（《語類‧十三》）天理代表善的一面，人欲代表惡的一面，故說：「善惡二字，便是天理人欲之實體。」（〈答胡季隨〉）「天理人欲決不兩立，須得全在天理上行，方見人欲盡消。」（《晦翁學案‧文公語要》）我們要從善去惡，便須存天理去人欲，故說：「須是革盡人欲，復盡天理，方始是學。」（《語類‧十三》）這裡的「學」，是就道德教育言，也是就修養言。

《書》云：「人心惟危，道心惟微，惟精惟一，允執厥中。」朱子以天理人欲釋之。如說：「人心之危者，人欲之萌也；道心之微者，天理之奧也。」他講「惟精惟一」的修養工夫，乃以明天理去人欲為主。

《論語》云：「君子喻於義，小人喻於利。」朱子亦以天理人欲釋之，他的註文說：「義者天理之所宜，利者人情之所欲。」

顏子問仁，孔子答以克己復禮。朱子認為克己即去人欲，復禮即復天理。所以他說：「聖人千言萬語，只是教人存天理滅人欲。」

如果說一個人既具有理性，亦具有獸性，則去人欲就是減除獸性，明天理就是發揚理性。

乙、居敬與收斂身心　程伊川之學為「涵養須用敬，進學則在致知」，朱子之學為「窮理以致其知，反躬以踐其實，而以居敬為本」，黃勉齋為朱子行狀曰：「居敬者，所以成始成終也。謂致知不以敬，則昏惑紛擾，無以察義理之歸；躬行不以敬，則怠惰放肆，無以致義理之實。」可見他對於敬的修養是如何重視。

敬的意義又是什麼？程伊川謂「主一之謂敬」，「無適之謂一」，「主一則不之東，不之西」。朱子說：「然敬有甚物？只如畏字相似。……只收斂身心，整齊純一，不恁地放縱，便是敬。」他之所以反對

佛，認為「清靜無為」的修養不是敬，故說「非將是閉目靜坐，耳無聞，目無見，不接事物然後為敬」。

丙、居敬與明理去欲　朱子講敬，是要把敬字抵敵人欲。故他說：「常常有個敬在這裡，則人欲自然來不得。」（《晦翁學案・文公語要》）又說：「敬只是主一也，存此則自然天理明。」（同上）可知能居敬則人欲自消，天理自明，也可說居敬是明天理去人欲的修養工夫。

丁、居敬與主靜　周子主靜，程明道亦講靜，李延平、羅從彥都教人默坐澄觀，看喜怒哀樂未發時氣象。程伊川易主靜為主敬，主張涵養須用敬。朱子以居敬為本，惟晚年又信服延平之默坐澄觀，重視靜坐。不過他說：「靜坐非是要為坐禪入定，……只收斂此心，莫令作閒思慮。」（《朱子全書・二》）可知他是以靜坐收放心達到居敬的目的，將居敬（主敬）與主靜融貫。

伍、朱熹的智識論與知行論

西洋的智識論專講「知」，中國人的知行論講「知」亦講「行」。有人認為知行論即智識論，著者以為兩者範圍不同，不可混為一談，不過兩者都講「知」，有其相互關係，故這裡合而論之。

㈠智識論　西洋智識論要討論的計有：⑴智識起源問題，⑵認識對象問題，⑶認識範圍問題等，現就⑴⑵兩項論朱熹對於智識問題的主張。

甲、關於智識起源問題者　理性論者認為智識起源於先天的理性，經驗論者認為智識起源於後天的經驗。朱熹說：「人自有生，即有智識。」又說：「凡人心之靈，莫不有知。」分明他是主張智識起源於先天的，故可稱為理性論者或理性主義者。

乙、關於認識對象問題者　這裡可分為觀念論、實在論、中立一

元論三派：(1)觀念論（唯心論）者認為吾人所認識的東西（事物），乃是這東西在吾人心中的觀念（印象），偏重內界主觀心意。實在論（唯物論）者認為吾人所認識的東西（事物），乃是這東西本來狀況，不是心中觀念，偏重外界客觀事物。中立一元論（內外合一論）者認為內界主觀觀念與外界客觀事物是不可分的，是合一的。這種中立一元論，又可稱內外合一論、主客合一論或心物合一論。

程伊川說：「物我一理，才明此（指內界主觀心意方面言），即曉彼（指外界客觀實在方面言），合內外之道也。」所謂「合內外」，就是說理通內外，或內外一理，故程伊川的認識對象論，可稱內外合一論、主客合一論或心物合一論。

朱子與伊川有相似的主張，他說：「一物未格，便覺此一物之理與心不相入，似為心外之理，而吾心無之；及既格之，便覺彼物之理，為吾心素有之理。」這是萬事萬物之理，既在事物之上，亦在吾心之中，與伊川所謂「物我一理」同義。故朱子的認識對象論，亦可稱內外合一論、主客合一論或心物合一論。

㈡知行論

甲、知行互進說　朱子鑑於當世學風，講學者或輕視實踐，力行者或忽視學識，故主張「窮理以致其知，反躬以踐其實」，即主張知行並顧。他說：「知與行工夫，須著並列。知之愈明，則行之愈篤，行之愈篤，則知之益明，二者皆不可偏廢。」（《朱子全書・三》）著者特名此主張為知行互進論。

乙、知先行後說　究竟知在先？還是行在先呢？朱子說：「必須先知得，方行得。所以大學先說『致知』，後說誠正修……。中庸說『知』先於『仁、勇』，而孔子先說『知及之』，後說『仁能守之』。」他以《中庸》、《論語》以證明知在行先，可稱知先行後說，與程伊川

同其主張。

丙、行重於知說　朱子固主張知先於行，但是否主張知重於行呢？這答案應是否定的。他說：「知行常相須，如目無足不行，足無目不見。論先後，知為先；論輕重，行為重。」王陽明認為講知先行後者，只知求知，而不重行。這對朱子而言，未免冤枉。

陸、朱熹的政治觀

朱子的政治言行，以儒家政治思想為淵源，今舉其要，分為德治主義、民族主義、民生主義數項。

㈠有關德治主義者　朱子於孝宗即位之初上封事云：「帝王之學，必先格物致知，以極夫事物之變，使義理所存，纖細畢照，則自然意誠心正，而可以應天下之務。」他以誠意正心為治國平天下之大本，故不避忌諱，與孝宗講誠意正心之學，這是《大學》修己治人之道，亦為儒家一貫的德治主義。

㈡有關民族主義者　南宋偏安，金人逼境，朱子反對和議，力主攘夷。他在上面的封事中奏：「修攘之計，所以不時定者，講和之說誤之也。夫金人於我，有不共戴天之仇，則不可和也明矣。願閉關絕約，任賢使能，立紀綱，厲風俗。俟數年之後，國富兵強，徐起而圖之。」他於隆興元年，被召陳言：「君父之仇，不共戴天，今日所當為者，非戰無以復仇，非守無以制勝。」其民族主義之思想溢於言表，千秋之下，讀之令人奮袂而起。

㈢有關民生主義者　朱子上孝宗封事有云：「四海之利病，係斯民之休戚。」淳熙五年，他知南康軍，值歲不雨，講求荒政，全活甚多。明年夏大旱，上疏言「天下之務，莫大於恤民」。乾道四年，建州飢，他請於府，貸粟散給，民多免死，始立社倉法❹。又在知漳

州時，奏除無名之賦七百萬，減輕總制錢四百萬。這些言行，無疑地都以解決民生問題為目標。

他又主張改革刑獄，慎選獄官；整經界，以整理田賦；設常平倉❺，以濟青黃不接之患。這些都是以國計民生問題，為政治改革鵠的。

他反對募兵制，贊成徵兵制，主張兵歸屯墾，且耕且戰，兵農合一。蓋有見於當時的徵兵給養困難，消耗太多，影響民生問題，故提出此項改革計劃。

柒、朱熹的教育思想

㈠**恢復古代學制與振興書院**　宋代政府以科舉取士，考場以辭章為首，社會則佛老之學流行，文士以虛無寂滅為高。朱子認為這都不合實際需要，主張恢復古代學制。

據朱子的考證，古代學制分小學及大學兩級：小學是學其事，如學事親事長之類；大學是窮其理，即委曲詳究所以事親事長之理。(見《語類・一》) 前者為「學其當然」，後者為「學其所以然」。其入學年齡及入學資格，朱子認定是「人生八歲，自王公以下，至於庶人之子弟，皆入小學，而教以灑掃應對進退之節，禮樂射御書數之文；及其十有五年，則自天子之元子眾子，以至卿大夫元士之適子(嫡子)，與凡民之俊秀，皆入大學，而教以窮理正心修己治人之道。」

---

❹　社倉本名義倉，其所儲之穀或麥，由勸募或收社倉稅而來，遇飢荒之年，則以之賑濟。乾道四年，朱熹請於府，得常平六百萬石賑貸，經過十四年，得息米三千萬石，以為社倉。

❺　漢宣帝時，耿壽昌奏請於邊郡設常平倉，穀賤時增價糴入，穀貴時減價糴出，歷代存廢不一，朱子奏請普遍設立。

恢復古代學制，非政府力量莫辦，而振興書院則個人之力亦可為之，朱子知南康軍時，除詣郡學講學外，奏復白鹿洞書院，與諸生質疑問難不倦，並訂有書院教條（詳後），亦訂有一部分講義。後歷知漳州、潭州，在在以振興書院為職志。他和張栻研究道學，多在長沙岳麓書院與城南書院切磋。初居崇安，築書院於武夷之五曲，榜曰紫陽。晚年居建陽考亭，作滄州精舍，從者甚眾，師生傳習，仍本書院作風。

㈡**樹立目標與訂定教條**　科舉取士以選取優良官吏為目的，士子應考便以做官為目的。朱子反對這種風氣，鼓勵士子立志學聖賢。他說：「凡人須以聖賢為己任。」又說：「學者大要立志，所謂志者，……只是直截要學堯舜。」（《全書‧一》）

朱子在白鹿洞書院訂有教條，以作學生進德修業的指針。

⑴父子有親，君臣有義，夫婦有別，長幼有序，朋友有信。

上五教之目。堯舜使契為司徒，敬敷五教，即此是也，學者學此而已。而其所以為學之序，再有五焉，其別如下：

⑵博學之，審問之，慎思之，明辨之，篤行之。

上為學之序。學問思辨四者所以窮理也，若夫篤行之事，則自修身以至處事接物，亦各有要，其別如下：

⑶言忠信，行篤教，懲忿窒欲，遷善改過。

上為修身之要。

⑷正其誼不謀其利，明其道不計其功。

上為處事之要。

⑸己所不欲，勿施於人。行有不得，反求諸己。

上為接物之要。

㈢**智德兼修與循序漸進**　朱子對於教學方法，主張循序漸進。

〈黃勉齋狀其行〉有云：「先生教人，以《大學》《論》《孟》《中庸》為入道之序，而後及諸經。」即就四子書的次序講，必先《大學》，次《論》《孟》，又次《中庸》。

《中庸》云：「尊德性而道問學，極高明而道中庸。」陳北溪答李貫之曰：「先生平日教人尊德性道問學，固不偏廢，而著力處，卻多在道問學上。」可見他是智德兼修，而從讀書入手，與陸象山的教學方法剛好相反。

(四)**承繼道統與排斥佛老**　理學家都以傳道統、反佛老自命，朱子亦未能例外。朱子嘗謂「聖賢道統之傳，散在方冊，聖經之旨不明，而道統之傳始晦。」於是竭其精力，以研窮聖賢之經訓（見《晦翁學案》），這是隱約以傳道統自居。他在《中庸章句・序》雖稱「於道統之傳，不敢妄議」，不過是謙虛之詞而已。

朱子的教育宗旨，在積極方面為「傳道統」，在消極方面即為「反佛老」。

謙之問：「今皆以佛之說為無，老之說為空，空與無有如何？」朱子答曰「空是兼有無之名。道家說半截有，半截無。以前都是無，如今眼下都是有，故謂之空。」《道德經》云：「天地萬物生於有，有生於無。」朱子所謂以前都是無，眼前都是有，大概是就《道德經》而言。他又說：「若佛家之說。以前也是無，如今眼下也是無。色即是空，空即是色。大而萬事萬物，細而百骸九竅，一齊都歸無。終日吃飯，卻道不曾咬著一粒米，終日著衣，卻道不曾掛著一條絲。」（《語類・百二十六》）這樣用穿衣吃飯去駁佛學，真是最通俗也沒有了。至於已否駁倒，那是另一回事。

朱子以為儒家所講的倫常之理，乃是佛老無法否定的，他說：「天下只是這道理，終是走不得。如佛、老雖是滅人倫，然自然也是逃不

得（按是說逃不了這個道理）。如無父子，卻拜其師。以其弟子為子，
長者為師兄，少者為師弟。」倫常之理，滅也滅不了，逃也逃不了。
這裡所稱「佛老滅人倫」，大概是指佛教與道教而言。

捌、結　論

　　就宋代理學講，朱子真可謂集理學之大成者。他的理氣二元論與
性即理說、居敬說、內外合一說、知先行後說，是傳程伊川之衣缽；
他的理氣合一論，多少受了程明道的道器合一論影響；他的人性二元
論（天地之性與氣質之性），是張、程學說之闡揚；他的周易本義，
以邵康節的象數學為本；他的人為萬物之靈說及進化（氣化）的人生
觀，是發揮了周濂溪的《太極圖說》。

　　他雖然因襲前人，但亦自有其創見，如以「理」釋「太極」，如
說「月印萬川」，如說「理在氣先」，如說「理氣合一」、「性理合一」，
以及「天地有心論」、「萬物有性論」、「性形合一論」，這些理論，固
不免亦為前人所觸及者，但不如他那樣說得明白而徹底。至於所訂教
育目標與白鹿洞書院教條，尤為特見。單就人生哲學講，朱子對於「人
種由來」的看法，雖不如達爾文之具體，但亦合乎現代的進化學說；
對於人與萬物之異同，看得非常正確；對於心、性、情、理等界說，
並不違背現代心理學的主張；對於各種德目的詮釋，多發前人所未
發；尤其對於修養工夫的發揚，如居敬窮理、存天理去人欲等，給後
世學者莫大幫助，而南宋南明忠臣義士人格之陶冶，多受其影響。

　　他以二元論釋道心人心，雖遭到明儒清儒的打擊，但不失為平易
易知的註解；他以二元論解決了人性善惡之爭，雖未盡如理想，但對
張、程見解總算有一種新的發揮。

　　他的窮理工夫，雖被陸象山譏為支離，王陽明指為務外遺內，但

自「下學而上達」的觀點來看，朱學實較陸、王容易下手，宜乎明清兩代幾乎奉朱學為國學。普通以象山之學在「尊德性」，晦翁之學在「道問學」，其實朱子以「道問學」為「尊德性」的手段。王陽明指朱子「析心與理為二」，反對他的窮理於物主張。其實，朱子亦是主張「心理合一」與「主客合一」的，即既主張窮理於物，亦主張窮理於心。

清儒指王學為禪學，亦指朱學為禪學。其實，朱子自己則以反佛自命。後人指理學只會談心性，不過問國家大事。其實，朱子在政治方面是民族主義者、愛國主義者，而且他的政治思想以解決民生問題為中心。

程伊川的學問，被當時一部分人視為偽學；朱子的學問，亦被當時一部分人視為偽學，於此可見學者處境之困難了。

朱子哲學流傳甚廣，在宋代有高弟蔡元定、黃勉齋、陳北溪等，文天祥亦受其影響。元代有朱學與陸學對立，許魯齋、劉靜修等皆傳其學。明代宋濂、方孝儒、吳康齋、薛敬齋、陳白沙等傳朱學於前，湛甘泉、羅整庵等傳朱學於後。清代反宋學者固多，但仍有王船山、陸桴亭、陸稼書、毛西河、李光地等闡揚朱學，曾國藩雖不主一家，但仍宗程朱。此外，朱學在日本亦流傳甚久。

第九節　陸象山的哲學思想

陸九淵，字子靜，自號存齋，撫州金溪人，（西元一一三八～一一九二年）學者稱象山先生。幼問其父賀，天地何所窮際，父奇之。後讀古書至宇宙二字，解者曰：「四方上下曰宇，往古來今曰宙」，忽大省曰：「宇宙內事，乃己分內事，己分內事，乃宇宙內事。」幼小聞

人誦伊川程子語，即覺其與孔孟之言不類。乾道八年，登進士第，為呂東萊所識。始至行都，從遊者甚眾。淳熙元年，授靖安主簿。二年與朱熹會於鵝湖，學說無法融會，不歡而散。八年承朱熹邀，至白鹿洞講君子喻於義，小人喻於利。九年除國子正，講學於國學。十三年得旨，主管臺州崇道觀。十五年與朱熹辯周濂溪之「無極而太極」，相持不下。既歸金溪，學者愈盛。每詣城邑，環坐二三百人，至不能容。結茅象山，學徒復大聚。居山五年，來見者案籍逾數千人。紹熙二年，知荊門軍。三年，卒於官，年僅五十四。生於高宗紹興九年，即一一三八年，卒年為十二月十四日，應為一一九二年。著有《象山集》三十二卷，《訪語錄》四卷。

　　普通以程伊川的學問，經楊龜山、羅豫章、李延平而傳於朱熹，稱程朱學派；程明道的學問，經謝良佐、王蘋、張九成、林季仲而傳於陸象山，入明，王陽明發揮陸象山思想，遂成陸王學派。今研究陸子的宇宙論、人生觀、人性論、道德觀與修養論等。

壹、陸象山的宇宙論

　　㈠**太極與無極問題**　老子《道德經》有「有生於無」，「復歸於無極」及「無名天地之始」等語，周濂溪援道入儒，在《易經》的兩儀、太極之上，加了一句「無極而太極」，便引起了象山兄弟與朱子的爭辯。

　　梭山、象山兩兄弟，讀周濂溪《太極圖說》有疑，與朱子通訊商量，大意謂《太極圖說》與《通書》不類，《通書》只言太極，未嘗於太極之上再加無極，無極出自老子，是異端，周子不會走入異端，故疑《太極圖說》非周子所為，或其學未成熟時所作，不然或是傳他人之文，後人不辨也。朱子答書謂原文不誤，孔子不言無極，而周子

言之，蓋實有見太極之真體，不言者不為少，言之者不為多。而且說周子的「無極」，與老、莊的「無極」有別。雙方往復辯論，以致相持不下。

他們為什麼爭辯不決呢？雙方的錯誤，在於儒道的門戶之見，在於雙方視老學為異端，不肯承認周子援道入儒是合理的，故躲躲避避，支吾其辭，不能令對方心悅而誠服。如以今日我們不排佛老的立場來看，明白地指出「無極」是周子引自《道德經》（無欲與主靜說同），《太極圖說》是周子融「老」於「易」的作品，是合理的見解，不是趨於異端，果如此說，還有什麼好爭論呢？

㈡道事合一論　朱子持有理氣二元論，但亦主張理氣合一論，明道曾主張道器合一論，象山則主張道事合一論，他說：「此理塞宇宙，道外無事，事外無道。」如果說宇宙間有萬事萬物，則道器合一論等於理氣合一論，亦等於理（道）物合一論；而道事合一論即等於理事合一論。程伊川說有物則有理，象山好像說有事則有理（道）。

㈢道與陰陽問題　朱子以道為形而上者，陰陽為形而下者。象山反駁說：「易大傳曰『一陰一陽之謂道』，又曰『形而上者謂之道』，則陰陽明是形而上者，而非形而下之形器。」「道」為形而上者，是朱陸共同見解；陰陽應否屬於形而上，則為朱陸重要的爭端。

貳、陸象山的人生觀與人性論

㈠心理合一論（心即理說）　象山說：「心、一心也，理、一理也，至當歸一，精義無二。此心此理，實不容有二。」（〈與曾宅之書〉）又說：「人皆有是心，心皆具是理，心即理也。」（〈與李華書〉）他並認為「所貴乎學者；欲窮此理，盡此心也。」他有一段「人同此心，心同此理」的名言：「東海有聖人出焉，此心同也，此理同也；西海

有聖人出焉，此心同也，此理同也；南海北海有聖人出焉，此心同也，此理同也；千百世之上，至千百世之下，有聖人出焉，此心此理，亦莫不同也。」（〈年譜〉）這種心即理與心理合一的主張，至王陽明更有所發揮。陽明認為自己是主張「心理合一論」，朱子是主張「心理二元論」。換言之，即認為他自己是「合心與理為一」的，朱子是「析心與理為二」的。

㈡宇宙吾心合一論　象山既說：「宇宙內事，乃己分內事。」又說：「宇宙便是吾心，吾心即是宇宙。」「心之體甚大，若能盡我之心，便與天同。」（《語錄·與伯敏論學求放心》）明道主張「天人一體」的人生觀，他這裡亦是主張「天人一體」的人生觀。普通以朱子接程伊川之學，陸王接程明道之學，是有其脈絡可尋的。

㈢人心道心合一論　《書》云：「人心惟危，道心惟微，惟精惟一，允執厥中。」朱子謂「人心之危者，人欲之萌也；道心之微者，天理之奧也。心則一也，以正不正而異其名耳。」象山摘其上半段加以反對說：「解者多指人心為人欲，道心為天理，此說非是，心一也，人安有二心？自人而言則曰惟危，自道而言則曰惟微。」（《語錄·下》）他把道心人心合而為一，其目的在反對朱子的二元論。其實，朱子亦說過「心則一也」一類的話。我們可以代朱子解釋：廣義的人心，包括理性（道心）及獸性；狹義的人心，僅涉及獸性（人欲）而已。象山所謂「先立其大」與「復本心」，皆是就「道心」而言。朱子所謂「天理之奧」與「人欲之萌」，是就廣義的心而言。

㈣天人合一與動靜合一　朱子特重天理人欲之分，象山反對其說。《全書·語錄》上載「天理人欲之言，亦自不是至論，若天是理，人是欲，則是天人不同矣。此其源蓋出老氏。樂記曰：『人生而靜，天之性也；感於物而動，性之欲也。物至知之而後好惡形也，不能反

躬，天理滅矣。』天理人欲之言，蓋出於此。樂記之言，亦根於老氏。且如專言靜是天性，則動獨不是性邪？」象山反對天是理人是欲之分，而主張天人合一與動靜合一，並指朱子之學乃以老氏為淵源，非儒學之正，這不是公平之論。因為以樂記為儒家學說，非朱子個人之見，講人性者大多如此說。又性靜情動說，亦是很多人的主張，不是朱子私見。又「天理」「人欲」是代表一個人的「理性」與「獸性」的兩個名詞，不可用拆字法去拆開來看，即不可說天是理，人是欲。

　　(五)**人性善惡問題**　程朱以二元論解答人性善惡問題，象山固主性善，但亦承認氣質有厚薄，亦即承認惡由於氣質。他說：「見到孟子性善處，方是見得盡。四端皆我固有，全無增添。」(《語錄》)這是贊成孟子的性善說。但惡由何而來呢？他說：「俗人中氣質，又有厚薄輕重大小。」(〈與董元錫書〉)又說：「人之生也，不能皆上智不惑，氣質偏弱，則耳目之官不思而蔽於物，物交物則引之矣。……其心之無主，無非物欲而已。」(《語錄》)孟子認為性善，而惡由於外物引誘，程朱加了一個「惡由氣質」的說法，象山亦贊成惡由於氣質之蔽於物。他這裡所講的「物欲」，則與朱子所講的「人欲」距離不遠了。

參、陸象山的道德觀與修養論

　　(一)**先立其大**　公都子問曰：「鈞(均)是人也，或為大人，或為小人，何也？」孟子曰：「從其大體為大人，從其小體為小人。」曰：「鈞是人也，或從其大體，或從其小體，何也？」曰：「耳目之官不思，心之官則思，思則得之，不思則不得也。此天之所與我者，先立乎其大者，則其小者不能奪也，此為大人而已矣。」孟子又說過：「養其小者為小人，養其大者為大人。」他所謂大者指良心，本心而言；所謂小者指耳目，口腹之欲而言。象山教人，口口聲聲在「先立其大者」，

以傳孟子的道德修養自命。

黃宗羲云：「先生之學，以尊德性為宗，謂先立其大，而後天之所以與我者，不為小者所奪。夫苟本體不明，而徒致功於外索，是無源之水也。同時，紫陽之學，則以道問學為主，謂格物窮理，乃吾人入聖之階梯，夫苟信心自是，而惟從事於覃思，是師心之用也。」所謂「本體不明，致力外索」，是陸子反對朱子之徒「道問學」；所謂「專事覃思，師心自用」，是朱子反對陸子之徒「尊德性」，這是兩家教學主要不同的途徑。

㈡復本心　象山說：「孟子曰：『所不慮而知者其良知也，所不學而能者其良能也。』『此天之所與我者，我固有之，非由外鑠我者也。』故曰：『萬物皆備於我也，反身而誠，樂莫大焉。』此吾之本也。」（〈與曾宅之書〉）他又說：「人受天地之中以生，其本心無有不善」。（《語錄》）他主張先立其大，其工夫在於「復本心」，故主張：「棄去謬習，復其本心。」所謂「復本心」，等於孟子的「收放心」，亦等於復「良知良能」。

全祖望云：「陸子之學，近於上蔡，其教人以發明本心為始事，此心有主，然後可以應天地萬物之變。」「陸子教人以明其本心，在經則本於孟子擴充四端之教。」明本心就是復本心，是可知陸子之復本心，等於孟子之擴四端，亦等於《大學》之明明德，以及後來陽明之致良知。

㈢辨義利與盡人道　象山云：「今所學果何事？人生天地間，為人自當盡人道。學者所以為學，學為人而已。」「若某則不識一個字，亦須還我堂堂地做個人。」「上是天，下是地，人居其間，須是做得人，方不枉。」（以上見《語錄》）這是明明白白地指出為學的目標在學做人。

　　要學為人必須辨義利，要辨義利，必須辨志。他在「君子喻於義，小人喻於利」講義中說：「學者於此當辨其志。人之所喻，由其所習，所習由其所志。志乎義，則所習者必在於義；所習在義，斯喻於義矣。志乎利，則所習者必在於利；所習在利，斯喻於利矣。故學者之志，不可不辨也。」又說：「凡欲為學，當先識公私義利之辨。」

　　朱學與陸學雖多歧異；鵝湖之會雖不愉快，但二子情感並不因此而疏遠。當朱子邀陸子在白鹿洞書院講完「君子喻於義，小人喻於利」之後，朱子甚為感動，曾將其講義予以張貼，這固可以看出朱子度量之寬大，亦可以看出陸子學養之深閎。

肆、陸象山的智識論（知行論）與方法論

　　前面曾經提到，象山講學以「先立其大」為本，以「尊德性」為先，但並不是說他不講究學古力行，不講究讀書明理，只是先後次序不同而已。為了說明這一點，特敘其智識論、知行論與易簡方法如下：

　　㈠智識論　象山的智識論（認識論）可分為：㈠智識與立志，㈡智識與理性。

　　甲、智識與立志　上面講到要辨義先要辨志，這裡要講到立志與智識的關係。他說：「志小不可以語大人事。」又說：「夫子曰：『吾十有五，而志於學。』今千百人有志，也是怪他不得，志個甚底？須是有智識，然後有志願。」「人要有大志，常人汨沒於聲色富貴間，良心善性都蒙蔽了。今人如何便解有志，須先有智識始得。」他認為明天理（良心善性）去人欲（聲色富貴）必須有大志，要有大志必須先有智識，要有智識，便要讀書，可見他自己雖反對著書立說，但仍認智識（讀書）有其重要性。

　　乙、智識與理性　智識有先天性呢？還全是後天的呢？西洋人對

此分為兩派（理性派與經驗派）。象山說：「理乃宇宙之所固有。」「理在宇宙間，不以人之明不明、行不行而加損。」究竟如何才能明理呢？他說：「人為學甚難，天覆地載，春生夏長，秋斂冬肅，俱此理。人居其間，無靈識，此理如何解得？」這是說人要有理性（人之靈識）才能識得此理，可見他是理性論者，這和他的「心即理」「心理合一」是完全相通的。

㈡**易簡法** 《易》云：「乾以易知，坤以簡能。」此種易簡之道，象山最為重視。他所講的「先立其大」，所講「復本心」，又說：「古人教人，不過存心，求放心。」（〈與舒西美書〉）都可說是易簡法的運用。

他又說：「涓涓之流，積成江河，泉源方動，雖只有涓涓之微，去江河尚遠，卻有成江河之理。」《老子》云：「天下大事，必作於細，天下難事，必作於易。」《中庸》云：「欲登高必自卑，欲行遠必自邇。」象山的易簡法，與《老》、《易》、《中庸》的易簡法相通。

象山以能運用易簡法自命，而以「支離」譏朱子，故譏朱子詩說：「涓流積至滄溟水，拳石崇成太華岑，易簡工夫終久大，支離事業竟浮沉。」

㈢**知行問題** 朱子講知行問題，有「論先後，知為先」之語。象山雖重視道德修養，重視力行實踐，仍亦有一種知先行後的見解。他說：「為學有講明，有踐履。大學致知格物，中庸博學審問慎思明辨，孟子始條理者智之事，此講明也；大學修身正心，中庸篤行之，孟子終條理者聖之事，此踐履也。」這種知先行後的主張，與朱子並無二致，且與他前面所說「立志須先有智識」是一貫的。

後來陽明自廣義的行著眼，認為博學審問慎思明辨都屬於行的範圍，篤行者篤此數種之行而已，這種知行合一論，倒與象山的知先

行後說不無區別了。

伍、陸象山的政治觀

象山的政治觀，可分為㈠與民族主義有關者，㈡與民本主義有關者，㈢與國計民生有關者，㈣與變法思想有關者。

㈠**有關民族主義者** 宋室南渡，朱子志在匡復，象山亦富有民族思想。他少年時聽到靖康的恥辱，便剪指爪，習弓馬，準備從戎報國。他認為「修文德不足以來匈奴」，必須用武力才能談禦侮，故晚年遍訪智勇之士，研究形勢要害，提拔武士李雲等，可見他具有禦武精神和高度的民族思想。

㈡**有關民本主義者** 〈象山與趙子直書〉有云：「天生民而立之君，使司牧之。張官置吏，所以為民也。『民為大，社稷次之，君為輕』，『民為邦本』，『得乎邱民為天子』，此大義正理也。」這種民本主義來自《書經》和《孟子》，以君主為人民而存在，官吏為人民而設置，在宋代中央集權的政制下，也算是一種新思想。

因為他主張官吏為人民而設置，故反對官吏弄權和貪污。與〈趙子直書〉又云：「張官置吏所以為民，而今官吏日增術以朘削之，如恐不及。蹶邦本，病國脈，無復為君愛民之意，良可嘆也！」他重視邦本，重視國脈，故認為官吏應愛民卹民，不應害民擾民。

㈢**有關國計民生者** 理學家多拘義利之辨，談政治即不敢言貨利。象山不然，〈與趙子直書〉又云：「世儒恥及簿書，獨不思伯禹作貢成賦，周公制國用，孔子會計當，洪範八政首食貨，孟子言王政，亦先制民產，正經界，果可恥乎？」由此可知他是非常重視國計民生問題的，這和王安石的政治思想倒有些符合之處。

㈣**有關變法思想者** 他雖然認王安石變法變得不好，但並不主

371

張守舊，乃認為法可以變。如說：「夫堯之法，舜常變之；舜之法，禹常變之。祖宗法自有當變者。」只要「合天理，當人心」，法是可以變的，不過要行之以漸而不可驟耳。（見〈刪定官輪對劄子〉）

陸、朱陸異同——附心學

㈠**鵝湖之會** 黃宗羲云：「先生之學，以尊德性為宗，……紫陽之學，則以道問學為主。」兩家之學本不相同，因此，有人從中調和。

淳熙二年四月，呂東萊（伯恭）約二陸復齋（子壽）與象山（子靜），會朱元晦諸人於信州之鵝湖寺。復齋謂象山曰：「伯恭約元晦為此集，正為學術異同。」乃先與象山講論，次日早曰：「子靜之說是。」遂為一詩云：「孩提知愛長知欽，古聖相傳只此心，大抵有基方築室，未聞無址忽成岑，留情傳注翻榛塞，著意精微轉陸沉，珍重朋友勤切琢，須知至樂在於今。」象山謂詩甚佳，但第二句微有未安，乃同行。途中和韻云：「墟墓興哀宗廟欽，斯人千古不磨心，涓流積至滄溟水，拳石崇成太華岑，易簡工夫終久大，支離事業竟浮沉，欲知自下升高處，真偽先須辨只今。」至鵝湖會，復齋先舉所作詩，至第四句，元晦顧伯恭曰：「子壽早已上子靜船了。」遂致辯，象山亦誦所和詩，元晦大不懌。翌日各為說論辯，大抵元晦欲令人泛觀博覽而後歸之約（先道問學而後尊德性），二陸欲先發明人之本心而後使之博覽（先尊德性而後道問學）；朱以陸之教人為「太簡」，陸以朱之教人為「支離」。象山更欲抗言，以為堯舜之前，何書可讀？復齋止之，以此不合。別後三年，元晦和韻云：「德義風流夙所欽，別離三載更關心，偶扶藜杖出寒谷，又枉籃輿度遠岑，舊學商量加邃密，新知培養轉深沉。卻愁說到無言處，不信人間有古今。」有人謂二陸詩有「支離」之詞，疑朱子為「訓詁」，朱子詩有「無言」之說，譏二陸為「空門」。

兩家門人互相攻擊，宗朱者詆陸為「狂禪」，宗陸者以朱為「俗學」。

　　鵝湖之會，呂伯恭以魯仲連自居，原欲調和兩家學說。只因當日象山年少氣銳（三十七歲），往往盛氣凌人，元晦（四十六歲）雖稍渾厚，但不願放棄所見，以致毫無調和餘地。呂伯恭述當日講會云：「元晦英邁剛明，而工夫就實入細，殊未易量。子靜亦堅實有力，但欠開闊。」伯恭所論，頗為公評。本來兩家學說不必強同，陽明所作「朱子晚年定論」，不無強朱同於陸之嫌。茲述兩家異同如下：

　　㈡朱陸異同

甲、異點

　　⑴對「無極而太極」的看法不同。

　　⑵對陰陽的看法不同。（一以陰陽列於形而上，一以陰陽列於形而下。）

　　⑶朱子講理氣二元論，陸子主唯理一元論——以太極（理）為萬物的根本。

　　⑷朱子重視性即理，陸子重視心即理。

　　⑸朱子認為道心人心有別，陸子認為道心人心無殊。

　　⑹朱子主張即物窮理與讀書明理，傾向於歸納；陸子主張盡心窮理與復其本心，傾向於直覺。

　　⑺朱子的工夫由外而內，由博而約，偏於「道問學」；陸子的工夫由內而外，由約而博，偏於「尊德性」。

　　⑻朱子指陸子為「太簡」，陸子譏朱子為「支離」。

乙、同點

　　⑴對太極的看法大致相同（同以理釋太極）

　　⑵對義利的看法相似。

　　⑶同主張知先行後。

(4)朱子未忽視尊德性，陸子亦未忽視去物欲。

(5)同重視國計民生問題。

(6)同重視民族主義。

平心而論，朱子對於「無極而太極」的解釋，固有值得商量之處，至其「由博而約」、「智德兼修」，便無任何「支離」可言。陸子天姿雖邁，境界雖高，如專就「先立其大」而言，不簡亦簡，不玄亦玄，大有引入「狂禪」的可能。

附　錄

陸學與心學：象山固然講過「心即理」、「心理合一」、「求放心」、「復本心」、「先立其大者」等，但未必與西洋的唯心論完全相符。其門人楊慈湖才完成所謂「心學」，與西洋的唯心論相似。

慈湖（號敬仲，慈溪人），乃乾道五年進士，初調富陽主簿。象山至富陽，慈湖問如何是本心？象山曰：「惻隱、仁之端也，羞惡、義之端也，辭讓、禮之端也，是非、智之端也，此即是本心。」慈湖未悟。偶有鬻扇訟至於庭，慈湖斷其曲直訖，又問如初。象山曰：「聞適來斷扇訟，是者知其是，非者知其非，此即敬仲本心。」慈湖大覺，忽省此心之無始末，忽省此心之無所不通。象山嘗語人曰：「敬仲可謂一日千里。」這和王陽明之龍場悟道，南昌發明致良知，異曲同工。

慈湖著「己易」，謂「易者己也，非有他也，以易為書，不以易為己，不可也。以易為天地之變化，不以易為己之變化，不可也。天地，我之天地，變化，我之變化也，非他物也。」「天者吾性中之象，地者吾性中之形。故曰：在天成象，在地成形，皆我之所為也。」他認天地變化皆由我而生，可稱為唯我主義，亦可稱為主觀的唯心論。他又說：「其心通者，洞見天地人物盡在吾性量之中，而天地人物之

374

變化，皆吾性之變化。」(〈周易解序〉)這種心學，儼似西洋的唯心論，較之象山，可謂「青出於藍，而甚於藍。」如以陸學為「近禪」，則當以慈湖為最。

　　陸學傳至陽明，遂形成有系統之心學。陽明序《象山全集》有云：「聖人之學，心學也。堯舜禹相傳之道心精一，是所謂仁，即心學之源，故孔孟之學，以求仁為務。孟子曰仁人心也，學問之道在求放心，仁義禮智四端，我固有之，尤能暢發其義。蓋吾心即物理，心與理為一。宋周濂溪、程明道獨能追尋孔孟之宗，繼有象山陸氏，步武二子，以簡易直截，求諸吾心，獨能上接孟氏之傳，而為孟氏之學。」象山之學，誠上傳孟學，下開王學。以闢朱子之「支離」自命，以「先立其大」為宗，但尚不能稱為純唯心論，至慈湖而成立心學，至陽明而以「心學」傳道統。以往有人以王學為主觀唯心論，但這也是值得研究的問題。

第十節　呂祖謙、葉水心的哲學思想

　　普通中國哲學史雖談到清儒的經世之學，但對於宋儒的經世致用，既不錄北宋的江西學派（王安石等），亦很少講南宋的浙江學派（呂祖謙等）。實則王安石固有研究之必要，呂東萊亦有一論之價值。如不談贛浙兩派，既不足以明理學在當時之反應，亦不足以明清儒經世致用之淵源。因此，特述呂祖謙（東萊）、葉水心等哲學思想。

壹、呂祖謙的哲學思想

　　呂祖謙，字伯恭，（西元一一三七～一一八一年）其先河東人，復徙婺州，世稱東萊先生。少時，性極褊，後因病中讀《論語》，至

「躬自厚而薄責於人」,有省,遂終身無暴怒。從胡籍溪先生遊,與朱晦庵、張南軒二先生為友,講索益勤。登隆興元年進士第,又中博學宏詞科,歷太學博士兼史職。嘗讀陸象山文,善之,而未識其人。考試禮部得一卷,曰:「此必江西小陸之文也。」揭示,果然,人服其精鑑。早年以祖恩補將仕郎,復任秘書郎、國史院編修、著作郎等,淳熙七年卒,年僅四十五。

金謝山云:「宋乾淳以後,學派分而為三:朱學也,呂學也,陸學也,三家同時,皆不甚合。朱學以格物致知,陸學以明心,呂學則兼取所長,而復以中原文獻之統潤色之。門庭徑路雖殊,要其歸宿於聖人則一也。」就哲學思想講,祖謙雖遜於朱陸,但就當時學術地位言,算是三家鼎立,於此可見呂學術地位之重要,茲述其道德觀(修養論)、政治思想與教育思想。

㈠道德觀　就道德修養講,祖謙計有懲忿窒欲、克己寡欲、涵養良心等主張。

甲、懲忿窒欲　理學家都主張存天理去人欲,祖謙遠紹周程,亦重視懲忿窒欲。他的《易說》有云:「履霜堅冰,蓋言順也。此句尤可警!非心邪念,不可順養將去,順養去時,直至弒父與君。飲酒順而不止,必至沉湎殺身,鬥狠順而不止,必至殺人。世俗所謂縱性,即順之謂。懲忿窒欲,不順之也。」蓋天理可順而養之,人欲不可順而養之。

怎樣窒欲順理呢?他的《詩說》有云:「窒欲之道,當寬而不迫。譬治水,若驟遏而急絕之,則橫流而不可制,故人不禁欲之起,而速禮之復。……心一復則欲一衰,至再至三,則欲亡而純理矣。」(以上見《麗澤講義》)這種順理去欲的修養工夫,與程朱無多大區別,他自己能躬行實踐,故能做到終身無暴怒。

乙、克己寡過　《論語》載蘧伯玉使者謂：「夫子欲寡其過而未能也。」祖謙釋之曰：「人必曾從克己做工夫，方知自朝至暮，自頂至踵，無非過失，而改過之為難，所以言欲寡過而未能。此使者非獨知蘧伯玉做工夫處，其自己亦必曾去做工夫過，有所體驗，非徒善為辭令，不自誇張也。學者若才輕易發言語，是不曾做工夫。」（《論語說》）他以蘧伯玉為例，教學生做克己寡過的工夫，亦和其他理學家的修養論相去不遠。

丙、涵養良心　在陽明講致良知前，孟子談良心，象山談本心，祖謙亦談良心。孟子說：「父子之間不責善，責善則離，離則不祥莫大焉。」祖謙云：「父子之間不責善，非置之不問也，蓋在乎滋長涵養其良心。」（《孟子說》）又云：「用工夫人，纔做便覺得不是，覺得不是，便是良心。」前段所說，指父啟其子之良心而言；後段所說，乃指學者自致其良心上的知覺（良知）而言。於此，可見他的修養論，有些介乎陸王之間。

丁、天人合一　呂祖謙的《麗澤講義》載：「吾之性本與天地同其性，吾之體本與天地同其體。」（《易說》）這與張載〈西銘〉中的天人同性、天人同體說（天地之塞吾其體，天地之帥吾其性），程明道的萬物一體說、朱子的萬物有性說，大致相似。

此外，他亦談到「立志」、「持敬」、「主一無適」、「存誠」、「反己」等修養工夫。

㈡**教育觀**　祖謙的教育思想，分為教學用合一與學貴力行。

甲、教學用合一　他的《禮說》有云：「教國子以三德六行，立其根本，因是綱舉目張。然又須教以國政，使之通達治體。古之公卿，皆自幼時便教之，以為異日之用。今日之子弟，即他日之公卿，故國政之是者，則教之以為法；或失，則教之以為戒。又教以如何整救，

如何措畫，使之洞曉國家之本末源委，然後他日用之，皆公卿也。」理學家的教育思想，偏於德育，偏於修養，惟王安石主張教學用合一，祖謙的教育思想，與王安石異曲而同工。

乙、學貴力行　顏元主張「學貴力行」，祖謙早有此種見解。他的《禮說》有云：「古人為學，十分之中，九分動容周旋，洒掃應對，一分在誦說；今之學者，全在誦說，入耳出口，了無涵蓄，所謂道聽塗說，德之棄也。」又〈與葉正則書〉有云：「靜多於動，踐履多於發用，涵養多於講說，讀經多於讀史，如此，然後可久可大。」就朱陸異點說，他這裡的教育主張，比較近乎陸子。

丙、到處可學　孔子云：「三人行，必有我師焉。」這是說到處可以求師。祖謙云：「學者非特講論之際，始是為學。聞街談巷語，句句皆有可聽，見輿臺皂隸，人人皆有可取，如此德豈不進？」這是到處可以求師，或到處可以進德修養的主張。

此外，他還談到登高自卑，下學而上達等工夫，與一般理學家的主張相接近。

(三)政治觀　祖謙的政治思想，主要為文武合一。

他在教育方面主張教學用合一，政治方面則主張文武合一。他的《史說》中有云：「自古文武只一道，堯舜三代之際，公卿大夫在內則理政事，在外則掌征伐。孔子之時，此理尚明，冉有用矛，有若劫舍，孔子亦自當夾谷之會。西漢猶知此理，大臣韓安國之徒，亦出守邊。東漢流品始分，劉巴輕張飛矣。」劉巴輕張飛，是政治上重文輕武的現象，自此教育亦重文而輕武，祖謙主張文武合一，這種思想後為顏元所重視。

(四)結論　祖謙既欲兼晦庵、象山之長，又欲兼君舉、同甫之長，固不免涉於博雜。朱子曰：「博雜極害事。伯恭日前只向博雜處用功，

卻於要約處不曾仔細研究。」又曰：「伯恭之學合陳君舉、陳同甫而一
之。永嘉之學，理會制度，偏考究其小小者，惟君舉為有所長，若正
則（水心）渙然無統紀，同甫則談古論今，說王說霸，伯恭則兼君舉、
同甫之長。」

　　祖謙與朱、張為友，又欲調和朱、陸歧見，其學固既與朱、張接
近，然又受陸氏影響。

　　黃東發曰：「東萊先生以理學與朱張（南軒）並立而為世師，……
晦翁與先生同心者，先生辯詰之不少恕；象山與晦翁異論者，先生容
之不少忤。鵝湖之會，先生謂元晦英邁剛明，而工夫就實入細，殊未
易量；謂子靜亦堅毅有力，但欠開闊。其後象山祭先生文，亦自悔鵝
湖之會集，粗心浮氣。然則先生忠厚之至，一時調娛其間，有功於斯
道何如耶？」著者認為無東萊之評，不足以知朱、陸之異。無東發之
評，不足以知東萊之功。「文人相輕，自古已然」，象山雖本領高明，
然少年氣盛，鵝湖之會，未免予朱子以難堪。幸東萊先生調協其間，
未致重傷感情，後來朱子竟能於白鹿洞書院請象山講「君子喻於義，
小人喻於利。」於此，固足見朱子之寬厚，更足見東萊調協之功效。
願後之學者，易「文人相輕」為「文人相重」，雖爭辯亦不傷害感情，
紹朱、呂之遺風，即學說界之大幸！

貳、葉水心的哲學思想

　　葉適，字正則，號水心，（西元一一五〇～一二二三年）擢淳熙
五年進士第二，授平江節度推官，召為大學正，又曾任湖南轉運判官，
權兵部侍郎，以用兵除知建康府兼沿江制置使，兵罷奪職，奉祠十三
年而卒，年七十四。茲述其道德修養論，教育觀等。

　　㈠**道德修養論**　水心的道德修養論，可分慎獨、致中和、義利兼

施等。

甲、慎獨　理學家都主張慎獨存誠，水心亦有類似主張。他說：「慎獨為入德之方。」（〈學習記言〉）即是說，要修德先要慎獨，不能慎獨，即無從修德。

乙、致中和　對於十六字心傳，水心亦所解釋。他說：「書稱『人心惟危，道心惟微，惟精惟一，允執厥中。』道之統紀，體用卓然，萬聖所同，而中庸顯示開明，尤為影響。蓋於未發之際，能見其未發，則道心可以常存而不微；於將發之際，能使其發而中節，則人心可以常行而不危。不微不危，則中和之道致於我，而天地萬物之理遂於彼矣。」他以十六字心傳連結《中庸》，與朱子同，而主張「人心常行而不危」，則與朱子之「存天理去人欲（抑制人心）」有別。

丙、利義兼顧　董仲舒云：「正其誼不謀其利，明其道不計其功。」後來儒者對此多奉為金科玉律，水心則有微議，他認為此語「初看極好，細看全疏闊。古人以利與人，而不自居其功，故道義光明；既無功利，則道義乃無用之虛語耳。」他主張道義與功利並顧，與董氏原文大有出入，所謂「以利與人」，乃就治民而言，乃就經世而言；而董氏原文則專就道德修養而言，專就道德動機而言。

他又說：「古之大教在通人情」、「古人以利和義，不以義抑利。」這和理學家的別義利看法可謂完全相反，與墨子合義利的看法可謂大致相似。

丁、修道在己　水心說：「彊本而節用，天不能貧；養備而動時，天不能病，修道而不貳，天不能禍。夫古人備是三者矣，其不貧不病不禍，則曰是天也，非我也。」普通講修養常重視天命，水心則特重人為，即盡人事。理學家多宗孟抑荀，他這裡所引乃《荀子·天論》中的戡天主義。

戊、心與耳目之分　荀子謂「心為天君，以治五官」，陽明亦謂「天君泰然，百體從命」。心為君，耳目口鼻為官，以君治官，以官事君，各盡所職，不庸紊亂。水心云：「耳目者視聽之官也，心而無與乎視聽之事？則官守得其分。夫心有欲者，物過而目不見，聲至而耳不聞也。故曰：上離其道，下失其事。」君干臣事，則臣失其職，這種道理可用於修養，亦可用之於政治，是荀學，亦是管學。

㈡**教育觀**　水心的教育思想，可分為道藝兼修、禮樂兼防等。

甲、道藝兼修　理學家講教育只以修德為本，水心則提倡道藝兼修。他說：「周官言道則言藝，貴自國子弟，賤及民庶，皆教之。」（〈學習記言〉）所謂道藝兼修，就是重視實用教育。

乙、禮樂兼防　他說：「司徒以五禮防萬民之偽，而教之中；以六樂防萬民之情，而教之和。……禮樂兼防而中和兼得，則性正而身安，此古人之微言篤論也。若後世之師者，教人抑情以徇禮，禮不能中，樂不能和，則性枉而身病矣。」所謂抑情徇禮，乃指理學家的存天理去人欲而言。

丙、以學致道歸於實用　陸子固重視尊德性，程朱亦以尊德性為重，水心則反對他們的主張。他說：「古人以學致道，不以道致學。道學之名，起於近世儒者。其意曰：舉天下之學，不足以致道，獨我致之云爾。其本少差，其末大弊。」（《水心文集》）可見他重學問而輕心性的，對道學家主張不表贊同。

他又說：「古人多識前言往行，以畜其德；近世以心通性達為學，而見聞幾廢，狹而不充，為德之病。」這種口氣，諒是針對陸學徒「尊德性」而不重「道問學」而言。

他是功利主義者，也是實用主義者，他有幾句重視實用的名言：「讀書不能接緒統，雖多無益也；為文不能關教事，雖工無益也；篤

行不合乎大義，雖高無益也；立志而不存於憂世，雖仁無益也。」(〈贈薛子長〉)他的思想，可以上接王安石的道以致用，下開清儒的經世致用。

㈢**政治觀** 水心之實用主義，歸結於政治。細分之，計有理財、用兵等。

甲、論理財 他說：「夫計治道之興廢，而不計財用之多少，此善為國者也。古者財愈少而愈治，今者財愈多而愈不治，古者財愈少而有餘，今者財愈多而不足。然則善為國者，得從其少而治之且有餘乎？多而不治且不足乎？」(〈財德論〉)這種「節流」的高論，在今天看來，殊無足取，較之王安石之「開源」有方，亦相差甚遠。

他又說：「理財與聚斂異，今之言理財者，聚斂而已。」儒家認為「與其有聚斂之臣，甯有盜臣。」水心之理財原則以此為本，但聚斂的定義實值得研究，如以供君主私人揮霍而剝削人民，我們當然反對；如為國家興辦事業而增闢財源，則不可以聚斂視之了。

按社會愈進步，則政府開銷愈多，希望收入少而事業進步，這是不可能的事情。

乙、論用兵 宋代募兵制盛行，大家以養兵為苦，水心亦然。他說：「今日之兵有四：有邊兵，有宿衛兵，有大將屯兵，有州郡守兵。……四者皆募，而竭國力以養之，是徒知募而供其衣食耳，此所以竭國力而不足以養百萬兵也。」(〈兵總論〉)他比較主張屯兵與兵農合一，知建康府兼沿江制置使時，就主張訓練農兵以任防守。

在南宋有主和派，亦有主戰派。比較起來，他是主戰的，不過不是主張盲目的挑戰，而是主張有準備的反攻，可惜韓侂胄失敗，他亦就因而奪職了。

㈣**反理學** 理學家多談《易經》中的〈十翼〉(如論太極生兩儀)，

多談《孟子》（如論盡心知性），水心則連根加以攻擊。他說：「周易者，知道者所為，而有司所用也。孔子之著彖象，蓋惜其為他異說所亂，而約之中正，以明卦爻之旨，黜異說之要，以示道德之歸。其餘文言，上下繫辭，說卦諸篇（指〈十翼〉），所著之人，或在孔子前，或在孔子後，或與孔子同時，習易者彙為一書，後世不深考，以為皆孔子作。……魏晉而後，遂與老莊並行，號為孔老。佛學後世，其變為禪，喜其說者以為與孔子無異，亦援十翼以自況，故又號為儒釋。本朝承平時（指北宋），禪說尤熾，豪傑之士，有欲修明吾說以勝之者，而周、張，二程出焉，自謂出入於佛老甚久，已而曰『吾道固有之矣。』故無極，太極，動靜，男女，太和，參兩，形氣聚散，絪縕感通，有直內，無方外，……皆本於十翼，以為此吾本有之道，非彼之道也。及其啟教後學，於子思孟子之新說奇論，皆待發明之。大抵欲抑浮屠之鋒銳，而示吾有之道若此。」〈〈總述講學大旨〉）水心判定〈十翼〉非孔子之作，理學之依據，在他眼光中算是被推翻了。

　　㈤**結論**　全祖望認為水心學說可與朱、陸鼎足而三，可見其地位之重要。他認為佛學本與中國異，用不著以子思（指《中庸》天命之謂性等）孟子的新說奇論去作闢斥的工作。他以考據的眼光去駁理學，後來清儒經世之學者，一面反對理學，一面流於考據，似走上了水心的舊路。

　　陳鍾凡著《兩宋思想述評》，對水心作評語云：「世人每言永嘉學者，慨然以天下為己任，其豪情盛慨，誠有足多。惜其氣雖盛而學不充，視江西學派（指王安石）之於北宋，遠不逮矣。」著者認為永嘉學派固不逮江西學派，而理學雖有其缺點，亦不如永嘉學派所言之甚。

第十一節　元代的哲學思想

兩宋哲學雖極稱發達，然燕雲十六州自石晉以來，即視為異域，聲教不通，迄南宋之末，理學尚未在北方生根。

迨元師南下，屠德安、姚樞在軍前，凡儒道釋醫卜占有一藝之長者，均活之以歸，趙復亦在其內。

趙復，字仁甫，湖北德安人，學者稱江漢先生。姚樞與語，奇之。至燕京，講程朱之學，從者百餘人。中書省楊惟中建大極書院，延趙復為師。當時，周子的《太極圖說》尚未在北方流行。楊惟中用兵蜀漢，始獲得伊洛之書，運回燕京，建周子祠，以二程、張載、楊時、游酢、朱熹六人配饗。由是理學興起，趙復集伊洛書八千餘卷，作《傳道圖》，而以書目列於後，使學者得識門徑。

姚樞，字公茂，柳城人，為蒙古幕官長，後退隱蘇門山，傳趙復之學，奉孔子及宋儒周濂溪、邵康節、張載、二程、司馬光六人像，刊小學、四書，並諸經傳註，為元代大臣傳理學之第一人。

兩宋理學自趙、姚介紹以後，研究者日眾，終元之世，可分為下列三個大派：(1)程（伊川）朱（熹）學派，(2)陸象山學派，(3)朱陸調和派。第一派有許魯齋、劉靜修，第二派有陳靜明、趙寶峰，第三派有吳草廬、鄭師山等。

壹、程朱學派

㈠**許魯齋**　許衡，字仲平，號魯齋，（西元一二〇九～一二八一年）河內人，流離世亂，嗜學不輟，嘗從日者遊，見《尚書義疏》，請就宿手抄以歸。既而避難徂徠山，始得王弼易註，夜思晝誦，言動

必揆易義而後發，其言行往往有卓越常人者，人亦稍稍從之。訪姚樞於蘇門，得伊洛新安遺書，乃還謂其徒曰：「昔者授受，殊孟浪也，今始聞進學之序，若必欲相從，當率棄前日所學，從事小學之灑掃應對，以為進德之基。」眾皆曰唯。遂相與講誦，諸生出入惟謹，客至見之，惻然動念，皆慚沮而出。世祖即位，召至京師，授國子祭酒，尋謝病歸。至元二年，以安童為右丞相使，使魯齋輔之。八年以為集賢大學士，兼國子祭酒，十八年定授時新曆，曆成而還，十八年卒，謚文正，有《魯齋遺書》。今述其學說要點：

甲、重心　魯齋之學，首在重「心」，他說：「人心虛靈，無槁木死灰之理。」這是反對莊子「槁木死灰」之說，後陽明亦有此見解。又云：「天地間須大著心，不可拘於氣質，局於一已。」其重視心，叫人不可拘於氣質，蓋氣質之性有善有惡之故，這仍受朱學影響。

乙、論義命與義理　魯齋說：「凡事理之際有兩件，有由自己底，有不由自己底。有自己底有義在，不由自己底有命在。」其區分義命如此。魯齋釋義理云：「其所以然與其所當然，此說個理字。所以然者，是本原也；所當然者，是末流者。所以然者，是命也；所當然者，是義也。」他以義為當然之事，自己可作主，命為所以然之事，自己不能作主。

㈡**劉靜修**　劉因，字夢吉，（西元一二四四～一二九三年）雄州容城人，初讀訓詁疏釋之說，輒嘆曰：「聖人精義，殆不止此。」後於趙復（江漢）處，得周程張邵朱呂之書，始曰：「吾固謂當有是也。」至元十九年，詔徵為承德郎，右贊善大夫，教近侍子弟，未幾，以母疾辭歸。二十八年，以集賢學士嘉議大夫召，固辭不就。帝曰：「古所謂不召之臣者，其斯人之徒與。」三十年卒，謚文靖，有《靜修文集》，學者稱靜修先生。

黃百家云：「有元學者，當推魯齋、劉靜修、吳草廬三人，草廬稍晚出，魯齋、靜修，蓋元所籍以立國者也，二子之中，魯齋功最大，數十年彬彬號名卿大夫者，多出其門，於是國人始知聖賢之學。靜修享年不永，所及不遠，然持身高潔，實不可及。」

陶宗儀《輟耕錄》曰：「初許魯齋應召，道過真定，劉靜修謂曰：『公一被命而起，無乃速乎？』魯齋曰：『不如此則道不行。』及靜修不受集賢之命，或問之，乃曰：『不如此則道不尊。』此可以見二子之為人矣。其學雖兼宗濂洛，而實以朱子為歸宿，故曰邵至大也，周至精也，程至正也，朱子盡其大盡其精而貫之以正也。」他以朱子為理學之集大成者，而竭誠信奉之。

貳、陸子學派

象山之學，當時雖有慈湖絜齋及槐堂諸子，其後衰微不振。元時專治陸學者，當推江西之陳靜明、浙東之趙寶峰，《宋元學案》合以為《靜明寶峰學案》。

㈠陳靜明　陳苑，字立大，（西元一二五六～一三三〇年），江西上饒人，人稱為靜明先生。幼業儒，不隨世碌碌，嘗有授以金丹術者，他不相信。後得陸象山書讀之，喜曰：「此豈不足以致吾知耶？又豈不足以力吾行耶？而他求耶？」於是盡求其書，及其門人如楊敬仲、傅子淵、袁廣微、錢子是、陳和仲、周可象所著經學等書，讀之益喜，益知益行。或病其違世所尚，答曰：理則然耳，是時科舉方用朱子之學，聞靜明說則譏非之，毀短之，又甚者欲求陷害之。而靜明誓以死不悔，一洗訓詁支離之習，從之游者，往往有省，由是人始知陸氏學。生平剛方正大，毅然以昌明古道為己任，困苦終其身，而拳拳於學術異同之辨，有憂天下後世之心，人之所是，不苟是也，人之所非，不

苟非也。其弟子有祝蕃、李存、舒衍、吳謙，號稱江東四先生。然靜明沒有著述傳世，故其學說無由稽考。至順元年卒，年七十五。

㈡**趙寶峰**　趙偕，字子永，慈溪人，學者稱寶峰先生，志尚敦實，不事矯飾，嘗習舉子業，曰：「是富貴之梯，非身心之益也。」棄而不治，及讀慈湖遺書，恭默自省，有見於萬象森羅，渾為一體，吾道一貫之意。曰：「道在是矣！何他求為？」仍確然自信三代之治可復，而百家之說可一也。遂隱於大寶山之麓，講學以教後進。或勸之仕，曰：「吾故宋宗子也，非不欲仕，但不可仕，且今亦非行道之時也。」遺文後人集為《文華集》二卷。

寶峰之學，主靜尚虛，然往往墮於禪門，蓋受慈湖的影響。常講靜坐的道理，他示葉伯奇曰：「凡得此道融化之後，不可放逸，所寶者清泰之妙，猶恐散失，宜靜坐以安之。」又曰：「凡日夜靜坐之後，若即寢席，無非此道；若非此道，不即寢席，庶不失雖寢而不寢之妙。」此類靜坐工夫，多由禪學而來，不見得是陸學正宗，但其為人頗有檢點，故不為人所非議。

寶峰近禪，他題修永齋曰：「萬物有存亡，道心無生死。」又作〈安閒吟〉曰：「人無『固』『必』自然安，有意於安便不安；人無『動』『靜』自然閒，有意於閒便不閒。」如就禪學工夫講，自亦有其獨到之處。

參、朱陸調和派

宋之末年，朱陸之爭未泯，元時吳草廬、鄭師山則想融會兩家學說，以泯爭端。全謝山曰：「草廬出於雙峰，固朱學也，其後亦兼主陸學。」蓋草廬又師程氏紹開，程氏築通一書院，思和會兩家。又曰：「繼草廬而和會朱陸之學者，鄭師山也，草廬多右陸而師山則右朱，

斯其所以不同。」

㈠**吳草廬** 吳澄，字幼清，號草廬，江西撫州崇仁人，（西元一二四九～一三三三年）年二十應鄉試，中選，越五年而元入踞中原，程鉅夫求賢江南，起草廬至京師，以母老辭歸，至大元年為司業。英宗即位，遷翰林學士，進太中大夫，泰定元年，為經筵講官，卒年八十五，追封臨川郡公，謚文正，著有《五經纂言》、《草廬精語》、《道德經註》及《文集》等。吳澄所居草屋數間，程鉅夫題曰草廬，學者因稱草廬先生。

甲、理氣合一論 他說：「自未有天地之前，至既有天地之後，只是陰陽二氣而已，本只是一氣，分而言之，則曰陰陽，又就陰陽而細分之，則為五行，五行即二氣，二氣即一氣，氣之所以能如此者何也？以理為之主宰也，理者非別有一物在氣中，只是為氣之主宰者即是，無理外之氣，亦無氣外之理，人得天地之氣而成形，有此氣即有此理，所有之理謂之性，此理在天地則元亨利貞是也，其在人而為性，則仁義理智是也。」這種主張，前段來自周子的《太極圖說》，後段則來自朱子的理氣合一論。

乙、天理人欲論 他說：「主於天理則堅，徇於人欲則柔，堅者凡世間利害禍福富貴貧賤，舉不足以移易其心；柔則外物之誘，僅如毫毛，而心已為之動矣。」這種天理人欲說，以朱子學說為本。

丙、明理存心說 他論讀書的功用有云：「所貴乎讀書者，欲其因古聖賢之言，以明此理存此心而已，此心之不存，此理之不明，而口聖賢之言，其與街談巷議塗歌里謠，等之為無異。」這本與陸氏之「心即理」（心理合一）接近。

丁、論朱陸 草廬曾說「朱子於道問學之功居多，而陸子以尊德性為主，問學不本於德性，則其蔽必偏於語言訓釋之末，故學必以德

性為本，庶幾得之」。後之議者因此謂草廬之學近乎陸子，但他在精語又說：「朱陸二師之為教一也，而二家庸劣門人，各立標榜，互相詆訾，至於今學者猶惑，嗚呼甚矣！道之無傳，而人之易惑難曉也。」由「二師之教一也」這句話來看，可見草廬實有和會朱陸二家學說之意，惟有時不免稍偏於陸子。

　　(二)**鄭師山**　鄭玉，字子美，徽州歙縣人，覃思六經，尤邃《春秋》，絕意仕進，而勤於教學，門人受業者甚眾，所居至不能容，學者相與即其地構師山書院以處焉。至正十四年，除翰林待制奉議大夫不起，居家以著書為業，著有《周易纂註》、《春秋經傳闕疑》、《師山集》等。十七年明兵入徽州，守將將要致之，不許，為所拘囚，因不事二姓，自縊死。茲述其學說要點如下：

　　甲、周張二子之比較　師山嘗以《太極圖說》與〈西銘〉加以比較云：「《太極圖說》其斯道之本源與？太極之說，是即理以明氣；《西銘》之作，是即氣以明理。太極之生陰陽，陰陽之生五行，豈有理外之氣？天地之塞吾其體，天地之帥吾其性，豈有氣外之理？天地之大，人物之繁，孰能出於理氣之外哉？二書之言雖約，而天地萬物，無不備矣！」（〈跋太極圖說西銘〉）他說「即理以明氣」及「即氣以明理」，是說《太極圖說》是以理為主，就理以表明其氣；《西銘》是以氣為主，由氣以表明其理，都是理氣相提並論的，可見他是理氣並存論者。

　　乙、朱陸二子之比較　他論朱陸異同有云：「陸子之質高明，故好簡易，朱子之質篤實，故好邃密。各因其質之所近，故所入之途不同，及其至也，仁義道德，豈有不同者？同尊周孔，同排佛老，大本達道，豈有不同者？後之學者，不求其所以同，惟求其所以異，江東之指江西（江東朱子派，江西陸子派），則曰此怪說之行也；江西之指江東，則曰此支離之說也，此豈善學者哉？朱子之說，教人為學之

常也，陸子之說，才高獨得之妙也。二家之說，又各不能無弊：陸氏之學，其流弊也如釋子之談空說妙，至於鹵莽滅裂而不能盡夫格致之功；朱子之學，其流弊也如俗儒之尋行數墨，至於頹惰委靡而無以收其力行之效。然豈二先生垂教之罪哉？蓋學者之流弊耳。」他比較朱陸兩家學說，異中求同頗稱合理；指出兩家流弊，亦無不當之處。

丙、論學術之弊　師山曰：「程子曰：敬者聖學之所成始成終，秦漢以來，非無學者，而曰孟軻死千載無真儒何也？不知用力於此，而溺於訓詁詞章之習，故雖專門名家，而不足以為學，皓首窮經而不足以知道，儒者之罪人耳。近世學者，忠恕之旨，不待呼而後唯，性與天道，豈必老而始聞，然出口入耳，其弊益甚，則又秦漢以來諸儒之罪人。」他的文字實在巧妙，然而宋元固可以漢學訓詁為弊，後來清儒又以義理（性理）為弊，皆不無「入主出奴」之嫌。

第十二節　薛敬軒及吳康齋師生的哲學思想

明代學說分朱程與陸王，奉朱學的有薛敬軒、吳康齋及吳氏弟子胡敬齋、婁諒、陳白沙。為婁諒弟子而信奉陸學且自己有發明的為王陽明。王學傳人有錢德洪、王艮、聶豹、李卓吾等。至明末，東林學派自成一格，對朱王各有批評。這裡先述薛敬軒、吳康齋及吳氏弟子胡、婁、陳三人的哲學思想。

壹、薛敬軒的哲學思想

薛瑄，字德溫，別號敬軒，山西河津人（西元一三八九～一四六四年）。少隨其父貞任所（榮陽教諭）習濂洛理學，後登進士第。曾

任監察御史及山東提學僉事，提倡先力行而後文藝，從學者甚眾，人稱薛夫子。他為學以復性為宗，以濂洛為本，誠如臨卒留詩云：「七十六年無一事，此心始覺性天通。」所著有《讀書錄》、《詩文集》行世。今述其論無極太極等主張，內中包含宇宙觀、修養論等。

㈠**論無極太極與理氣**　朱子以「理」釋「太極」，以「氣」釋「陰陽」，故有「理先氣後」說，又有理氣二元論。敬軒以「無形」釋「無極」，以「理」釋「太極」，於是對周子《太極圖說》加以詮釋云：「無形而有理，所謂無極而太極；有理而無形，所謂太極本無極。形雖無而理則有，理雖有而形則無，此純以理言，故曰有無為一。老氏謂無能生有，則無以理言，有以氣言，以無形之理生有形之氣，截有無為兩段，故曰有無為二。太極一圈，中虛無物，蓋有此理而實無形也。」按老子《道德經》中的「天地萬物生於有，有生於無」說，與敬軒的看法有異。蓋無有三義：一為零（什麼都沒有），二為空虛，三為本體（肉眼所看不見的本體）。其所謂由無生有，應釋為由無形的本體而生有形的東西，既不視為由零生有，亦不可視為由無形之理生有形之氣。

㈡**論主敬與窮理**　程伊川講主敬，朱子和之，薛氏亦重主敬。他說：「心常主敬，物來應之。」又說：「人不主敬，則此一息之間，馳騖出入，莫知所止也。」這些主張，完全是程朱學說的發揚。他說：「居敬有力，則窮理愈精，窮理有得，則居敬愈固。」這裡論居敬與窮理，亦以發揚朱子學說為依歸。又說：「纔收斂身心，便是居敬；纔尋思義理，便是窮理，二者交資而不可缺一也。」他把朱子的「窮理以致其知」和「居敬以立其本」，予以統一，也算是特見。

㈢**論性（理）氣**　薛氏認為性與氣有相互關係，不可偏一，與孟子、告子的主張不盡相同。他說：「論性不論氣不備」有二說：專論

性不論氣，則性亦無安泊處，此不備也。專論性不論氣，則雖知性之本善，而不知氣質有清濁之殊，此不備也。「論氣不論性不明」亦有二說：如告子以知覺運動之氣（指食色言）為性，而不知性之為理，此不明也。二之則不是，蓋理氣雖不相雜，亦不相離，天下無無氣之理，亦無無理之氣，氣外無性，性外無氣，不可二之也，若分為二，是有無氣之性無性之氣矣，故曰二之則不是。」所謂「性之為理」，乃由朱子的「得天地之理以為性」而來，在告子時代，尚無此說法，薛氏以朱子的說法責告子，似乎有欠勉強。至其理氣合一論、性氣合一論、性善而氣有清濁之殊事，皆是程朱舊說，加以重述而已。

㈣**論理欲**　薛氏守宋人遺規，傳於北方，稱河東學派，其論理欲云：「動靜合宜便是天理，不合宜者便是人欲。」（以上所引，見《明儒學案・河東學案》）他以通俗字句傳朱子學說，雖非高論，亦含至理。

貳、吳康齋的哲學思想

吳與弼，字子傅，號康齋（西元一三九一～一四六九年），江西撫州崇仁縣人。父溥為國子司業。年十九在金陵從學於楊文定（溥），讀《伊洛淵源錄》，慨然有志於道。遂棄舉子業，獨處小樓，潛心四書五經及諸儒語錄，體貼於身心，不下樓者二年。辛卯父命還鄉授室，長江遇風，舟將覆，他正襟危坐曰：「守正以俟耳。」居鄉躬耕力食，粗衣敝履，與諸生並耕。白沙自廣東來學，天甫破曉，自簸穀，白沙猶未起，厲聲斥曰：「秀才若為懶惰，他日何由到伊川門下？又何由到孟子門下？」省郡交薦之，不赴。並感慨說：「宦官釋氏不除，而欲天下之治難矣，吾庸出為？」天順初被召侍講東宮，堅辭歸里。其為人胸襟洒落，如云：「澹如秋水貧中味，和似春風靜後功。」學宗程朱，

如說：「聖賢所言，無非存天理，去人欲，所行亦然。」並提倡實踐，如說：「大抵學者，踐履工夫從至難至危處試驗過，方始無往不利。若舍至難至危，其他踐履，不足道也。」(《日錄》)今述其哲學思想如下：

　　㈠**盡恕道的修養論**　儒家重視恕道，己所不欲，勿施於人。康齋論恕道，亦以此為準則。他說：「欲責人，須思吾能此事否？苟能之，又思曰吾學聖賢方能此，安可遽責彼未嘗用功與用功未深者乎？況責人此理，吾未必皆能乎此也。以此度之，平生責人謬妄多矣。信哉！『躬自厚而薄責於人』則遠怨，以責人之心責己，則盡道也。」這種恕道的修養，乃由《論語》與《大學》而來。他的修養工夫本不止此，但觀此亦可見一斑。

　　㈡**重動機的道德觀**　西洋道德哲學有動機論與效果論之別。康齋說：「凡事須斷以義，計較利害便非。」這與董仲舒所云：「正其誼不謀其利，明其道不計其功。」同為動機論，即重視道德的動機(義)，不問其結果。(利言)

　　㈢**盡人聽天的人生觀**　人生哲學中有天命主義，有人為主義(力行主義)，康齋則主張盡人事而聽天命。他說：「力除閒氣，固守清貧。」「屢有逆境，皆順而處。」又說：「血氣日衰一日，若再苟且因循，則學何由向上，此生將何堪？」於是大書「隨分讀書」於壁以自警。並謂「窮通得喪死生憂樂，一聽於天，此心須澹然一毫無動於中可也。」這可說是安貧樂道與盡人事聽天命的人生觀。

參、胡敬齋的哲學思想

　　胡居仁，字叔心，別號敬齋，饒之餘干人（西元一四三四～一四八四年）。少有志於聖賢之學，自從吳康齋遊，遂絕意科舉。築室梅溪

山中，聚徒講學。曾遊歷閩浙金陵等處，訪求學問之士。歸與婁諒等會於弋陽之龜峰，餘干之應天寺，名噪一時。曾講學於白鹿、貴溪、桐源諸書院，又應淮王之請，講《易》於其府，甚獲禮遇。他持身嚴毅，事親至孝，生活簡樸，鶉衣脫粟，蕭然有自得之色，著有《居業集》。這裡述其論動靜、論居敬、論窮理等。

㈠**論動靜**　胡氏論動靜，認為有體用與主客的關係。他說：「周子有主靜之說，學者遂專意靜坐，多流於禪。蓋靜者體，動者用，靜者主，動者客。故曰主靜，體立而用行也。亦是整理其心，不使紛亂躁妄，然後能制天下之動。但靜之意，重於動，非偏於靜也。愚謂靜坐中有戒慎恐懼，則本體已立，自不流於空寂，雖靜何害？」又說：「心無主宰，靜也不是工夫，動也不是工夫。靜而無主不是空了天性，即是昏了天性，此大本所以不至。動而無主，若不猖狂妄動，便是逐物徇私，此達道所以不行。己立後自能了當得萬事，是有主也。」但他反對專言靜，並斥佛老，故又說：「今世有一等學問，言靜中不可著個操字，若操時又不是靜。以何思何慮為主？悉屏思慮，以為靜中工夫，只是如此，所以流於佛老。不知操是持守意，即靜時敬也。若無個操字，是中無主，悠悠茫茫無所歸著。若不外馳，定入空無，此學所以易差也。」（以上見〈崇仁學案〉）這裡一面論動靜的關係，一面排斥佛老的好靜，可見他的靜，以反省、居敬為本，乃推周子之意，而融程朱之學。

㈡**論居敬**　居敬本為程朱學派的修養工夫，胡氏學宗程朱，亦重視居敬。他說：「敬為存養之道，貫徹始終。所謂『涵養須用敬，進學則在致知』，是未知之前，先須存養此心，方能致知。又謂『識得此理以誠敬存之而已』，則致知之後，又要存養，方能不失。蓋致知之功有時，存養之功不息。」又說：「端莊整肅嚴威儼恪，是敬之入頭

394

處；提撕喚醒，是敬之接續處；主一無適湛然純一，是敬之無間斷處；惺惺不昧精敏不亂，是敬之效驗處。」他把居敬分為若干類，是一種新見解，這對於居敬的工夫，得到了多方面的下手處。

㈢**論窮理** 應窮理於物或窮理於心，是朱王學派爭論的主題，胡氏雖是朱派，但講窮理卻有他自己的看法。他說：「窮理非一端，所得非一處，或在讀書上得之，或在講論上得之，或在思慮上得之，或在應事上得之。讀書得之雖多，講論得之尤多，思慮得之最深，行事得之最實。」他這樣的講窮理，雖以小程子為本，但較小程子尤為通俗易明。

肆、婁一齋的哲學思想

婁諒，字克貞，別號一齋，江西上饒人（西元一四二二～一四九一年）。少有志於聖賢之道，求師四方，聞吳康齋在臨川講學，乃往歸依。一日康自耕作，召婁曰：「學者須親細務。」自是折節執役，遂成大器。景泰癸酉舉於鄉，天順甲申登乙榜，分教成都。不久告歸，以著書講學為事，所著有《日錄》四十卷、《三禮訂訛》四十卷、《春秋本意》十二篇。王陽明年十八從婁諒問學，甚相契，但婁所指示要研究朱子學說，方可以學聖賢，終不為王陽明所相信。王則自闢門徑，所有見解，多與朱學相左。下述婁氏哲學思想：

㈠**論收放心** 婁氏以收放心為居敬之門，以何思何慮勿助勿忘為居敬之要旨。按收放心原為孟子教學宗旨，如云：「學問之道無他，求其放心而已矣。」程伊川云：「涵養須用敬。」朱子謂「窮理以致其知，反躬以踐其實，而以居敬為之本。」婁氏的主張，在於發揚孟子與程朱的學說。

㈡**窮理與讀書** 婁氏所著的書籍，均已散逸不可見，但其學說主

張別有創見，並非蹈襲師門，因此曾遭到其同門胡敬齋的攻擊，卻亦稱贊他能窮理讀書，精研學問，惟最後批評他的「窮理讀書，只是將聖賢言語來護己見耳。」可見他對程朱學說未盲目贊同。而其弟子王陽明，卻由朱學而轉入陸學，更是青出於藍而勝於藍。

伍、陳白沙的哲學思想

陳獻章，字公甫，號石齋，因其為廣東新會白沙里人，學者稱為白沙先生（西元一四二八～一五〇〇年）。幼聰穎，讀書一覽輒記，常以天民先覺自許。正統十二年舉於鄉，明年會中乙榜，入國子監讀書，又至崇仁受學於吳康齋。成功二年復遊大學，由於祭酒邢讓薦譽，名動京師，官至翰林檢討，自後屢薦不起，弘治十三年卒於家，年七十三。今述其論人禽、論主靜、論誠等哲學思想。

㈠**論人禽**　白沙說：「人具七尺之軀，除了此心此理，便無可貴，渾是一包膿血，裏一大塊骨頭，饑能食，渴能飲，能著衣服，能行淫欲，貧賤而思富貴，富貴而貪權勢，忿而爭，憂而悲，窮則濫，樂則淫，凡百所為，一信氣血老死而後已，則命之曰禽獸可也。」（〈白沙學案〉）此心此理，可以天理良心釋之，蓋禽獸未具人的天理良心，故為禽獸；一個人失去此天理良心，即為具有獸性。這種看法，本於孟子的別人禽，亦與程朱的別理欲有關。

㈡**論主靜**　白沙說：「伊川先生每見人靜坐，便歎其善學。此一靜字，自濂溪先生主靜發源，後來程門諸公遞相傳授。至於豫章延平，尤專提此教人，學者亦以此得力。晦翁恐人差入禪去，故少說靜，只說敬。如伊川晚年之訓，此是防微慮遠之道。然在學者須自量度如何，若不至為禪所誘，仍多著靜，方有入處，若平生忙者，此尤為對症之藥。」（〈白沙學案〉）白沙思想因雜有老莊主張，故尚靜，亦尚自然。

雖伊川易主靜為主敬，但他仍說伊川重靜。並認為羅豫章、李延平等都以主靜相傳遞，以明其學。

白沙以後，陽明學說興起盛極一時，惟白沙弟子湛若水，勉強可與陽明分庭抗禮而已。

第十三節　王陽明的哲學思想

王陽明，號守仁，字伯安，死後諡文成，故稱王文成公，浙江餘姚人（西元一四七二～一五二八年）。父王華，字德輝，嘗讀書龍泉山中，又稱龍山公，官至南京吏部尚書，進封新建伯侯。

十八歲時，老師婁諒（號一齋）教他宋儒朱子等所講的格物致知之學（即《大學》），告訴他「聖人是可以學得到的」，他遂有志學聖人。二十歲，始侍龍山公於京師，遍求朱子遺書讀之。

朱子釋致知在格物為致吾心之知，在即物而窮其理也。他依照朱子的話，和他的朋友錢友同認為做聖賢要格天下之物，因指亭前竹子去窮格。錢友同早夜去格竹子的道理，竭其心思，至於三日，便勞思成疾。當初王陽明還說他是精力不足，因之他自己來窮格，但亦早夜不得其理，到了第七日，也勞思致疾，遂相與嘆息，認為聖賢是做不得的，無他大力量去格物了。因此，轉而求養生之術於道教。

三十歲時遊九華山，歷訪道人求學道。三十一歲築室陽明洞中，行導引術，久之，產生預感。有一天坐洞中，知友人王思輿等四人自越城來訪，出五雲門；使僕人迎於途中，王等驚異。但他認為這不是正道，遂離開陽明洞。

明武宗正德元年，三十五歲，時宦官劉瑾當權，陽明為南京科道戴銑等申訴，得罪了劉瑾，廷杖四十，死而復甦。不久，被謫為貴州

龍場驛驛丞。忽中夜大悟格物致知之道，寤寐中若有人語之者，不覺呼躍，從者皆驚。始知聖人之道，吾性自足，向之求理於事物者誤也。自此以後，他反對朱子的「窮理於物」說，而主張「求理於心」，即把「心與理合而為一」，反對朱子的「析心與理為二」。

三十八歲，受聘主講貴陽書院，始論「知行合一」之理。

四十歲調京師，任吏部驗封清吏司主事，論存天理去人欲之道。四十七歲刊古本《大學》及《朱子晚年定論》，認為朱子晚年思想與陸象山接近。四十八歲平宸濠之亂，功高震主，遭奸臣毀謗，指有造反企圖。

五十歲居南昌，始揭「致良知」之教。自經宸濠、忠、泰之變，益信良知真足以忘患難，出生死。

五十三歲時〈答顧東橋書〉，詳論「致良知」與「心理合一」之理，這樣便把致良知與龍場驛所悟「求理於心」的道理，予以貫通了。

嘉靖六年（五十六歲），學生錢德洪與王畿（汝中）為「究竟話頭」有所爭論，前來請教。乃夜半移席天泉橋上，德洪舉出與王畿所爭辯的範圍。他最後指示：「二君以後與學者言，務要依於我四句宗旨：『無善無惡是心之體，有善有惡是意之動，知善知惡是良知，為善去惡是格物。』以此修己直躋聖位，以此接人更無差失。」

是年奉令征思田，次年思田平，歸途生病，卒於江西南安，享年五十七歲。

陽明著作甚多，後人編為《王文成公全書》（或稱《王陽明全書》）內中《傳習錄》、《大學問》等最為重要。

普通講陽明哲學，以知行合一、心理合一（心即理）及致良知為主，這裡還要加上心物合一、究竟話頭以及天人一體論等。茲分述如下：(1)知行論，(2)知識論，(3)道德觀與人生觀，(4)人性論與究竟話頭，

⑸宇宙哲學等。

壹、陽明的知行論（知行合一說）

陽明於龍場悟道之次年（三十八歲），開始在貴陽書院講知行合一學說。

陽明為什麼要提倡知行合一？究竟知行是否合一？應分別加以研討。

㈠**為什麼提倡知行合一**　陽明為什麼要提倡知行合一？其主要動機是：在積極方面提倡實踐力行，在消極方面反對朱子的知先行後說（程伊川同）。

朱子說：「論先後，知為先，論輕重，行為重。」並說《大學》先講格物致知，後講誠正修齊治平；《中庸》先講博學審問慎思明辨，後講篤行，都是知先行後的例證。

陽明認為人之所以不能實踐力行，乃由於中了「知先行後」的毒，他於是提倡知行合一，認為知行同時，知行同在，以鼓勵人即知即行，不要知而不行。

㈡**知行是否合一**　究竟知與行是有先後的呢？或是同時的呢？著者以為在解答這問題之先，要解答「行」的廣狹義的問題。

所謂廣義的行，包括行為動作與言論思維；狹義的行，僅以行為動作為限。美國心理學的行為主義者以為，思想是無聲的語言，語言是行為，思想也是行為，這是就廣義的行而言。陽明說：「一念發動處，是即行了。」以思維意念為行，也是就廣義的行而言。反之，朱子所講知先行後的行是狹義的。

朱子從狹義的行立論，故說格物致知屬於知，誠正修齊治平屬於行；陽明從廣義的行立論，則說致知格物亦屬於行。又朱子從狹義的

行著眼，以博學審問慎思明辨為知，以篤行為行；陽明從廣義的行著眼，以為去學去問去思去辨，即是行，故說「知行不可分作兩件事」。

他說：「知是行的主意，行是知的工夫。」這不可解釋為「知為始行為終」，應解釋為知行在一條線上，不可截然分開，或可說知是行的動機（動念），行是知的過程。

又說：「知之真切篤實處即是行，行之明覺精察處即是知。」這種知與行的關係，可解釋為知中有行，行中有知。

又說：「知是行之始，行實（是）知之成。」以例言之，則說：「夫人必有欲食之心然後知食，欲食之心即是意，即是行之始矣。食味之美惡，必待入口而後知，豈有不待入口而已知食味之美者耶？」他引此以證知行合一與知行同時，又認為人若無私意隔斷，則能知必能行，知孝即行孝，知弟即行弟，可見知行是合一的。進一步說，知中包括行，如說某人知孝即包括行孝，知痛即包括痛。因此，陽明又說：「若會得時，只說一個知，已自有行在，只說一個行，已自有知在。」這可說是知行同在。

貳、陽明的智識論（心理合一與心物合一）

西洋哲學分為宇宙哲學、人生哲學、倫理哲學、政治哲學、教育哲學、智識哲學（認識哲學）等部門。中國哲學大致亦可分為上列各類，但智識哲學則不甚發達。

《大學》八條目可分為：(1)政治哲學，包括齊家治國平天下；(2)倫理哲學，包括誠意正心修身；(3)致知在格物，既可列為倫理哲學，亦可列為智識哲學。

西洋的智識哲學在於討論智識的起源、認識的對象及範圍等問題。

　　講到認識的對象，便離不了内界與外界、主觀與客觀、心意與事物，故就認識對象言，吾人内界主觀心意如何認識外界客觀事物，就是認識哲學（智識哲學）應注重的問題。凡偏重内界主觀心意的稱觀念論（亦稱唯心論），凡偏重外界客觀事物的，稱實在論（内有唯物論）。

　　宋明理學家在智識論方面，提到兩個問題：一為心與理的問題，二為心與物的問題，現在先談前者。

　　㈠心理問題（心理合一說）　究竟「理」在外界客觀事物（萬事萬物）之上？抑在内界主觀心意（吾心）之中？這是陽明和朱子爭論的重要問題。

　　二子爭論的要點何在？陽明認為朱子心「析心與理為二」，他自己「合心與理為一」，朱子的「窮理於物」錯了，他自己的「求理於心」才是對的。何謂「求理於心」？他在龍場悟道時本已悟到，可是這個道理，當時他心領神會，還未能以言語傳授，等到五十歲發明「致良知」之說後，五十四歲〈答顧東橋書〉，始說明求理於心。書中有云：「朱子所謂格物云者，在即物而窮其理也。即物窮理，是就事事物物上求其所謂定理者也。是以吾心而求理於事事物物之中，是『析心與理而為二』矣。夫求理於事事物物者，如求孝之理於其親之謂也。求孝之理於其親，則孝之理果在吾之心耶？抑果在於親之身耶？假而果在於親之身，則親沒之後，吾心遂無孝之理歟？……（下面又自問忠之理在吾心抑在君身）以是例之，萬事萬物之理，莫不皆然，是可知『析心與理為二』之非矣。」這是說明理在吾心，不在物上。他認為朱子以為理在萬事萬物之上，是「析心與理為二」的錯誤二元論。

　　以上是反對朱子的「窮理於物」（事物），以下再講他自己的「求理於心」。「若鄙人所謂致知格物者，致吾心之良知於事事物物也，吾

心之良知即所謂天理也。致吾心良知之天理於事事物物，則事事物物皆得其理矣。致吾心之良知者致知也，事事物物皆得其理者格物也，是合心於理而為一者也。」可見他是以求理於心的心理合一論（心即理說），反對朱子「窮理於物」的心理二元論。

㈡心物問題（心物合一說）　心物問題，在西洋哲學史上是多方面的，即本體論上有唯心唯物之爭，智識論上亦有唯心唯物之爭，這裡研究後者。

一般認為王陽明在智識哲學方面是主觀觀念論者（唯心論者），我們這裡要指出，他不是純唯心論（觀念論）者，乃是一位心物合一論者。

陽明說：「心即理也（可釋為心具理也），天下豈有心外之事，心外之理乎?」「外吾心而求物理，無物理矣。」「天下無心外之物」。（均見《傳習錄》）所謂無心外之理，即理在心中，前面已經討論過，可稱「心理合一」說。至於無心外之事，無心外之物，就是說萬事在吾心之中，萬物亦在吾心之中，這在中國當然可稱「心學」，在西洋當然亦可稱「唯心論」（觀念論）。

他又說：「天地鬼神萬物離卻我的靈明，便沒有天地鬼神萬物了」。（《傳習錄》）天地鬼神萬物的有無，都以吾心為準，因此稱他為唯心論者的學者，更是振振有詞。

其實，陽明的哲學，並不見得是純唯心論（或主觀觀念論），認真說起來，他是一位心物合一論者，其理由有三：

甲、就吾心與物理的關係說　陽明雖說過：「外吾心而求物理，無物理矣。」但他又說：「遺物理而求吾心，吾心又何物耶?」物理既不能離吾心，吾心亦不能離物理，這就是心物合一論。

乙、就吾心與神物的關係說　陽明雖說：「天地鬼神萬物離卻我

的靈明，便沒有天地鬼神萬物了。」但他接著說：「我的靈明離卻天地鬼神萬物，亦沒有我的靈明。」吾心不能離神物，神物不能離吾心，亦是心物合一論。

總之，陽明在智識論（認識論）方面，有兩種重要主張：一為心理合一論，二為心物合一論。第一種主張是發揚陸象山的心即理說，反對朱子的「析心與理為二」說；第二種主張是他自己的特見。

參、陽明的道德觀——致良知

陽明論道德之處甚多，這裡談與道德修養有關的重要學說「致良知」。

大學講「致知」「格物」，孟子與象山都講到「良知」，陽明把「致知」與「良知」貫通起來，釋致知為「致良知」，因此，他一方面解釋致知格物為「致吾心良知之天理於事事物物。」另一方面，他認為「天理之昭明靈覺處，即所謂良知」。就前者言，「求理於心」和「心理合一」與「致良知」有關，就後者言，「存天理去人欲」又與「致良知」有關。這裡要研究的是：⑴何謂良知，⑵何謂致良知？

㈠何謂良知　簡單點說，良知就是良心上的知覺或認識。孟子認為「不慮而知」的先天之知，即良知，內中包含親親之仁和敬長之義，推而論之，亦包含仁義禮知四端。象山把「良知」與「本心」相提並論，陽明則擴充其義，而有下列許多解釋：

甲、良知即天理　陽明說：「吾心之良知，即所謂天理也。」「良知發用之思，所思莫非天理。」這是說良知即天理，良知所思不離乎天理的範圍。

乙、良知是個是非之心　陽明說：「良知是個是非之心，是非即是個好惡，只好惡就盡了是非，只是非就盡了萬事萬變。」又說：「思

之是非正邪，良知無不知者。」故就本質言，良知是個是非之心，就功能言，良知能別是非，定好惡，明正邪。

丙、良知與善　陽明說：「性無不善，故知無不良。」「善即良知，言良知，則使人尤為易曉。」

陽明又說：「凡一念之發，一事之感，其為至善乎？吾心之良知，自有以詳審精察之。」「知善知惡是良知。」「有不善未嘗不知。」故良知與善的關係有二：一、良知即善，二、良知能明善惡。

丁、良知與明德　陽明釋《大學》「止於至善」句說：「至善者明德親民之極則也，天命之性，粹然至善，其靈昭不昧者，此其至善之發見，是乃明德之本體，而即所謂良知也。」於此可見良知即「明德之本體」。

㈡何謂致良知　簡單點說，憑良心所知去做，就是致良知。如果說「良知是個是非之心」，能致良知即是明是非。如果說良知能知善惡，致良知就是明善惡。如果說良知即明德，致良知就是明明德。

良知固人人所有，但有時亦不免喪失。喪失之後，如能加以恢復，便非常快樂。故陽明說：「良知是造化的精靈，人若復得他，完完全全，無少虧缺，自不覺手舞足蹈，不知天地間更有何樂可代？」這是說如能恢復良知，便可得到無上快樂。如周處除三害，可以為例。

肆、陽明的人生觀

陽明的人生觀，可分為心物合一的人生觀，國我一體、人我一體、物我一體及天人合一的人生觀。

㈠心物合一的人生觀　西洋講人生觀，有偏重精神的重靈主義，有偏重物質的重肉主義，陽明的人生觀，則為心物合一與靈肉並重。

陽明說：「耳目口鼻四肢，身也，非心，安能視聽言動？心欲視

聽言動，無耳目口鼻四肢亦不能。故無心則無身，無身則無心。」這種身心合一論，與范縝的神形合一論大致相同，同可稱為心物合一的人生觀。

㈡**物我一體與人我一體的人生觀**　陽明的人生觀包括天人一體、物我一體、人我一體、國我一體等等，其境界堪稱高明。程明道認為「仁者以天地萬物為一體」，陽明認為「大人（聖人）者以天地萬物為一體」，他〈答顧東橋書〉有云：「夫聖人之心，以天地萬物為一體，其視天下之人，無內外遠近，凡有血氣，皆其昆弟赤子之親，莫不欲安全而教養之，以遂其萬物一體之念。」以天地萬物為一體，是天人合一與物我一體的人生觀，視天下之人若昆弟赤子，是人我一體的人生觀。

如就人的良知（四端）說，人皆有擴愛推仁之心。「豈惟大人，雖小人之心亦莫不然，彼顧自小之耳。是故孺子之入井，而必有怵惕惻隱之心焉，是其仁之與孺子而為一體也，孺子猶同類者也。見鳥獸之哀鳴觳觫而必有不忍之心焉，是其仁之與鳥獸而為一體也，鳥獸猶為有知覺者也。見草木之摧折而必有憫恤之心焉，是其仁之與草木而為一體者也，草木猶有生意者也。見瓦石之毀壞而必有顧惜之心焉，是其仁之與瓦石而為一體也。是其一體之仁也，雖小人亦必有之，是乃根於天命之性，而自然靈昭不昧者也，是故謂之明德。」他所謂見孺子而生怵惕惻隱之心，是人我一體的人生觀；見鳥獸、草木、瓦石而有憫恤，不忍、顧惜之心，是物我一體的人生觀。

伍、陽明的人性論與究竟話頭

㈠**究竟話頭**　陽明有四句話，稱「究竟話頭」：

> 無善無惡是心之體，
>
> 有善有惡是意之動，
>
> 知善知惡是良知，
>
> 為善去惡是格物。

第一句與《大學》的「正心」有關，第二句與「誠意」有關，第三句與「致知」有關，第四句則與「格物」有關。

何以說「為善去惡是格物」呢？陽明釋格為正，釋物為事，即釋格物為正事，所謂正其不正以歸於正是也。正其不正者去惡之謂也，以歸於正者為善之謂也，故曰：「為善去惡是格物。」

何以說「知善知惡是良知」呢？陽明認為良知即善，良知能明善惡，「有不善良知未嘗不知」，故說：「知善知惡是良知。」

何以說「有善有惡是意之動」呢？這就牽涉到人性二元問題。李翱認為性善情惡，程朱認為性無不善，氣有善惡，陽明在《大學問》方面亦有相類似的主張。他說：「心之本體則性也，性無不善，則心本體本無不正也，何從而用其正之之功乎？蓋心之本體本無不正，自其意念發動而後有不正，故欲正其心者，必就其意念之所發而正之。」他是說性無不善，意有善惡（正與不正），故說：「有善有惡是意之動。」

何以說「無善無惡是心之體」呢？這問題便不易解答了，不僅後人，即當時陽明的弟子王汝中、錢德洪亦各持己見。當陽明奉命赴廣西征思田之前夕，汝中疑此四語未必是究竟話頭，他的意思是：「若說心體是無善無惡的，意也是無善惡的意，知亦是無善無惡的知，物亦是無善無惡的物也。若說意有善惡，畢竟心體還有善惡在。」他好像說，心、意、知、物或以「有」去貫通，或以「無」去貫通，不應說「心無」而「意有」。但德洪的看法相反，他認為「心體是天命之

性，原是無善無惡的，但人有習心，意念上見有善惡在，格致誠正修，此正是復那性體工夫，若原無善惡（按指意念言），工夫亦不消說矣。」兩人爭執不已，同去請示，陽明謂汝中直悟本體，可為上根之人立教；德洪從工夫著手，可為有習性之人立教。但上根之人，世所難遇，汝中的看法只可默默自修，不可執以接人；反之德洪的看法，倒可以使中人上下領悟。最後他堅持這四語不必更改，可見他以德洪的看法為平易近人。

　　㈡**人性論**　了解這「四句教」之後，便可談到陽明有關人性善惡問題的主張。

　　孟子主性善，荀子主性惡，公都子認為性可以為善，可以為不善，揚雄認為善惡混，李翱認為性善情惡。陽明說：「性無定體，論亦無定體，有自本體上說者，有自發用上說者，有自源頭上說者，有自流弊處說者。總而言之，只是這個性，但所見有深淺爾。若執定一邊，便不是了。性之本體原是無善無惡的，發用上原是可以為善，可以為不善的，其流弊也原是一定善一定惡的。……孟子說性，直從源頭上說來，也是說個大概如此；荀子性惡之說，是從流弊上說來，也未可盡說他不是，只是見得未精爾，眾人則失了心之本體。」所謂眾人失了心之本體，是說未從無善無惡處論性，或則說只從「意之動」處(情)論性罷了。

　　「在山泉水清，出山泉水濁。」著者想以泉水為例，說明陽明的人性論。

　　甲、所謂自本體上說，性原是無善無惡的，好比泉水尚未自山縫出來，無清濁利弊可言。

　　乙、所謂自源頭上說，性是善的，好比泉水初出，清澄可愛，未雜任何污泥。

丙、所謂自發用上說，性是可以為善，可以為不善的，好比引水灌溉可造成善，決堤淹沒人與物，可造成不善。

丁、所謂從流弊上說，性是一定善一定惡的，如果把「流弊」改作「結果」看，則自最後結果言，灌溉的結果一定是善，淹沒人與物的結果一定是惡。

陽明的人性論，含有融會眾說獨創一格之意。他說性之本體原是無善無惡的，包括了告子「性無善無不善」，及王安石「性之本體是無善惡的」等主張；他自源頭上說性是善的，包括了孟子的見解；他自發用上說性是可以為善可以為不善的，包括了揚雄的善惡混說、告子及公都子的性可以為善可以為不善說；他自流弊上說性是一定善一定惡的，包括孟子性善說與荀子的性惡說。

雖然他是孟、荀並論，卻認為孟子的工夫較荀子不費力，還是偏重於孟子的主張了。所謂「性無不善，故知無不良」，亦可說是從源頭上立論而已。

陸、陽明的宇宙哲學

陽明的宇宙哲學，可分為：(1)萬物有良知說，(2)萬物同氣說。因為萬物有良知說，是產生在致良知學說發明之後，而且不易了解，故在最後討論。

㈠**萬物有良知說**　朱子講到萬物有心，陽明則講到天地萬物皆有良知。朱本思問：「人有虛靈，方有良知，若草木瓦石之類，亦有良知否？」先生曰：「人的良知，就是草木瓦石的良知，若草木瓦石無人的良知，不可以為草木瓦石矣。豈惟草木瓦石為然，天地無人的良知，亦不可為天地矣。」這種天地萬物有良知說，較朱子萬物有心說更進了一步。

　　按良知有廣狹二義：⑴狹義的良知指人的明德、四端言，為人所獨有，禽獸所未具，何況礦（瓦石）植（草木）物？朱本思所問，指此項良知而言。⑵廣義良知是就天地萬物同具的心、性、理而言；萬物有性，萬物有心（朱子語），萬物有理（理學家公認），故萬物有良知。這良知是什麼呢？孫中山先生認為孟子所講的良知（即陽明所講的良知），就是「生元」（細胞）之知。生元是指萬物的元子，生元之知是無意識的知，與人有意識的知不同。如就無意識的知而言，萬物有良知是說得通的。

　　朱子有萬物有心論與萬物有性論，古代希臘亦有萬物有心論與萬物有靈論。這些學說，可以作了解萬物有良知說之助。

　　㈡萬物同氣說　陽明說：「蓋天地萬物，與人原是一體，其發竅之最精處，是人心一點靈明。風雨露雷，日月星辰，禽獸草木，山川土石，與人原是一體；故五穀禽獸之類，可以養人，藥石之類，皆可以療疾。只為同此一氣，故能相通耳。」（《傳習錄・下》）這是從天地萬物同氣講到天人關係的，以今日眼光看來，人與萬物有些元素相同，故可採用動植物及礦物作營養品及藥品。

　　一般講天人合一與講天人一體，沒有嚴格劃分，這裡講宋明理學則加以區分，即由天講到人，可稱天人一體；由人講到天，可稱以人合天或天人合一。陽明所說「天人同氣」，應稱為天人一體說。

　　陽明由五穀禽獸可以養人，藥石可以療疾，以證明人與動植礦物同體，如以今日自然科學眼光來看，這是說元素相同，可以用作養療。所謂一氣相通，可解釋為元素相通（萬物同具某些基本元素），這對明道的天人一體說，有了進一步的說明。

　　我們如把氣列為物質，良知列為精神，則可說萬物同具此精神（良知）、物質（氣）兩要素。推而論之，陽明在本體論方面亦為心

物（良知與氣）合一論，不僅在智識論方面為心物合一論而已。

柒、結論──朱王異同

(一)自其異點看：

甲、朱子釋格物為「窮理」；陽明釋格物為「正事」。

乙、朱子釋致知為致吾心之知；陽明釋致知為致良知。

丙、朱子主張窮理於物，由道問學而至尊德性（自求知方法以達修養方法），被陽明指為「析心與理為二」；陽明主張求理於心，視格物致知誠意正心修身為一事（均係修養方法），自命為「合心與理為一」。

丁、朱子主張「知先行後」；陽明主張「知行合一」（知行同時）。

戊、朱子重視「性即理」；陽明重視「心即理」。

己、朱子重視「天下無性外之物」；陽明重視「天下無心外之物」。

庚、朱子改《大學》的「在親民」為「在新民」，並變更古本《大學》節目次序；陽明採用《大學》古本，反對任何修改。

辛、朱子對象山的見解多不贊成，並加以批評；陽明對象山的見解多表同情，並予以發揚。

壬、朱子注重理氣二元；陽明注重天人一體（萬物同氣）。

(二)自其同點看：

甲、同主張「性即理」。❻

乙、同主張「天下無性外之物」。

丙、同主張「存天理去人欲」。

丁、同主張反佛老。

戊、同主張「行為重」。

---

❻ 朱熹曾說過「性即理」，陽明亦說過「心即性，性即理也。」

己、同主張「萬物有理」。

庚、同以闡揚儒學及傳道統自期。

辛、同以知覺為心。 ❼

總之，陽明哲學，多以反朱捧陸為出發點。如朱子的知先行後說、窮理於物說、道心人心二元論等，都遭到陽明的反駁；如陸子的心即理說（心理合一說）、天人一體說等，都得到陽明的發揚。

陽明除反朱捧陸外，還有自己的創見，如致良知、如究竟話頭、心物合一等，都是言人所未言，發人所未發。如果說朱子集宋代理學之大成，著者便說王陽明使宋明理學走上了最高峰（普通稱他的學說為心學）。

如果可以說，周、邵援道入儒，那就更可說，陸、王援禪入儒。人說宋明理學家「披著袈裟反佛」，是一種學說上的「矛盾」，著者說宋明理學家吸收了佛老的優點，是一種矛盾的統一。

---

❼　朱熹說：「心之虛靈知覺，一而已矣。」陽明說：「心不是一塊血肉，凡知覺處便是心。」

第四章 現代哲學思想

前 言

　　前章所研究的為宋明理學，本章所研究的以反理學為首。下面分別研究黃梨洲、顧亭林、王船山、顏元等的哲學思想：

　　㈠**黃、顧、王哲學**　黃梨洲、顧亭林、王船山三子，先後參加南明的救亡運動，各於失敗後著書立說：黃、顧均批評理學，尤其是宋學；王船山學宗程朱，反王而不反朱，惟對朱學之理氣二元亦不贊同，而自倡理氣合一論與身心合一論，另在《讀通鑑論》中，發表了他的天命史觀等主張。

　　㈡**顏、李哲學**　顏元、李塨學尚實用，痛詆理學之空疏，朱王並斥，態度至為激烈。

　　顏元提倡經世致用，教學治合一（政教合一）與功利主義，可說上接浙江學派與江西學派（王安石）；至其理氣合一論與性形合一論，旨在破朱子之理氣二元論。李塨之理事合一論與敬事合一論，亦以反程朱為目標。

　　㈢**東原哲學**　戴東原的學問是多方面的，其論理氣，論人性，論理欲，都以反宋學為中心；其重視考證，則將經世之學引入了考據途徑，使大多數清儒以漢學反宋學，而忘記學以致用了。

　　㈣**國藩哲學**　曾國藩以扶名教自命，欲融會諸家而返考據於經世，故說：「義理、詞章、考據、經濟，四者不可偏廢。」其實，他本人重義理、詞章、經濟，而不重考據。

　　普通只說曾氏講篤實踐履的道德修養，挽救了當時的虛浮風氣，究其實，他對於倫理觀、人生觀、政治觀，甚至於宇宙哲學都有一番見解。

　　㈤康、譚、梁哲學　康有為以考據反考據，以今文學反古文學，以復古講維新，歸結於變法。其所著《大同書》，不僅含有人生觀、政治觀，亦含有宇宙哲學在內，不過較為幼稚而已。

　　譚嗣同著「仁學」，欲融儒、釋及自然科學於一爐，其宇宙哲學固不免牽強附會，其破壞倫常之言論，固不免矯枉過正，而其提倡變法之政治觀，則與康氏同出一轍，固無特殊見解，然其改革之勇氣亦足敬佩！

　　梁啟超學問廣博，文筆犀利，其政治思想為其師康氏所囿，跳不出君主立憲的圈子，而其言論行動，亦不免前後矛盾，然而對於西洋哲學頗多介紹，對中國哲學頗多闡揚，對於人生道德問題亦有新的主張。

　　㈥中山哲學　孫中山先生雖一生為革命而奔走，但一有餘暇，即手不釋卷，在哲學方面有許多創獲：在政治學說方面，發明了三民主義、五權憲法；在知行學說方面，發明了知難行易說；在歷史觀方面，發明了民生史觀；在人生哲學方面，提出了服務、力行、樂觀等人生觀；在宇宙哲學方面，又有心物合一的見解。這些哲學思想，可以總名之曰民生哲學，或三民主義哲學。孫先生的哲學思想是融會古今的，正可作為中國哲學史的總結。

第一節　黃梨洲、顧亭林、王船山的哲學思想

壹、黃梨洲的哲學思想

黃宗羲（西元一六一〇～一六九五年）字太沖，號梨洲，浙江餘姚人。父尊素，明御史，為東林名士，與楊忠烈、左忠毅朝夕過從，先生得盡知政治上清濁之分。年十四，補諸生，父死於獄，年十九，草疏入京訟冤，袖鐵椎椎許顯純流血，又與吳江周延祚等，椎牢子葉咨、顏文仲，應時立斃。己丑赴海上，明魯王以為左僉都御史，從亡有年。失敗後，乃奉母返里，畢力於著述。康熙戊午詔徵博學鴻儒，旋詔修《明史》，皆力辭以免，命取所著書關史事者，宣付史館。

普通以梨洲學宗陽明，蕭公權先生謂「梨洲出於蕺山（劉宗周），然其治兼通經史藝數，非陽明所能範圍。」（《中國政治思想史》）

梨洲常謂明人講學，襲語錄之糟粕，不以六經為根柢，束書而從事於游談，更滋流弊，故學者必先窮經。然拘執經術，不適於用，欲免迂儒之誚，必兼讀史。又謂讀書不多，無以證理之變化，多而不求於心，則為俗學。故上下古今，穿穴群言，自天官地志，九流百家之教，無不精研。所著有《易學象數論》六卷、《授書隨筆》一卷、《孟子師說》二卷、《大統法辨》四卷、《明儒學案》六十二卷，後又輯《宋儒學案》、《元儒學案》，以誌七百年儒學源流，又《明夷待訪錄》一卷、《二程學案》二卷。康熙三十四年卒，年八十六。今分其哲學思想為：⑴求理於心，⑵反理學，⑶民本主義的政治觀。

㈠**求理於心**　他說：「盈天地皆心也，變化不測，不能不萬殊，心無本體，功力所至，即其本體，故窮理者窮此心之萬殊，非窮萬物

之萬殊也。窮心則物莫能遁,窮物則心滯一隅,是以古之君子,寧鑿五丁之間道,不假邯鄲之野馬。」朱子主張窮理於物,陽明主張求理於心,梨洲學說雖非王學所能範圍,但「求理於心」,仍紹王學之餘緒。至其反對「窮理於物」,即反對朱子,乃限於門戶之見。初不知「理」既在吾心之中,亦在事物之上。前者可稱「心與理合一」,後者可稱「物與理合一」,故既可「求理於心」,亦可「窮理於物」。王學朱學,未可偏重。

㈡**反理學** 黎氏惡空疏之學,其所希望者,為修身治世之實學。故其言曰:「儒者之學,經緯天地,而後世乃以語錄為究竟。僅附問答一二條於伊洛門下,便廁儒者之列,假其名以欺世。治財賦者則目為聚斂,開閫扞邊者則目為粗材,讀書作文者則目為玩物喪志,留心政事者則目為俗吏。徒以生民立極,天地立心,萬世開太平之闊論,鈐束天下。一旦有大夫之憂,當報國之日,則蒙然張口,如坐雲霧。世道以是潦倒泥腐,遂使尚論者以為立功建業,別是法門,而非儒者之所與也。」(《南雷文定‧弁玉吳君墓誌銘》)

　　他站在經世致用之立場,反對專用《語錄》之理學,謂理學輕視財賦,輕視國防,輕視文章,輕視政事,徒然高談闊論,講為天地立心,為萬世開太平,以立功建業非儒者之事,這是一大錯誤。

㈢**民本主義與立君** 《明夷待訪錄》之最高原理,出於《孟子》之「貴民」與《禮運》之「天下為公」。其政治哲學之大要,在闡明「立君」所以「為民」,與君為人民之「公僕」的道理。〈原君〉曰:「有生之初,人各自私也,人各自利也。天下有公利而莫或興之,有公害而莫或除之。有人者出,不以一己之利為利而使天下受其利,不以一己之害為害而使天下釋其害。此其人之勤勞必千萬於天下之人。夫以千萬倍之勤勞而己又不享其利,必非天下之人情所欲居也。故古

之人量而不欲入者許由務光是也，入而又去者堯舜是也，初不欲入而不得去者禹是也。豈古之人有所異哉？好逸惡勞亦猶夫人之情也。」視君為人民之公僕，故有不願做，有的做了要辭，辭不了的只好幹下去。又曰：「古者以天下為主，君為客，凡君之所畢世而經營者為天下也。今也以君為主，天下為客，凡天下之無地而得安寧者為君也。是以其未得之也，屠毒天下之肝腦，離散天下之子女，以博我一人之產業，曾不慘然。曰：我固為子孫創業也。其既得之也，敲剝天下之骨髓，離散天下之子女，以奉我一人之淫樂，視為當然，曰：此我產業之花息也。然則為天下之大害者君而已矣，向使無君，人各得自私也，人各得自利也。嗚呼，豈設君之道固如是乎？」他以為立君所以為民，不是為一人之私，君所以經營，是為天下，不為一家之私，這是民本主義的政治觀。

　　㈣**民本主義與立法**　梨洲認為「立法」亦所以「為民」。〈原法〉云：「三代以上有法，三代以下無法。何以言之？二帝三王知天下之不可無養也，為之授田以耕之。知天下之不可無衣也，為之授地以桑麻之。知天下之不可無教也，為之學校以興之，為之婚姻之禮以防其淫，為之卒乘之賦以防其亂。此三代以上之法也，固未嘗為一己而立也。後之人主，既得天下，唯恐其祚命之不長也，子孫之不能保有也，思患於未然以為之法。然則其所謂法者一家之法，而非天下之法也。是故秦變封建而為郡縣，以郡縣得私於我也。漢建庶孽，以其可以屏藩於我也。宋解方鎮之兵，以方鎮之不利於我也。此其法何曾有一毫為天下之心哉？而亦可謂之法乎？」他以為三代立法是為民，是在解決民生問題。後世立法是為一家之私，根本不能稱之為立法。還有一語值得提到的，就是人說「有治人無治法」，他反對此種說法，特別強調「有治法而後有治人」（〈原法〉），可見他是重法的，重視天下之

公法的。

(五)**結論** 梨洲學於蕺山，蕺雖宗陽明，但黎非陽明所能範圍，所以他反理學，指出理學之缺點為不切實用，他便提倡經世致用之學。

因為他求經世致用，故所著《明夷待訪錄》，多言政治，而且提倡民本，反對專制，反對為君立法，有人把他與法國盧騷相比，同視為提倡民主人士。顧亭林曰：「頃過蕺門，見陳萬二君，出《明夷待訪錄》，讀之再三，於是知天下之未嘗無人。百王之敝，可以復起，而三代之盛，可以徐還也。」（《南雷文定‧附錄》）顧亭林如此推重《明夷待訪錄》，可見該書之價值了。

梨洲又著《明儒學案》、《宋儒學案》、《元儒學案》，使後之人得窺三代學說要點，這也是永不磨滅的。

貳、顧亭林的哲學思想

顧炎武（西元一六一三～一六八二年），原名絳，字寧人，崑山人，明諸生。父同吉，早卒，聘王氏，未婚守節，撫先生為嗣，年十一，祖紹芾，授以通鑑，三年而畢，熟究經世之學，諸經外，好宋人性理諸書。順治乙酉，南都亡，奉母避兵常熟。崑山令楊永言起義師，先生及歸元恭從之，魯王授為兵部司務，事不克，幸脫，母不食卒，遺命誡勿事二姓。唐王以職方主事召，未赴。先生自負用世之略，不得一遂，所至輒小試之，墾田於雁門之北，五臺之東，累致千金，隨寓贍足。自少至老，無一刻離書，過邊塞亭障，呼老兵詢曲折。其學以斂華就實為主，晚益篤志經學，曰經學即理學也，捨經學，則所謂理學者禪學也。於陸王之說，辨之最力，論政治重綜覈名實，於禮教尤兢兢。生平論學，標「博學於文，行己有恥」二語為宗旨。撰《天下郡國利病書》一百二十卷，凡關於民生利病者，臚列之。別有《肇

域志》一百卷，又《日知錄》三十二卷，《補遺》四卷。清初學有根柢者，以先生為最，世稱亭林先生。會詔開博學鴻詞科，又修《明史》，大臣爭欲薦之，以死自誓，乃免。康熙二十年卒，年七十。今述其人性論，及論朱陸異同等。

㈠**人性論**　他說：「性之一字，始見於商書。曰：惟皇上帝，降衷於下民，若有恆性，恆即相近之義，相近，近於善也，相遠，遠於善也，故夫子曰：人之生也直，罔之生也幸而免。」他這種釋恆為相近，又釋相近為近善，乃是主觀的性善論。他又說：「人亦有生而不善者，如楚子良，生子越椒，子文知其必滅若敖氏是也，然此千萬中之一耳。故公都子所述之三說，孟子不斥其非；而但曰：乃若其情，則可以為善矣。乃所謂善也，蓋凡人之所大同，而不論其變也。若紂為炮烙之刑，盜跖日殺不辜，肝人之肉，此則生性與人殊，亦知五官百骸，人之所同，然亦有生而不具者，豈可以一而概萬乎？故終謂之性善也。」他以為性惡人最少，性善人最多，不能以少概多，即不能以一概萬，故始終維護性善說。「孟子論性，專以其發見乎情者言之，且如見孺子入井，亦有不憐者，嘑蹴之食，有笑而受之者，此人情之變也，若反從而喜之，吾知其無是人也。」他要維護性善說，故以「常」「變」論之，即以性善為人之常態，性惡為人之變態，也算是解決善惡爭論之一法。

㈡**論朱陸異同**　亭林學宗程朱，對於陽明所輯「《朱子晚年定論》」，判定朱子晚年自悔支離，與陸學暗合，不是公平之論。他說：「王文成所輯《朱子晚年定論》，今之學者多信之，不知當時羅文莊（欽順）已嘗與之書而辯之矣。其書曰：『詳朱子定論之編，蓋以其中歲以前，所見未真，及晚年始克有悟，乃於其論學書牘三數十卷之內，摘此三十餘條，其意皆主於向裡（按即偏於反省及尊德性者）者，

以為得於既悟之餘，而斷其為定論，斯其所擇，宜亦精矣；第不知所謂晚年者，斷以何年為定？偶考得何叔京氏，卒於淳熙乙未，時朱子年方四十有六，後二年丁酉，而論孟集注或問始成，今有取於答何書者四通，以為晚年定論，至於集注或問，則以為中年未定之說，竊恐考之欠詳，凡此三十餘條者，不過姑取之以證成高論，而所謂先得我心之所同然者，安知不有毫釐之不同者，為祟於其間，以成牴牾之大隙哉』？」（《顧亭林學案》）亭林引羅文莊之言，以證王陽明所輯「《朱子晚年定論》」，是不可靠的。著者亦嘗以為陽明所輯「《朱子晚年定論》」，內雖有朱子自悔「支離」之語，此不過虛心自謙之詞，不可視為捨己從人贊同陸學之證。

東莞陳建，作《學蔀通辨》，取朱子年譜行狀文集語類，及與陸氏兄弟往來書札，逐年編輯，而為之辯曰：「朱陸早同晚異之實，二家譜集，具載甚明。近世東山趙訪對江右六君子策，乃云朱子答項平父書，有去短集長之言，豈鵝湖之論，至是而有合邪？此朱陸早異晚同之說所萌芽也。程篁墩（敏政）因之乃著道一編，分朱陸異同為三節，始焉如冰炭之相反，中焉則疑信之相半，終焉若輔車之相依，朱陸早異晚同之說，於是乎成矣。王陽明因之遂有《朱子晚年定論》之錄，專取朱子議論與象山合者，與道一編，輔車之說，正相唱和矣。凡此皆顛倒早晚，以彌縫陸學，而不顧矯誣朱子，誑誤後學之深。故今編年以辯，而二家早晚之實，近儒顛倒之弊，舉昭然矣。」（同上）這是亭林借陳建之言，以駁陽明之說。

他的結論是：「朱子有朱子之定論，象山有象山之定論，不可強同。專務虛靜，完養精神，此象山之定論也。主敬涵養以立其本，讀書窮理以致其知，身體力行以踐其實，三者交修並盡，此朱子之定論也。乃或專言涵養，或專言窮理，或止言力行，則朱子因人之教，因

病之藥也。今乃指專言涵養者為定論，以附合於象山，其誣朱子甚矣。」（同上）按朱子之學，三者並重，尤以窮理（道問學）為初階，與象山「先立其大者」（尊德性）為初階，大有徑庭之別，不可牽強附會。除初階外，朱陸學說還有很多相同相異之處（見前陸象山哲學思想節），我們不可強同為異，亦不可強異為同。

陽明為什麼要強異為同？為什要輯「《朱子晚年定論》」？蓋陽明反對朱子之處甚多，自覺對於先賢，有失尊重，方寸有所不安，故輯此定論以求自我安慰而已。後來，李穆堂著有《朱子晚年全論》，多摘條文，以證陽明之說，但亦為主觀見解，未足深信。

㈢**反象數之學**　顧炎武對於邵康節等的先天圖象之學，大表反對。他說：「聖人之所以學易者，不過庸言庸行之間，而不在乎圖書象數也。今之穿鑿圖象以自為能者，畔也。」「希夷之圖，康節之書，道家之易也。自二子之學興，而空疏之人，迂怪之士，舉竄跡於其中以為易，而其易為方術之書，於聖人寡過反身之學，去之遠矣。」（《顧炎武學案》）按邵康節所傳象數之學，本是來自道教。道教本身無哲學，以道家哲學為哲學，故說道教易為道家易，自無不可。惟道家易不以道教為限，何晏、王弼、郭象等所研述的《易經》，亦屬道家易。以我們今天的眼光來看，道家易與儒家易可以並行而不悖；惟在清初反佛老的空氣之下，則以道家易與道教易為「反動」，這是我們今天不能承認的。

又按《易經》本是占卦之書，可以作陰陽家、道教之理論或方術的淵源；而儒家多以之言人事，作「寡過反省之學」，與原來意旨未必完全相符，但行之已久，人皆安之而已。

㈣**反理學**　顧氏反對宋明理學的態度，較黃梨洲尤為徹底。他說：「命與仁，夫子之所罕言也。性與天道，子貢之所未聞也。今之

學者，乃置四海之窮困不言，而終日講危微精一之說，是必其道之高於夫子，而其門人弟子之賢於子貢者也。」（《文集・友人論學書》）至於陽明學派之心學，他認為其為禍尤過於程朱之理學，此皆惑亂天下，為正人之所當闢。故又說：「竊以為聖人之道，下學上達之方，其行在孝弟忠信，其職在灑掃應對進退，其文在詩書三禮周易春秋，其用之身在出處辭受取與，其施之天下在政令教化刑法，其所著書皆以撥亂反正，移風易俗，以馴致乎治平之用，而無益者不談。」（《文集・答友人書》）「愚不揣，有見於此，故凡文不關於六經之旨，當世之務者，一切不為也。」他因此提倡經世致用之學，以救宋明理學之失。（《文集・與友人書》）

㈤**政治思想（反集權）** 自宋以後，中國政治趨於中央集權，顧氏反對專制集權，乃以史事為根據，而論其弊害。如說「封建之失，其專在下；郡縣之失，其專在上。」良以宋初皇帝以杯酒釋兵權，所有軍政大權，完全集於中央，以致邊疆空虛，不易抵抗外來侵略，故顧氏反對廢封建改郡縣以來之中央集權。究竟如何改革？他想求得一折衷辦法，故認為凡此郡縣末流之弊，皆生於封建既廢而中央集權。封建今不可復，「有聖人起，寓封建於郡縣之中，而天下治矣。」（《郡縣・論一》）這可稱政治上的改良主義或調和論。

㈥**結論** 亭林以「博學於文，行己有恥」為學問宗旨，而注意民生利病，撰《天下郡國利病書》，可謂由義理而轉入經濟，由空談而轉入實學，對於經世致用，大有裨益。其反清復明以及遵守家訓終不事二姓之精神，亦至足欽佩。

他的人性論，以天生性善人多，性惡人少，維護孟子的性善說，用心甚苦，可列於人性善惡論之一新派。

他反對陽明的《朱子晚年定論》，反對強異為同，著者以為「先

獲我心」。

　　至於象數之學，本可視為易學之一派，不必因其與道家道教有關而排斥之。然彼時，視佛老為異端，亦毋怪其有此主張。

　　亭林謂「經學即理學也，捨經學，則所謂理學者禪學也。」這幾句現在看來，可說是誤解，又不知有多少人以此誤解作正解。以今日眼光來判斷，宋明理學類似西洋之哲學。西洋哲學談宇宙問題、人生問題、道德問題、智識問題、政治問題等，理學亦談這些問題。普通說，通天地人之謂「儒」，其實，宋以前的儒家，多只談人道，少談天道，惟自周子「援道入儒」，始天人並論，故唯理學家才以通天地人為其任務，亦唯有「新儒學」（理學）才可稱為「哲學」，至於「經學」，只包含一部分哲學材料而已。

　　其次，就經史子集論，理學除包括一部分經學外，還包括子學及文集（尤其是《語錄》），絕不以經學為限。

　　又其次，理學雖以反佛老，傳道統（儒家）為號召，實際上容納了一部分佛老的思想，而且有他們自己的一套看法，如天理與人欲、道與器、理與氣以及人性論等，所以既不可說「經學即理學」，亦不可說「捨經學，則所謂理學者禪學也」。

參、王船山的哲學思想

　　王夫之（西元一六一九～一六九三年），字而農，號薑齋，父朝聘，明副榜貢生，以真知實踐為學，謂武夷為朱子會心之地，自顏書室，學者稱武夷先生。先生少負雋才，讀書十行俱下。年二十四，與兄同舉崇禎壬午鄉試，以道梗不赴會試。癸未，流賊張獻忠陷衡州，乃避匿南嶽，賊執其父招之，乃自劖面刺腕，舁往易父，賊見其遍創，免之，父子俱得脫。及清兵下湖南，先生方居父憂，次年與管嗣裘舉

兵衡山,戰敗。其後漫遊浯溪、郴州、耒陽之間,最後歸衡陽。得湘西蒸左之石船山,築土室,名曰觀生居,杜門著書,蕭然自得,學者稱船山先生。康熙三十一年卒,年七十有五。曾自題其墓曰:「明遺臣王夫之之墓」。所著有《周易內傳》六卷、《周易大象解》、《周易考異》、《讀通鑑論》、《宋論》十五卷等。又有〈張子正蒙注〉、〈老子衍〉、〈莊子解〉、〈大學衍〉、〈中庸衍〉等,總名曰《船山遺書》。今述其:(1)反王學,(2)器以載道說,(3)用以顯體說,(4)心物同一論(以上(2)至(4)為宇宙論),(5)身主心寄說與身心合一論(人生觀),(6)歷史觀。

(一)**反王學** 清初學者多反理學,宋學與明學並在攻擊之列,戴東原等攻宋學尤力,王船山則學宗程朱,獨反陽明。所作〈大學衍〉、〈中庸衍〉,皆力闢致良知之說,以羽翼朱子。他說:「姚江王氏,陽儒陰釋,誣聖之邪說,其實也刑戮之民,闇賊之黨,皆爭附焉。而以充其無善無惡,圓融事理之狂妄。」(〈正蒙注・序論〉)按陽明論人性,曾說「無善無惡是心之體」,這句話本不易領悟,既引起門下之爭辯,亦招致船山之批評。

他在〈大學衍〉責王學為盜竽(盜魁)曰:「若廢實學,崇空疏,蔑規矩,恣狂蕩,以無善無惡,盡心意知之用,而趨於無忌憚之誕者,固優為之,實必假聖賢之經傳,以為盜竽乎?」他贊朱子所定《大學章句・序》,而加以發揮,反對陽明所承認的《大學》古本及其解釋,並說:「聖人復起,不易朱子之言矣。」

(二)**器以載道說** 《易》云:「形而上者謂之道,形而下者謂之器。」程明道因之而倡「道器合一論」(他說道亦器,器亦道),朱子以理釋道,以氣釋器,而有理氣二元論、理先氣後說與理氣合一論。船山雖學宗朱子,但對於「道」「器」問題,則不加附和。他以器為主,以道為附,而有所謂器以載道說:「天下惟器而已矣,道者器之道,器

者不可謂之道之器也。無其道則無其器，人類能言之。雖然，苟有其器矣，奚患無道哉。……無其器則無其道，人鮮能言之，而固其誠然者也。洪荒無揖讓之道，堯舜無弔伐之道，漢唐無今日之道，今日無他年之道者多矣。未有弓矢而無射道，未有車馬而無御道，未有牢醴璧幣鐘磬管弦而無禮樂之道。則未有子而無父道，未有弟而無兄道，道之可有而無者多矣。故無其器則無其道，誠然之言也，而人特未之察耳。……如其舍此而求諸未有器之先，亙古今，通萬變，窮天窮地，窮人窮物，而不能為之名，而況得有其實乎？老氏瞀於此而曰道在虛，虛亦器之虛也。釋氏瞀於此而曰道在寂，寂亦器之寂也。」在道與器兩方面，他以器為主，在理與氣兩方面，他以氣為主（氣以載理）；因之他反對朱子的理氣二元論及明道的道器合一論，尤其是對理在氣先 ❶ 或道在器先說，並以老釋斥之。

如果以理釋道，我們前面說過，理既在宇宙之上，亦在事物之中，又在吾心之內。同理，道既在宇宙之間，亦在事物之中，又在吾心之內。王船山只說道在事物之中，可說是只知其一不知其二。

㈢**用以顯體說**　中國哲學常談「體」「用」問題，多主張明體達用。而船山則以為用重於體，故主張用以顯體。他說：「天下之用，皆其有者也，吾從其用而知其體之有，豈待疑哉？用有以為功效，體有以為性情，體用胥有而相需以實，……故善言道者，由用以得體，不善言道者，妄立一體而消用以從之。」（《周易外傳》）他的用以顯道說，與器以載道說是一脈相通的，均以反對理先氣後說為目的。

普通所謂明體達用，是以體為主，以用為輔。船山的用以顯體說與一般人看法相反，而與自己的器以顯體說，倒是前後一貫的。

---

❶ 船山云：「蓋言心，言性，言天，言理，俱必在氣上說，若無氣處，則俱無也。」（《船山遺書讀・四書大全》）

㈣**心物同一論**　西洋哲學有唯心論、唯物論、心物二元論、心物合一論（心物一元論），亦有心物同一論。

心物同一論學者謝林 (Schelling, 1775~1854) 謂：「精神為不可見之自然（物質），自然為可見的精神，二者是同一的。」程明道謂：「道即器，器即道。」這可稱道器合一論，亦可稱道器同一論。船山在《尚書引義》中說：「心無非物也，物無非心也。」（〈堯典〉）這種心物同一的見解，倒與謝林的主張相似。他一生困居湘南，其見解與顏、李、顧、黃相通，已覺得奇妙，又與德國哲學家謝林相似，更屬難得。

㈤**身主心寄說與身心合一論**　就身心言，有身心二元論，有身心合一論，船山則在身心合一之原則下，主張身主心寄說：他在《尚書引義・畢命》中云：「心之神明，散寄於五藏，待感於五官，肝脾肺腎，魂魄志思之藏也。一藏失理，而心之靈已損矣。無目而心不辨色，無耳而心不知聲，無手足而無能指使，一官失用，而心之靈已廢矣，其能孤扡一心以紲群明而可效其靈乎？」他所謂不能「孤扡一心以紲群明」，是在反對心主身寄說，或心靈可離身而獨立說。他的身主心寄說，與他的器以載道說、用以顯體說，是互相貫通的，其目的在反對心學，反對佛老。

㈥**歷史觀**　西洋歷史哲學有所謂唯心史觀、唯物史觀、唯神史觀等，中國沒有唯神史觀，但著者以為有相似的天命史觀，另有倫理史觀或道德史觀，王船山對此都有所主張，以下分述之。

甲、天命史觀　船山在《讀通鑑論・七》云：「故立適（嫡）與豫教並行，而君父之道盡，過此以往，天也，非人之所能為也，而又奚容億計哉？」這是說君王只能盡人事，不可能挽天命。又在《讀通鑑論》亦云：「武王封武庚於東國，不得不封也，天也；周公相成王誅武庚，不得不誅也，天也。」他把武王封武庚與周公誅武庚，都看

成天命，乃封其所不得不封，誅其所不得不誅。又在《讀通鑑論・論三國》中云：「魏之自取滅亡，天耶人耶？人之不臧者，天也。」他人論政治上的成敗，或歸於天命，或歸於人事，二者必居其一；船山則認為都是天命，人之不臧者亦是天命。

乙、倫理史觀（道德史觀）　中國史家論歷代興亡，多自道德觀點出發，孔子作《春秋》如此，司馬光著《資治通鑑》亦如此。普通以蜀被魏滅，由於失險，船山則謂：「後主失德而亡，非失險也。」（〈三國編〉）他亦是站在道德觀點，去論歷史興亡的。

㈦結論　船山雖足跡限於洞庭之南，其思想言論多與奔走大江南北之學者相通。他排斥陽明，與亭林相似，批評理氣二元論，與顧、戴相通，至於為反清復明而奮鬥，則與顧、黃同其旨趣。就維護民族大義之行動言，船山與顧、黃鼎足而立；但就發揚民族主義之言論言，黃梨洲很少論及，是否怕文字獄呢？顧亭林則不事二姓，立為家訓，謀光復之志雖未遂，而終不仕清。船山則於反清失敗後，決計遁隱著書，其論政重民族氣節，辨夷夏甚嚴。劉繼莊甚稱之，謂「洞庭之南，聖賢學脈，僅此一線。」（〈廣陽雜記〉）

他反對王學，除直接批評外，其器以載道說、用以顯道說及身主心寄說，都可視為對心學（王學）之間接攻擊。他雖學宗程朱，但對朱子之理氣二元論、理先氣後說，都不贊成。

他的心物同一論，雖寥寥數語，在中國尚屬首創，竟與德國哲學家謝林主張相近，允稱難能可貴。

他的歷史觀，能闡明中國人的天命史觀與倫理史觀，可謂風格獨樹。他的言論與行動，富有民族思想，尤為後人所欽佩。

第二節　顏元、李塨的哲學思想

壹、顏元的哲學思想

　　顏元（西元一六三五～一七○四年），字易直，改字渾然，號習齋，河北博野人。幼養於蠡縣朱氏以為子，名朱邦良，事朱氏翁媼甚謹。媼歿，有舊鄰老父，告以父非朱氏子，走問嫁母而信，乃歸宗。少有異稟，讀書輒出己見，初好道家言，尋棄去，好讀史，學兵法，及遍讀性理書，奉周程張朱之旨，期於主敬存誠，躬耕胼胝，必乘閒靜坐。尋討古經，以朱子所制不盡合，乃疑宋儒。因悟堯舜之道，在六府三事，周公教萬民以三物，孔子以四教，弟子身通六藝，所謂道學、訓詁、注疏，皆空言也。又悟宋儒言性，分義理氣質為二，不合於孔孟之說，於是著〈存學〉、〈存性〉、〈存治〉、〈存人〉四編，以之立教堂，上設禮樂諸器，率門弟子進退揖讓於其間，歌謳舞蹈，文行並進，分日考究，兵農水火工虞，弟子各授以所長。嘗曰：「必有事焉，學之要也。心有事則存，身有事則修。國之治，皆有事也，無事，則道與治俱廢，故正德、利用、厚生，曰事，不見諸事，非德非用非生也。德行藝曰物，不徵諸物，非德非行非藝也。宋以後諸儒著述，皆空言無實用，陸王固禪，程朱亦近禪。」又嘗曰：「將以七字富天下：墾荒、均田、興水利；以六字強天下：人皆兵、官皆將；以九字安天下：舉人材、正大經、興禮樂。」其自負如此。康熙四十三年卒，年七十。茲述其哲學思想如下：⑴反理學與斥朱王，⑵實用主義與力行主義，⑶功利主義與反動機論，⑷學教治合一的教育觀，⑸理氣合一的人性論，⑹性形合一的人生觀等。

㈠**反理學與斥朱王**　顏元於明亡之後，檢討過去，歸過於理學。

他評程朱學說云：「至於周子得二程而教之，二程得楊、謝、游、尹諸人而教之，朱子得蔡、黃、陳、徐諸人而教之，以主敬致知為宗旨，以靜坐讀書為工夫，以講論性命為授受，以釋經註傳，纂集書史為事業，嗣之者若鄭西山、許魯齋、薛敬軒、高梁溪，……各有靜功，皆能著書立言，為一世宗，信乎為儒者煌煌大觀，三代後所難得者矣。而問其學其教，如命九官十二牧之所為者乎？如周禮教民之禮明樂備者乎？如身教三千，今日習禮，明日習射，教人必以規矩，引而不發，不為拙工改廢繩墨者乎？此所以自謂孔子真傳，天下後世，亦皆以真傳歸之，而卒不能服陸、王之心者，原以表裡精粗，全體大用，誠不能無歉也。」（〈存學〉）這是說程朱學說乃空談而不合實用。

接著，他又評陸王學說云：「陸子分析義利（指白鹿洞講演），聽者垂泣，先立其大，通體宇宙，見者無不竦動。王子以致良知為宗旨，以為善去惡為格物，無事則閉目靜坐，遇事則知行合一。嗣之者若王心齋，羅念庵，……皆自以為接孟子之傳，而稱直接頓悟，當時後世，亦皆以孟子目之，信乎其為儒中豪傑，三代後所罕見者矣；而問其學其教，如命九官十二牧之所為者乎？如周禮教民之禮明樂備者乎？如身教三千，今日習禮，明日習射，教人必以規矩，引而不發，不為拙工改廢繩墨者乎？此所以自謂得孟子之傳，與程朱之學，並行中國，而卒不能服朱、許、薛、高之心者，原以表裡精粗，全體大用，誠不能無歉也。」（同上）

他以程朱學說不合實用，陸王學說亦不合實用，唯有孔門「博學以文，約之以禮」才是真學問。並認為詩書六藝，以及兵農水火，皆所當學之「文」，冠婚喪祭，宗廟會同，以及升降周旋，衣服飲食，皆所當學之「禮」，不必效理學之空談而無實用。

　　程朱陸王本皆以闢佛老自命，但都被顏元斥為老釋異端。他在〈存學〉首述孔子教人之簡易工夫後，即謂孔子「罕言命，自處也；性道不可得聞，教人也。至宋而程朱出，乃動談性命相推，發先儒所未發，以僕觀之，何曾出中庸分毫，但見支離分裂，參雜於釋老，徒令異端輕視吾道耳。」理學亦稱性命之學，本以顏、曾、思、孟為宗。理學家以《中庸》為子思所作，首言天命之謂性，又詳論天道，孟子亦多言性與命。程朱談性命與天道，自以為得顏、曾、思、孟之衣缽，並以之作反佛老之法寶，不料後人竟以佛老目之，並指為異端。

　　又云：「一貫之道，惟曾賜得聞，及門與天下所可見者，詩書六藝而已，焉得以天道性命，嘗舉諸口，而人人語之哉？」「至於靖康之際，戶比肩摩，皆主敬習靜之人，而朝陛疆場，無片籌寸績之士」。又指理學家為「無事袖手談心性，臨危一死報君王」。這裡的批評，亦不免有些冤枉：學問可分為性命（修養）之學與經世之學，前者以誠意正心修身為主，後者以齊家治國平天下為主，理學家皆以為要從事政治（齊治平），必先潛心修養（誠正修），故致力於主靜或主敬，慎獨與存誠，躬行與實踐，這本是沒有什麼錯誤的；其所以做過了修養工夫，而不能從事於政治者，乃是朝廷不用他們，不是他們不赴朝陛與疆場。或許他們之中還有吟「不才明主棄，多病故人疏」的詩句，也未可知。

　　因為朝廷不用他們主持軍政大計，他們才聚門徒，開書院，闢佛老，傳道統；以主靜主敬，對抗道佛兩教之靜修（靜坐參禪）；以十六字心傳與存心養性（孟子云：「存其心，養其性，可以事天矣」），對抗道佛之修心煉性與明心見性；以堯舜禹湯文武周公孔子之一貫道統，對抗道、佛之列祖列宗。他們是否於無意間融會佛老之思想，那是另一回事，而他們想盡方法去闢佛老與傳道統，那是無可否認的

事實。

㈡**實用主義與力行主義**　顏元反對尚空談之理學，故提倡實用與力行。

孟子云：「行之而不著焉，習矣而不察焉，終身由之而不知其道者眾矣。」這本與孔子所謂「民可使由之，不可使知之」同義，孫先生曾引之以證明知是難的，行是易的，而顏氏與其友人則另有一種看法。

顏氏云：「友人刁蒙吉，翻孟子之言曰，著之而不行焉，察矣而不習焉，終身知之而不由其道者眾也，其所慨深矣」。這是說理學家乃一群知而不行的空談人物。其實，顏元固是重行主義者，朱、王亦是重行主義者。朱子提倡「反躬以踐其實」，又謂「論先後，知為先；論輕重，行為重」。王陽明提倡「知行合一」，含有「即知即行」，鼓勵力行之意。因此，不能說朱、王不重視力行。

他因為重實行，重實用，故連學習誦讀一齊反對。他說：「讀書愈多愈惑，審事愈無識，辦經濟愈無力。」(〈朱子語類評〉)又說：「誦說中度一日，便習行中錯一日；紙墨上多一分，便身世上少一分。」(〈存學〉)又說：「讀書人便愚，多讀更愚。」(《四書正誤・二》)這真是矯枉過正之詞，試問他本人如不讀書，又怎能提倡實學實用而批評朱王呢？

㈢**功利主義與反動機論**　西洋倫理學方面，有動機論與效果論之分，動機論者重視行為的是非善惡之動機；效果論者重視行為的功過利害之結果。董仲舒云：「正其誼不謀其利，明其道不計其功。」這是不重效果的動機論，也是反對功利主義的道義主義。

顏氏重實用，故重功利與效果。郝公函問：「正誼明道二句，似即謀道不謀食之旨，先生不取，何也？」他答覆說：「世有耕種而不謀

收穫者乎？有荷網持鉤而不計得魚者乎？……這不謀不計兩不字，就是老無釋空之根。惟吾夫子先難後獲，先事後得，敬事後食三後字無差。蓋正誼便謀利，明道便計功，是欲速欲助長，全不謀利謀功，是空寂，是腐儒。」（〈言行錄教及門〉）宋儒不重功利是事實，硬說是老釋，不免是一偏之見。孔子曰：「君子謀道不謀食。」又曰：「君子喻於義，小人喻於利。」明明是一種動機論，顏氏故意避而不談，特別指出宋儒不謀生、不謀食的動機論，是一種錯誤。

西洋人亦有從效果論去反動機論的，但動機論自有其存在的價值。曾國藩說：「莫問收穫，但問耕耘」，這是個人修養的一種高尚工夫，與一般農夫耕田、漁夫釣魚網魚不同。農夫耕耘的目的在收穫，漁夫釣網的目的在得魚，志士仁人以及慈善家、宗教家、哲學家、思想家正義明道的目的在傳道與行道，不在自己的功利，這與「君子謀道不謀食」，「喻於義」，夷齊餓死首陽，吳鳳捨生臺灣，同其意義。

㈣學教治合一的教育觀　顏氏提倡實用主義與功利主義，故提倡學教治合一。他說：「故古之小學，教以洒掃應對進退之節，大學教以格致誠正之功，修齊治平之務。民舍是，無以學，師舍是，無以教，君相舍是，無以治也。迨於魏晉，學政不修，唐宋詩文是尚，其毒流至今日。國家之取士者，文字而已，賢宰師之勸課者，文字而已；父兄之提示，朋友之切磋，亦文字而已。周禮大司徒，以鄉三物教萬民而賓興之：一曰六德──知、仁、聖、義、忠、和。二曰六行──孝、友、睦、姻、任、恤。三曰六藝──禮、樂、射、御、書、數。鄉大夫三年則大比，考其德行道藝，而興賢者能者，鄉老及鄉大夫，師其吏與其眾寡以禮。」（〈存治〉）這是說古代教育是政教合一或建教合一的，即學即用的，後代以文字取士，以致學非所用，用非所學。所以他主張仍要效法古代以「三物」教萬民。

《書經》云：「德惟善政，政在養民。水、火、金、木、土、穀，惟修。正德、利用、厚生，惟和。」前六者稱六府，後三者稱三事，他持實用主義與功利主義，認為教育應重視六府三事。毛奇齡作〈李孝愨墓表〉，談及顏氏教育思想有云：「顏習齋……謂聖人無心學，乃自立為學次第，雜取少儀，內則諸篇，定幼學（即小學校）之準；而以古文禹謨（《尚書》）李氏《周官經》所云六府三事三物，為節目究竟。」

他六十二歲時，應肥鄉漳南書院聘，為立規制，有文事武備經史藝能諸科，都是以實學實用為範圍。

㈤**理氣合一的人性論** 顏氏對於人性問題，反對程朱的理氣二元論。

他說：「程子曰：有自幼而善，有自幼而惡，是氣稟有然也。（〈明道語〉）朱子曰，纔有天命，便有氣質，不能相離，而又曰既有此理，如何惡？所謂惡者，氣也，可惜二先生之高明，隱為佛氏六賊（聲、色、香、味、觸、法）之說浸亂，一口兩舌，而不自覺。若謂氣惡，則理亦惡，若謂理善，則氣亦善，蓋氣即理之氣，理即氣之理，烏得謂理純一善，而氣質偏有惡哉？譬之目矣，眶皰睛，氣質也，其中光明，能見物者，性（理）也，將謂光明之理（性），專視正色，皰睛乃視邪色乎？余謂光明之理（性），固是天命，眶皰睛，皆是天命，更不必分何者是天命之性，何者是氣質之性，只宜言天命人，以目之性，光明能視，即目之性善，其視之也，則情之善，其視之詳略遠近，則才之強弱，皆不可以惡言。蓋詳且遠者固善，即略且近，亦第善不精耳，惡於何加？」（《顏習齋學案》）他反對朱子的天地之性（天命之性）有善無惡，氣質之性才有善惡說，認為理（性）即氣之理，氣即理之氣，理氣既是合一的，怎能說理善氣惡呢？

　　然則惡何由而來呢？顏氏以為「惡者，引蔽習染也」。故又云：
「氣質與性（理），是一是二，而可謂性本善，氣質偏有惡乎？然則
惡，何以生也？則如衣之著塵觸汙，人見其失本色，其厭觀也，命之
曰汙衣，其實乃外染所成；有成衣即汙者，有久而後汙者，有染一二
分汙者，有三四分以至什百全汙。不可知其本色者，然只須……澣滌，
以去其染著之塵汙已耳。」（《顏習齋學案》）

　　顏氏宗孟子，認為人性本善，其所以不善者，由於「習相遠」（孔
子語），即引蔽習染，可見他是以孔孟原語駁程朱氣質之性，而說明
惡的來源。

　　㈥性形合一的人生觀　朱子謂：「人得天地之理以為性，得天地
之氣以為形。」由理氣二元論產生了性形二元論。顏氏反之，特提倡
形性合一的人生觀。他說：「堯舜周孔之言性也，合身言之，故曰有
物有則，堯舜性之，湯武身之。堯舜率性而出，身之所行，皆性也，
湯武修身以復性，據性之形以治性也。孔門後惟孟子見及此，故曰形
色天性，惟聖人然後可以踐形。形、性之形也，性、形之性也，舍形
則無性矣，舍性亦無形矣，失性者據形求之，盡性者於形盡之，賊其
形，則賊其性矣。」（《顏習齋學案》）原來朱子的性形二元論乃由理氣
二元論而來，他的性形合一論亦與理氣合一論相通。他既以理氣合一
論駁朱子的理氣二元論，故亦以性形合一論駁朱子的性形二元論。

　　按「性」與「心」相連，「形」與「物」相關。朱子的性形二元
論，可稱心物二元論；他的性形合一論，可叫心物合一論。推而上之，
「理」與「性」及「心」相連，「氣」與「形」及「物」相關，故朱
子的理氣二元論，有時可以心物二元論釋之，顏氏的性形合一論，有
時可以心物合一論釋之。

　　然而性與形乃是「一而二」，「二而一」的東西，自其「二而一」

來看，乃是合一的，即所謂「性、形之性也；形、性之形也」。但自其「一而二」來看，堯舜率性而修身，湯武修身以復性，正證明在修養方面，可以分別來做工夫。夫天下堯舜甚少，待修身以復性者芸芸眾生，到處皆是。著者以為修身以復性與去人欲明天理相似，故朱子的理欲二元論與顏氏的性形合一論，在本質上固有區別，在修養上卻是相反而相成。因此，著者嘗謂程朱的明理去欲工夫，陸、王既未超越，顏氏亦未駁倒，連戴東原亦未軼出其範圍（詳後）。

㈦結論　很多人以為「崇禎非亡國之君」，而大明江山卒不能保，對此表示驚疑與同情，乃於痛定思痛，嚴加檢討，本《春秋》責備賢者之義，以為明之亡「亡於理學」，尤其歸罪於程朱。倘以今日眼光來看，程朱遠在宋代，明代固有其信徒，但不如王陽明學派之盛，何以能負「亡國」之責？即就王學言，李卓吾等固入於狂禪，縱影響社會風氣，亦難負「亡國」之責，何況他已被社會指摘與政府處分呢？

無論程朱、陸王那一派，明末既未加以重用，即不能加以亡國之罪。真正應負責任者，應為主持軍政大計之近臣與重臣，顏元初宗程朱，後重實學，乃從實用主義、功利主義之立場，將亡國與敗壞學風之責任加諸程朱身上，這真是「欲加之罪，何患無詞」！

中外哲學家、思想家、文學家、政治理論家，多是批評過去，不滿現在，指導未來的。顏元因亡國之痛而批評過去，本亦情有可諒，但因反對理學，反對談心性，連讀書與著作一律痛斥，則不免意氣用事。

顏元的哲學思想多出自反面，即由破疑而立信，其實用主義與重行主義由反理學之空疏而出，其功利主義由反董仲舒之動機論而出，其理氣合一論與性形合一論，由反朱子之理氣二元論與性形二元論而出。《道德經》云：「反者道之動」，或者由此得一新解釋。

至於他的教學治合一論與現代的建教合一論相符，性形合一論
與現代的心物合一論暗合，實用主義與杜威哲學相通，力行主義可矯
空談之流弊，倒也值得提倡。

貳、李塨的哲學思想

李塨（西元一六五九～一七三三年），字剛主，號恕谷，河北蠡
縣人，康熙庚午舉人。父明性，學行為鄉里所式，顏習齋師事之。其
本人對習齋雖有不敬之處，但使其子往學焉。顏習齋以三物、六行、
六藝為學之本，期於經世致用，李塨盡受之。又學數、學射御、學書，
並從王五公學兵法，從毛西河學樂律。習齋、西河常攻擊程朱，李塨
亦反理學。

李塨為學，始終一守習齋家法，所輯小學稽業，大學辨業，及學
規論學，以補習齋所未備。習齋以六藝立教，李塨講禮讓為國，並以
為自治治人，非禮不行，農乃國本，食為民天，而兵則所以衛民，故
於田賦、郊社、禘祫、宗廟，皆有考，期可見之實用。晚遷居博野，
建習齋祠堂，收召學生治農圃以終，年七十有五。所著書今傳刊者，
有《周易傳註》七卷、《笨考》一卷、《詩經傳註》八卷、《春秋傳註》
四卷、《論語傳註》二卷、《大學傳註》一卷、《中庸傳註問》一卷、
《大學傳註問》一卷，《論語傳註問》一卷等。今分其哲學思想為：
⑴論理學亡明，⑵理事合一論，⑶敬事合一論，⑷論人心與私欲等。

㈠**論理學亡明**　李塨反宋學，亦反明學（王學），他以明朝亡國
之責加於理學，故〈與方靈皋書〉云：「宋後二氏學興，儒者浸淫其
說，靜坐內視，論性論天，與夫子之言，一一乖反。而至於扶危定傾，
大經大德，則拱手張目，授其柄於武人、俗士。當明季世，朝無一可
倚之臣，坐大司馬堂批點左傳，敵兵臨城，賦詩進講，覺建功立名，

俱屬瑣屑。日夜喘息著書，曰此傳世之業也。卒至天下魚爛河決，生
民塗炭。嗚呼！誰實為此，無怪顏先生之垂涕泣而道也。」他認為理
學誤國，實為生民塗炭之階梯。

他又說：「高者談性天，撰語錄，卑者疲精神於舉業，不惟聖道
之禮樂兵農不務，即當世之刑名錢穀亦懵然罔識。而搦管呻吟，自吟
有學。中國嚼華吮毫之一日，即外夷秣馬厲兵之一日。卒之盜賊蠭起，
大命遂傾，而天下乃以二帝三王相傳之天下授之塞外。」（〈書明劉戶
部墓表後〉）他和習齋一樣，痛定思痛，檢討亡國之因，對於理學大
肆攻擊。本來理學家少講兵農錢穀，是一大錯誤，但此只可責之於理
學之教書先生（朱、王之門徒及私淑），不可責朱、王本人，因他們
並非不懂刑名錢穀，朱子從政既所至有政績，陽明則在軍事方面更立
了大功。

(二)**理事合一論**　朱子對於道與理有很多見解。《易》云「形而上
者謂之道」，朱子謂「形而上者則是理也」，就是以理釋道，把理置於
事物之上。又謂「惟天下之物，莫不有理」，就是把理置於事物之中。

李塨反對置理於事物之上，只承認理在事物之中。他說：「理氣
不可分而為二。又曰：先有是理，後有是氣，則又是二矣。」他認為
理氣二元論是不合理的，又說：「理只是『條理』。在天在人通行者，
名之曰『道』，理字則聖經甚少。中庸『文理』，與孟子『條理』，同
言道秩然有條，猶玉有脈理，地有分理也。《易》曰：『窮理盡性以至
於命』，理見於事，性居於心，命出於天，亦條理之義也。」（《論語傳
注問》）他在別處也說：「以陰陽之氣之流行也，謂之道。以其有條理
謂之理。」（《周易傳注》）又說：「夫事有條理曰理，即在事中。今曰
理在事上，是理別為一物矣。天事曰天理，人事曰人理，物事曰物理。
詩曰：『有物有則』，離事物何所為理乎？」（同上）按朱子言理，除視

為理則與道理、原理之外，還視為理性與太極等，而李塨則只視為理則與原理，只就事物言理，故倡理事合一論。

㈢**敬事合一論（反主敬）**　理學家（程朱）在「道問學」方面講窮理，在「尊德性」方面講主敬（居敬）。程伊川云：「涵養須用敬，進學則在致知。」朱熹云：「窮理以致其知，反躬以踐其實，而以居敬為之本。」胡適云：「致知一方面，程、朱一派與陸王一派大不相同，紛爭不了。但主敬一方面，無論是程、朱，是陸、王，總沒有人敢公然出來否認的。顏、李之學始大聲疾呼地指出，宋儒的主敬只是佛家打坐的變相，指出離事而說敬，至多不過做到禪門的惺惺寂寂，毫無用處。」（《戴東原哲學》）李塨云：「宋儒講主敬，皆主靜也。主一無適，乃靜之訓，非敬之訓也。」他引潘用微（寧波人，與黃宗羲、萬斯同同時，著有《求仁錄》等書）之言曰：「必有事之謂敬，非心無一事之謂敬。」他自己又云：「聖門不空言敬。『敬其事』、『執事敬』、『行篤敬』、『修己以敬』，孟子所謂必有事也。」（以上皆見《傳注問》）當日一班排斥陸王而擁護程朱的人，如張伯行之流，都說陸王主靜而不主敬，所以入於禪。李塨則說程朱之主敬亦是主靜，程朱亦入於禪。

本來，主靜為周子之教，程子則易以主敬。李塨則說：「主靜立人極，周子之教也。靜坐雪深尺餘，程朱之學也。半日靜坐，半日讀書，朱子之功課也。然則主靜正宋儒學也。」（《年譜》）

㈣**論人心非私欲**　朱子釋道心人心云：「道心者天理之奧也，人心者人欲之萌也。」這裡的人欲本指私欲而言，非指合理之欲而言。李塨反對朱子見解說：「先以人心為私欲，皆誤。『人心惟危』，謂易引於私欲耳，非即私欲也。」朱子固視人欲為私欲，但未直指人心為私欲，只說人心為私欲之萌芽處而已。

他又說：「今指己之耳目而即謂之私欲，可乎？……今指工歌美

人而即謂之私欲，可乎？其失在『引』『蔽』二字，謂耳目為聲色所引蔽而邪僻也。不然，『形色，天性』（孟子語），豈私欲耶？」（《大學辨業》）他受習齋以「惡」由於引蔽習染說之影響，故認為耳目之欲非私欲，惟為聲色所引蔽才是私欲，但如照荀子的看法，耳目之欲與好聲色是相連的，是放在性惡方面的。

　㈤**結論**　顏元反動機論，李塨亦反動機論；顏元重實學實用，李塨亦重視實學實用；顏元以理氣合一論、性形合一論反朱子的理氣二元論，李塨則以理事合一論反理氣二元論。兩人都反對主敬與主靜，而李塨則有敬事合一論。兩人都指理學為陷於禪，李塨則更打擊王學。

　朱子以天理人欲釋道心人心，既遭到了陸、王的批評，又遭到了李塨的攻擊。

　朱子的理氣二元論及理先氣後說，遭到清儒多人的反對。朱子雖有理氣合一論，似未為他們所注意。否則，他們提倡理氣合一論以攻擊朱子的理氣二元論，便等於以朱子攻朱子了。

　顏元在政治方面主張恢復井田制度，李塨力予贊成，這在原則方面要求均地均產是無可厚非的，但在事實方面則有困難。孫先生知其困難，乃在原則方面，「師井田之遺意」，在事實方面，實行平均地權，真是「棋高一著」。不過清初學者對於西洋經濟學說很少研究，希望他們發明平均地權，當然是不容易的事情。

第三節　戴東原的哲學思想

　戴東原（西元一七三二～一七七七年）名震，清代安徽休寧人。清高宗乾隆間舉人，四庫開館，薦充纂修，賜同進士出身，授庶吉士。

東原自幼好追原窮理，讀書每字必問，盡通《說文解字》及十三經。
後學於江永，其學益進，禮經制度名物及推步天象，皆洞澈本原。其
為學由聲音文字以求訓詁，由訓詁以尋義理，實事求是，不主一家。
除考證學可稱登峰造極外，其哲學亦很有獨創之見，在《孟子字義疏
證》、《原性》、《原善》諸書中，可以看到他的哲學思想。這裡分：⑴
論理氣，⑵論人性，⑶論理欲，⑷宇宙哲學等。

壹、反宋學與論理氣

⑴**論理（何謂理）**　戴氏論理與程朱大異，他說：「凡理者，方
圓、長短、麤靡、堅脆之分也。」又說：「理者，察之而在物之質曰肌
理，曰腠理，曰文理。得其分，則有條而不紊，謂之條理。……幾微
必區以別之名也，是故謂之分理。樂記曰：『樂者，通倫理者也。』鄭
康成註云：『理、分也。』古人所謂理，未有如後儒之所謂理者矣。」
（《孟子字義疏證・一》）戴氏所謂「理」只就說文解字而言，分理為
肌理、腠理、文理、條理、倫理、分理等，是考據的，不是哲學的；
是狹義的，不是廣義的。

程朱所謂理既包括天理、物理、事理、人理（倫理）、條理、義
理、文理等，又包括理性或性、道與太極等。換言之，程朱所謂理，
是哲學的，不以說文解字為限，是廣義的，不是狹義的。

著者研究宋明理學的結果，知道「理」與「道」通，廣義的道，
既含宇宙萬物的法則（理則或原理）之義，亦含宇宙萬物的本質（根
源或基本元素）之義。《道德經》中所謂「人（王）法地，地法天，
天法道」，這個「道」是就法則或理則言；又謂「道生一，一生二，
二生三，三生萬物」，這個「道」是就本質或基本元素言。宋儒所講
的「理」，亦含這兩方面之義，而戴氏以狹義之理去駁程朱廣義之理，

試問如何駁得倒呢？

㈡**論理氣**　宋儒論理氣，本以《易經》的道和器為本。《易》云：「形而上者謂之道，形而下者謂之器。」朱子謂「形而上者，則是理也」，又謂「人物得天地之理以為性，得天地之氣以為形」，因此產生他的理氣二元論的形而上學。這裡以「理」釋「道」、以「理」釋「太極」的哲理，似非戴東原及其他一部分清儒所能領悟。

著者曾言，朱子既有理氣二元論，亦有理氣合一論及理先氣後說。朱熹說：「人之所以生，理與氣合而已。天理固然浩浩不窮，然非是氣則有是理而無所湊泊，故二氣交感，凝結生聚，然後是理有所附著。」朱子固說過「理先於氣」，但又說「氣凝聚處，理便在其中」。這是說，氣未凝聚之先，理便存在，等到氣凝聚之後，理便與氣合一，無是氣則是理無掛搭處。

這個理，無論視為本質或法則（理則），它既可存在於天地萬物之先，亦可附著於天地萬物之上，又可具於吾心之中。而戴氏未了解宋儒這些見解，乃加以批評說：「宋儒以理為如有物焉，得於天而具於心，人之生也，由氣之凝結生聚，而理則湊泊附著之。……其所謂理，別為湊泊附著之一物，猶老、莊、釋氏所謂『真宰』『真空』之湊泊附著於形體也。理既完全自足，故不得不分理氣為二本而咎形氣（按朱子曾將理、性列於形而上，氣形列於形而下，而倡理氣二元論；又在〈中庸序〉中，將「形氣之私」與「性命之正」相對以釋人心與道心），蓋其說雜揉傅合而成，令學者眩惑。」（《孟子疏證・上》）

如就廣義的理來看，理既在事物之先，亦在事物之上和吾心之中，則朱子所謂「理附著於氣」的理氣合一論本用不著眩惑；但如必欲使朱子所講的理氣與佛老相配，而又未加詳細說明，則不僅一般學者眩惑，連戴氏本人亦必感到眩惑了。

　　戴東原進一步以受佛老之蔽評程朱：「在老莊釋氏，就以身分言之，有形體，有神識，而以神識為本。推而上之，以神為有天地之本，遂求諸無形無跡者為實有，而視有形有跡者為幻，故別形神為二本。」這是他指程朱的理氣二元論（即性形二元論或稱神形二元論）來自老、莊、釋氏，因為在清初與宋明一樣，只要將一個人的學問打入佛老，便算辯勝了。

　　所以他說：「宋儒以形氣神識同為一己之私，而理得於天。推而上之，於理氣截之分明，以理當其無形無跡之實有，而視有形有跡者為粗，故別理氣為二本。」（《孟子疏證・中》）其實，朱子的理氣二元論與其神形（性形）二元論是相通的，所謂「得天地之理以為性，得天地之氣以為形」是，他並未將神識（性）置於理之下或理之外，而且他的理氣二元論，乃來自《易經》的「道」「器」上下論，與老莊的無神論及釋氏的有神論，似不必連在一起。

貳、反宋學與論人性

　　戴氏論性，引《大戴禮記》之言曰：「分於道謂之命，形於一謂之性。」他解釋說：「言分於陰陽五行以有人物，而人物各限於所分以成其性。陰陽五行，道之實體也。血氣心知，性之實體也。有實體，故可分。惟分也，故不齊。古人言性惟本於天道，如是。」（《孟子字義疏證・十六》）所謂「分於陰陽五行以有人物」，仍是周濂溪《太極圖說》及程伊川「顏子所好何學」中的見解。

　　他又說：「分於道者，分陰陽五行也。一言乎分，則其限之於始，有偏全厚薄清濁昏明之不齊，各隨所分而形於一，各成其性也。」（同書二十）這是說人與萬物各分於道（陰陽五行）而成性，人與物之性不齊，人與人之性亦不齊，因為不齊，故有偏全厚薄清濁昏明之分，

這仍是邵子及程朱的主張（氣有清濁說），惟強調「血氣心知」之性，比較是他自己的主張。

有人以「血氣心知」為唯物論，著者以為血氣可視為物質，心知可視為精神，仍是心物合一的。因為血氣有欲有情，心知知禮知義，朱子分性為氣質之性與天地之性為二，他是合氣質之性與天地之性為一，故說：「有血氣則有心知，有心知則學以進於神明，一本然也。」（《孟子字義疏證・上》）可知他反對人性二元論，而主張人性一元論。

他說：「記曰：『夫民有血氣心知之性，而無哀樂喜怒之常。應感起物而動，然後心術形焉。』（《禮記・樂記》）凡有血氣心知，於是乎有欲。性之徵於欲，聲色臭味而愛畏分。既有欲矣，於是乎有情。性之徵於情，喜怒哀樂而慘舒分。既有欲有情矣，於是乎有巧與智。性之徵於巧智，美惡是非而好惡分。生養之道，存乎欲者也。成通之道，存乎情者也。二者自然之符，天下之事舉矣。盡美惡之極致，存乎巧者也；宰御之權，由斯而出。盡是非之極致，存乎智者也；賢聖之德，由斯而備。」（《原善・上五》）血氣心知之性，含有欲與情，故有巧與智；有巧與智，故能明美惡別是非，而生「宰御之權」，而備「聖人之德」。荀子以為惡出於欲，善出於知，欲是壞的，故主張節欲；戴氏以為智出於欲，欲是好的，故主張遂欲，反對去人欲。

參、反宋學與論理欲

戴氏主張遂欲，故重視飲食男女之大欲，及死亡貧困之大惡。他說：「凡血氣之屬，皆知懷生畏死，因而趨利避害，雖明暗不同，不出乎懷生畏死者同也。」假設人人去人欲，以致「使飲食男女與夫感於物而動者，脫然無之，以歸於靜，歸於一，又焉有羞惡，有辭讓，有是非？此可以明仁義禮智非他，不過懷生畏死，飲食男女，與夫感

於物而動者之皆不可脫然無之。……古賢聖所謂仁義禮智,不求於所謂欲之外,不離乎血氣心知。」(《孟子字義疏證・二十一》)這裡很明顯不贊成理學家主靜、主一、存天理、去人欲等主張。

孟子將人所獨具之理性置於人性中,以為人性具有仁義禮智四善端,故主性善,並主張用修養方法去發揚天賦的良知。荀子將人與獸共具之獸性置於人性中,以為人性具有好利、好鬥、好色三惡端,故主性惡,並主張用教育力量去矯正天生之劣根性。朱子分人性為天地之性與氣質之性,將人所獨具之理性,置於天地之性中,將人與獸共具之獸性,置於氣質之性中,故主張存天理(發揚理性或良知),去人欲(消除獸性或劣根性)。戴東原將人與獸所共具之獸性,與人所獨具之理性,混而為一(合理欲為一),故反對存天理去人欲。

五四運動之後,有些打倒孔家店者,罵儒家以「禮」殺人。前此,維新運動時期,譚嗣同反對倫常名教,謂擁護名教者以「名」殺人。戴東原反宋學,認為宋儒之所謂「理」,同於酷吏之所謂「法」;酷吏以「法」殺人,宋儒遂以「理」殺人。其態度之激烈,不無矯枉過正。

《孟子字義疏證・上》載:「或問宋以來之言理也,其說為不出於理,則出於欲;不出於欲,則出於理。故辨乎理欲之界,以為君子小人,於此焉分。今以情之不爽失為理,是理者,存乎欲者也。然則無欲非歟?」東原曰:「孟子言養心莫善於寡欲,明乎欲不可無也,寡之而已。人之生也,莫病於無以遂其生。欲遂其生,亦遂人之生,仁也。欲遂其生,至於戕人之生而不顧者,不仁也。不仁實生於欲遂其生之心。使其無此欲,必無不仁矣。然使其無此欲,則於天下之人生道窮促,亦將漠然視之。己不必遂其生,而遂人之生,無是情也。然則謂不出於正則出於邪,不出於邪則出於正,可也。謂不出於理則出於欲,不出於欲則出於理,不可也。」

馮友蘭先生說：「此等辯論，如有結果，須先明宋儒所謂人欲，是何所指？飲食男女之欲，宋儒並不以為惡，特飲食男女之欲之不『正』者，換言之，即欲之失者，宋儒始以為惡耳。朱子謂欲為水流之至於濫者；其不濫者，不名曰欲也。故宋儒是以為惡之欲，名為人欲，實為私欲；正明其為欲之邪者耳。如『欲遂其生，至於戕賊他人而不顧』之欲，東原所謂『私』者，正宋儒所謂『欲』也。東原所立邪正之分，細察之與宋儒理欲之分，仍無顯著的區別。」（見《中國哲學史・下》）著者贊成馮先生所說，蓋朱子天理人欲之分沒有什麼錯誤，東原所評只是一種誤解。

就政治思想言，戴氏說「君子之治天下也，使人各得其情，各遂其欲，勿悖於道義。君子之自治也，情與欲使一於道義。夫遏欲之害，甚於防川，絕情去智，充塞仁義」。就治民說，要遂人之欲，也是有道理的。

我們究竟要去人之欲或節欲，還是要遂人之欲或養人之欲，著者認為應分別立論。在道德訓練或人格修養方面，要去人欲或節欲；在經濟建設或民生休戚方面，要遂人之欲或養人之欲，二者並行而不悖，故孔子一面講「足食」，一面講「寧儉」。管子一面講四維與節約，一面講富民與生產。孟子一面主張「教以人倫」與「寡欲」，一面主張「制民之產，……必使養生喪死無憾」。戴氏之理論（遂欲）可用於經濟建設，以解決民生問題，可列於經世之學；朱子的理論（存天理去人欲），可用於教育與道德建設，以解決修養問題，本為性命之學的基礎。

肆、戴東原的宇宙哲學

戴東原在宇宙哲學方面，除反宋儒外，尚有其自己的見解，茲述

其：⑴生生的宇宙論，⑵氣化的形上說。

㈠**生生的宇宙論**　戴東原對於道與行、道與陰陽與五行、道與生生不息的關係，都有其自己的見解。他說：「道猶行也，氣化流行，生生不息，是故謂之道。《易》曰：『一陰一陽之謂道。』〈洪範〉『五行：一曰水，二曰火，三曰木，四曰金，五曰土。』行亦道之通稱。（原注：《詩》載馳：「女子善懷，亦各有行。」《毛傳》云：「行，道也。」竹竿：「女子有行，遠兄弟父母。」《鄭箋》云：「行，道也。」）舉陰陽則賅五行，陰陽各具五行也。舉五行即賅陰陽，五行各有陰陽也。」（《孟子字義疏證・十六》）周子援道入儒，以五行與陰陽並論，戴氏仍襲其說而加以發揮。

著者認為就宇宙萬物之本質言，道含陰陽而為萬物之本質；就宇宙萬物演化之法則言，道為陰陽運行之法則（朱子云所以陰陽者道（理）也）。戴氏釋「道」為「行」，只是指出道的一面（法則方面）罷了。

著者又認為就本質言，五行為宇宙萬物的五個基本元素；就現象言，則五行相生相勝而運行不已。戴氏以「道」釋「行」，亦只是指出了五行運行的現象而已。

嚴格一點說，道（法則或道路）是陰陽五行運行的軌道或規律；行是陰陽五行運行的現象或歷程。兩者固有其密切關係，但並非完全相等。

他又說：「道，言乎化之不已也。……生生者，化之原。生生而有條理者，化之流。」（《原善・上章一》）「一陰一陽，蓋言天地之化不已也，道也。一陰一陽，其生生乎？其生生而有條理乎？」（《原善・上三》）他既將「道」與「行」連接起來，故將陰陽「運行」與「生生」或「生化」合而為一。周濂溪在《太極圖說》中，由陰陽講到五

行，由五行講到萬物生生，而變化無窮焉。戴氏似受其影響，而提倡生生的宇宙論。

《易》曰：「生生之謂易。」又曰：「天地之大德曰生。」戴氏在《原善‧上四》云：「《易》曰：『天地之大德曰生。』氣化之於品物，可以一言盡也，生生之謂歟？」(《原善‧上四》) 這種主張，既與《易經》的「生生之謂易」有關，亦與《列子》書中的生生化化說有關，又與周子的《太極圖說》有關。

㈡氣化的形上說　朱子本理氣二元論，去釋《易經》的「形而上者謂之道，形而下者謂之器」有云：「陰陽，氣也，形而下者也。所以一陰一陽者，理也，形而上者也。道即理之謂也。」戴氏反對朱子的主張云：「氣化之於品物，則形而上下之分也。形乃品物之謂，非氣化之謂。……形謂已成形質，形而上猶曰『形以前』，形而下猶曰『形以後』(原注：如言「千載而上，千載而下。」《詩》：「下武維周。」《鄭箋》云：「下猶後也。」) 陰陽之未成形質，是謂形而上者也，非形而下，明矣。『器』言乎一成而不變，『道』言乎體物而不可遺。不徒陰陽非形而下，如五行水火木金土，有質可見，固形而下也，器也。其五行之氣，人物咸稟受於此，則形而上者也。」(《孟子字義疏證‧十七》) 朱子以太極為形上者，陰陽為形而下者。陸象山引《易經》「一陰一陽之謂道」，謂陰陽也是形而上者。戴氏反對列陰陽於形而下，類似陸象山的見解；他以成形質與否解釋形而上與形而下，非常恰當，較陸更為進步。推此，以五行之質為形而下者，以五行之氣為形而上者，則是合理的主張。

伍、結　論

梁啟超著《戴東原》一書，推斷戴氏學說，受了顏元尤其是李塨

的影響，胡適著《戴東原哲學》，也有此種推斷。著者亦認為李氏釋道為通行，戴氏釋道為行；李氏釋理為條理、分理等，戴氏承之。李氏反對以人欲為私欲，戴氏大致相同，而且提倡遂欲。姑無論兩種學說有無直接關係，總是志同而道合的，故將戴氏哲學列於顏、李之後。

顏、李論理，固多狹義，戴氏尤甚，皆與朱子之廣義的理，其範圍有別，故不能視他們戰勝了朱子。

朱子的理氣論，自成一套，有的為戴氏所未及了解，所以戴氏反對朱子的理氣合一論及理氣二元論，皆未搔及癢處。

朱子的理欲論，為一般人的良好修養途徑，天理人欲之別，連王陽明亦未曾打破，戴氏雖欲破之，亦未成功。

朱子本以反佛老自命，而戴氏以蔽佛老斥之，在當時或許收到一點效果，在今日看來，實在沒有什麼意義，即縱使朱子吸收了一部分佛老主張，亦沒有什麼罪過可言。

戴氏反宋學，固不免矯枉過正，但他對於「形上形下」的解釋，頗為通俗而易明，他說五行亦可以分形上與形下，更為精確而合理。他的生生的宇宙論，在中國有其源遠流長的思想脈絡，實在可以獨樹一幟。

戴氏除在哲學方面，有破疑立信與推陳出新的見解外，又好考據，自此考據學者輩出，以漢學（訓詁）反宋學（義理），多脫離哲學的範圍了。雖有陸桴亭（世儀）、張敬庵（伯行）、陸三魚（隴其）、張楊園、應潛齋（嗣寅）、刁用六（蒙吉）、李光地（安溪）等，或宗程朱，而詆陸王，或偏於朱學，而譏王學，要皆新見較少。又有孫夏峰（奇逢）雖出於王學，氣魄獨大，講學不立門戶，有涵蓋之量，其學可取。以下研究曾國藩及康、譚、梁等的哲學思想。

第四節 曾國藩的哲學思想

曾國藩，字滌生，號伯涵（西元一八一一～一八七二年），湖南湘鄉人。清宣宗道光年間進士，累官禮部侍郎。時太平天國起事，他丁憂在家，督練團練，編制鄉勇，助官軍作戰有功。後統率各軍，克復沿江各省，收復金陵，打敗太平天國，為清代中興第一功臣，以功封毅勇侯，並以大學士督任兩江總督及直隸總督，卒於官，諡文正公。

他在思想上宗奉宋儒，尊重忠義名教，遂忠於清廷，因打倒革命英雄洪秀全，民初曾遭國人非議，惟守己誠樸，為官忠貞，後人多稱贊之。其論學謂義理、考據、詞章、經濟四者不可偏廢，頗有融和宋學、漢學、桐城派、經世致用說於一爐之氣概。輯有《經史百家雜鈔》及《十八家詩鈔》，自著詩文甚多，編有《曾文正公全集》。現分(1)宇宙哲學，(2)人生觀，(3)道德修養論，(4)政治觀等。

壹、曾國藩的宇宙哲學

一般以為曾國藩只講人生道德，其實，他對於宇宙哲學亦有不少見解。

㈠**道的對立觀** 《道德經》中有「高下相傾，長短相較」之說，易有乾坤、陰陽、剛柔、動靜相對之論，均是一種對立觀。張載說：「兩不立，則一不可見。一不可見，則兩之用息。」（〈太和〉）張子的兩體，乃指虛實動靜等言。程伊川謂：「盛則便有衰，晝則便有夜，往則便有來。」（《遺書・伊川語》）也就是就理的對立而言。曾國藩說：「天下之道，非兩不立。是以『立天之道，曰陰與陽，立地之道，曰柔與剛，立人之道，曰仁與義』，『乾坤毀則無以見易』」（均見《易經》）。

仁義不明，則亦無所謂道者。」（〈答劉孟容書〉）他是本易理而講道各
有對說（對立觀），亦與老子、張子、程伊川的學說有關。

　　㈡**人物異同論**　周子、程伊川、朱熹等，都講人與萬物及常人與
聖人的比較，曾國藩對此亦有很多見解。

　　甲、萬物同源論　莊子謂「天地與我並生，萬物與我為一」，這
是萬物同源論。朱熹謂「是以人物之生，必稟此理，而後有性；必稟
此氣，而後有形」（〈答黃道夫書〉），這是說萬物同以「理」「氣」為
基礎。陽明謂「蓋天地萬物與人原是一體，……故五穀之類可以養人，
藥石之類皆可以療疾。只為同此一氣，故能相通耳。」（《傳習錄‧下》）
所謂天人一體、萬物同氣，可釋為萬物的基本元素相同。曾國藩謂：
「凡人之生，得天地之理以成性，得天地之氣以成形，我與民物，其
大本乃同出一源。」（《家訓‧一》）這種萬物同源論，與莊子、陽明的
天人一體說相似，而尤以朱熹的理氣二元論為本。

　　乙、人物相異論　就「萬物畢同」講，人與萬物是同源的；自「萬
物畢異」講，人與萬物固然有區別，即普通人與聖人亦是有區別的。
周濂溪謂「二氣（陰陽）交感，化生萬物」，「惟人也得其秀而最靈」
（《太極圖說》），程伊川亦謂「天地儲精，得五行之秀者為人」（見〈顏
子所好何學〉一文），都是說人異於物。朱熹說：「自一氣而言之，則
人物皆受是氣而生；自精粗言，則人得其氣之正且通者，物得其氣之
偏且塞者。惟人得其正，故是理通而無所塞；物得其偏，故是理塞而
無所知。」（《朱子語類‧四》）朱子的理論是上接周、程的，曾國藩則
跟著加以發揮。他在〈答劉孟容書〉中說：「傳曰：『天地溫厚之氣，
始於東北而盛於東南』，此天地之盛德氣也，此天地之仁氣也。『天地
嚴凝之氣，始於西南而盛於西北』；此天地之尊嚴氣也，此天地之義
氣也。斯二氣者，自其後而言之，因仁以育物，則慶賞之事起；因義

以正物，則刑罰之事起。中則治，偏則亂。自其初而言之，太和絪縕，流行而不息，人也，物也，聖人也，常人也，始所得者鈞（同均）耳。人得其全，物得其偏，聖人者既得其全，而其氣質又最清且厚，而其習又無毫髮。……常人者雖得其全，而氣質拘之，習染蔽之，好不當則賊仁，惡不當則賊義，賊者日盛，本性日微，蓋學問之事，自此始也。」他所謂學問之事，是指修養而言。所謂天地之氣與氣質之拘，類似朱子所講天地之性與氣質之性。至於去其「好不當」而返於仁，去其「惡不當」而返於義，與張載所講「形而後有氣質之性，善反之，則天地之性存焉」相似。可見他的論常人與聖人之區別，實在受了張子與朱子的影響。

　　㈢**理一分殊論**　張子著〈西銘〉謂「乾稱父，坤稱母，予茲藐焉，乃混然中處。故天地之塞吾其體，天地之帥吾其性，民吾同胞，物吾與也。……尊高年，所以長其長，慈孤弱，所以幼其幼。……凡天下疲癃殘疾惸獨鰥寡，皆吾兄弟之顛連而無告者也。……存吾順事，沒吾寧也。」論者有以為〈西銘〉含有墨家兼愛思想（著者按，其實「存順沒寧」還有莊子思想），非儒家之正。程伊川為了糾正這種評論，特以「理一分殊」說釋〈西銘〉。朱子發揮其義云：「天地之間，理一而已。然『乾道成男，坤道成女，二氣交感，化生萬物』，則其大小之分，親疏之等，至於十百千萬而不能齊也。不有聖賢者出，孰能合其異而反其同哉？西銘之作，意蓋如此。程子以為『明理一而分殊』，可謂『一言以蔽之』矣。蓋以乾為父，以坤為母，有生之類，無物不然，所謂理一也；而人物之生，血脈之屬，各親其親，各子其子，則其分亦安得而不殊哉？一統而萬殊，則雖天下一家，中國一人，而不流於『兼愛』之弊；萬殊而一貫，則雖親疏異情，貴賤異等，而不梏於『為我』之私；此西銘之大指也。」朱子之意，以為自『理一分殊』

釋之，則西銘不流於墨學，蓋當以墨學為異端，故有此矯枉之辯，如以今日眼光視之，縱有墨學滲入，亦無損於〈西銘〉之偉大。

墨子尚兼愛，主張愛無差等，儒家尚仁愛，認為愛有差別。曾氏贊同後者，他在〈致劉孟容書〉中有云：「吾之身與萬物之生，其理本同一源，乃若其分，則紛然而殊矣（理一分殊說）。親親與民殊，仁民與眾殊，鄉鄰與同室殊。親有敘，賢有等，或相倍蓰，或相什佰，或相千萬，如此其不齊也。不知其分而妄施焉，過乎仁，其流為墨，過乎義，其流為楊。生於心，害於政，其極皆可亂天下，不至率獸食人不止。」這種「理一分殊」的理論，乃受程伊川，朱晦菴等學說的影響，至於張載著〈西銘〉，其本人是否有「理一分殊」的想法，則未可料也。

貳、曾國藩的人生觀

曾氏在國事危岌之中，出任艱鉅，以犧牲奮鬥的精神，完成經世濟民的宏願，其人生觀可分為經世濟民、悲天憫人與動心忍性等。

㈠ **經世濟民的人生觀** 所謂經世濟民的人生觀，是救國救世主義，即以國家天下安危為己任。曾氏在〈答劉孟容書〉有云：「僕之所志，其大者蓋欲行仁義於天下，使凡物各得其分，其小者則欲寡過於身，行道於妻子。立不悖之言，以垂教於宗族鄉黨。」這與孟子所謂「達則兼善天下，窮者獨善其身」稍有不同，倒與「得志與民由之，不得志獨行其道」同其意義。

㈡ **悲天憫人的人生觀** 他在致其弟書中說：「君子之立志也，有民胞物與之量，有內聖外王之業，……故其為憂也，以不如舜不如周公為憂也，以德不修學不講為憂也。是故頑民梗化則憂之，蠻夷猾夏則憂之，小人在位賢才否閉則憂之，匹夫匹婦不己澤則憂之，所謂悲

天命而憫人窮，此君子之所憂也。」(《家書‧一》)這種悲天憫人的胸懷，乃是他一生事功的基礎。

(三)**動心忍性的人生觀**　孟子曰：「天之將降大任於斯人也，必先苦其心志，勞其筋骨，餓其體膚，空乏其身，行拂亂其所為，所以動心忍性，增益其所不能。」

程子解孟子苦、勞、餓、乏、拂亂、動忍等語曰：「若要熟，也須從這裡過。」曾氏曾引此以論磨練工夫，又以自己事實為例，勉勵其弟國荃信中說：「困心橫慮，正是磨練英雄，玉汝於成。李中夫嘗謂余嘔氣從不說出，一味忍耐，徐圖自強。因引諺云：『好漢打脫門牙，和血吞。』此二語為余生平立志之訣。余庚戌辛亥間為京師權貴所唾罵，癸丑甲寅為長沙所唾罵，乙卯丙辰為江西所唾罵，以及岳州之敗，靖江之敗，湖口之敗，蓋打脫門牙之時多矣，無一次不和血吞之。」(〈家書〉)他以這種精神勇往邁進，百折不撓，故能力挽狂瀾，匡救時艱，建樹其非常事業。

(四)**盡人聽天的人生觀**　人生觀中有宿命主義(天命主義)與力行主義(人為主義)，曾氏以赤手空拳，起兵勤王，破太平天國軍，而立大功，其人生觀似應列為力行主義，可是他對於天命亦極重視，在〈答劉孟容書〉中指出：「事功之成否，人力居其三，天命居其七。……文章之成否(成名與否)，學問居其三，天質居其七。秉質之清濁厚薄，亦命也。……然則文之興衰，道之能行能明，皆有命焉。」並認為命也者，吾之所無如何也，學也者吾之所能自勉者也。

他不是一位純天命論者，亦重視人事。他在〈致九弟書〉中說：「凡舉大事，半由人力，半由天事。……吾輩但當盡人力之所能為，至天事則聽之彼蒼而無所容心。」故他嘗說：「盡其在我，聽其在天。」這可稱盡人聽天的人生觀。

㈤**重視動機的人生觀**　西洋倫理學有動機論與效果論之分，動機論者只重視行為之是非善惡，不問行為之成敗利害（功過禍福），效果論者反是。曾氏盡人聽天，又產生重視動機的人生觀，他又在〈致九弟書〉中說：「古來大戰爭，大事業，人謀占十分之三，天意恆居十分之七，往往積勞之人，非即成名之人，成名之人，非即享福之人。」（《家書・七》）他克復武漢安慶，得獲成名，積勞之人即成名之人，天意已公道。以後只求積勞，不問成名，更不問享福，又嘗說「只問耕耘，不問收穫。」重動機（道義）而不重效果（功利），實在令人佩服。

參、曾國藩的道德修養論

曾氏生平治學，雖亦涉及老莊，兼採申韓，但仍以儒家思想為中心，尤其在倫理思想方面，更為彰明。

㈠**慎獨存誠**　《大學》講誠意，《中庸》講誠身，都說君子必慎其獨。曾氏將「慎獨則心安」，列為其日課四條之一。他說：「故能慎獨，則內心不疚，可以對天地，質鬼神，斷無行有不慊於心則餒之時。人無內愧之事，則天君泰然，此心常快足寬平，是人生第一自強之道，第一尋樂之方，守身之先務也。」（《家訓・下》）陽明以致良知為無上快樂，曾氏則以慎獨為無上快樂。

他〈覆賀耦庚函〉云：「竊以為天地之所以不息，國之所以立，賢人之德業之所以可大可久，皆『誠』為之也。故曰：『誠者物之終始，不誠無物。』」（《書札・一》）因此，他一生重視篤實踐履，並以誠樸之精神，挽當日社會的虛浮之氣。

㈡**居敬與程朱**　周濂溪講「主靜立極」，程伊川改為「主敬立極」，並說敬則自靜。朱熹則謂「窮理以致其知，反躬以踐其實，而以居敬

為之本。」曾氏學宗程朱，亦欽周子，對主靜與主敬，各有所重。

他的五箴中，有〈居敬箴〉，內稱「女（同汝）之不莊，伐生戕性，誰人可慢？何事可弛？弛者無成，慢人者反爾。縱彼不反，亦長吾驕，人則下女，天罰昭昭。」這是說一個人要自己莊重，並對人要尊敬，對事要敬業。他又把「居敬則身強」列為日課四條之一，可見他對於「主敬立極」，是如何重視。

㈢**主靜與老莊**　老子《道德經》講虛靜（如云：「不欲以靜，天下將自定。」及「致虛極，守靜篤。」），周子援道入儒，故說：「聖人定之以中正，而主靜立人極焉（自注：無欲故靜）。」曾氏雖學宗程朱，重視居敬，但對於周子主靜立極說，亦為重視。

他在〈主靜箴〉中云：「後有毒蛇，前有猛虎，神定不慴，誰敢予侮！豈伊避人，日對三軍，我慮則一。彼紛不紛。」所謂「神定不慴，誰敢予侮」，是說能主靜則心地安詳，任何毒蛇猛虎，皆不足畏懼了。

他〈致九弟季弟書〉有云：「凡行軍太速，氣太銳，其中必有不整不齊之處，惟有『靜』字可以勝之。」可知靜為行軍取勝的要訣。

曾氏治學從政，雖以孔孟為經，亦常以他家為緯，故有老莊為體，禹墨為用之說，其《聖哲畫相記》，曾錄及莊子，其〈主靜箴〉則以老學為淵源。

㈣**八德與勤儉**　曾氏所謂八德，是指勤儉剛明、孝信謙渾而言。他在日記中說：「『勤儉剛明』四字，皆求諸己之事；『孝信謙渾』四字，皆施諸人之事。『孝』以施於上，『信』以施於同列，『謙』以施於下，『渾』則無往不宜。」「勤儉剛明」四字，雖未分項說明，但其克勤克儉的精神，在家書及日記中到處可以看見。他在〈致彭杏南書〉中有云：「勤字為人生第一要義，無論居家，居官，行軍，皆以勤為

本。」另以「習勞則神欽」，作為日課四條之一。

他在〈稟父母函〉中，有「勤儉本持家之道」一語（《家書・二》）。〈致四弟函〉中，有「儉以養廉」一語，並囑四弟在儉字上加一番工夫。又說：「余教兒女輩，惟以『勤儉謙』三字為主。」（《家書・七》）他自己對於「儉以養廉」，有高度修養，每逢辭職交接，多有大量存款移交下任。

(五)**孝弟與愛敬** 曾氏對家庭，重孝弟。曾子曰：「孝弟也者，其為人之本與？」他在〈致弟書〉說：「今日都將『學』字看錯了，若細讀『賢賢易色』一章，則絕大學，即在家庭日用之間，於孝弟兩字上盡一分，便是一分學，盡十分，便是十分學。」（《家書・一》）他對於父母之盡孝，人人推崇，無話可說。對於諸弟亦至愛護。家書又說：「余生平於倫常中，惟兄弟一倫，抱愧尤深；蓋父親以其所知者盡以教我，而我不能以吾所知者盡教諸弟，是不孝之大者也。」（同上）這是他謙虛之詞，實際上，他對於諸弟，可說是教道有方，督責合理，其家書中致諸弟函，無不情理俱到。

他對宗族鄉黨重和睦，親戚朋友重敬愛。〈致弟書〉云：「至於宗族姻黨，無論他與我家有隙無隙，在弟輩只宜一概愛之敬之。孔子曰：『汎愛眾，而親仁。』孟子曰：『愛人不親反其仁，禮人不答反其敬。』此刻未理家事，若便多生嫌怨，將來當家立業，豈不個個都是仇人？古來無與宗族鄉黨為仇之聖賢，弟輩萬不可專責他人也。」（《家書・一》）和鄰睦族，敬愛戚友，為曾氏的重要修養，雖位高權重，亦不傲鄉里、驕親友。

(六)**改過與反省（悔）** 反省與進德立業有關，尤為修身的要目，曾氏寄其父有云：「男從前於過失，每自忽略，自十月以來，念念改過，雖小必懲。」（《家書・一》）又說：「余自十月初一起，記日記，

念念欲改過自新，思從前與小珊有隙，實是一朝之忿，不近人情，即欲登門謝罪。」（同上）他既有《論語》「過則勿憚改」之精神，亦有廉頗「負荊請罪」之勇氣。

反省改過與悔字有關。他〈致九弟書〉有云：「若能以硬字法冬藏之德，以悔字啟春生之機，庶幾可挽回一二乎？」（《家書・七》）所謂啟春生之機，有由悔而改過遷善之意。

肆、曾國藩的政治思想

曾氏的政治思想，沒有超出儒家的範圍，然亦有他自己的創見，擇其重要者，計有下列各項：

㈠**禮治主義**　崇尚禮治，係儒家的傳統思想，曾氏認為「聖王所以平物我之情，而息天下之爭，內之莫大於仁，外之莫大於禮。」（《王船山遺書・序》）他所以崇尚禮治，把禮看作經世之具，所謂修齊治平，都要秉乎禮。故又說：「古之君子之所以盡其心、養其性者，不可得而見。其修身、齊家、治國、平天下，則一秉乎禮。自其內焉者言之，舍禮無所謂道德，自其外焉者言之，舍禮無所謂政事。」（《雜著・禮條》）他把道德與政事都歸結於禮，其提倡禮治，可謂不遺餘力。

㈡**人治主義**　法家提倡法治主義，強調法律高於一切，主張「王子犯法，與庶民同罪」。儒家崇尚人治，謂「其人存則其政舉，其人亡則其政息」。曾氏繼承儒家思想，崇尚人治，認為「法豈可恃，亦視乎人耳」（《書扎・答林秀山書》）。與孟子所謂「徒法不足以自存」，同其意義。

他在覆毛寄雲信中說：「來示垂詢用人行政，利弊得失，竊以為人存而後政舉，方今四方多難，綱紀紊亂，將欲維持成法，仍須引用

正人，隨事納之準繩，庶不泥於例，而又不悖於理。」(《書扎·十五》)又在日記中說：「治世之道，專以致賢養民為本；其風氣之正與否，則絲毫皆推本於一己之身與心，一舉一動，一語一默，人皆化之，以成風氣。故為人上者，專重修身，以下之效之者，速而且廣也。」這種人治主義的重點，計有：一、人存政舉，二、致賢養民，三、以身作則，四、轉移風氣，都未超出儒家思想的範圍。

(三)**衛道主義** 曾氏授命於危難之際，與洪楊軍隊作戰，並提出扶持名教的政治號召，對太平天國崇奉耶教與破壞人倫道德，予以猛烈攻擊，獲得當時人士的擁護與支持。

他在〈討粵匪檄〉一文說：「自唐虞三代以來，歷世聖人，扶持名教，敦敍人倫，君臣父子，上下尊卑，秩然如冠履之不可倒置。粵匪竊外夷之緒，崇天主之教，自其偽君偽相，下逮兵卒賤役，皆以兄弟呼之。謂惟天可稱父，此外凡民之父，皆兄弟也；凡民之母，皆姊妹也。農不能自耕以納賦，而謂田皆天王之田；商不能自賈以取息，而謂貨皆天王之貨；士不能誦孔子之經，而別有所謂耶穌之說，《新約》之書。舉中國數千年禮義人倫，詩書典則，一旦掃地蕩盡，此豈獨我大清之變，乃開闢以來名教之奇變，我孔子孟子之所痛哭於九泉。凡讀書識字者，又烏可袖手安坐，不思一為之所也。」(《文集·三》)這篇檄文公布後，不僅激發了人民支持名教的熱忱，掀起了文人從軍的高潮，而且壯大了湘軍的陣容，使戰局完全改觀。其所以能轉敗為勝，轉危為安，實得力於衛道主義(扶持名教)的政治號召。

(四)**忠君勤王** 曾氏幼受儒家思想薰陶，忠君愛國，業已形成天性。他在〈致弟書〉中說：「余之意蓋以受恩深重，官至三品，不為不重，堂上則誥封三代，兒子則蔭任六品，不為不榮，若於此時再不盡忠直言，更待何時乃可建言。」(《家書·四》)他自興團練以後，與

洪秀全戰鬥到底，忠貞不貳，就今日民族革命的立場看，或者有無可諱言的錯覺，但自他自己的學養與環境言，實在跳不出忠君與勤王的圈子。

有人說，曾氏起兵與洪秀全決戰，只是為了扶持名教，不是忠君勤王，試問不忠君勤王，又站個什麼地位去打仗？又與什麼軍隊聯合作戰？戰勝或戰敗又向誰報告？所以曾氏之起兵討洪，一面是以扶持名教為號召，一面是以忠君勤王為立場，至於是非功過，任憑後代評論可也。

伍、結　論

清儒學說，可說是以經世致用起，亦以經世致用終，中間雖以「考據」稱盛，到了曾國藩手上，考據僅為詞章、義理、經濟四分之一，而且不被重視。

曾氏日記云：「聖人有所言，有所不言，……禮樂政刑，其所言者也；虛無清靜，無為自化，其所不言者也。吾人當以不言者為體，以所言者為用，……以莊子之道自怡，以荀子之道自克，其誰為聞道之君子乎？」他雖服膺孟子，但不輕視荀子；宗奉孔子，但不輕視老莊。

他於攻克南京後，解散湘軍，尤與老子所云「功成名遂身退天之道」相合。

他又說：「立身之重，以禹墨之勤儉，兼老莊之靜虛，庶於修己治人之術兩得之矣。」他固以儒學為宗，但不忽視道墨二家，故有「老莊為體，禹墨為用」之語。

他在宋明理學中，固佩服程朱，固不免祖朱責王，但有時亦為王辯護。如說：「大率明儒嘗空談，惟陽明能發為事功，乃後儒掊擊，

不遺餘力。」曾氏對此，頗抱不平。有人謂「明季流寇，禍始於王學之淫詖」，曾氏尤不以為然。（〈與朱久香書〉）

他在《聖哲畫相記》中，雖捧程朱而抑陸王，但在〈覆穎州府夏教授書〉中，對兩派學說持調和態度。如說：「朱子道問學，何嘗不洞達本原？陸子尊德性，何嘗不實徵踐履。」又說：「當湖極正，象山、姚江亦江河不廢之流。」

此外，曾氏知兵，曾讀兵家書籍，曉暢戎機，亦重刑罰 ❷，不忽視管子、子產思想，對於佛學亦非一味排斥。由此可以得一結論，曾氏對於義理、詞章、考據，經濟四者，兼容並顧。對於學問、文章、道德、政治，皆有高深之修養。就各派哲學範圍言，以堯舜禹湯文武周公孔孟顏曾為經，以道、墨、法、兵、佛為緯；單就宋明理學言，學宗程朱，不廢陸王，可以說是一位學有所主，又能融會各家的學者，以道德修養為中心，又能兼論宇宙、人生及政治哲理的哲人。

第五節　康有為、譚嗣同、梁啟超的哲學思想

壹、康有為的哲學思想

康有為（西元一八五四～一九二七年）字更生，號長素，廣東南海縣人。幼穎悟，長習經世實用之學於朱九江，後又習《公羊傳》於廖平，又閱讀譯自西籍的政治法律有關書刊，漸起政治改革的思想。

---

❷　曾氏〈勸誡州縣四條〉中第二條標題為「明刑法以清訟」。內稱：「管子、荀子、文中子之書，皆以嚴刑為是，以赦宥為非。子產治鄭，諸葛亮治蜀，王猛治秦，皆用嚴刑以致安。……除莠所以愛苗也，懲惡所以安良也。」

光緒十四年（一八八八）有為以布衣伏闕上書，言興利除弊。十九年
（一八九三）舉於鄉，越二年赴京應試成進士，即提出變法自強的主
張，並聯絡應試士子三千人，上書言時事，稱為「公車上書」。嗣在
廣州開館講學，名「萬木草堂」，與其門人梁啟超等共同鼓吹，展開
維新運動。光緒二十三年（一八九七）再入北京，上書言變法，後組
織保國會，以變法維新、保國保族為宗旨。又上書請統籌全局，德宗
採其主張，即任康氏為總理衙門京章，譚嗣同、楊銳、林旭等共參新
政，下詔頒行各種新政，但為守舊派慈禧太后及榮祿等反對，因而發
生了有名的戊戌政變，幽德宗於瀛臺，捕斬譚嗣同等六人，這就是百
日維新運動。康逃日後與梁啟超等組織保皇會，謀復德宗政權，與同
盟會排滿主張相左，並大開筆戰。辛亥革命成功後，他在海外高唱虛
君共和說。袁世凱任大總統時，他在上海致力於尊孔運動，主張以孔
教為國教。又創《不忍雜誌》，主張復古與守舊。並反對民主，提倡
君主。民國六年曾參加張勳復辟運動，起草復辟宣言，失敗後逃入美
國公使館，繼遁至天津，次年獲赦，遂不問國事，晏居以老。他的著
作，計有《新學偽經考》、《孔子改制考》、《大同書》、《春秋筆削大義
微言》、《春秋公羊傳註》、《孟子大義》等。今述其哲學思想如下：(1)
新考據，(2)人生觀，(3)政治觀，(4)宇宙哲學等。

　　㈠**新考據**　清儒首以經世致用反理學，次以考據（漢學）反義理
（宋學），有為則以自己之考據反他人之考據，即以今文學反古文學，
以《孔子改制考》求經世致用（變化）。

　　甲、新學偽經考　經學本分古文經學與今文經學❸，康有為作

---

❸　今文學與古文學：所謂「今文學」，係指篆體之經書而言。秦始皇焚書之後，
　　六經失傳，漢興求遺書，諸儒亦以六經傳授，共得十四家，漢武帝、宣帝
　　時立於學官，置博士教授，其寫本皆用秦漢時通行之篆體，謂之「今文」。

《新學偽經考》，以為劉歆為王莽之臣，其所偽造之古文學（古文經學），實為新朝一代之學。他說：「歆既飾經佐篡，身為新（新莽）臣，則經為新學。名義之正，復何辭哉？後世漢宋互爭，門戶水火。自此視之，凡後世所指目為漢學者，皆賈、馬、許、鄭之學，乃新學非漢學也。即宋人所尊述之經，仍多偽經，非孔子之經也。」（《新學偽經考》）他視古文經學，一律為新莽之學，一律為偽經，惟有西漢之今文學，才是孔子之經。清儒講考據，以東漢之古文學反宋學，有為則以西漢之今文學，反清儒之古文學。

康有為云：「予……所以考求孔子之道者，既博而且敬矣。始循宋人之途轍，炯炯乎自以為得之矣。既悟孔子不如是之拘且隘也，繼遵漢人之門徑，紛紛乎自以為踐之矣。既悟其不如是之碎且亂也，苟止於是乎，孔子其聖而不神矣。……既乃去古學之偽，而求之今文學。凡齊魯韓之《詩》，歐陽大小夏侯之《書》，孟焦京之《易》，大小戴之《禮》，公羊穀梁之《春秋》，而得易之陰陽之變，春秋三世之義。曰：孔子之道大，雖不可盡見，而庶幾窺其藩。惜其彌深太漫，不得數言而賅大道之要也。乃盡舍傳說，而求之經文。讀至《禮運》，乃浩然而嘆曰：孔子三世之變，大道之真在是矣。……是書也，孔氏之微言真傳，萬國之無上寶典，而天下群生之起死神方哉。」（《禮運·注·序》）因此，他重視《公羊傳》之三世說及〈大同篇〉之太平世，再加以己意，著「大同書」，以發揚三世之義。《大同書》中包括人生

所謂「古文學」，係指用蝌蚪文之經書而言。因西漢之末，有古文經傳出現，如《易》有東萊費直所傳，《書》有孔安國所獻（魯恭王壞孔子宅，欲以為宮，壁中得古文尚書等），《詩》有河間獻王博士毛公所傳，《春秋》有《左氏傳》，《禮》有〈逸禮〉三十九篇等，皆用蝌蚪文所書，謂之「古文學」。東漢末古文學盛行，如馬融、鄭玄皆尊古文學。

觀、政治觀以及宇宙哲學，而以世界大同為中心。

　　乙、孔子改制考　梁啟超認為有為以今文學反對古文學，欲復西漢之古，對東漢經學而求得解放，又著《孔子改制考》，欲復先秦之古，對孔孟學說而求得解放。梁啟超認為有為以六經皆孔子所作：「昔人言孔子刪述者誤也。孔子蓋自立一宗旨而憑之以進退古人，去取古籍。孔子改制，恆托於古，堯舜者，孔子所托也。其人有無不得而知，即有，亦至尋常，經典中堯舜之盛德大業，皆孔子理想上所構成者也。」（《清代學術概論》）據著者的看法，有為認定孔子托古改制，是有其主觀的目的，其目的何在？在於變法，因此，有為喜言「通三統」。所謂「三統」，是指夏商周而言，所謂「通三統」，是說三代政制不同，隨時因革，不必拘泥而不變，這是他提倡變法的理論基礎，可見有為之撰《孔子改制考》，乃有其主觀的目標。

　　㈡人生觀　康有為自萬物有靈論、生物有知說，講到知苦知樂的人生問題。他說：「夫生物之有知者，腦筋含靈。其與物非物之觸遇也，即有宜有不宜，有適有不適。其於腦筋適且宜者，則神魂為之樂。其於腦筋不適不宜者，則神魂為之苦。況於人乎？腦筋尤靈，神魂尤清明，其與物非物之感入於身者尤繁賾。精微急捷，而適不適尤著明焉。適宜者受之，不適宜者拒之。故夫人道只有宜不宜，不宜者，苦也；宜之又宜者，樂也。故夫人道者，依人以為道。依人之道，苦樂而已。為人謀者，去苦以求樂而已，無他道矣。」（《大同書》）他以為普通生物亦知苦樂，人尤其知苦樂，似受了「精神層次說」❹之影響，他由人生知苦樂，而講到避苦求樂，已正式進於人生觀的範圍。

　　西洋哲學家講人生苦樂問題，常以樂為善，苦為不善。康有為說：

---

❹　精神層次說──認為動植物的靈魂處於昏睡狀態，人類較清醒，天神更清醒，即精神層次說。

「人道無求苦去樂者也。立法創教，令人有樂而無苦，善之善者也。能令人樂多苦少，善而未盡善者也。令人苦多樂少，不善者也。」(同上)他以為人生要求樂避苦，宗教家與政治家就是要令人苦少樂多，方謂善政善教，如期真能去苦求樂，惟有實現大同之治(〈善政〉)。

人究竟有多少苦呢？他分析甚詳：

「人生之苦七。一投胎，二夭折，三廢疾，四野蠻，五邊地，六奴婢，七婦女。天災之苦八：一水旱飢荒，二疫癘，三火焚，四水災，五火山，六屋壞，七船沉，八蝗虫。人道之苦五：一鰥寡，二孤獨，三疾病無醫，四貧窮，五卑賤。人治之苦七：一刑獄，二苛稅，三兵役，四階級，五壓制，六有國，七有家。人情之苦六：一愚蠢，二仇怨，三勞苦，四愛戀，五牽累，六願欲。人所尊羨之苦五：一富人，二貴者，三老壽，四帝王，五神聖仙佛。」

人生痛苦何自而來呢？他說：「凡此云云，皆人道之苦，而羽毛鱗介之苦狀，不及論也。然一覽生哀，總諸苦之根源，皆因九界而已。九界者何？一曰國界，分疆土部落也；二曰級界，分貴賤清濁也；三曰種界，分黃白棕黑也；四曰形界，分男女也；五曰家界，分父子夫婦之親也；六曰業界，分農工商之產也；七曰亂界，有不平，不通，不同，不公之法也；八曰類界，有人與鳥獸虫魚之別也；九曰苦界，以苦生苦，傳種無窮無盡，不可思議。」因有九界，故生諸苦。為去諸苦必去九界。「第一曰去國界，合大地也；第二曰去級界，平民族也；第三曰去種界，同人類也；第四曰去形界，口口立也；第五曰去家界，為天民也；第六曰去產界，公生業也；第七曰去亂界，治太平也；第八曰去類界，愛眾生也；第九曰去苦界，至極樂也。」(同上)九界既去，即為世界大同，即為太平世。他似乎以為大同世界的人生觀，才是快樂的人生觀。

㈢**政治觀** 梁啟超說:「今文學之中心在《公羊》。」何休《公羊傳‧注‧自序》云:「其中多非常異義可怪之論。」有為為清末今文學之中心人物,他受了廖平學說的影響,專心研究《公羊》,「不斷斷於其書法義例之小節,專求其微言大義,即何休所謂非常異義可怪者。」(《清代學術概論》)

《公羊傳》中有據亂世,昇平世,太平世之說,有為研究《公羊》,喜言「張三世」❺ 認為這是政治上的三種進化。

《禮記‧禮運》有「大同」、「小康」之說,有為以公羊三世說配之,謂「昇平世」即「小康」,「太平世」即「大同」。因而推衍《禮運》,而作《大同書》。

《大同書》中包括人生觀及政治觀及宇宙哲學,除人生觀已詳前述,宇宙哲學留待後述外,這裡專講政治觀。

上面所述破九界,在人生觀方面是破苦惱,增快樂;在政治觀方面是破國界,進大同。

如何進大同呢? 這裡要講他的十三條理:

一、無國家,全世界置一總政府,分若干區域。

二、總政府及區政府皆由民選。

三、無家族,男女同棲不得逾一年,屆期須易人。

四、婦女有身者入胎教院,兒童出胎者入育嬰院。

五、兒童按年入蒙養院及各級學校。

六、成年後,由政府指派分任農工等生產事業。

---

❺ 張三世:《公羊傳》載:「公子益師卒,何以不日? 遠也。所見異辭,所聞異辭;所傳聞異辭。」其註解稱:所傳聞之世,見治起於衰亂之中(即據亂世),所聞之世,見治升平(即升平世),所見之世,見治太平(即太平世)。康有為為要發揚這三世之義,故喜言張三世。

七、病則入養病院，老則入養老院。

八、胎教、育嬰、蒙養、養病、養老諸院，為各區最高之設備，入者得最高之享樂。

九、成年男女，例須以若干年服役於諸院，若今世之兵役然。

十、設公共宿舍，公共食堂，有等差，各以其勞作所入自由享用。

十一、警惰為最嚴之刑罰。

十二、學術上有新發明者，及在胎教院等五院有特別勞積者，得殊獎。

十三、死者火葬，火葬場比鄰為肥料工廠。

以上十三條理，可視為十三條政綱，或施政方針。

梁氏說：「《大同書》全書數十萬言，於人生苦樂之根源，善惡之標準，言之極詳極辯，然後說明其立法之理由。其最要關鍵在毀滅家族。有為謂佛法出家，求脫苦也，不如使其無家可出。謂私有財產為爭亂之源，無家族則誰復樂有私產。若夫國家，則又隨家族而消滅者也。有為懸此鵠為人類進化之極規。至其當由何道乃能至此，則未嘗言。」「所謂男女同棲當立期限者，是否適於人性，則亦未甚能自完其說」。

有為雖著了《大同書》，然秘不示人，亦從不以此義教學生。自謂今方據亂之世，只能言小康，不能言大同，言則陷天下於洪水猛獸。所以他的維新運動，只是以由據亂世而進於昇平世（小康）為目標而已。

據梁啟超說：「有為著此書時，固一無依傍，一無勦襲，在三十年前，而其理想，與今世（按指民國九年而言）所謂世界主義社會主義者，多合符契，而陳義之高且過之，真可謂豪傑之士矣！」這似乎捧得過火一點，據我們今日分析，有為的《大同書》，可以查出其思

想淵源如下：

甲、有為的世界大同（去國界與去種界）與世界政府之觀念，來自《禮運》的〈大同篇〉、《公羊傳》的太平世說，及西洋的世界主義（有為曾涉獵西學），亦和墨子的兼愛主義及耶穌的博愛主義有些符合。

乙、有為的大同思想，導源於他的人生觀。《大同書》十目錄中，首言「入世界觀眾苦」，最後言「去苦界至極樂」，其化苦為樂的人生觀，很明顯是受了佛學的影響。至於其重要關鍵，在於「毀家族」即「去家界」，更指明「佛法出家，求脫苦也，不如使其無家可出」，可見他是希望超越佛學。又柏拉圖的「共和國」思想，或許也有影響。

丙、「男女同棲不得逾一年，屆期須易人」，這是由「去家界」推演而來，亦許還受到西洋結婚自由與離婚自由的影響。

丁、「婦女有身者入胎教院」，為中國古代胎教之演繹。至於「出胎者入育嬰院」，「兒童按年入蒙養院及各級學校」，成年授以職業，「病則入養病院」，這些主張，一方面是受了斯巴達軍國主義與西洋社會主義學說之影響，一方面乃自《禮運・大同》所推衍而來。

戊、「設公共宿舍與公共食堂」，一方面為洪秀全經濟制度之抄襲，一方面亦與西洋社會主義學說有關。

己、成年男女應服役，乃中國古代徵工制度之翻版，孫先生在地方自治開始實行法中亦有此項規定。又中西經濟學者多有取締游氓或課以重稅之說，孫中山先生在〈民生主義〉最後一講（第四講）最後一段中，即主張取締流氓。有為所謂「警惰為最嚴之刑罰」，不過較他人稍予強調而已。

庚、「死者火葬」完全是佛教的習俗，惟火葬場旁設肥料廠，似為其新見。

辛、「去級界，平民族」，及「去產界，公生產」，既與《禮運・大同》及《大學》平天下說有關，亦是現代社會主義與世界主義的重要主張。

壬、或許有人以為「去類界（破人與鳥獸蟲之別），愛眾生」，不免奇特。其實，「愛眾生」乃佛家的胸懷，不足為奇。程明道說：「仁者以天地萬物為一體者也。」王陽明亦說：「大人者以天地萬物為一體者也。」有為學宗陸王，故此項思想亦不算突出。

自以上九項來看，有為的《大同書》，十九可以找出其思想淵源來。但這並不是說《大同書》完完全全是抄襲，沒有絲毫新見可言，最少九界同破，是他的有體系的完整思想。有人指《大同書》為「揚高鑿深」之言，又有人指為「侈張不實之論」，這未免失之主觀。至於最為人所詬病的「男女同棲不得逾一年」，他是由破家界推演而來，用不著大驚小怪，究竟能否實現，那是另一問題。

(四)**宇宙哲學**　康有為的哲學重點，固在政治觀方面，然亦有自圓其說之宇宙哲學，他在《大同書》中首章說：

「夫浩浩元氣，造起天地。天者，一物之魂質也。人者，亦一物之魂質也。雖形有大小，而其分浩氣於太元，挹涓滴於大海，無以異也。孔子曰：『地載神氣，神氣風霆，風霆流形，庶物露生。』神者，有知之電也。光電能無所不傳，神氣能無所不感。神鬼神帝，生天生地。全神分神，惟元惟人。微乎妙哉，其神之有觸哉。無物無電，無物無神。夫神者，知氣也，魂知也，精爽也，靈明也，明德也；數者，異名而同實。有覺知則有吸攝，磁石猶然，何況於人？不忍者，吸攝之力也。故仁智同藏，而智為先；仁智同用，而仁為貴矣。」（《大同書》）以上所論，包含天人同氣論，或天人一體論，神有知覺說，無物無神說，萬物有靈論，人有不忍之心論等，在中國受了王陽明與儒

道兩家影響。(《道德經》云:「神鬼神帝,生天生地」),在西洋受了萬物有靈論及自然科學的影響。

　㈤**結論**　在康有為之前,考據學已漸轉回到經世致用。曾國藩在考據、詞章、義理之外,加上了經濟,即在求實用,老年更提倡洋務。洋務運動經李鴻章、左宗棠、張之洞而重視船堅砲利,而講到中學為體西學為用。康有為認為船堅砲利尚不足以救世,故主張維新。其主要著作為「新學偽經考」,「孔子改制考」及「大同書」。前兩者屬於破壞的,後者則屬於建設的。

　「新學偽經考」乃以自己的考據,破他人的考據,「孔子改制考」乃有其為變法張本的主觀目標在,我們均不能信以為真。「大同書」包括人生觀、政治觀和宇宙哲學,內中宇宙哲學,乃以生硬的西洋物理學與道儒兩家思想相配,以今日眼光來看,自不免幼稚。其人生觀以解脫愁苦為出發點,受了佛學的影響,由是而產生大同政治思想,引起世人毀多譽少的批評。其「男女同棲不得過一年」,剛與「共產公妻」之說相彷彿;而「死者火葬,火葬場設肥料廠」,以屍體作肥料,自為世人所詬病。至於有為提倡保皇,反對民主共和,擁護張勳反辟,更為國人所唾罵。

貳、譚嗣同的哲學思想

　譚嗣同,字復生,又號壯飛,湖南瀏陽人,(西元一八六六~一八九八年)。父繼洵,乃進士出身,官至甘肅布政使及湖北巡撫。他五歲受書,即審四聲,能屬對;十五學詩,二十學文。自母喪之後,即遭父妾虐待,故自說:「吾自少至壯,遍遭綱倫之厄,涵泳甚苦,殆非生人所能忍受。」他後來反對綱常名教,諒與此種生活有關。自光緒十年至二十年,十年中六次赴南北試,皆不第,這也是他後來反

對八股時文之一因。

三十歲後，盡棄考據辭章，致力於天算格致政治歷史之學，並冥探孔佛之精奧，會通群哲之心法，衍繹南海（有為）之宗旨，乃撰就有名的巨著「仁學」，內含本體論、倫理觀、政治觀。

㈠**本體論**　譚嗣同著《仁學》，以儒家所講之仁，西洋科學家所講之以太 (Ether)，為宇宙萬物的本質，他說：「徧法界、虛空界、眾生界，有至大，至精微，無所不膠粘、不貫洽、不筦絡，而充滿之一物焉。目不得而色，耳不得而聲，口鼻不得而臭味，無以名之，名之曰以太。其顯於用也，孔謂之仁，謂之元，謂之性。墨謂之兼愛。佛謂之性海，謂之慈悲。耶謂之靈魂，謂之愛人如己，視敵如友。格致家謂之愛力，吸力，咸是物也。法界由是生，虛空由是立，眾生由是出。」（《仁學》）孫先生以「以太」釋「太極」，他以「以太」釋「仁」及「元」（董仲舒以元為宇宙的本質），視為宇宙萬物的根源。他又說：「以太之用之至靈而可徵者，於人身為腦。……於虛空則為電，而電不止寄於虛空，蓋無物不彌綸貫徹。腦其一端，電之有形質者也。腦為有形質之電，是電必為無形質之腦。人知腦氣筋通五官百骸為一身，即當知電氣通天地萬物人我為一身也。」這不僅與西洋物理學有關，亦與佛學、墨學、董仲舒的學說有關。他由萬物有「以太」說，講到天人相通與天人一體，在當時亦為新見，可叫做唯仁論。

他所用的詞句，如「目不得而色，……無以名之，名之曰以太。」乃仿《道德經》的修辭。又如「顯於用」，乃仿《易經》的修辭。（《易·繫辭上》第五章有「顯諸仁，藏諸用」之語）

程明道所說「醫書言手足痿痺為不仁，此言最善名狀」，他又說：「仁不仁之辨，於其通與塞之本，惟其仁不仁。通者如電線四達，無遠弗屆，異域如一身也。」可見他的仁的本體論，又可能受了程明道

的影響。

　　當時科學家認為，宇宙萬物皆由七十三種原子(即原質)所造成。他說：「然原質猶有七十三之異，至於原質之原，則一以太而已矣，一故不生不滅。不生故不得言有，不滅故不得言無。」他以「以太」為原子之原子，如今日稱電子、中子、質子等。

　　古代希臘哲學家德莫克里特 (Demokritus) 謂原子 (Atoms) 為宇宙的本質，是不生不滅，不增不減的。譚嗣同謂「以太是不生不滅」的，或受到德氏的影響。

　　㈡**倫理觀**　譚嗣同對於中國固有倫常，多持反抗態度，而欲加以摧毀。

　　甲、衝決網羅　嗣同的《仁學》，首重破壞，他在書中大膽的主張衝決網羅：「初當衝決利祿之網羅，次衝擊俗學，若考據，如辭章之網羅，次衝決全球群學之網羅，次衝決君主之網羅，次衝決倫常之網羅，次衝決天之網羅，次衝決全球群教之網羅，終將衝決佛法之網羅。」

　　大抵維新變法人物，第一步要破壞舊的，第二步要建設新的。康有為如此，譚嗣同亦如此。

　　乙、反對名教與三綱五倫　嗣同在主張衝決一切網羅之中，特別反對名教與三綱五倫。他說：「仁之亂也，則於其名，名忽彼忽此，視權勢之所積；名時重時輕，視習俗之所尚。……俗學陋行，動言名教。……名者，由人創造，以制其下而不能不奉，則數千年來三綱五倫之慘禍烈毒，由是酷矣。君以名桎臣，官以名軛民，父以名壓子，夫以名困妻，兄弟朋友各挾一名以相抗拒，而仁尚有存焉者乎？」

　　曾國藩站在衛道的立場，主張扶植名教；嗣同站在維新的立場，主張打破名教。正可說是立場不同，態度自異。戴東原謂程、朱以「理」

殺人，嗣同謂講名教者均以「名」殺人，用詞雖異，破壞的態度則完全相同。

嗣同在五倫中，除朋友一倫認為尚有平等自由觀念可以保存外，其餘均在他反對之列。他認為要變法，先變五倫；五倫不變，其他無從著手了，故說：「今中外皆侈談變法，而五倫不變，則舉凡至理要道，悉無從起點，又況於三綱乎？」

他又認為三綱之名，為害甚烈，君臣、父子、夫婦之倫，各以名勢相制，而喪失個人自由，他說：「君臣之禍亟，而父子夫妻之倫，遂各以名勢相制為當然，此皆三綱之名之為害也。名之所在，不惟關其口，使不敢昌言，乃禁錮其心，使不敢涉想。……君臣之名，或尚以人合破之，至於父子，則真以為天下之所命，卷舌而不敢議。」他對三綱，下了一個痛恨的結論：「三綱之懾人，足以破其膽，而殺其靈魂。」

㈢**政治觀**　嗣同的政治思想，可分為反對異族統治、反對君主與苟學、提倡變法與世界大同等。

甲、反對異族統治與排斥滿清　嗣同在《仁學》中，首先反對遼、金、元之統治：「天下為君主囊橐中之私產，不始今日，……然而有知遼、金、元之罪浮於前此之君主者乎？其土穢壤也，其人羶種也，其心獸心也，其俗氊俗也。一旦逞其兇殘淫殺之威，以攫取中原之子女玉帛，礪鍥之巨齒，效盜跖之肝人，馬足蹴中原，中原墟矣，鋒刃擬華人，華人靡矣。乃猶以為未饜，峻死灰復燃之法防，為盜憎主人之計。錮其耳目，桎其手足，壓制其心思，絕其利源，窘其生計，塞蔽其智術。……王道聖教、典章文物之亡也，此而已矣！」

他反對遼金元之異族統治後，直接談到滿清之兇惡與殘忍：「彼起於游牧，直以中國為牧場耳。……雖然成吉思汗之亂，西國猶能言

之，忽必烈之虐，鄭所南心史記之，有茹痛數百年不敢言記者，不愈益悲乎?明季神史中之揚州十日記，嘉定屠城記略，不過略舉一二事。當時既縱焚掠之軍，又嚴薙髮之令，所至屠殺虜掠，莫不如是。」

這是就以往滿清入關時之事而言，接著談到當時割讓臺灣的事情：「臺灣者，東海之孤島，……則舉而贈之與人……。尚有十八省之華人，宛轉於刀碪之下，瑟縮於販賣之手，方命之曰：『此食毛踐土之分然也。』夫果誰食誰之毛? 誰踐誰之土? ……吾願華人，勿復夢寐引以為同類也。」

以上猶未直接指出，下面則對滿清指名大罵：

「奈何彼素不知中國，素不知孔教之奇渥溫愛新覺羅諸賤類異種，亦得憑陵乎蠻野兇殺之性氣，以竊中國，既竊之，即以所竊之法，還教其主人。」

他本富有民族革命的思想，如能與孫先生遇，則必加入國民革命的陣營，可惜只遇到康、梁，只能談變法；又可惜遇到光緒，只能為變法而犧牲。

乙、反對君主與打擊荀學　譚嗣同對於君主制度非常痛恨，曾說：「二千年來，君臣一倫，尤為黑暗否塞，無復人理，沿及今茲，方愈劇。」

霍布士對於國家的起源，有所謂契約說，嗣同亦有類似見解：「生民之初，本無所謂君臣，則皆民也。民不能相治，亦不暇治，於是共舉一民為君。……君、末也，民、本也。……夫曰共舉之，則可共廢之。」

他的政治思想，在中國方面，或受孟子的「民為貴，君為輕」，及黃梨洲「原君」的影響，亦未可知，因為他已直接提倡民主。他說：「然為國家計，莫若明目張膽，代其革政，廢其所謂君主，而擇其國

之賢明者，為之民主。」又說：「彼君之不善，人人得而戮之，初無所謂叛逆也。」

他認為孔孟是提倡民主的，惟荀子是提倡君主的。因此，他打擊荀學：「孔雖當據亂之世，而黜古學，改今制，託詞寄義於升平太平，未嘗不三致意焉。……孔學衍為兩大支，一為曾子傳子思而至孟子，孟故揚宣民主之理，以竟孔子之意。一由子夏傳田子方而至莊子，莊故痛詆君主，自堯舜以上，莫或免焉。不幸此二支皆絕不傳，荀乃乘間昌孔之名，敗孔之道。……喜言禮樂政刑之屬，惟恐箝制束縛之具之不繁也，一傳而為李斯，其為禍亦暴著於世矣。……故嘗以為二千年來之制政也，皆大盜也；二千年來之學，荀學也，皆鄉愿。惟大盜利用鄉愿，惟鄉愿工媚大盜，二者相交相資，而罔不託之於孔。執託者之大盜鄉愿，而責所托之孔，又烏能知孔哉？」

漢儒尊經，大半為荀子所傳，故漢學訓詁，荀學受到尊重。宋明儒提倡理學，大致以顏曾思孟為宗，荀學遭到輕視。清儒反對宋明理學，以漢學反宋學，荀子又被尊重，王先謙等乃註解《荀子》。康有為、梁啟超皆重陸王，孟子又被重視，荀學又遭到輕視。

嗣同以二千年君主專制之過，歸之於荀子，其理論與二千年史實是否完全相符，值得研究。因為西漢經學固與荀子有關，但自韓愈著道以來，大家只承認孟子傳道統，荀子不能傳道統。原文云：「堯以是傳之舜，……孔子傳之孟軻，軻之死不得其傳焉。荀與揚也，擇焉而不精，語焉而不詳。」加以宋明理學家捧孟抑荀，荀學因以不振，誰還能說「二千年之學，皆荀學也」？所以嗣同這種判斷，實在值得商榷。

丙、提倡變法與打破國界　有為提倡變法，嗣同亦提倡變法：「反乎逝而觀，則名之曰日新。孔子曰：『革除故，鼎取新。』又曰：『日

新之為盛德。』夫善至於日新而止矣，夫惡亦至於不日新而止矣。……德之宜新也，世容知之。獨何以屆今之世，猶有守舊之鄙生，斷斷然曰不當變法，何哉？」因此，他主張變法，主張維新。

當時，他主張變法，即要打倒君主，故說：「君之禍，無可復加，非生人所能忍受。……國與教與種，將皆亡矣，惟變法可以救之，……堅持不變，豈不以……方將私其智富強生於一己，而以愚貧弱死歸諸民，變法則與己爭智爭富強爭生，故堅持不變也。」

上面這段話，是怪滿清政府不肯變法。他既熱心求變，故一遇光緒主張變法，他就披肝瀝膽，忠心效命，最後以一死繼之。

康有為講世界大同，他亦主張無國界。故說：「《春秋》之義，天下一家，有分土，無分民。同生地球上，本所謂國。」他要打破國界，故先講到本無國界。

他說：「地球之治也，以有天下而無國也。莊曰：『聞在宥天下，不聞治天下。』治者，有國之義也。在宥者，無國之義也。曰在宥，蓋自由之轉音，旨哉言乎！人人能自由，是必為無國之民，無國畛域化，戰爭息，猜忌絕，權謀棄，彼我亡，平等出，且雖有天下，若無天下矣。君臣廢，則貴賤平；公理明，則貧富均。千里萬里，一家一人。視其家，逆旅也。視其人，同胞也。父無所用其慈，子無所用其孝，兄弟忘其友恭，夫婦忘其唱隨。若西書中百年一覺者，殆彷彿禮運大同之象焉。」這裡由莊學講到大同，可見他對於老莊學說亦有研究。至於以「自由」釋「在宥」，那是未免可信的了。

由上文看來，他不僅主張破國界，同時亦主張破家界、破級界，與有為的《大同書》多相通。

此外，嗣同在經濟方面，主張中外通商（反對閉關絕市），採用機器，尚奢黜儉（反對老學之主靜崇儉）。

㈣**結論**　嗣同的《仁學》，治儒、墨、耶、釋、道於一爐，不免稍涉博雜，其本體論不免幼稚，其倫理觀不免過激，然就其政治思想言，尚稱完整。可惜他年僅三十三即殉難，倘天假以年，或許更有良好的政治主張，以供後人採擇，亦未可知。

參、梁啟超的哲學思想

梁啟超（西元一八七三～一九二九年）字卓如，號任公，廣東新會人，年十九，為康有為學生，二十四歲創辦《時務報》於上海。一八九七年（丁酉）冬月，將往湖南時務學堂任總教官時，曾事先擬訂教學宗旨，即以立憲為本位，以徹底改革，洞開民智，種族革命為本位。戊戌政變前，因受光緒禮遇，念念不忘，欲捧光緒以倒慈禧太后，而實行變法維新，故只主張君主立憲而已。迨戊戌八月出亡，十月在日本橫濱倡辦《清議報》，乃明目張膽，攻擊慈禧政權。一八九九年（光緒二十五年），與康有為在日組「保皇會」，後由友人介紹，與孫中山先生會談多次，孫先生提出推翻滿清，建立民國，土地國有等主張，他多表贊同。自此以後，他又傾向民族主義（由〈斥新民叢報之謬妄〉一文可以推知），亦贊成民主共和。

一九〇三年（光緒二十九年），啟超自美國到日本登一則啟事，說他不再談革命，不僅不談，而且排斥民主共和，反對排滿，反對土地國有，以自辦之《新民叢報》，與同盟會之《民報》大打筆墨官司。一九〇七年（光緒三十三年），啟超等成立「政聞社」於東京，從事君主立憲運動。一九一〇年，創辦「國風報」，仍以促成君主立憲為號召，仍不贊成民主共和。

一九一一年辛亥革命成功，知大勢已去，非實行民主共和不可，始放棄君主立憲之一主張。是時著〈中國建設問題〉，乃云：「今後新

中國之當采（採）共和政體，殆已成為多數之輿論。」

　　民國元年十月由日返國，袁世凱派代表歡迎，並任他為司法總長。民國二年，袁氏捧他組織進步黨（民主黨、共和黨、統一黨合併），與國民黨對抗。當籌安會與請願會正在密鑼緊鼓之際，他忽然發表有名的〈異哉所謂國體問題者〉一文，反對變更國體，嗣致書袁氏反對君主立憲，又與其學生蔡松坡聯絡，策劃雲南起義，並親自策動廣東反袁，擬在肇慶另組政府未果。

　　袁氏失敗後，張勳擁溥儀復辟，康有為附和，啟超則通電反對，昔日同組保皇黨，同倡君主立憲之師生，今日南轅北轍，各行其是。後段祺瑞組閣，拉攏梁氏，一時予以五個部長，梁氏以為國事大有可為，曾發動各省黨徒爭取國會議員。徐樹錚見情勢不佳，乃獻計段氏，暗令各省推選安福派有關分子為議員，梁氏大感失望，乃不與段氏合作。民九以後，埋頭著作，少問政治，民國十八年去世。

　　梁氏文筆犀利而富有感情，頗具煽動的力量，研究廣博，著作豐富，中華書局於民國二十年，將梁氏著作分文集、專集兩種發行，民國四十五年將專集改以單行本問世，計有《管子傳》、《墨子學案》、《孔子》、《清代學術概論》、《先秦政治思想史》等書，民國四十九年又將《飲冰室文集》重印，計有十六冊之多。今就其哲學思想，分為人生觀和道德觀、政治觀等。

　　㈠人生觀和道德觀

　　甲、人生觀　人生哲學派別甚多，梁氏曾論及多種。

　　就精神與物質言，有重靈主義（唯心論）的人生觀，與重肉（物）主義（唯物論）的人生觀，梁氏則站在心物二元論的立場，提倡心物並存的人生觀。

　　何謂人生？何謂人生觀？他說：「人類以心界物界兩方面調和結

合而成的生活，叫做人生；我們懸一種理想來完成這種生活，叫做人生觀。」這是自心物並存的觀點，下一個人生觀的定義。

就個人與社會言，有個人主義的人生觀和社會主義的人生觀，梁氏闡述菲希特的人生天職論，則重視社會天職的人生觀。

墨子自天意方面談兼愛（天欲人兼相愛），講社會主義的人生觀；菲希特自「自愛必需愛他」的立場，講社會主義的人生觀，梁氏對於菲希特的主張非常推崇。

就物我關係與天人關係言，中國人有物我合一與天人合一的人生觀，菲希特由「我」與「非我」加以推論，主張「我」與「非我」不得不合而為一，梁氏贊成此種人生觀，也就是中國的物我合一與天人合一的人生觀。

梁氏又有〈余之生死觀〉一文，暢論生死問題，大意謂死者吾輩之個體也，不死者吾輩之群體也。精神為吾之本家，軀殼為吾之逆旅。軀殼可死，精神不可死，如遇不能兩全時，則寧願死其可死者，而勿死其不可死者。

乙、道德觀

1.相對的道德論　梁氏曾於光緒二十一年著〈十種道德相反相成論〉：一為獨立與合群，二為自由與制裁，三為自信與虛心，四為利己與愛他，五為破壞與成立。以上十種道德，他人以為是對立的、矛盾的，他則作矛盾的統一、對立的調和，說明此十德乃相反而相成，只要修養到家，不會揚此而抑彼、因私而害公。

2.中國道德本原論　他認為中國之所以能屹立數千年而不被淘汰者，蓋有其立國之道德本原，其本原在於下列三項：一曰報恩，二曰明分，三曰慮後。

他的結論是：「有報恩之義，故能使現在社會與過去社會相聯屬；

有慮後之義，故能使現在社會與未來社會相聯屬；有明分之義，故能使現在社會至賾而不可亂，至動而不可惡也。」

此外，他著有〈論公德〉、〈論私德〉、〈論合群〉、〈論毅力〉、〈論自由〉、〈論自治〉（見《新民說》），皆與倫理思想有關。

㈡**政治思想**　梁啟超的政治思想，除最初的民族主義，因已改變不計外，尚有提倡變法、闡揚三世說、闡揚孟學與大同主義、介紹西洋政治學說等。

甲、提倡變法　梁氏早在一八九六年（光緒二十二年）主編《時務報》時，便發表《變法通議》，自序中云：「法何以必變？凡在天地之間者，莫不變，晝夜變而成日，寒暑變而成歲。」在「不變法之害」中，他以為中國如更歷千年之巨廈，已經殘破不堪，必須重新改造，不可補苴罅漏，苟安時日。他和康有為一樣，認為變法以政治為本，兵事為末，即不是僅圖船堅砲利可以成功。

乙、闡揚「三世」說　梁氏早年承其師說，要昌明「三世」之義。他在政治方面，由三世之義以說明政治的進化：「治天下者有三世：一曰多君為政之世，二曰一君為政之世，三曰民為政之世。……多君者據亂世之政也，一君者升平世之政也，民者太平世之政也。」（〈論君政民政相嬗之理〉）又在教育方面，由三世之義以提倡開民智。他說：「吾聞之，春秋之義，據亂世以力勝，升平世智力互勝，太平世以智勝。……世界之運，由亂而進於平，勝敗之原，由力而趨於智。故言自強於今日，以開民智為第一義。」（《變法通議》）要開民智，必須興學校、廢科舉，故他在《變法通議》中，對於文化教育講得最多，此外還就法律、經濟各方面，闡揚三世之義。

丙、闡揚孟學與大同主義　他和譚嗣同一樣反對荀子，認為二千年來政治不進步，皆是荀子的責任。他高捧孟子，認為孟子傳孔子的

大同主義。分言之：⑴孟子的「春秋無義戰」，為大同的起點；⑵孟子言井田，為大同之綱領；⑶孟子言性善，為大同之極致。

　　丁、介紹西洋政治學說　他對於西洋政治學說，多有介紹：⑴在〈論學術勢力左右世界〉一文中，介紹孟德斯鳩的三權分立說、盧梭的《民約論》及其天賦人權說，而加以讚揚；⑵在〈政治學大家伯倫知理 (Bruntschli) 之學說〉一文中，介紹伯氏的國家有機體說。因為伯氏學說反對民約論，與盧梭政治學說不相容，故云：「若謂盧梭為十九世紀之母，則伯倫知理其亦二十世紀之母焉矣。」他又說：「盧氏之說，其有功於天下者固多，其誤天下者亦不少。」按孫先生反對盧梭的天賦人權說，已發明革命民權說，啟超則僅引國家有機體說，以反對民約論而已。此外，他對達爾文的進化論，尤其對於佛學，曾下過工夫，亦有不少論著。

　　㈢結論　就宇宙哲學言，梁氏較康、譚均為貧乏；就人生觀言，述多於作；就道德觀言，〈十種道德相反相成說〉與〈論公德〉、〈論私德〉較有新義；就政治觀言，一面能發揚其師之三世說，一面能擷取西洋之民主自由思想。

　　梁氏個性好變、好新奇，其政治思想亦變化多端，前後不同。他自評云：「保守性與進取性，常交戰於胸中，隨感情而發，所執往往前後矛盾。」又嘗自謂：「不惜以今日之我難昔日之我，世多以此為詬病，而其言論效力亦往往相消，蓋生性之弱點然矣。」（見《清代學術概論》）這種評論，可謂有自知之明。

第六節　孫中山先生的哲學思想

　　國父，姓孫名文，字逸仙，別號中山，廣東香山縣人（西元一八六六～一九二五年）。幼隨兄赴檀香山求學，十六歲歸國，學於廣州博濟醫院及香港西醫書院，卒業後在澳門、香江及廣州行醫，秘密組黨，鼓吹革命，曾遊歷於京滬武漢等處，並上書李鴻章，陳述政治改革建議。一八九四年十一月廿四日，成立興中會於檀香山，一八九五年在廣州起事，以事機洩露失敗，乃逃亡日本。時康有為、梁啟超亦在，經人介紹相見，梁曾表示願攜手合作。後去歐美宣傳，抵倫敦時，被清廷駐英公使館誘捕，經其師康德黎營救，乃得脫險。旋到歐州各國考察，發明民生主義，由是三民主義思想乃告完成。一九〇五年在東京成立同盟會，同時發行《民報》，鼓吹革命思想，以三民主義為政治號召，並派同志回國武裝革命，起義多次均失敗，其中尤以廣州一役犧牲最大。至辛亥武昌革命成功，建立中華民國，被推舉為臨時大總統。迨南北議和，乃讓位於袁世凱。嗣因袁氏背叛民國，再領導革命，討袁護法，備極艱辛。民國十三年，在廣州召開中國國民黨第一次全國代表大會，會後演講三民主義，成立黃埔軍官學校，宣言討伐曹吳。不久，曹吳垮台，應段祺瑞之邀請北上，途中患病，扶病入北平，群醫束手，不幸於十四年三月十二日病逝。著有《三民主義》、《建國大綱》、《五權憲法》、《孫文學說》(《知難行易》)、《實業計畫》、《民權初步》等書，及〈錢幣革命〉、〈軍人精神教育〉、〈上李鴻章書〉及其他講演甚多，合編為　《國父全集》。今分其哲學思想為：⑴本體論，⑵進化論，⑶智識論，⑷知行論，⑸道德觀，⑹人生觀，⑺人性論，⑻歷史觀，⑼政治觀，⑽經濟觀等。

壹、孫先生的本體論（心物合一論）

㈠心物合一論　哲學上研究心物問題，計有唯心論、唯物論、心物二元論、心物一元論（中性一元論）四派。孫先生所講的心物合一論，與心物一元論接近，與唯心論、唯物論及心物二元論則大有區別。

他在〈軍人精神教育〉中說：「總括宇宙現象，要不外精神物質二者，精神雖為物質之對，然實相輔為用也。考從前科學未發達時代，往往以精神物質為絕對分離，而不知二者本合為一。在中國學者亦恆言有體有用。何謂體？即物質；何為用？即精神。譬如人之一身，五官百骸皆為體，屬於物質；其能言語動作者即為用，由人之精神為之，二者相輔，不可分離。」從這段話看，他反對心物絕對分離，可視為反對心物二元論，而主張心物本合為一，便是提倡心物合一論。這種心物合一論，與范縝的神形合一論，及陽明的身心合一論，可謂不謀而合。

㈡蔣介石先生的補充　蔣先生在〈為學辦事與做人的基本要道〉中說：「據我研究的心得，認為精神離了物質，既無由表現，物質離了精神，亦不能致用。所以精神與物質為一體之二面，或者說一物之二象，相因而生，相需而成。所以無論唯心唯物，如果偏執一見，都是錯的。」這裡一方面反對唯心論與唯物論，一方面提出了心物的一體二面說，可以作心物合一論的補充說明。

他又在《反共抗俄基本論》第五章說：「民生哲學承認精神與物質均為本體中之一部分，既不是對立的，也不是分離的，物質不能離精神而存在，精神亦不能離物質而存在，宇宙的本體應是心物合一的。宇宙與人生都必須從心物合一論上，纔能得到正確的答案。」這是說宇宙的本體不是純精神，也不是純物質，乃是心物合一的。宇宙

與人生問題，都不能在唯物或唯心論方面獲得正確的結論。

貳、孫先生的進化論

西洋宇宙論中，計分目的論與機械論、有神論與進化論等，這裡研究進化論。

進化論 (evolutionism) 有廣狹二義：狹義的進化論以研究有機物（植物、動物及人類）的生成演變，及其所遵循的法則為範圍；廣義的進化論以研究宇宙萬物，甚至人類社會的政治，經濟，道德等演進為範圍。這裡談到孫先生的：(1)宇宙進化論，(2)生物進化論，(3)人類進化論。

㈠**論宇宙的進化**　孫先生對於宇宙萬物的進化，有其獨特的看法：「作者則以為進化之時期有三：其一為物質進化之時期，其二為物種進化之時期，其三則為人類進化之時期。」（見《孫文學說》）這裡所講的物質進化時期，就是宇宙進化時期。

單就宇宙進化言，孫先生指出：「元始之時，太極（此用以譯西名伊太也）動而生電子，電子凝而成元素，元素合而成物質，物質聚而成地球，此世界進化之第一時期也。今太空諸天體多尚在此進化之中，而物質之進化，以成地球為目的。吾人之地球，其進化幾何年代而始成，不可得而知也。地球成後以至於今，按科學家據地層之變動而推算，已有二千萬年矣。」這與《易經》的「太極生兩儀」說、周濂溪的「太極動而生兩儀」說，有其語句相同的關係。

㈡**論生物的進化**　孫先生說：「由生元之始生而至於成人，則為第二時期之進化。物種由微而顯，由簡而繁，本物競天擇之原則，經幾許優勝劣敗，生存淘汰，新陳代謝，千百萬年，而人類乃成。」（《孫文學說》）這與達爾文的生存競爭說大致相似，亦與莊子的螳螂捕蟬

說（優勝劣敗）有關。又所謂「生元」，乃指細胞言，他人譯 (Cell) 為細胞，孫先生譯為「生元」，蓋取生物元始之意也。

㈢**論人類的進化**　孫先生說：「人類初出之時，亦與禽獸無異，再經幾許萬年，而始長成人性，而人類之化，於是乎起源。此時期之進化，則與物種之進化原則不同，物種以競爭為原則，人類則以互助為原則。社會國家者，互助之體也，道德仁義者，互助之用也。人類順此原則則昌，不順此原則則亡。……然而人類自入文明之後，則天性所趨，已莫之為而為，莫之至而至，向於互助之原則，以求達人類進化之目的矣。人類進化之目的為何？即孔子所謂『大道之行也，天下為公。』耶穌所謂『爾旨得成，在地若天。』此人類之希望，化現在之痛苦世界，而為極樂之天堂者是也。」這種互助的人類進化論，既與俄國克魯泡特金的互相論相似，亦受了管子的「居同樂，行同和」說、孟子的「守望相助」說、墨子的「兼相愛，交相利」說的影響，尤以孔子的大同主義為依據。

參、孫先生的智識論

西洋智識論所討論的問題，計有：⑴智識起源問題，⑵認識對象問題，⑶認識範圍問題等，這裡研究⑴項。

㈠**理性經驗並顧的智識論**　關於智識起源問題，計分兩派：理性論者謂智識起源於先天，經驗論者謂智識起源於後天。孫先生在〈軍人精神教育〉中指出：「智之云者，有聰明、有見識之謂。」所謂聰明，係就先天理性而言；所謂見識，乃指後天經驗而言。又說：「智何自生？有其來源，約言之，厥有三種：⑴由於天生者，⑵由於力學者，⑶由於經驗者。」這乃是理驗並顧的智識論，《中庸》亦有此種理論：「或生而知之，或學而知之，或困而知之，及其知之一也。」孫先生

自謂，他的智識來源論與此略同。

　　㈡**差別的理性論**　孫先生云：「強權固由於天演之事實，而公理實難泯於天賦之良知。」（〈社會主義之派別及其批評〉）這是說人皆具有良知，即先天之知，但各因其得天之厚薄不同而有其差別。孫先生分人為三系：⑴先知先覺，⑵後知後覺，⑶不知不覺。又分人為八品（或稱八等）即聖、賢、才、智、平、庸、愚、劣。無論三系或八品，都可稱差別的理性論。

　　孔子分人類為三等：⑴上智，⑵中人，⑶下愚。他說：「中人以上，可以語上矣，中人以下，不可以語上矣。」又說：「惟上智與下愚不移。」這亦是一種差別的理性論。

　　王充分人性為三等：⑴極善，⑵極惡，⑶中人之性。他說：「夫中人之性，在所習焉，習善而為善，習惡而為惡；至於極善極惡，非復在習。」韓愈亦有同樣見解（參考拙著《三民主義的哲學體系‧人性論》），如就有關善惡的智識而論，也是屬於差別的理性論。

　　孟子論伊尹，有「使先知覺後知，使先覺覺後覺」之語，孫先生的先知先覺、後知後覺與不知不覺三系說，既與孟子的理論有關，亦與孔子、王充等的見解相類。

肆、孫先生的知行論（知難行易說）

　　㈠**提倡知難行易說的動機**　孫先生為什麼要提倡知難行易學說？其宗旨在破傳說的知易行難說，鼓勵同志及國人實踐力行，以期革命主義與革命方略能付諸實施。（詳《孫文學說‧序》）

　　㈡**以十事為證**　孫先生以為「知易行難」之說，傳之數千年，習之遍全國人心，已認為天經地義而不可移易者。他為了破其謬見，而證明「知難行易」之合理，特舉十證如下：⑴以飲食為證，⑵以用錢

為證，(3)以作文為證，(4)以建屋為證，(5)以造船為證，(6)以築城為證，(7)以開河為證，(8)以電學為證，(9)以化學為證，(10)以進化為證。並於列舉十證後，在知行總論中，指出「行易知難，實為宇宙間之真理，施之事功，施之於心性，莫不皆然也。」或許有人以為知難行易學說，只可施之於智識（科學）與事功方面，不可施之於道德與心性（精神修養）方面，經孫先生自己的指明，可知德智兩方面都可實行。

　　㈢知行三時期　孫先生說：「夫以今人之眼光，以考世界人類之進化，當分為三時期：第一，由草昧進文明，為不知而行之時期。第二，由文明再進文明，為行而後知之時期。第三，自科學發明而後，為知而後行之時期。」這三時期言人所未言。

　　㈣能知必能行　就真知深知言，程顥、程頤本有能知必能行之說；又陽明的知行合一說，內亦含能知必能行之意（如說能知不能行，就不是知行合一的了）。這些主張多為後人所忽視，而未能加以發揚。孫先生研究知行的進化，認為現代是科學昌明之世，「凡造作事物者，必先求知而後乃敢從事於行，所以然者，蓋欲免錯誤而防費時失事，以冀收事半功倍之效也。是故凡能從知識而構成意象，從意象而生出條理，本條理而籌備計畫，按計畫而用功夫，則無論其事物如何精妙，工程如何浩大，無不指日可以樂成者也。」這種能知必能行的見解，固自科學方面立言，但道德方面亦說得通。自道德方面說，程顥、程頤等都認為「能知必能行」，又蘇格拉底說：「智識即道德」，亦有能知必能行之意。

　　㈤不知亦能行　或許有人要問，既說能知必能行，是不是不知便不能行呢？但孫先生的意思是說能知固能行，不知亦能行。《孫父學說》第六章又說：「然而科學雖明，惟人類之事仍不能悉先知之而後行之也，其不知而行之事，仍較於知而後行者為尤多，其人類之進步，

皆發軔於不知而行者也，此自然之理則，而不必科學之發明為之變易者也，故人類之進化以不知而行為必要之門徑也。」他並舉出「練習」、「試驗」、「探索」、「冒險」四事，都是不知而行的，其結論是：「由是觀之，行其所不知者，於人類則促進文明，於國家則圖致富強也。是故不知而行者，不獨為人類所皆能，亦為人類所當行，而尤為人類之欲生存發達者之所必要也。」能知必能行，程氏兄弟及王陽明都說過，不知亦能行，乃為孫先生的特見，惟西洋教育學上的「嘗試錯誤」說相近之。

此外，他在《孫文學說》中，又講人類三系及有志竟成，總其所論，乃以鼓勵國人實踐力行為目的。

伍、孫先生的倫理觀

中山先生的倫理觀，可分為下列各項：

(1)三達德論——見〈軍人精神教育〉。

(2)八德論——見《民族主義》。

(3)服務道德論——見《民權主義》。

(4)博愛道德論——見〈民生主義〉與〈社會主義之派別及其批評〉等。

(5)互助道德論——見《知難行易》、《實業計畫》及〈社會主義之派別及其批評〉等。

以上(5)已在進化論㈢論人類進化時談到，下面只講(1)到(4)

㈠**論三達德**　孫先生在〈軍人精神教育〉談到三達德及決心。按三達德見於《中庸・哀公問政》，他則另有新見。

甲、智的新釋　孫先生認為「智為有聰明、有見識之謂。凡遇一事，以我之聰明，我之見識，能明白了解，即時有應付方法，而根本

上又須合乎道義，非以爾詐我虞為智也。」他論智以不超越道德為準則，可說是智德並顧，不尚詐巧。

乙、仁的新釋　孫先生認為「仁與智不同，於何見之？何貴乎智者，在能明利害，故明哲保身謂之智。仁則不問利害如何？有殺身以成仁，無求生以害仁，求仁得仁，斯無怨矣。仁與智之差別若此，定義即由之而生。……仁之定義，誠如唐韓愈所云：『博愛之謂仁，』敢云適當。博愛云者，為公愛，而非私愛。」可見孫先生論仁的定義，是以韓愈的見解為依據。（見韓愈〈原道〉一文）

孫先生分仁為三種：「仁之種類，有救世，救人，救國三者，……所謂救世，即宗教家之仁。所謂救人，即慈善家之仁。所謂救國，即志士愛國之仁。」

丙、勇的新釋　孫先生謂「古來之言勇者，不一其說，一往無前謂之勇：臨時不避謂之勇；予以為最流通之用語，不怕二字，實即勇之定義最簡括而最確切者。孔子有言：『勇者不懼。』可見不懼即為勇之特徵。」又謂「勇之種類不一，有匹夫之勇，所謂一朝之忿亡其身，以及其親者是也；有血氣之勇，所謂思以一毫挫於人，若撻之於市朝者是也；有無知之勇，所謂奮蹬臂以當車輪者是也。凡此數者皆為小勇，而非大勇。而軍人之勇，是在夫成仁取義，為世界上之大勇。」他在鼓勵軍人盡大勇，勿行小勇，一般國民亦應如此。

㈡論八德　中國過去有舊八德，即孝悌忠信禮義廉恥。孫先生提倡新八德，即忠孝仁愛信義和平。關於新八德的詮釋，在《民族主義》中說得很詳細。他在五四運動之後，許多人反對舊道德之時，提倡忠孝仁愛信義和平，誠屬難能可貴。

㈢論服務道德　孫先生在《民權主義》中，提倡服務道德與服務的人生觀，就是「要調和三種（先知先覺、後知後覺與不知不覺）人

使之平等，則人人當以服務為目的，而不以奪取為目的。聰明才力愈大者，當盡其能力而服千萬人之務，造千萬人之福；聰明才力略小者，當盡其能力以服十百人之務，造十百人之福，所謂巧者拙之奴，就是這個道理。……照這樣做去，雖天生人之聰明才力，亦有不平等，而人之服務道德心發達，必可使之平等了。」這是平等的精義，亦是服務道德的精闢理論。

㈣**論博愛道德**　孫先生平生好寫「博愛」兩字，又說民生主義相當於法國革命之口號「博愛」，他在〈社會主義之派別及批評〉中說：「社會主義之博愛，廣義之博愛也。社會主義為人類謀幸福，普遍普及，地盡五洲，時歷萬世，蒸蒸芸芸，莫不被其惠澤，此社會主義之博愛，得博愛之精神也。」這裡雖以社會主義相標榜，實則即以講博愛主義者自任。孫先生又提倡「大道之行，天下為公」，也是一種博愛主義。

孫先生提倡博愛之道，在西洋方面與基督教及社會主義有關，在中國方面則與孔子言仁、言大同，墨子講「兼愛」、孟子講「兼善天下」有關。

陸、孫先生的人生觀

中西談人生觀者派別甚多，孫先生則提倡樂觀主義、力行主義、利他主義等人生觀。

㈠**樂觀主義**　中西談人生觀者，有悲觀主義、樂觀主義與達觀主義，普通把叔本華、屈原列為悲觀主義者，孔子、顏子列為樂觀主義者，莊子及竹林七賢列為達觀主義者。孫先生於民國二年在《國民月刊》出世詞中說：「樂觀者成功之源，悲觀者失敗之因。吾人對於國民所負之責任，非圖謀民生幸福乎？民生幸福者，吾國民前途之第一

快樂也。既然矣，則吾人應以樂觀之精神，積極進行之，……夫吾人既負擔圖謀民生幸福之責，則應知前途有最大之快樂在，雖有萬苦，亦堅忍以持之。」故就悲觀與樂觀論，孫先生的人生觀應列為樂觀主義，如就民國元年辭大總統而不為，功成不居，又具有達觀主義的人生觀。

㈡**力行主義**　人生觀的派別中，又可分為宿命主義（天命主義與自然主義）與力行主義，《列子・力命》屬於前者，《墨子・非命》則屬於後者。孫先生則提倡力行主義，而不贊成宿命主義的人生觀，他在《孫文學說》中說：「當科學未發達之前，固屬不知而行及行之而猶有不知者，故凡事無不委之天數氣運，而不敢以人力為之轉移也。……至今科學昌明，始知人事可以勝天，凡所謂天數氣運者，皆心理之作用也。」孫先生創知難行易學說，以「有志竟成」作結論，乃是提倡力行主義的明徵。

㈢**利他主義**　中西講人生哲學，常分利己主義與利他主義，前者如韓非子，後者如墨子。孫先生在《民權主義》中，分析利己與利他主義之後，而以服務的人生觀作結論。他認為「重於利己者，每每出於害人，亦有所不惜；重於利他者，每每到犧牲自己，亦樂而為之。」講到這裡，乃進而提倡服務反對奪取的人生觀，這可說就是利他主義的人生觀。

㈣**革命的人生觀**　革命的人生觀亦可稱「成仁取義」的人生觀，孫先生在〈軍人精神教育〉中說：「人生不過百年，百年以後，尚能生存否耶？無論如何，莫不有一死。死既終不可避，則當乘此時機，建設革命事業。……吾人生今日之世界，為革命世界，可謂生得其時。……故今日之我，其生也，為革命而生我，其死也，為革命而死我，死得其所，未有甚於此者。」最後說：「以吾人數十年必死之生命，立

國家億萬年不死之根基。」蔣介石先生指出,「為革命而生我,為革命
而死我」及「以吾人數十年必死之生命,立國家億萬年不死之根基」
這幾句話,便是革命人生的典型——革命的人生觀。

　此外,蔣先生對於革命的人生觀,還有兩種解釋:

甲、何謂革命人生觀? 是指創造、服務、勞動的人生觀而言,也是革
　　命人生觀的第二種解釋。

乙、何謂革命人生觀? 是指下面這副對聯而言:

　　　　生活的目的,在增進人類全體之生活;
　　　　生命的意義,在創造宇宙繼起之生命。

　蔣先生自稱,上面這副對聯,就是他的革命人生觀,這可算革命
人生觀的第三種解釋。

柒、孫先生的人性論

　人性論在中國哲學為一大爭論問題,計有性善說、性惡說、善惡
混說、性善情惡說、有性善有性不善說等。

　孫先生對於這個問題,亦有不少見解,可分為進化的人性論、差
別的人性論等。

　㈠**進化的人性論**　孫先生在〈國民要以人格救國〉中指出,人類
本來是獸,所以帶有獸性,人性很少,要人類有高尚人格,就在減少
獸性,增多人性,故說:「依進化的道理推測起來,人是由動物進化
而成,既成人形,當從人形更進化而入神聖。是故欲造成人格,必然
消滅獸性、發生神性。」所謂獸性是指惡性言,所謂人性是指善的理
性言,所謂神性,是指至善的人格言。他是由進化的立場,統一性惡
與性善說。

他又在《孫文學說》第四章指出，人類初生之時，亦與禽獸無異，再經幾許萬年之進化，而始長成人性（指理性言）。有了人性以後，則不以競爭為原則，而以互助為原則，並以道德仁義為互助之用，而趨向大同，亦是一種進化的人性論。

㈡差別的人性論　孫先生在《民權主義》中，把人分為兩品，一為利己主義者，一為利他主義者。後者能犧牲自己以濟他人，前者為了自己利益不惜害人，故利己主義者可算是性惡者，利他主義者可算是性善者。公都子認為性有兩品，有些人性善，有些人性惡，孫先生亦有此主張。

捌、孫先生的民生史觀（歷史觀）

何謂歷史觀？簡言之，就是對於歷史演變與社會進化的原理和法則的見解。

歷史觀所要研究的問題，大約可分下列各項：

1.什麼是社會進化的原動力或原因？

2.什麼是社會的基礎或歷史的中心？

3.精神與物質在歷史演進中發生何種作用？及其相互間有何關係？

4.什麼是人類進化的目標（終極理想）和進化的原理原則？

此外，歷史觀還牽涉到歷史的分期（階段）、歷史的定義等。

對於歷史演變與社會進化的原理和法則的看法，原是見仁見智，因此就產生各種不同的派別：⑴唯神史觀，⑵英雄史觀，⑶地理史觀，⑷政治史觀，⑸唯心史觀，⑹唯物史觀，⑺社會史觀等。

孫先生在歷史觀方面於批評唯物史觀之後，發明了民生史觀，其要點可分為：⑴民生問題是社會進化的原動力，物質問題不是社會進化的原動力。⑵民生是社會的中心，物質（經濟）不是社會的基礎，

即不是社會的中心。⑶經濟利益相調和為社會進化的原因，階級鬥爭不是社會進化的原因。⑷世界大同為社會進化的目標等。

孫先生說：「近來美國有一位馬克斯的信徒威廉氏 (Dr. Maurice William)，深究馬克斯主義，……說馬克斯以物質為歷史的重心，是不對的，社會問題才是歷史的重心。而社會問題中，又以生存問題為重心，那才是合理。民生問題，就是生存問題。這位美國學者最近發明，適與吾黨主義若合符節，這種發明，就是民生為社會進化的重心，社會進化又為歷史的重心，歸納到歷史的重心是民生，不是物質。」

孫先生又說：「這位美國學者所發明的人類求生存，才是社會進化的定律，才是歷史的重心。人類求生存是什麼問題呢？就是民生問題。所以民生問題，才可說是社會進化的原動力。」我們已經知道，唯心史觀者認為精神（理性）為歷史的原動力，唯物史觀者認為物質為歷史的原動力，孫先生則認為民生問題為歷史的原動力，即社會進化的原動力。

孫先生說：「民生就是政治的中心，就是經濟的重心，和種種歷史活動的中心，好像天空以內的重心一樣，從前的社會主義（指馬克斯）錯認物質是歷史的中心，所以有了種種紛亂。……我們現在要解除社會問題中的紛亂，便要改正這種錯誤，再不可說物質問題是歷史的中心，要把歷史上的政治和社會經濟種種中心，都歸之於民生問題，以民生為社會歷史的重心。」這裡的重心，我們一律釋為中心，即是說民生是政治、經濟、藝術、法律、道德、宗教等的中心。此外，孫先生對於經濟利益調和說以及大同目的論，都有詳細說明。

玖、孫先生的政治思想

這裡所講的政治思想是廣義的，包括三民主義、五權憲法、大同

493

哲學史

主義及民生中心論等。

㈠**民族主義**　孫先生在《民族主義》中,講到民族與國家的區別,王道主義與霸道主義,民族主義的意義和目的,中華民族的來源及危機(三大壓迫),民族主義喪失的原因,民族主義及民族地位恢復的方法,世界各民族發展情形,及其與民族主義、世界主義、帝國主義的關係等。

就其創見言,計有人口壓迫論(劉成禺先生稱此為孫先生之創見)、次殖民地說、濟弱扶傾說、民族主義為世界主義之基礎說等。

就其思想淵源言,孫先生的民族主義,受到管子尊王攘夷,孔、孟別夷夏的影響。其解釋民族與國家的區別及扶弱抑強說,則與中國固有的王道主義、和平主義(反侵略)有關。其恢復固有道德與固有智識,以先秦的政治哲學(大學)及道德哲學為基礎。

㈡**民權主義**　孫先生在《民權主義》中,講到民權的概念及其來源,政治的定義及其與民權的關係,中國要實行民主制度的理由,民權在世界發展的情形,自由與平等的意義,天賦人權與革命民權的不同,直接民權與間接民權的區別,權能區分與五權憲法,另外,還講到地方自治、均權制及建國三時期(軍政、訓政、憲政)等。

就其創見言,計有權能區分、革命民權、五權憲法、直接民權與全民政治、均權制度(見《建國大綱》)、訓政時期(同上)等。

就其思想淵源言,民權主義以孔子的「天下為公」選賢與能、孟子的民本主義、《書經》的「天視自我民視」說為理論基礎;至於訓政時期,則以伊尹訓太甲及周公輔成王作先例。

㈢**民生主義**　孫先生在〈民生主義〉中,講到民生及民生主義的意義,社會問題及社會主義發生的原因,唯物史觀批判,平均地權的辦法,節制資本的意義(含發達國家資本),耕者有其田的理由,食、

494

衣問題的解決方法等，因未講完，故蔣介石先生作了〈育樂兩篇補述〉，詳述育樂問題的方法及大同社會的建立。

另外，孫先生又著《實業計畫》及〈錢幣革命〉，發揮其經濟思想。

就其創見言，計有平均地權與耕者有其田、節制資本（節制私人資本與發達國家資本）、民生史觀（民生中心論、經濟利益調和說及社會價值說）等，又《實業計畫》與〈錢幣革命〉，都是自古未有的創著。

就其思想淵源言，《書經》的「政在養民」說，孔子的均產主義，孟子的王道仁政說，古代的井田制，王莽的王田制，北魏的均田制，洪秀全的經濟思想，管子的「官山海」，都與民生主義有其直接和間接的關係。

㈣**大同主義**　三民主義的目的，近之則在建民國，遠之則在進大同，故民族主義以世界大同為目的，民權主義以「天下為公，選賢與能」為目的，民生主義以建立自由安全的大同社會為目的。

孫先生平日最愛《禮運・大同》，又在〈軍人精神教育〉、〈社會主義之派別及其批評〉等講詞中，講到大同主義。

蔣先生除在各種講演中講到大同主義外，並在〈民生主義育樂兩篇補述〉中，描述大同社會的遠景，又將「疵國幽國亂國」、小康、大同，與何休註《公羊傳》中之據亂世、昇平世、太平世相對照，而加以發揮。

拾、孫先生的文化觀

這裡講孫先生的文化觀，分為：⑴論中西文化，⑵傳道說，⑶立信與破疑。

㈠論中西文化　孫先生在〈大亞洲主義〉講詞中，暢論中西文化，大意謂中國文化乃王道文化，西方文化乃霸道文化（飛機大砲之文化），並謂王道文化優於霸道文化，霸道文化應服從王道文化（王道文化應領導霸道文化）。

但這並不是說要輕視西洋科學，反之，他在《民族主義》中，除主張恢復固有道德、智識（政治哲學）和能力外，對於西洋科學要迎頭趕上，只是認為心性文明應領導物質文明而已。

㈡傳道統　戴季陶先生於民國十四年著《孫文主義之哲學的基礎》，除說明孫先生將要在民生主義中講育、樂兩問題外，並回憶孫先生答覆馬林問說：「中國有一個正統的道德思想，自堯、舜、禹、湯、文、武、周公、至孔子而絕，我的思想，就是繼承這一個正統的道德思想，來發揚光大的。」由此看來，可知孫先生好像韓愈與宋明理學家一樣，是繼承了道統。

戴先生又說：「孔子雖沒有做改制的功夫（這句話含有反康有為《孔子改制考》之意），然而他卻組織了一個民生的哲學。這一民生哲學的理論，就是二千數百年後，創造中華民國的孫中山先生所繼承的理論。」

道統的內容有三個部分：第一為《中庸》，第二為《大學》，第三為民生問題與大同。

韓愈著《原道》，首言道統，其內容是：在消極方面反對佛老之道，在積極方面講到堯、舜、禹、湯、文、武、周公、孔子之道，即講到儒家的仁義道德、五經、五倫、大學、禮樂政刑及食衣住等民生問題。孫先生在《民族主義》中讚揚《大學》，在〈民生主義〉中講食衣住行等問題，確與道統相符。

朱子序《中庸》，謂「人心惟危，道心惟微，惟精惟一，允執厥

中」，是堯、舜、禹、湯、文、武、周公、孔子一脈相傳之道。蔡元培先生著〈三民主義的中和性〉，詳細發揮了孫先生的中庸思想。戴先生又說：「先生（孫先生）的基本思想淵源於中國正統的中庸之道。」也可以說，傳道統是以大學為方法，中庸為原理（均戴先生語），而以世界大同為歸宿。故韓愈在〈原道〉中的結論，是要使「矜寡孤獨廢疾者皆有所養」，戴先生亦認為，孫先生是要把中國文化之世界價值高調起來，為世界大同的基礎。

㈢**立信與破疑**　就立信與破疑兩方面言，孟子傳先聖之道而距楊墨，董仲舒尊儒術而黜百家，韓愈傳道統而反佛老，宋明理學家與韓愈同，孫先生則是一面傳堯、舜、禹、湯、文、武、周公、孔子之大道，闡建民生哲學，解決民生問題，以建設新中國，而進世界於大同；一面是解馬克思主義之大惑（詳駁唯物史觀），正資本主義、帝國主義之偏頗。故戴先生認為孫先生「一方面反對軍國主義、資本主義，和由軍國主義、資本主義發展開來的帝國主義，與為資本主義基礎的個人主義。一方面對於歐洲純粹以物質問題為歷史中心，以階級鬥爭為絕對手段之社會革命思想（按指馬克思主義言），也從人類生存出發點（指民生哲學言），去糾正他的錯誤。……完成『以化彼競爭之性，而達我大同之治』的目的。」

拾壹、結　論

孫先生是政治家、革命家、實行家，也是思想家、理論家、哲學家。他在哲學思想（理論）方面，計有心物合一的本體論，人類互助（或稱社會互助）的進化論，樂觀、力行、革命的人生觀，服務、博愛的道德觀，知難行易的知行論，理驗並顧的智識論，進化的人性論，民生中心的歷史觀，大同主義的政治觀，傳道解惑的文化觀。

㈠**本體論方面**　他的心物合一的本體論,在西洋方面,不受唯心論、唯物論、心物二元論之羈絆,而與心物一元論或中性一元論同其趨向。在中國方面,紹繼了王充陰陽合一論、范縝神形合一論、王陽明身心合一論的餘緒。

㈡**進化論方面**　孫先生認為,物種進化以競爭為原則,人類進化則以互助為原則。就西洋言,他把達爾文的生存競爭論應用於生物進化方面,把克魯泡特金的互助論應用於人類方面,可謂非常適當。就中國言,他的人類互助論,與管子的戰守相助說、孟子的守望相助說、墨子的兼相愛交相利說,是一脈相通的。

㈢**人生觀方面**　孫先生樂觀主義的人生觀,與孔子、顏子的安貧樂道有關。其力行主義的人生觀,既與西洋科學有關,亦與儒、墨兩家思想有關。其服務的人生觀,既為世界道德之新潮流,亦合乎孟子「以大事小」、墨子的「有力者助人,有財者分人」的精神。其成仁取義的(革命的)人生觀,則來自孔孟學說。

㈣**道德觀方面**　孫先生所提倡八德(忠孝仁愛信義和平),在西洋與基督教博愛主義有關,在中國為儒、墨的中心思想。孫先生加以新詮的三達德(智仁勇),乃來自《中庸・哀公問政》,分開來說,以不怕釋勇,乃源於孟子養勇,以博愛釋仁,乃源於韓愈〈原道〉。

㈤**知行論方面**　孫先生提倡知難行易學說,完全以中國哲學為背景。在積極方面,繼承了孔子「民可使由之不可使知之」的主張,在消極方面,要破傳說的知易行難說。至人類三系,則與孟子的「先知先覺」與「後知後覺」有關,「能知必能行」則與二程的知行學說(真知、深知必能行)相通。

㈥**智識論方面**　孫先生分智識的來源為三(天生者,力學者,經驗者),自稱與〈哀公問政〉的「生而知之,學而知之,困而知之」

略同。他承認有先天之知，為孔、孟、朱、王理性主義的一貫精神。

㈦**人性論方面**　孫先生認為人性是進化的，既已由獸性進化為人性，亦將由人性進化為神性。如與物種較，則人類自有人性以來，即以互助為原則，而趨向世界大同。這裡調和並解決了性善性惡之爭，即荀子所講的性惡，乃就獸性言；孟子所講的性善，乃就人性（理性）言。這是進化論的立場，承認人具有善性，而且可以進化到神性方面去，達到天人一體的人生觀。

㈧**歷史觀**　孫先生在〈民生主義〉中，由批判唯物史觀而發明了民生史觀。這種史觀固採取了威廉社會史觀的見解，但其民生中心論，則與《書經》的「正德利用厚生」、《管子》的「治國之道必先富民」、《孟子》的王道仁政思想，在在有其密切關係。

㈨**政治觀方面**　這裡的政治觀包含三民主義，即包含經濟思想，內中固多創見，也規撫了西洋學說事蹟，承襲了中國的固有思想，如管子、孔子、孟子的民族思想、民本主義、均產均地主義、大同主義以及「官山海」等。

㈩**文化觀方面**　孫先生論中西文化，謂王道優於霸道，本於孔孟學說；其傳道統與破疑解惑，似乎紹述了韓愈與宋明理學的基本精神。

以上就溯本尋源論，指出了孫先生哲學思想的來龍去脈；但這不是說孫先生的哲學思想完全因襲的。故就推陳出新論，孫先生有很多創獲和特見，如：⑴心物合一論，⑵進化的宇宙論，⑶進化的人性論與差別的人性論，⑷社會互助論，⑸革命人生觀、服務人生觀、樂觀人生觀與力行人生觀，⑹八德論，⑺知難行易說，⑻理驗並顧的智識論與差別的理性論，⑼民生史觀，⑽人口壓迫說、次殖民說與扶弱抑強說，⑾革命民權、權能區分、均權制與訓政時期，⑿經濟利益調和

說、平均地權、節制資本、實業計畫、錢幣革命與社會價值論，⒀五權憲法等。

　　總之，孫先生的哲學思想，在西洋方面是取長而捨短，在中國方面是去蕪而存菁，既閎中以肆外，亦推陳而出新。

總　結　論

本總結論有兩要點：一為回顧，即論中國哲學的起源與演進經過，二為前瞻，即論中國哲學之未來趨勢與中華文化復興之關係。

壹、哲學起源，中西有別

哲學何由而起？西洋人謂起於驚駭。亞里斯多德說：「不問古今，人皆由驚駭而生哲學之念。」

哲學何由而演進？在西洋可分三期，先為宇宙論時期，可說是研究天道；次為人事論時期，可說是研究人道；再次為智識論時期，可說是研究求知之道。

中國哲學何由而起？著者以為起於要解決民生問題。儒道墨法的哲學思想以及佛學，都為解決民生問題而產生。

中國哲學由何而演進？可說是繞著一個民生問題而起伏，而循環，而前進。

這裡要先加解釋的是，所謂民生問題，計有廣狹二義：狹義的民生問題，指食衣住行育樂，與疾病災害貧窮死亡等；廣義的民生問題，指人民生活（包括物質生活與精神生活）問題、社會生存問題、國民生計問題、群眾生命問題（內含人類生存、民族生命問題）。簡言之，即國計民生問題。就哲學家言，或稱經世濟民問題。

貳、諸子爭鳴，法家領先

春秋戰國禍亂頻仍，民不聊生，各國共求富國強兵之道，安民濟世之方，於是百家並起，諸子爭鳴，道、儒、墨、法、兵、農、縱橫、

陰陽等，各宣其道，以求應世。

道家認為只要清靜無為，不爭不伐，政治復返於太古，修養復歸於嬰兒，小國寡民，使民甘其食，美其服、安其居，樂其俗，民生問題解決了，則天下太平。

儒家認為只要為政以德（仁政與德政），保民而王（王道），興禮樂，講仁義，尚忠恕，重孝弟，復周公之業，修文武之政，親親長長，老安少懷，足食足兵，「庶」「富」加教，養生喪死無憾，人民生活充裕，便可以平天下而進大同。

墨家以為只要大家尊天志，明鬼神，兼相愛，交相利，尚儉（短喪、薄葬、非樂、節用），尚同，重義，重信，非命，非攻，則國民生計充裕，社會秩序自趨安寧。

法家以為只要法律嚴明，信賞必罰，而且使人民勤於生產，勇於公戰，社會便可以繁榮，國家便可以富強，甚至透過法律途徑，可以達到無為而治的目的。

兵家的道理很簡單，練好了兵，便可打勝仗；打了勝仗，便可以開疆闢土，解決國計民生問題。

農家的方法亦很直捷了當，君民共耕，增加生產，充實府庫，國計民生問題自然迎刃而解。

陰陽家以人君施政要與陰陽五行相配合，只要配合適當，天必降福；否則天必降禍。降福則可安定人民生活，降禍則社會無法生存，因此，人主應重視天人相感之說，以期得福而免禍。

縱橫家有一套外交手段，連甲制乙，以友制敵，期增進國力，戰勝強鄰，達到發展國計民生的目的。

雜家主張用各家之所長，以處理政治、經濟、教育（包括國民道德）、外交等問題，才可以安定人民生活，維護國家生存。

　　齊桓公採用管子政策，九合諸侯，一匡天下，而成尊周攘夷之霸業。雖然管仲不是只重法術，然一向列為法家之祖，總算是法家的成就。

　　秦孝公任商鞅而變法，國家富強；秦惠王用張儀連橫之計，克制鄰國；秦始皇採法家權術，統一六國。由是可以看出，法家與縱橫家在春秋戰國，已躍上政治舞台，而收到發展國計安定民生之實效。

　　上面所講的法家及縱橫家，離不了兵家的思想。縱橫家固以武力為外交的後盾，法家講富國強兵，除注重經濟、法術外，亦重視軍事，故能開疆闢土，發展國力。

　　當時的儒、墨、道（楊子），雖能在教育方面講學授徒，卻不合七雄的胃口。墨子能止楚攻宋，固為弱國所感戴，但未必為強國所歡迎。道家講個人自由主義，只可培養隱士（長沮、桀溺、陳仲子之流），不能培養能臣，故趙威后接見齊使時說：你的國君為何不把這「上不臣於王」的於陵子仲殺掉呢？孔子在魯攝相位，欲削弱三家（孟氏、叔氏、季氏）權力，本與商鞅主張「強公室，杜私門」之宗旨相同，但商鞅變法成功，孔子因兵力不足，「墮三都」（毀三家城池）而失敗。孟子的王道仁政，更不合當時的政治要求，當時尚霸道，重桓文；他反霸道，輕桓文，尤藐視管子。當時尚功利，重軍事，他輕利重義，尤不注重國防，故說：「固國不以山谿之險，威天下不以兵甲之利」。所以，他對於儒家的王道主義與文化運動，固大有貢獻，惟與當時的實際政治，則格格不相入。

參、道法迭起，儒學與陰陽並行

　　秦併六國後，法嚴刑重，偶語棄市，挾書犯禁，甚至焚書坑儒，實行愚民政策，思想既受約束，言論更不自由。文人學士固然因畏罪

而三緘其口，一般人民亦因恐懼法網而膽戰心寒。

漢高祖有鑑於此，欲反其道而行之，故於入關之初，約法三章，盡廢其嚴苛刑律；又於統一告成之後，政尚黃老，以道家放任政策，破法家的暴力主義，使人民休養生息，自由發展。

蕭何逝世之前，荐曹參繼任丞相。曹參以黃老學術相齊九年，成效卓著，乃本其經驗，施於全國。於是日夜飲酒，舉事無所變更，一遵蕭何約束，此所謂蕭規曹隨。

《漢書・曹參傳》，說當時歌謠稱道曹參說：「載其清靜，民以寧一。」如是五十餘年，執政者大抵信奉黃老，人民安居樂業，因而生產豐盈，賦稅充裕。

《史記・平準書記》：「非遇水旱之災，民則家給戶足，都鄙倉庾❶皆滿。而府庫餘貨財，京師之錢累巨萬，貫朽而不可校；大倉之粟，陳陳相因，充溢露積於外，至腐敗而不可食。眾庶街巷有馬，阡陌之間成群。」國富民殷，由此可見一斑。

漢初以黃老學術施之於政治，成績斐然，故道家思想流行於天下，儒家學術難於抗衡。

天下事往往物極必反，盛極而衰，學術思想亦難逃這個循環的理則。

自漢惠帝四年（西元前一九一年）除挾書律，詔求天下遺書以來，儒家經典時有發現，五經之研究日益盛行，孔門思想遂漸漸抬頭。叔孫通制朝儀，早已改變漢高祖輕視儒學之觀念，而儒家尊王攘夷、孝親忠君之理論，尤合乎大統一後之政治實施。加以漢武帝雄才大略，有志於「勤遠略」，不安於無為之治，乃因董仲舒之言，下詔罷黜百家，獨尊儒術，儒家哲學由此而奠定了兩千年來，在政治及教育上一

❶ 倉庾，在邑曰倉，在野曰庾。

枝獨秀之基礎。

惟除儒學外，尚有陰陽家之思想，即陰陽、五行、讖緯、象數之學，亦流行於漢代，綿延不絕。董仲舒罷百家，外儒學而內陰陽，對於陰陽、五行、天人相感之說，奉行不怠，他如《淮南子》亦涉及陰陽。王莽則藉口讖緯而篡漢，光武亦託言讖緯而中興。

漢代中興之後，鑑於儒講忠義節操，可以防叛逆，故提倡之，由是後漢之名節蔚為風氣，梟雄如曹操，亦不敢稱帝。法家思想雖因道、儒先後得勢，而不能分庭抗禮，鼎足而立，但為政者多王霸並用。漢宣帝謂漢家自有制度，乃用霸王道雜之，尤其是經濟方面，常重視管子思想。桓寬撰《鹽鐵論》六十篇，載桑弘羊、車千里與昭帝所徵賢良文學之士，對於鹽鐵應否公賣，辯論至為激烈，凡贊成公賣者，即擁護法家理論。

綜觀兩漢哲學，計有道、儒、法、陰陽各家起伏其間。淮南子雖雜他家學說，要以道學為宗，董仲舒外尊儒而內陰陽，揚雄欲調和儒道兩家，而著《太立》、《法言》。王充反陰陽而復興道家哲學，遂敞開了魏晉清談之門。

肆、清談風盛，釋道流行

魏晉南北朝政治殘暴，社會混亂，上則走向奢靡，下則趨於墮落，又士林對於漢代之過重名節（儒家哲學）亦引起了反動，因而學說思想傾向消極、浪漫、頹廢。這時候，反儒學、反禮教、反陰陽五行讖緯之說，盛行於學界，老、莊的自然主義便抬頭了。本來王充之後，三玄（老、莊、易）之學便風行一時。何晏、王弼異軍突起，談玄說虛，士林多推重之（王弼注《易》注《老》）。阮籍、秘康等崇尚清談，向秀、郭象等注釋《莊子》，由是玄風囂張，清談流行，有人攻擊他

們，但未發生重大效果。雖有葛洪綜合儒道法，欲自成一家言，惟仍偏於道學。

東漢明帝時，佛教已開始在中國萌芽。經三國戰亂與魏晉篡奪，人民物質生活困難，精神生活痛苦，佛教叫人忍現世苦，造未來福，故信奉者日多，以求心靈有所寄託。在佛學方面，這時已完成較大規模之翻譯，道安與慧遠，以老、莊釋佛典，於是清談之士多少吸收了佛教思想，佛教則因與道家合流，而盛行於社會。道教崛起，本身沒有哲學，以老、莊哲學為其中心思想，奉老子、莊子為真人，道家與道教因之合流。

唐主姓李，與老子同姓，尊奉道家，亦信仰道教。皇帝因服道教丹藥而死者，有太、憲、穆、武、宣六君，又助道教與佛教鬥爭，因而道教勢力有時超過佛教。

韓愈因見當時士民，有不入於佛即入於道之趨勢，乃奮袂而起，著〈原道〉，諫迎佛骨，以反佛老、傳道統自任，遂展開了另一次尊儒術的文化運動。

「清談亡晉」、「理學亡明」，很多人如是說。著者以為就何晏等言，「清談亡魏」或「清談誤國」，尚勉強說得通，亡晉則與他們無干。

再者，何晏、嵇康皆為司馬氏所殺，王弼跟著免職，與其說清談亡晉，不如說清談家為晉所害。即其他竹林派，亦難負亡晉之責，因為他們多數怕執政者誣陷，不敢談政治，只好談玄。就某另一角度看，與其說清談亡晉，不如說晉造清談。

曹參信奉黃老而安漢，何晏等信奉老莊而亡魏，天乎人乎？環境有異而已。假設沒有司馬懿父子，臥榻之側窺竊神器，如果何晏變成曹參，則人民以「載其清靜，民以寧一」頌之，也在所難免。

伍、理學崛起，佛老受斥

著者嘗以兩宋為中國哲學第二黃金時代，其主流為濂洛關閩學派，其反動為反理學之功利主義。

自韓愈高舉傳道統反佛老之旗幟，大有清算魏晉玄學與隋唐佛老之趨勢。蘇東坡稱他為「文起八代之衰，而道濟天下之溺」，所謂「道濟天下之溺」，亦可說「道救二氏（佛老）之窮」。

北宋理學家所提出反佛老與傳道統這兩大口號，是與韓愈不謀而合的；但有不同者，即韓愈純以儒家思想反佛老，理學家則難免融化了一部分佛老思想。（這裡所稱的佛老思想包含道教在內）

㈠**理學與融佛老**　普遍以周濂溪為理學的開山祖，以邵康節為理學的支派，以張載為理學的先鋒，以二程為理學的中堅，以朱熹為理學的集大成者，視陸象山、王陽明為理學的別統──心學。

人說理學家「援佛入儒」，著者說理學家亦「援道入儒」。周濂溪的「太極圖」，據說為宋初活神仙陳摶所遺傳，其說明則雜以道、儒思想。邵康節的「先天圖」，亦由陳摶經李之才傳授而來，他自己加以演繹，遂創立《易經》的象數之學。周、邵兩人，可說是「援道入儒」之先鋒。程明道出入老釋者幾十年，當然與道家、道教亦有關聯。王陽明十八歲住南昌，與一道人談天，忘記了結婚典禮，致誤佳期。三十歲時遊九華山，遍求道人學道。三十一歲築室陽明洞，行「導引」術，能預見（或稱預知）友人出餘姚來訪，這些都與「援道入儒」有關。

再就「援佛入儒」言，事實更易明白。達摩東來，禪宗流行於中國，神秀、慧能立南頓北漸之教。南宗傳至宋初，以雲門宗最盛，有契嵩者，著《鐔津文集》，講儒釋合一之旨，當時文人李覯等皆驚其

才。周濂溪與佛印、了元頗有交往，又與張載同詣東林，叩常總論性。濂溪自謂：「吾此妙心，實啟迪於黃龍，發明於佛印；然易理廓達自非東林開遮拭拂，無由表裡洞然」。程明道出入於老釋者幾十年，自然擷取了佛教思想。朱子早年博涉內典，自謂：「向蒙妙喜（大慧）開示。」又祭道謙文曰：「師亦喜我，為說禪病；我亦感師，恨不速證。」陸象山主涵養，務簡易，更近禪宗，自謂：「於楞嚴、圓覺、維摩等經，則嘗見之。」王陽明對於佛學更有研究，他於「致良知」發明之後，以禪宗術語「正法眼藏」名之。❷

　　㈡**理學與反佛老**　理學家固融化了一部分釋道思想與修養工夫，但畢竟以傳儒學（傳道統）反佛老為立學宗旨。

　　他們為什麼要反佛老呢？第一、為了要傳堯、舜、禹、湯之道，尊顏、曾、思、孟之學，他們似在說：「佛老之道不息，孔子之道不著。」第二、佛道二教不事生產，徒然消費，如迎神賽會，誦經禮懺，廣開道場，不知耗費多少金錢？觀於過去臺灣民間之「拜拜」奢靡，可以想見宋代宗教活動之浪費。第三、當日地主多藉捐獻逃稅，因為寺廟財產例不納賦，以致國家賦稅收入逐年減少，影響財政開支。第四、信徒不孝父母，不敬祖先，違反儒家的傳統道德與家族主義文化，尤其和尚、尼姑等不結婚、不生子，違反「不孝有三，無後為大」之遺訓。第五、信徒只靜坐修行，或燒丹煉汞，置國家安危於不顧，社會存亡於不問，少數寺廟又有「不潔」行為，更為人民所痛恨，社會所不齒。有此諸因，故理學家大張旗鼓，反對佛老思想，並打擊其活動。

　　當時，佛釋道各有宗教哲學，又有修養工夫，理學家為了徹底攻擊，特地造了一套思想武器，以期針鋒相對，使之無所遁形。

❷　謂「致良知」乃聖門之「正法眼藏」。

第一、以堯、舜、禹、湯、文、武、周公、孔子的道統，對付佛教的列祖列宗（如五祖、六祖等），及道教的太上老君（老子）、南華真人（莊子）、沖虛道人（列子）。

第二、以《書經》的十六字心傳（人心惟危，道心惟微，惟精惟一，允執厥中），對付禪宗的以心傳心。

第三、搬出《大學》的「定、靜、安、慮、得」，另取《道德經》的「不欲以靜」，倡「主靜立極」，並仿照釋道兩家打坐方法，行靜坐反省，以對付禪宗的坐禪、道教的導引。

第四、以《孟子》的盡心知性與存心養性，《大學》的誠意、正心、修身，《中庸》的率性修道；對付佛教的明心見性、道教的修心煉性。

第五、以儒家的天人合一說或天人一體說（如《易經》的「大人者與天地合其德」、《中庸》的「至誠參天」），對付佛教的見性成佛、道教的修道成仙。

理學的研究範圍，固不止上列五項，然由此亦可以窺出傳道統與反佛老的動機與方法。

理學家都認為靜坐、修身、養性，是為了齊家治國平天下，有利於社會，有益於邦國；釋道之修心、養性、坐禪、導引，是為個人的成仙成佛，是無益於邦國的自私行為，不利於社會的個人主義。北宋時期，燕雲十六州未能收復，外有邊患，內有隱憂，國計民生問題日趨嚴重，人才物力之需要日趨增加，理學家之口號頗合時代要求，故一呼百應，掀起了新儒學（也可稱新哲學）之狂飆，周、邵、張、二程五子，遂成為一代之大哲。降及南宋，國運更形惡劣，政治危機重重，理學家多主戰而反對議和，故仍為社會所信仰，中間雖有朱陸兩派之爭，其反佛老傳道統之精神，則無二致。

另一方面，王安石認為理學家專在談心論性，偏於修己，不足以安邦治國，解決國計民生問題，乃提倡道以致用，主張變法圖強，但因不能博得二程、三蘇及司馬光等之同情，以致功敗垂成。

理學家欲以性命之學濟世安民，王安石認為他們趨於空疏，故主張變法以救國，司馬光則認為變法適足以妨害民生。司馬光雖以儒學正統之姿態反王，對於王安石之新法予以無情的打擊，但骨子裡亦雜有釋道思想，他在政治立場上與二程相同，哲學上則未必一致。

蘇東坡一面反理學，一面反變法，自己又遭到王安石的排斥，一再受朝廷的貶謫，有時不免陷於困頓。然而詩文因窮而後工，文學作品與人生哲學的修養，倒因此而走上顛峰。他自己常與和尚高士遊，詩文中所表現的人生觀，則已達於佛老的神化境界。

南宋固以朱陸為哲學兩大柱石，但浙江學派之呂東萊（祖謙）、葉水心等，一面反理學，一面重功利，無形中紹述了王安石道以致用之學，這可說是清初經世致用之先聲。

平心而論，佛學在求人民精神生活之安定，理學在求人民心性修養之進步，道以致用的經世之學，在求國計民生之發展，究竟孰優孰劣？長江後浪推前浪，後浪勝過了前浪。

陸、經世學興，性理學衰

明亡之後，諸儒痛定思痛，本《春秋》責備賢者之義，將亡國責任加諸理學家，顏元、李塨等皆痛斥理學，另倡實用主義及經世致用之學。這種反理學的經世之學，可以上溯到南宋的浙江學派（呂東萊、葉水心），北宋的江西學派（王安石）。

黃梨洲（宗羲）、顧亭林（炎武）、王夫之（船山）三先生於明亡之前，曾各為復明奮鬥而未獲成功。後來黃、顧皆反理學，顧氏尤斥

陽明；王氏雖反王學，但維護朱學，惟對朱子之理氣二元論亦表不滿。至顧氏以經學釋理學，乃是一種誤解。

又有戴東原者，反理學最為激烈。他一面以理欲合一論與遂欲主義，反對朱子之理欲二元論及人性二元論，另一方面提倡考據，即以漢學（訓詁）反宋學。惟他以《說文解字》之「理」，反朱子哲學之「理」，界說不同，怎能駁倒呢？

清初，諸儒倡經世之學，反性命之學，可說此善於彼。至考據學盛行，即置經世之學於腦後。理學的流弊，固在脫離了國計民生；考據者自畫天地，皓首窮經，不問窗外事，亦「五十步笑百步」耳。

理學家在當時為政府所排斥，所貶謫，或視其學為「偽學」，或視其人為「五鬼之魁」，死後卻要負亡國之責，他們九泉有知，亦必仰天長嘆！

曾國藩以辦團練出身，起兵勤王兼衞道，他以扶名教自命，打擊洪秀全之「偽教」。在古代哲學方面，他以儒學為宗，兼以老莊為體，禹墨為用，亦不忽視兵家（曉暢戎機）與法家的哲學思想。在宋明理學方面，他固宗程朱，亦不廢陸王，又在清儒重考據之空氣下，提出義理、詞章、考據，經濟（經世濟民之意）四者，不可偏廢。實際他對於經世致用之經濟、宋明之義理（理學），以及理學家所輕、唐人所重之詞章（詩文），都下過工夫，獨於考據未曾致力，他似乎已返考據於經世致用，而以道德修養為前提。曾氏的民族立場，固招致物議，然其哲學方面，融貫各家學說，尚多可取之處。

康有為見外患頻仍，國土日削，認為洋務運動之船堅砲利，不足以救國，乃主張變法，並以考據反考據，著《孔子改制考》、《新學偽經考》，以今文經學反古文經學，打擊以往從事考據之清儒。他在政治哲學方面，曾著《大同書》，提倡張三世與世界大同。其書中主張

「換妻」，頗為時人所攻擊，其考據見解亦多是主觀的，惟變法之原則，頗合時代需要。但他囿於君主立憲與保皇，連反滿與民主共和亦不贊成，可見其維新思想尚未徹底。

譚嗣同著《仁學》，雜儒、佛、老及西洋科學於一爐，雖不免牽強附會，但頗含有哲學成分。其所謂破壞倫常與歸過荀子，似亦言之過火。

梁啟超於宇宙哲學方面雖無特見，但在人生、道德、政治各方面，多有較深之理論。至其生性好變，出爾反爾，前後矛盾，為自己所不諱言。

孫中山先生在內憂外患之清末，攘臂而起，推翻了二千餘年之君主專制，建立亞洲第一個民主共和國，在事功上固彪炳千秋，在學說上亦貫通今古。在政治哲學方面，他創立了三民主義，五權憲法。在人生道德哲學方面，他提倡八德、三達德及服務、力行的人生觀。在歷史哲學方面，他以民生史觀斥唯物史觀。在知行哲學方面，他以知難行易說駁知易行難說，並在《孫文學說》一書中，以互助的人類進化論反達爾文的生存競爭論，又在〈軍人精神教育〉一文中，講到心物合一的本體論。總而言之，他在中國哲學方面，上承堯、舜、禹、湯、文武、周公、孔子之大道，發揚固有之身心（神形）合一論、人類互助論、民生中心論、民本主義、大同主義、服務道德與人生觀等；在西洋哲學方面，攝取了心物合一論、互助論、社會史觀等，既能去蕪存菁，亦能推陳出新。

柒、思想逆流，破壞傳統

五四運動的本身，本為青年愛國運動，激於救國的天理良心而發，原屬於倫理（救國道德）範圍。惟適於此時，陳獨秀等辦《新青

年雜誌》，鼓吹反倫理（反貞操）、反宗教、反固有文化、反固有政治，後並與吳虞等此呼彼應，打倒「孔家店」。因為遭到外界的攻擊，乃於民國八年發表社論（〈新青年罪案之答辯書〉），提出民主與科學，以作破壞固有文化之擋箭牌。其大意謂雜誌同仁本來無罪，只因為擁護那德先生 (Democracy) 和賽先生 (Science)，才犯了滔天的大罪。

陳獨秀表示，要擁護那德先生，便不得不反對孔教、禮法、貞節、舊倫理、舊政治；要擁護那賽先生，便不得不反對舊藝術、舊宗教；要擁護那德先生，又要擁護那賽先生，便不得不反對國粹和舊文學。（《新青年》六卷一號）

據著者的觀察，提倡科學不一定要反對舊藝術與舊宗教，因為曾、左、李都提倡科學，並沒有如此做，西洋各國提倡科學亦復如此。愛因斯坦還說：「無宗教的科學是瞎子，無科學的宗教是跛子。」

又提倡民主亦不一定要反對孔教、禮法、貞操、舊倫理，因為在陳氏前，《民報》曾鼓吹民主革命，並沒有如此做；西洋各國實行民主制度，亦沒有如此做。反之，梁啟超、孫中山先生都認為孔孟學說中含有民主思想。孫先生更說欲圖國家長治久安，便要恢復固有道德（見民族主義講演）。於此可見陳氏之目的，在破壞舊的一切，所謂民主與科學，不過拿來作擋箭牌而已。

民國十年，陳獨秀等受第三國際指使，成立中國共產黨，於打倒「孔家店」之後，大開其「馬家店」，輸入馬克思主義的辯證唯物論、唯物辯證法、唯物史觀、階級鬥爭論與剩餘價值說、國際共產主義等，以之麻醉中國青年，引誘智識分子，致使固有文化日形破產，唯物思想之逆流日形氾濫。毛澤東據大陸以後，破壞舊文化無微不至，後更推行所謂「文化大革命」，將固有的優良哲學、文藝、道德等摧毀無餘，這真是中華民族五千年來空前未有之浩劫！

捌、哲學重建，文化復興

上面這股逆流，好像洪濤巨浪，欲衝破我們中華民族的文化堤防。蔣介石先生於民國五十五年十一月十二日，接受孫科先生等提議，發起中華文化復興運動，並定是日為文化復興節，以期挽思想之狂瀾，遏文化之逆流，而發揚以倫理民主科學為基礎的傳統文化。

哲學為文化之主腦，欲復興中華文化，非先復興固有哲學不可。

我們研究並撰著《中國哲學史》之目的，在分析固有哲學之起源、演進及趨向，在比較中西哲學之優劣而有所選擇，尤在於發揚固有哲學思想，以助中華文化之復興。

我們知道中共所奉行之馬克思主義，其內容大半為意識形態，我們破疑立信，顯正距邪，亦非研究與闡揚固有哲學不可。

孟子的文化運動，在於傳三聖，距揚墨。董仲舒的文化運動，在於尊儒術，罷百家。韓愈的文化運動，在於傳道統，闢佛老。宋明理學家繼之，融釋道之所長，造成了新儒學。今天我們的文化復興運動，應發揚固有文化，融合自由民主主義、實用主義之所長，依三民主義之本質，而重建一種新哲學，以擊破馬克思主義及其唯物哲學，兼正其他西洋哲學思想之偏頗，這就是我們研究並闡揚中國哲學的主要目的所在。

我們能不能重建一種新哲學，破疑立信與距邪顯正，以助中華文化之復興呢？答案是肯定的。

㈠**積極方面** 依照哲學的多分法，我們可建立下列各種學說：

⑴西洋在本體論上有心物之爭，可分唯心論、唯物論、心物二元論、心物一元論或中立一元論等派別，中國哲學可自《易經》的陰陽合一論、范縝的神形合一論、陽明的身心合一論、朱熹和清儒的理氣

合一論，孫先生的心物本合為一說，建立心物合一的本體論。

(2)西洋在進化論方面，有競爭與互助之別，可分為達爾文的生存競爭論與克魯泡特金的生存互助論。中國哲學可自管子、孟子、墨子等的互助主義，孫先生的社會互助論（人類互助論），建立一種互助的進化論。

(3)中西人生哲學計有很多派別：一、樂觀主義、悲觀主義與達觀主義，二、縱欲主義、禁欲主義與節欲主義，三、天命主義（宿命主義、自然主義）、力行主義（人為主義）與盡人聽天的人生觀，四、奪取（鬥爭）主義、服務主義與互助主義。我們可自孔顏的安貧樂道、孫先生的「樂觀者成功之源」說，建立了一種樂觀的人生觀；自孔、孟、墨、荀的節儉主義及理學家的「去人欲」說，建立了一種節欲主義的人生觀；自老莊的自然主義，魏晉清談、孫先生「功成身退」（民初）的風度，完成一種達觀主義的人生觀；自禹、墨的勤勞苦幹，顏元、李塨的實用力行，曾國藩的篤實踐履，孫先生的重行主義，完成一種力行主義的人生觀。又自禹、墨的服務精神，孫先生的服務道德觀，完成一種服務主義的人生觀。

此外，中國哲學尚有國我一體（成仁取義的民族主義）、人我一體（民吾同胞的大同主義）、物我一體（物吾與也）、天人一體（天地與我並生，萬物與我為一）的人生觀，也值得我們發揚。

(4)西洋倫理哲學亦有很多派別：一、理性主義與經驗主義，即先天道德論與後天道德論；二、利己主義與利他主義；三、動機論與效果論，即重視道德的動機（是非、公私、正邪等）抑重視道德的結果（善惡，功過，利害等），我們中國的倫理哲學：一、比較是偏重理性主義的，如孔子講「仁心」，孟子講四端與良知良能及良心，《大學》講「明德」，《詩經》講「懿德」，程明道發明「天理」，陸象山提倡後

「復本心」，王陽明提倡「致良知」，孫先生亦不忽視致良知，都是重視先天道德的明徵。二、比較是偏重利他主義的，如孔孟講「仁民愛物」，墨家講「兼愛」，張載講「民胞物與」，佛教講「普濟眾生」，孫先生提倡博愛與服務，都屬於利他主義。三、至於動機與效果，因各有人提倡，如孔、孟重義不重利，董仲舒主張「正其誼不謀其利，明其道不計其功」，理學家亦重視道義，曾國藩主張「只問耕耘，不問收穫」，墨子則重視功利，葉水心謂「正其誼則謀其利，明其道則計其功」，顏元亦重視效果。比較起來，重視動機的多些，如忠臣義士、革命家等是。孫先生當初組興中會，要驅除韃虜，恢復中華，建立民國，恐亦未料到及身而成。以上的理性主義、利他主義及動機論，都值得我們加以發揚。

⑸西洋哲學家對於智識起源問題，亦有先天理性與後天經驗之爭，中國在這方面有理性主義，亦有理性經驗並顧者。如孟子謂「是非之心，智也」。智是先天的，是屬於理性主義。朱子謂「凡人心之靈，莫不有知」，「人自有生，即有知識」，亦屬理性論。荀子一面主性惡，重力行，一面說「人生而有知」，「人有氣有生有知亦且有義」，可說是理性經驗並重論者。《中庸》云：「或生而知之，或學而知之，或困而知之。」孫先生謂智的來源有三：「有天生者，有力學者，有經驗者。」也是理驗並顧的主張。

⑹西洋哲學家對於認識對象問題（或稱本質問題），有觀念論與實在論之爭。觀念論亦稱唯心論，重視吾人內界的主觀心意；實在論包括唯物論，重視界客觀事物。中國哲學對此問題則有內外合一論，佛教主張客觀與主觀合一，程伊川與朱熹都主張合內外之道，陽明主張心物合一（即內外合一），孫先生的心物合一論，亦可通用到認識論上去。故在認識對象問題方面，中國哲學由內外合一論而演變為心

物合一論，或主客合一論。

(7)西洋歷史哲學　有黑格爾的唯心史觀與馬克思唯物史觀之分，中國歷史哲學在心物方面，向無很具體的見解，惟孫先生提倡民生史觀，是一種心物並存的歷史哲學，有其獨立性。

(8)中國哲學家在政治方面，以往有民族主義、天命主義（君主政治）、民本主義、王道主義、霸道主義、德治主義（仁政、德政）、法治主義、均產主義、大同主義等。孫先生貫通中西，創立了民族主義、民權主義和民生主義（三民主義）。

(9)中國哲學的特色之一為人性論，計有性善說、性惡說、善惡混說、人性差別說、性善情惡說、性情合一說。孫先生則提倡進化的人性論與差別的人性論。西洋人亦有性善說（亞里斯多德等）、性惡說（霍布士、馬基維尼等）、人性差別說、進化的人性論等，但不如中國之盛行。

(10)中國哲學特色之二為知行問題之研究，計有知行先後問題、知行難易問題、能知是否能行問題。一、就先後問題言，程朱主張知先行後說，陽明主張知行同時說，荀子比較主張行先知後說，孫先生則分知行為三時期，大致可以說行而後知的時期，行先知後的事情多些；知而後行的時期，知先行後的事情多些。二、就難易問題言，傅說主張知易行難，孔子認為由（行）而不知者多矣，程子謂行難知亦難，孫先生則提倡知難行易。三、就能知是否能行問題言，二程認為能真知、深知則必能行，陽明倡知行合一，主張能知必能行，孫先生亦主張能知必能行。蘇格拉底謂「知識即道德」，知善即行善，與二程及孫先生見解略同。

(11)中國哲學特色之三為修養論，老莊重視修養，孔孟亦重視修養。《大學》《中庸》都講慎獨存誠，周子主靜，程朱主敬，陸象山先

立其大，王陽明致良知，道教講修心練性，佛教講明心見性，禪宗更甚。人性論、知行論、修養論，如能好好發揚，將有助於世道人心及善良風俗。

總上所述，中國以往哲學在各方面都有良好的見解，只要吸收西洋哲學的優點而加以融會，即可在積極方面，重建一種至中至正的哲學體系。

㈡消極方面　我們在積極方面，要傳堯舜禹湯文武周公孔子之大道，述儒墨道法佛理學家之所長，融會西洋哲學的優點，以重建一種新的哲學體系。在消極方面，要破馬克思主義之偽，兼及達爾文主義、個人主義及帝國主義之偏。

⑴在本體論方面，以心物合一論破唯物論，尤其是辯證唯物論。

⑵在進化論方面，以人類互助的進化論，破達爾文主義的生存競爭論；同時，以社會互助論，破馬克思的階級鬥爭論。

⑶在人生觀方面，以樂觀主義破西洋一些哲學家的悲觀主義；以節欲主義破資本主義式的縱欲思想；以服務的人生觀破「強權即公理」的奪取的人生觀，以人我一體的大同主義人生觀破帝國主義、共產主義的侵略人生觀；以物我一體與天人一體的人生觀迎接登陸各星球的新時代；我國《書經》有「人天大同」一詞，可以用作新時代人物的人生遠景。

⑷在倫理哲學方面，我們要：一、強調理性主義，以發揚人類的天賦道德；並糾正共產主義「否認良知良心存在」的見解。二、強調利他主義、兼愛主義，以破共產主義的階級道德觀；三、強調道德的動機，以明是非，別公私，判正邪，並為世界人道正義而奮鬥。

⑸在智識來源問題方面，我們要發揚固有的承認先天智識的理驗並顧論，以正「否認先天智識」的經驗論，及「唯物的實踐論」的

偏頗。

　　⑹在認識對象問題方面，我們要宣揚固有的內外合一論、心物合一論或主客合一論，以正唯物論者偏重外界事物（物質）的謬誤。

　　⑺在人性論方面，我們應自進化論的立場，闡揚固有的「別人禽」「合天人」的學說，消除人的獸性，發展人的理性，啟發人的天性，以糾正共產主義徒然發洩獸性（含獸欲）、泯滅理性的行為與措施。

　　⑻在知行哲學方面，我們要發揮「知難行易」及「能知必能行」學說，在智識道德兩方面，鼓勵世人力行實踐，以破世上知而不行、言而不行或明知故犯的風氣。

　　⑼在修養方面，我們應強調儒、道、墨、佛及理學的心性修養，以修身為治國平天下之本，而破那些重智輕德、重權術、輕倫常的自私自利心理。

　　總之，只要我們建立了一種新哲學，必定能破疑立信，距邪顯正，端正人類的思想趨向，指示人類的行為途徑，以利中華文化之復興，促進世界大同，甚至人天大同之實現。

參考書目

　　本書各章節所引用之參考書籍，多已括於原文之後，期使讀者一目瞭然。惟分別括注，不無零散之感，茲特錄其要目如下，以利參閱。

哲學大綱　吳康著

科學哲學與人生　方東美著

哲學概論　唐君毅著

比較倫理學　黃建中編著

哲學新論　趙雅博著

哲學概論　王文俊編著

西方哲學史　羅素著　鍾建閎譯

西洋哲學史　謝幼偉著

西洋哲學史　洪耀勳著

中國哲學史　馮友蘭著

中國哲學史話　張起鈞、吳怡著

中國哲學大綱　羅光著

中國古代哲學史　胡適著

中國哲學原論　唐君毅著

中國哲學史綱要　蔣維喬著

國父哲學研究　崔載陽著

孫中山哲學原理　任卓宣著

民生哲學申論　王覺源著

三民主義的哲學體系　周世輔著

東西文化及其哲學　梁漱溟著

老子　王弼註

莊子集解　王先謙撰

韓非子　四部備要

管子　房玄齡註

列子註　張湛撰

墨子閒詁　孫詒讓著

公孫龍子　謝希深註

惠子　四部備要

荀子　楊倞註

春秋繁露　董仲舒著

淮南子　高誘註

史記　司馬遷著

漢書藝文志講疏　顧實述

四書集註　朱熹註

五經集註　粹芬閣藏本

鄧析子　指海本校

管子研究　周宏濤著

莊子詮詁　胡遠濬著

先秦政治思想史　梁啟超著

中國近三百年學術史　錢穆著

中國政治思想史　蕭公權著

中國政治思想　王雲五著

孔子傳　張其昀著
孔孟荀哲學　吳康著
性理大全　胡廣等撰
子墨子學說　梁啟超著
儒家哲學　梁啟超著
中國近三百年學術史　梁啟超著
荀子學說　陳大齊著
孔子學說　陳大齊著
老子道德經　河上公撰
無求備齋老子集成　嚴靈峰編
老子　張起鈞著
老子今註今譯　陳鼓應註譯
抱朴子　葛洪著
中國政治思想史　陶希聖著
世界文化史　陳廷璠著
中國哲學講話　李石岑著
中國哲學史綱要　范壽康著
中國中古思想小史　胡適手稿本
中國中古哲學史要　韓逋仙著
中國近代哲學史　周世輔著
朱子及其哲學　范壽康著
中國文化要義　梁漱溟著
印度通史　周祥光著
印度哲學概論　梁漱溟著
佛教概要　日本教化研究所著
佛教研究十八篇　梁啟超著
佛法概論　釋印順著
釋迦傳　高樂斯編述　程慧餘譯

漢魏兩晉南北朝佛教史　商務版
大唐玄奘大師傳　臺灣印經處集印
印度部派佛教哲學史　李世傑著
大乘佛教思想論　日本木村泰賢著
　釋演培譯
俱舍論頌講記　釋演培講
新唯識論　熊十力著
六祖壇經箋註　李福保箋註
禪學講話　中華佛教文化館版
禪學的黃金時代　吳經熊著　吳怡
譯
原始佛教哲學史　李世傑述著
論衡　王充著　程榮校
世說新語　劉義慶編　劉孝標註
論語註疏　何晏集解　邢昺疏
春秋公羊傳何氏解詁　何休撰
呂氏春秋　高誘訓解
孝經註疏　邢昺疏
禮記正義　孔穎達疏
尚書正義　孔穎達疏
周易正義　孔穎達疏
韓昌黎全集　四部備要
周子通書　四部備要
張子全書　朱軾等校
二程全書　四部備要
朱子大全　四部備要
象山全書　四部備要
司馬文正集　四部備要

臨川集　四部備要

集註玄經　司馬光註

法言　李軌註

宋明理學　吳康著

哲學大全　范錡著

比較中日陽明學　張君勱著

王學解蔽　張鐵君著

陽明學說體系　黃敦涵著

曾文正公全集　世界書局出版

國朝學案小識　唐　鑑撰輯

辯證唯物論與歷史唯物論　沈志遠譯

馬克斯主義與社會史觀　威廉著
劉蘆隱譯

國父全集　中央文物供應社

蔣總統言論彙編　中央文物供應社

革命先烈先進闡揚國父思想論文集
　中央文物供應社

孫中山先生經濟思想　周金聲著

民權主義新論　林桂圃著

國父思想與中國文化　周世輔著

戴東原　梁啟超著

戴東原哲學　胡適著

新學偽經考　康有為著

大同書　康有為著

飲冰室文集　梁啟超著

明夷待訪錄　黃宗羲著

宋元學案　黃梨洲著

明儒學案　黃梨洲著

清儒學案　徐世昌著

新版後記

周玉山

　　父親的《中國哲學史》，完稿於一九七〇年，次年由三民書局出版後，銷行到二十一世紀而不衰。這部四十多萬字的著作，蒙劉振強董事長交代，現在重新排印，以利讀者閱讀。我趁此機會，窮一年之力，仔細修訂了全書，期更完美無誤，以慰父親在天之靈。

　　父親有生之年，家中從未裝設冷氣，他在酷暑中揮汗寫稿，甚至沒有一張專用的書桌，千萬言積累而生，誠可謂嘔心瀝血。斯情斯景，永存人子的記憶中，愧疚也成為我終生的烙印。

　　父親是孫中山先生的信徒，本書也就從孔子寫到孫先生，兩千五百年的哲學精華，盡在斯焉。父親一生為人設想，寫作也不例外，不但綱舉目張，而且硬話軟說，唯恐讀者吃力。一部《中國哲學史》何等輝煌，又何等艱深，他時時替讀者打算，讓大家如坐講堂，如沐春風，更以一萬五千字的總結論，兼收導讀的功效，使青年朋友不致望書生畏。因此，有人說本書是最可讀的。

　　本書雖然可讀，卻完全無損學術價值，言必有據，立論公允，而皆本原典。父親以儒家處世，以墨家律己，又有道家的曠達，他的朋友和學生，都能印證此說。但是，本書析古剖今，對各哲學家該褒則褒，該貶則貶，只是褒多貶少，表現了對前賢的尊敬，也寫出了父親的忠厚。

　　父親服膺孫先生的民生史觀，認為中國哲學的起源和演進，都與

民生問題有關，個人與群體的生死存亡，都符合此定義。父親自己的一生，就是奮力求生的紀錄，直到去世前夕，仍在讀書寫作，何嘗有一絲倦怠？他的精神生命，亦隨其文字而延長，不但跨世紀，而且跨世代。功不唐捐，此之謂也。

本書成於父親思想圓熟之際，初版那年，他剛好六十五歲，從中年進入老年，別人或已退休，他卻十分忙碌。稍後，政大哲學系由他籌備成立。再後，《蔣公哲學思想與中西哲學》，這部五十多萬字的大書，他終於完成。最後，他在寫回憶錄時倒下，第一位趕到醫院的朋友，就是劉董事長，他們真可謂生死之交了。

本書新版問世前夕，緬懷父親的辛勞，及與劉董事長的情誼，我在心情平靜後，希望自己面對典型，不要落後太多。父親常說「打破難關」，劉董事長常說「不能等死」，凡此皆屬民生史觀，也正好為中國哲學史，畫下了一個美好的句點。

◎ 少年達力的思想探險　鄭光明／著

　　探究哲學問題就像是走在一座令人迷惘、困惑不已的思想迷宮裡。這個思想迷宮並不在雲端上，而是在我們的日常生活中。我究竟是否存在？周遭一切會不會如夢如幻、只不過是惡魔的玩笑？什麼都可以懷疑嗎？還是有什麼是確定不可以懷疑的？在本書中，達力以上述問題為藍本進行思想探險，期能在哲學的思想迷宮中，找到一條智慧之路。

◎ 科幻世界的哲學凝視　陳瑞麟／著

　　科幻是未來的哲學；哲學中含有許多科幻想像。科幻與哲學如何結合？相信許多人會感到好奇。本書試圖分析、詮釋科幻創作的哲學意涵，包括小說《正子人》、《童年末日》、《基地》、《基地與帝國》、《第二基地》，以及電影《千鈞一髮》、《魔鬼總動員》、《強殖入侵》、《駭客任務》。透過分析，本書試圖與讀者一起探討根本的哲學問題。

◎ 平等與差異——漫遊女性主義　劉亞蘭／著

　　兩性平等，也能兼顧差異？老媽對家庭的付出，是愛的表現還是另類的被剝削？如果生養子女是女人的天職，那男人呢？本書從自由主義的女性主義、馬克思主義的女性主義、激進女性主義等觀點，帶領讀者一同了解哲學和性別之間的思辯過程。希望讀者在了解女性主義者為女性發聲的奮鬥歷史之後，也能一起思考：兩性之間的發展、人與人之間的對待，是否能更和諧、更多元？

◎ 信不信由你──從哲學看宗教　游淙祺／著

　　本書以八個子題循序漸進地簡介西方哲學向來處理宗教的方式。西方哲學從古希臘到十九世紀末為止，其論辯、批判與質疑的焦點集中在「上帝是否存在」上。而二十世紀的西方哲學家，在乎的是「宗教人的神聖經驗」、「宗教語言」、「宗教象徵與神話」等新議題。至於身為世界公民的我們，如何面對宗教多元的現象？

◎ 哲學在哪裡？　葉海煙／著

　　在海邊，阿哲遇到了被教會開除的斯賓諾莎，縱使只能靠著磨鏡片的卑微工作過活，也不願意放棄心中最堅定的信仰。在平原，阿哲聽聞了尼采對世界的熱情，便熱切的想拜訪他，卻沒想到在精神病的折磨下，尼采早已過世……。在咖啡屋，有一對情侶勾起阿哲「已被喝光的咖啡是否存在」的好奇心，聽說他們是知名的法國哲學家……。到底還有什麼奇遇，等待著阿哲呢？